MINISTROS DE JESUCRISTO

Ministerio, homilética y pastoral

José Mª Martínez

Editorial CLIE
www.clie.es

EDITORIAL CLIE
C/ Ferrocarril, 8
08232 VILADECAVALLS
(Barcelona) ESPAÑA
E-mail: clie@clie.es
http://www.clie.es

MINISTROS DE JESUCRISTO
ISBN: 978-84-17620-55-4
Depósito Legal: B 9865-2020
Ministerios cristianos
Recursos pastorales
Referencia: 225128

Acerca del autor

José Mª Martínez (1924-2016) a los 12 años conoce el Evangelio y se convierte a Cristo.

En 1943 es llamado por D. Samuel Vila, pastor de la Iglesia Bautista de Terrassa, para colaborar con él en diversas formas del ministerio.

Fue pastor en la Iglesia Bautista de Barcelona por 3 décadas, la congregación pasó de 100 a 400 miembros. Durante los últimos veinte años se dedicó al trabajo literario, a la enseñanza bíblico-eológica y al desempeño de cargos en juntas o comités de diferentes entidades evangélicas.

Ha sido secretario y después presidente de la Alianza Evangélica Española, profesor y residente del Centro Evangélico de Estudios Bíblicos de Barcelona, presidente de la Federación de Iglesias Evangélicas Independientes de España, presidente de la Federación Internacional de Iglesias Libres, de la Sociedad Bíblica y de la Unión Bíblica.

Formado teológicamente en la línea del London Bible College de Londres, dominaba el inglés, el francés y el alemán, lo que unido a sus conocimientos de hebreo, griego y latín, confiere a sus obras el carácter de escritos académicos asequibles al gran colectivo de lectores. Su obra más lograda en el campo del estudio es la dedicada a la Hermenéutica Bíblica; fruto de una amplia y concienzuda labor de investigación que, desde su posición evangélica conservadora, se abre al diálogo con tendencias modernas de todos los campos y se resuelve en una síntesis personalmente bíblica.

Contenido

SEGUNDA PARTE
EL MINISTERIO DE LA PREDICACIÓN
HOMILÉTICA

TERCERA PARTE
EL MINISTERIO PASTORAL

SECCIÓN A: CURA DE ALMAS

PRÓLOGO

Durante los últimos lustros, la literatura evangélica en lengua española ha ido enriqueciéndose con obras teológicas de gran valor. Paralelamente al progreso en el campo de los comentarios bíblicos, se ha avanzado en el campo de la Teología Sistemática. Todavía es mucho lo que en ambos terrenos se debe lograr; pero lo conseguido es una ayuda inestimable para cualquier persona que desee perfeccionar su formación bíblico-teológica.

No puede decirse lo mismo, sin embargo, del adelanto en el terreno de la Teología Práctica. Aunque han ido apareciendo libros de mayor o menor enjundia sobre homilética y sobre poiménica (pastoral), muchos ministros del Evangelio han echado de menos una obra que de modo global cubriese lo más importante no solo de la Teología Pastoral, sino también de otras secciones de la Teología Práctica, esenciales en su labor.

Con MINISTROS DE JESUCRISTO no se pretende suplir plenamente esa necesidad. Simplemente se ofrece una contribución a tal fin. Nadie advertirá más que el autor las lagunas inevitables del libro. Un tratamiento amplio de cada una de las partes de la Teología Práctica habría obligado a rebasar los límites de esta obra y producir una enciclopedia. Y aunque no se descarta la posibilidad de tal producción en el futuro, la presente obra ha de mantenerse dentro del contorno de lo esencial. Se han omitido secciones enteras, tales como Gobierno de la Iglesia y Misiones, mientras que otras (Culto y Educación, por ejemplo) se tratan en el reducido espacio de sendos capítulos. Solo así ha sido posible dar mayor amplitud a las partes consideradas como más necesarias.

Creemos, no obstante, que aun las expuestas de modo más sucinto o esquemático resultan relativamente completas como base de orientación pastoral. El conjunto de la obra tiene este carácter orientativo más que exhaustivo, pues una de sus finalidades es que sirva de acicate para ulteriores y más amplios estudios. Pero al mismo tiempo hemos procurado que nuestro trabajo resultase lo más cabal posible —siempre dentro de las limitaciones— de modo que viniese a ser un auxiliar apreciable del ministro en sus principales tareas y responsabilidades.

Como podrá observarse a simple vista, la obra está dividida en tres partes. En la primera, se examina el ministerio en su perspectiva bíblica, con sus características, requisitos, problemas y recursos. La segunda está dedicada íntegramente a la homilética. La tercera, sobre pastoral, se subdivide en dos secciones: cura de almas y función directiva del pastor. En todas ellas se ha intentado establecer unos criterios básicos elaborados con miras a resaltar los aspectos prácticos de cada cuestión.

La terminología, salvo en los casos en que se ha hecho imprescindible el rigor científico, corresponde más bien al lenguaje religioso, lo que debe tenerse en cuenta al interpretar determinados términos.

MINISTROS DE JESUCRISTO ha sido escrito con un concepto amplio del término «ministro», pensando no solo en los pastores que dedican todo su tiempo a la obra del Evangelio, sino también en los ancianos (pastores igualmente según el Nuevo Testamento) o diáconos que componen los consejos de las iglesias, en los evangelistas, misioneros, líderes de grupos de jóvenes o de mujeres y en cuantos de algún modo tienen responsabilidades de predicación, enseñanza, cura de almas o liderazgo cristiano.

Cuando el libro se use con fines didácticos, convendrá tener en cuenta la extensión y densidad de cada capítulo y el profesor habrá de sentirse en libertad para desarrollarlo dividiéndolo en dos o más lecciones.

Los cuestionarios no pretenden ser más que una pauta para trabajos de examen. Pueden ser sustituidos por otros, aunque en todo caso, y como norma general, es recomendable no formular preguntas cuya respuesta se encuentra de modo claro y explícito en el texto. La finalidad primordial del cuestionario no es la memorización, sino la reflexión.

En lo concerniente a bibliografía, hemos optado por una selección más bien reducida. Una larga lista de títulos, en la que casi inevitablemente han de incluirse obras de dudosa calidad, es poco útil para quien no anda sobrado ni de tiempo para extensas lecturas ni de recursos económicos. Y este suele ser el caso de muchos ministro del Evangelio. El autor ha escogido únicamente aquellas obras de las que él mismo tiene conocimiento directo, y aunque no todas las estima de igual valor ni se identifica siempre con la totalidad de su contenido, opina que todas pueden ser útiles para quien lee con discernimiento.

En el enfoque y desarrollo del libro, no nos hemos sujetado rigurosamente a esquemas tradicionales. Hemos preferido dar mayor atención y espacio a aquello que en la práctica más interesa a un ministro, motivo por el cual el criterio pragmático priva sobre el meramente académico. A ello ha contribuido la experiencia acumulada en el transcurso de treinta años de pastorado.

Precisamente porque el autor ha simultaneado durante todo ese tiempo la predicación y la cura de almas con la enseñanza, difícilmente puede despojarse por completo de su estilo de predicador y pastor al escribir una obra de tipo didáctico. Esperamos que este hecho, más que un defecto, pueda significar una mejora. Al fin y al cabo, escribimos para personas que, en su mayoría, son o serán predicadores.

La obra que el lector tiene en sus manos contiene, como queda dicho, una buena dosis de experiencia personal. Muestra el ideal del ministerio cristiano, pero el autor mismo confiesa no haberlo alcanzado totalmente. Su progreso en los diferentes campos de labor ministerial no ha sido parigual y reconoce hallarse en todos lejos de la perfección; pero ha comprobado que la conciencia de los propios defectos es tan aleccionadora y estimulante como la de los logros. Por eso hace suyas las palabras de Pablo: «Hermanos, yo mismo no pretendo haberlo ya alcanzado; pero una cosa hago: olvidando ciertamente lo que queda atrás, y extendiéndome a lo que está delante, prosigo a la meta, al premio del supremo llamamiento de Dios en Cristo Jesús» (Fil. 3:13, 14).

Con espíritu de fraternal compañerismo, ofrece esta obra a quienes se ocupan en el ministerio cristiano o se sienten llamados a él y a cuantos desean saber más de esa esfera maravillosa. Quiera Dios usarla para bendición de sus siervos y de su Iglesia.

PRIMERA PARTE
Consideraciones generales sobre el ministerio

Capítulo I
El ministerio a la luz del Nuevo Testamento

SU NATURALEZA

El ministerio cristiano es un don del Señor glorificado a su Iglesia para que ésta sea edificada y se expanda en la tierra.

En un sentido amplio, la Iglesia entera tiene encomendado un ministerio (Ef. 4:12). El conjunto de los santos constituye el cuerpo de Cristo (Ef. 4:15, 16; Rom. 12:4, 5; I Cor. 12:12-27) mediante el cual el Salvador se da a conocer en el mundo. La Iglesia en su totalidad ha recibido la gran encomienda de predicar el Evangelio; es el «pueblo adquirido para anunciar las virtudes de Aquel que lo llamó de las tinieblas a su luz admirable» (I Ped. 2:9). Paralelamente, y con objeto de que esté capacitada para cumplir más eficazmente su misión, la Iglesia debe crecer espiritualmente (Ef. 4:13-16). Pero este desarrollo exige una labor formativa que no se lleva a cabo por todos los miembros, sino por algunos, especialmente capacitados y «dados» por el Señor mismo (Ef. 4:7-11). Es a estos hombres a quienes, en un sentido más restringido, se da en el Nuevo Testamento el nombre de ministros. Sus características y su labor constituye el objeto de esta obra.

Lo que ya de entrada hemos señalado muestra la naturaleza del ministerio cristiano. No es el resultado de una decisión humana, sino de un propósito divino. Su realización es una manifestación más de la gracia divina. Es la acción, siempre admirable, paradójica, de un Dios santo y todopoderoso a través de hombres pecadores y débiles. Es el «tesoro» del conocimiento de la «gloria de Dios» contenido en «vasos de barro» (II Cor. 4:6, 7), una maravilla análoga a la que se observa en la Biblia y —en un sentido aún superior— en la persona de Jesucristo:

lo divino y lo humano se entrelazan para llevar a cabo el plan de Dios de darse a conocer a los hombres a fin de salvarlos.

Esto hace del ministro un «colaborador de Dios» (I Cor. 3:9), lo que le confiere un honor inestimable. Pero tal sinergismo debe entenderse y vivirse con la humildad de quien se sabe profundamente indigno por naturaleza y ensalzado solo por la gracia de Dios (I Cor. 15:10). El ministerio no tiene su base en un contrato entre Dios y sus ministros. Es una dignidad que El confiere a quienes llama en Jesucristo según su voluntad soberana.

Así resulta que el verdadero sujeto del ministerio es Cristo mismo, pues es El quien «*dio* a unos el ser apóstoles; a otros, profetas; a otros, evangelizadores; a otros, pastores y maestros» (Ef. 4:11). Por supuesto, no debe deducirse que el ministro cristiano es un simple objeto, un instrumento inerte y totalmente pasivo. Nada más lejos de la realidad, pues en el ministerio halla quien a él es llamado la más plena realización de su persona, de sus facultades y de su acción. Pero sí se desprende claramente que el siervo de Jesucristo solo cumple realmente su ministerio cuando se mantiene en una actitud de dependencia de su Señor, cuando es consciente de que la característica esencial de su trabajo es la de instrumentalidad. Lo que es y lo que hace debe estar siempre bajo la soberanía y la dirección del Espíritu de Dios, dado por Cristo a su Iglesia para formarla y guiarla. No caben, por tanto, autonomías de tipo humano y menos aún ansias de poder o de gloria personal.

Los términos griegos usados en el Nuevo Testamento para designar al ministro cristiano son a este respecto altamente significativos. Consideremos los más importantes:

Diákonos. Tiene el significado de siervo, persona que ejecuta lo que otra le manda. En el Nuevo Testamento tiene una amplia aplicación. Es de destacar su referencia a Cristo (Luc. 22:27), el Siervo por excelencia, el *Ebed-Yahvéh* de Isaías, venido al mundo no para hacer su voluntad, sino la del Padre que le había enviado. Se aplica también el discípulo de Jesús (Mt. 20:26; 23:11 y pasajes paralelos; Jn. 12:26); más a menudo, a los apóstoles y sus colaboradores (I Cor. 3:5; II Cor. 3:6; 6:4; Ef. 3:7; 6:21; Col. 1:7, 23, 25; 4:7; I Tes. 3:2) y, lógicamente, a los diáconos de las iglesias apostólicas (I Tim. 3:8).

Dulos (esclavo). Esta palabra enfatiza aún más que la anterior la idea de servicio en sumisión absoluta a la voluntad de un señor. A esta posición se humilló el Hijo de Dios (Fil. 2:7) y en ella deben mantenerse sus ministros. Es de notar el uso que los apóstoles hacen de este término para expresar su relación con Cristo (Rom. 1:1; Gál. 1:10; Sant. 1:1; II Ped. 1:1).

Hyperetes (vocablo compuesto de la preposición *hypo,* bajo, y *eretes,* remero). Era antiguamente el que remaba en una nave a las órdenes de un patrón y se aplicaba a quien actuaba bajo la dirección de otro. Lucas en su evangelio se sirve de esta palabra para referirse a los testigos de Jesús, «ministros de la palabra» (1:2) y Pablo se la apropia para ai mismo (Hec. 26:16; I Cor. 4:1).

Oikonomos (administrador). Pablo lo emplea para ilustrar la tarea de los ministros cristianos (I Cor. 4:1, 2; Tito 1:7) de administrar «los misterios de Dios», es decir, las verdades reveladas por Dios mismo y que nosotros hallamos ahora en la Escritura. El ministro no puede ni sustituir ni adulterar esas verdades.. Al servir a los miembros de la familia de Dios, la Iglesia, ha de limitarse a dar sabiamente lo que antes ha recibido del Señor de la casa *(oikodespotes),* a las órdenes del cual trabaja[1].

Por otro lado, conviene subrayar un aspecto negativo del ministerio cristiano. Queda descartada de él toda idea de función sacerdotal al estilo levítico o católico-romano. El ministro es un administrador espiritual, un maestro de la Palabra para la edificación de sus hermanos o para la evangelización (II Tim. 4:5). Pero *no* le han sido dadas prerrogativas de mediador o sacrificador. Es importante observar que en el Nuevo Testamento no aparece el nombre *hierurgos* (sacerdote que ofrece sacrificios) y el verbo *hierurgeo* es usado por Pablo una sola vez en sentido metafórico (Rom. 15:16); en este texto el apóstol habla de los gentiles convertidos mediante su predicación como una ofrenda aceptable a Dios, santificada por el Espíritu Santo; pero el servicio que a él le había correspondido fue simplemente el de comunicar el Evangelio.

La Iglesia ha sufrido graves males siempre que el sacerdotalismo la ha invadido, cuando sus ministros han pretendido arrogarse funciones superiores a las que claramente se hallan establecidas en la Palabra de Dios. Nadie debiera olvidar la tragedia del rey Uzías (II Crón. 26:16-21). Aun en las iglesias evangélicas, donde suele enfatizarse la doctrina

---

[1] Véase el sabroso comentario que sobre la palabra *oikonomos* hace John R. W. Stott en su obra *El cuadro bíblico del predicador* (Cap. 1, Edit. CLIE). Sobre el ministerio en general, consúltese la 5.ª parte de *La Iglesia, cuerpo de Cristo*, por Francisco Lacueva, tomo VI, de este *Curso de Formación Teológica Evangélica.*

del sacerdocio universal de todos los creyentes —que nada tiene que ver con un sacerdocio intermediario—, se han dado no pocos casos de hombres que han detentado una autoridad despótica, negación del concepto bíblico del ministerio.

Los vocablos griegos que hemos mencionado nos dan los rasgos esenciales del auténtico ministro. Comparar nuestra imagen ministerial con la imagen novotestamentaria y efectuar las correcciones necesarias es un ejercicio a menudo incómodo, pero siempre saludable, al que estamos obligados.

FINES DEL MINISTERIO

Cuando Lucas hace mención expresa de ministro y ministerio de la Palabra (Luc. 1:2; Hec. 6:4), resalta la importancia que ésta tenía en la misión apostólica. Cualquier forma de ministerio ha de tener en el fondo una finalidad primordial: comunicar la Palabra de Dios. Esta comunicación presenta en el Nuevo Testamento dos formas principales: la evangelización y la enseñanza. Los apóstoles fueron llamados a predicar el Evangelio del Reino de Dios (Luc. 3:14; 9:2; Hec. 10:42) y a instruir a los creyentes dándoles a conocer toda la verdad de Dios, exponiéndoles todas las implicaciones espirituales, morales e incluso sociales que la aceptación del Reino comporta. En el texto de la gran comisión, aparecen con igual relieve la evangelización y enseñanza como elementos básicos de la labor encomendada a los discípulos de Jesús (Mat. 20:19, 20). Y Pablo, el gran ministro de Cristo, mostró una visión clara de su vocación cuando expuso a los creyentes de Colosas lo esencial de su labor y la meta de la misma: «Anunciamos a Cristo, amonestando a todo hombre y enseñando a todo hombre en toda sabiduría, a fin de presentar perfecto en Cristo Jesús a todo hombre» (Col. 1:28).

En la práctica, no debiera disociarse nunca la evangelización de la enseñanza. El evangelista ha de saber enseñar y el maestro debe evangelizar. El Señor mismo nos da ejemplo de la combinación de ambas actividades (Mt. 4:23) y su ejemplo fue seguido por los apóstoles (Hec. 15:35). Toda dicotomía entre ambos modos de ministrar la Palabra puede tener resultados deplorables. La evangelización sin enseñanza suele conducir a la superficialidad; la enseñanza sin evangelización, al anquilosamiento. Este doble fenómeno ha podido verse lastimosamente durante los últimos tiempos en algunos sectores de la Iglesia cristiana. Aun admitiendo la conveniencia de especialistas en cada una de las formas de ministerio cristiano, hemos de convenir con la declaración hecha por Cari F. H. Henry en el Congreso Mundial sobre Evangelización, celebrado en Berlín el año 1966: «En estos últimos años hemos de esforzarnos por llegar a ser teólogos-evangelistas más que seguir siendo solo teólogos o solo evangelistas»[2].

Sin embargo, con objeto de facilitar la comprensión de los fines del ministerio y de su enorme importancia, consideraremos por separado cada uno de ellos.

La evangelización

Dos son los verbos más usados en el Nuevo Testamento para indicar el anuncio del Evangelio en su alcance universal: *evangelizo* (anunciar una buena noticia) y *kerysso* (proclamar).

El primero de estos verbos solía usarse para comunicar la nueva de un gran acontecimiento, generalmente de carácter militar, como era la victoria sobre un ejército enemigo. Con ese significado aparece *evangelizo*, por ejemplo, en la Septuaginta, cuando entre los filisteos cundió la noticia de la derrota de Saúl (I Sam. 31:9; comp. II Sam. 1:20). Sentido análogo, aunque en un plano más trascendente, tienen los anuncios de Isaías relativos a la irrupción victoriosa de Dios en la historia de su pueblo (Is. 40:9; 52:7). El Reino de Dios se hace realidad con todas sus bendiciones maravillosas (Is. 61:1 y ss.). Idéntica línea de pensamiento sigue Juan el Bautista (Luc. 3:18; comp. Mat. 3:2). Cuando Jesús anuncia el Evangelio lo hace dentro del mismo marco de ideas (Lc. 4:43). Y los apóstoles no se salen de él; predican a Jesucristo (Hec. 5:42; 11:20; 17:18) en estrecha relación con el Reino de Dios (Hec. 8:12). ¡Jesucristo ha venido! es el anuncio evangélico, con lo que se quiere decir: Jesucristo es el enviado del Padre como Señor y Salvador. No solo es portavoz del Reino; es el Rey mismo. Con sus prerrogativas divinas, trae perdón a los hombres que le reconocen y reciben e instaura entre ellos un nuevo orden de justicia, paz y amor. Las fuerzas del mal han sido vencidas; la misma muerte ha sido derrotada; el poder del Espíritu de Dios va a conceder a los hombres libertad y vida en su sentido más amplio y profundo. ¿Podía haber noticia más sensacional que ésta? Comunicarla al mundo era —y es— evangelizar.

---

[2] *One Race, one Gospel, One Task*, vol. 1, p. 13.

El verbo *kerysso* es sinónimo del que acabamos de considerar. Significa proclamar, transmitir públicamente un mensaje. El *keryx* (heraldo) proclama los mensajes oficiales de reyes, magistrados, príncipes o jefes militares. El contenido de su mensaje era siempre importante y estaba revestido de la autoridad de quien lo enviaba. Esto explica que en el Nuevo Testamento se use también el mencionado verbo en relación con el Reino que en Cristo ha empezado a manifestarse en el mundo (Mat. 4:23; Me. 1:14. Le. 4:18, 19; Hec. 28:31). Por razón análoga a la expuesta en el párrafo anterior, Jesucristo es el centro de esta proclamación (Hec. 8:5; 9:20; 19:13; I Cor. 1:23; 15:12; II Cor. 4:5; Fil. 1:15). Solo una vez (Hec. 10:36) se habla de la proclamación del Evangelio de la paz —y aun ésta por mediación de Jesucristo.

Este detalle es importante. Con demasiada frecuencia, la predicación del Evangelio es una mera presentación de los beneficios que una presona puede obtener al aceptar a Cristo como Salvador. Eso es —dicho sea con todo respeto— una evangelización comercializada. El Evangelio de Jesucristo se convierte simplemente en el evangelio de la salvación; deja de ser Cristo-céntrico y degenera en un mensaje antropocéntrico. El énfasis recae no en el señorío de Jesucristo, sino en la felicidad del creyente; no en la sumisión al Señor, sino en el disfrute de lo que El puede damos. Con tal tipo de predicación no es de extrañar que muchos se conformen —¡como si ello fuera posible!— con la esperanza del cielo, pero ignorando el nuevo régimen moral en que deben vivir todos aquellos que han sido realmente objeto de la acción redentora de Dios, «el cual nos ha librado de las tinieblas y nos ha trasladado al reino de su amado Hijo (Col. 1:13. Subráyese la palabra «reino»).

A través de la proclamación del Evangelio, se dan a conocer los grandes hechos salvíficos de Dios realizados en y por Cristo (su encamación, muerte, resurrección y exaltación) de acuerdo con las profecías del Antiguo Testamento. Jesús mismo fue el primer heraldo en este sentido (Lc. 4:18 y ss.). Con El, el Reino ha llegado; lo escatológico de otro tiempo se ha hecho realidad presente.

Esta realidad debe seguir siendo anunciada. No es el contenido de una doctrina esotérica. Es el testimonio de lo que Dios ha hecho en favor de los hombres de todo el mundo para su liberación del pecado, de la frustración y de la muerte, y debe ser proclamado abiertamente, universalmente. Con esta misión envía Cristo a sus mensajeros. Aunque la palabra de Cristo hubiese sido escrita de inmediato, no bastaba este medio de comunicación. Por supuesto, la Iglesia o cualquiera de sus ministros debe basar plenamente su mensaje en la Sagrada Escritura. Pero, según parece, es plan de Dios hablar al hombre a través de la palabra encarnada. De aquí que, cuando el Verbo humanado, Jesucristo, había de ausentarse físicamente del mundo, comisionara a los apóstoles y sus colaboradores para ser sus heraldos. Como afirma Gerhard Friedrich, «la verdadera proclamación no tiene lugar por la Escritura sola, sino por medio de su exposición (Lc. 4:21). Dios no envía libos a los hombres; envía mensajeros»[3].

El propósito de la proclamación es que los oyentes lleguen a la reconciliación con Dios, lo cual es el principio de su experiencia de salvación. Solo cuando el hombre depone su actitud de rebeldía y se rinde a Dios aceptando su autoridad y sirviéndole en conformidad con su voluntad revelada, alcanza la plenitud de su humanidad, la meta gloriosa para lo cual fue creado. Por tal motivo, el llamamiento solemne a la reconciliación con Dios es inherente a la proclamación del mensaje. Tan trascendental es este aspecto del *kerigma* que convierte al heraldo en embajador de Dios ante los hombres (II Cor. 5:18-20). No cabe mayor privilegio. ¡Ni mayor responsabilidad!

Los apóstoles fueron conscientes de lo uno y de lo otro. Por ello, sus mensajes iban acompañados de invitaciones, mesuradas pero penetrantes, al arrepentimiento y a la fe en Jesucristo (Hec. 2:38, 39; 3:19-26; 10:43 implícitamente; 17:30-31). Su ejemplo habría de ser recordado siempre y, tal vez, de modo especial en nuestros días. No debiera haber invitación sin «proclamación» — exposición clara de la obra salvadora de Dios en Cristo—, ni proclamación sin invitación, como muy atinadamente señala J. Stott[4].

La enseñanza

La persona que acepta el mensaje de la proclamación evangélica adquiere un compromiso muy superior al de la simple adhesión a un credo. Se convierte de sus «ídolos» —sean cuales fueren— a Dios para seprir

---

[3] *Kittel's Theol. Dict. of the N.T.,* vol. III, p. 712.
[4] *Op. cit.,* p. 59.

al Dios vivo y verdadero (I Tes. 1:9). Y esto no es sino el comienzo de una larga experiencia para la cual necesita la adecuada instrucción. El converso, al rendirse al Señor Jesucristo, ha sido hecho ciudadano del Reino de Dios. Pero ha de aprender muchas cosas acerca de lo que esa ciudadanía implica. En él se produce un cambio de pensamientos y de sentimientos; pero debe haber igualmente un cambio de relaciones con Dios y con sus semejantes. Ha de aprender a adorar, a amar, a servir, a combatir contra toda forma de pecado, con la dignidad que corresponde a su privilegiada posición espiritual. La proclamación del Evangelio le ha introducido en el Reino; la enseñanza le ayuda a avanzar en él.

La importancia de este aspecto del ministerio se echa de ver ya en el método de Jesús, quien desde el principio hizo de su obra una conjugación simultánea de los verbos *evangelizo* o *kerysso* y *didasko* = enseñar (Mt. 4:23). No solo fue el gran Heraldo de Dios; fue el Maestro por excelencia (Mt. 21:23; Me. 1:21, 6:6, 12:35; 14:29; Luc. 4:15, 6:6; Jn. 6:59, 7:14, 18:20). Ejemplo de su enseñanza incomparable lo tenemos en su llamado sermón del monte, cuyo contenido asombró a sus oyentes (Mt. 7:29). Los apóstoles siguieron sus pisadas con gran efectividad (Mc. 6:30; Hec. 4:2; 5:21, 42; 11:26; 15:1, 35; 18:11; 20:20). Pablo, otro gran maestro, pone gran empeño en que sus colaboradores se dediquen a la misma actividad didáctica (I Tim. 4:13) con miras a establecer un círculo cada vez más amplio de enseñadores (II Tim. 2:2). Y con objeto de mantener esta forma de ministerio en el plano de prioridad que le corresponde, Pablo exige que los ancianos de las iglesias sean aptos para enseñar (I Tim. 3:2). Solo mediante una enseñanza sólida podría la Iglesia arraigarse y ser edificada en Cristo (Col. 2:7) de modo que pudiera mantenerse firme frente a los embates del error (Ef. 4:14; Tit. 1:9-11).

Un estudio cuidadoso de los textos citados, y de otros que podríamos añadir, nos permitiría observar la finalidad de la *didaskalia* cristiana. El creyente debía ser instruido en «todo el consejo de Dios» (Hec. 20:27), en el conocimiento de todas las verdades reveladas; pero este conocimiento, a diferencia de la *gnosis* de los griegos, no era algo simplemente intelectual; había de inspirar y determinar la conducta en todos los órdenes de la vida. El ministerio docente en la Iglesia tiene por objeto llevar a sus miembros a la *ortodoxia,* pero también a la *ortopraxis.* El divorcio entre ambas fue en los primeros tiempos de la Iglesia —y lo ha sido siempre— una herejía. Las cartas pastorales de Pablo constituyen un tratado magistral sobre esta cuestión.

TIPOS DE MINISTERIO

Son varios los pasajes del Nuevo Testamento en los que se mencionan las diversas formas de ministerio cristiano. En algunos casos, aparecen más bien como actividad correspondiente al ejercicio de un don especial (Rom. 12:3-8). Pablo distingue entre «dones», «ministerios» y «operaciones» (I Cor. 12:4-6), pero en estrecha interrelación. Detrás de toda «operación» hay un carisma que la inspira e impulsa. Cuando tal acción es realizada más o menos frecuentemente por una misma persona, puede considerarse que su actividad especial es un ministerio. Así parece desprenderse de la enumeración hecha por el apóstol en I Cor. 12:28, en la que, a la mención de los ministerios de los apóstoles, profetas y maestros, sigue la de una serie de dones. Es significativo, no obstante, observar que los tres primeros ocupan un lugar de especial prominencia; luego siguen los demás, como algo complementario. La Iglesia ha subsistido en algunas épocas sin manifestaciones ostensibles del don de lenguas o de sanidades; pero podemos preguntarnos qué habría sido de ella si hubiese carecido de los apóstoles —lo que nos habría privado del Nuevo Testamento— y de los maestros que nos han ayudado a profundizar en su mensaje.

La lista que tal vez podemos considerar más definitiva es la que hallamos en Ef. 4:11, la cual coincide con la primera parte de I Cor. 12:28.

Apóstoles

Si atendemos únicamente al significado literal de la palabra *apóstolos* (delegado, mensajero, enviado), puede decirse que todo cristiano es un apóstol. Pero en el Nuevo Testamento el término se reserva generalmente a los doce discípulos escogidos por el Señor para que le acompañaran y después fuesen sus testigos, proclamadores del Reino de Dios con una autoridad especial. (Pablo sería más tarde incorporado al grupo con todas las prerrogativas de apóstol —Gál. 1:1). Después de la ascensión de Jesús, el Espíritu Santo haría en ellos una obra especial, enseñándoles y recordándoles todo lo que Jesús les había dicho (Jn. 14:26). De aquí que su proclamación y su enseñanza tuviesen la máxima autoridad y que a sus escritos se les atribuyese el rango de Escritura sagrada en pie de igualdad con el Antiguo Testamento (II Ped. 3:15, 16). La Iglesia está edificada «sobre el fundamento de los apóstoles y profetas», aunque «la principal piedra del ángulo es Jesucristo mismo» (Ef. 2:20). Desaparecidos los apóstoles, no dejaron más sucesores que sus escritos del Nuevo Testamento, a los que la Iglesia debe volver su atención reverente para recibir la orientación y el estímulo que en cualquier momento histórico necesita.

Profetas

Este ministerio era eminentemente carismático. Tenía por objeto comunicar un mensaje recibido directamente de Dios con destino a la congregación cristiana para su «edificación, exhortación y consolación» (I Cor. 14:3, 31, Hec. 15:32), o bien para convencer de sus pecados a los inconversos (I Cor. 14:24 y ss.). En su sentido estricto, el profeta de la era apostólica tampoco necesitaba sucesores. Cuando los evangelios y demás escritos del Nuevo Testamento llegaron a las iglesias, éstas encontraban en ellos lo que precisaban para su instrucción, admonición y desarrollo espiritual. A partir de ese momento, la veracidad del mensaje de cualquier predicador dependería no de nuevas revelaciones divinas, sino de su conformidad con la verdad de la Palabra escrita.

El ministerio apostólico y el profético fueron temporales. Las tres formas restantes de ministerio —a las que vamos a referirnos a continuación— han permanecido en la Iglesia para la expansión y el desarrollo espiritual de la misma.

Evangelistas

Este sustantivo aparece solo tres veces en el Nuevo Testamento (Hec. 21:8, Ef. 4:11 y II Tim. 4:5). El ejemplo de Felipe nos ayuda a comprender la misión del evangelista: dar a conocer el Evangelio a personas que lo desconocen. Recuérdese su labor en Samaria y en el camino a Gaza (Hec. 8). Los evangelistas eran colaboradores especiales de los apóstoles en la gran tarea de extender el Evangelio a nuevos campos. Podrían ser considerados como precursores de los misioneros de tiempos posteriores.

No debe perderse de vista que este tipo de trabajo exige un don especial. Aunque es cierto que todo cristiano es llamado a evangelizar, no lo es menos que las grandes empresas evangelísticas o misioneras deben ser realizadas por hombres a quienes Dios ha dotado previamente de unas características concretas que les permita, como pioneros, introducir eficazmente el Evangelio donde otros, menos dotados, probablemente fracasarían.

Pastores y maestros

No se trata de dos formas de ministerio diferentes, sino afines y complementarias. Su esfera parece limitarse a la iglesia local, a diferencia de los ministerios anteriores que se extendían a la Iglesia en general. Era, sin duda, el ministeterio principal de los «obispos», ancianos o pastores (términos sinónimos) de las iglesias locales.

La doble figura de pastor y maestro resalta la responsabilidad de guiar, alimentar, atender solícita y delicadamente la grey del Señor, pero siempre de acuerdo con la Palabra de Dios. Por eso, como ya hemos visto, uno de los requisitos del pastor es la capacidad para enseñar (I Tim. 3:2; Tito 1:9). Ello, sin embargo, no excluye la posibilidad de que algunos estén más dotados que otros para el magisterio cristiano (Hec. 13:1; Rom. 12:7; I Tim. 5:17).

La misión del pastor-maestro, por su naturaleza compleja, se lleva a cabo de diversos modos: predicación, instrucción sistemática, cura de almas, organización y dirección, etc. Pero de todo ello nos ocuparemos ampliamente en las partes II y III de esta obra.

Antes de concluir este capítulo, quizá conviene subrayar lo que ya apuntamos más arriba, que ninguna forma de ministerio es exclusiva. El evangelista precisa de capacidad pastoral a la par que el pastor ha de tener visión y celo evangelísticos. Cuando Timoteo recibió la primera carta de Pablo, estaba ocupado en un trabajo eminentemente pastoral; pero el apóstol le dice: «Haz la obra de evangelista» (II Tim. 4:5). El mismo, Pablo, ejemplo admirable de pastor y maestro, no perdió jamás de vista su responsabilidad misionera. Todo pastor debe tener corazón sensible y ojos abiertos a la multitud que, fuera de la Iglesia, anda descarriada. Y debiera verla con la misma compasión con que Jesús contempló a las multitudes desamparadas y dispersas de su día (Mat. 9:36). Cuando ministro e iglesia se encierran en sí mismos, preocupados tan solo por su propia edificación, pero ajenos a las necesidades del mundo exterior, están siendo desleales a la plenitud de su vocación. Y están sellando su destino inevitable: decadencia —en el mejor de los casos— o extinción.

● ●

CUESTIONARIO

1. *¿Qué relación existe entre la labor de los ministros de Cristo y el ministerio de la Iglesia?*

2. *¿En qué se diferencia el ministerio cristiano de las profesiones humanas?*

3. *¿En qué aspectos puede considerarse a Cristo ejemplo de sus ministros?*

4. *¿Cómo pueden relacionarse en la práctica la evangelización y la enseñanza?*

5. *¿En qué sentido puede aplicarse el título de «profeta» al predicador de hoy?*

• •

Capítulo II
Requisitos del ministro

Es lógico que una obra tan trascendental como la del ministerio cristiano tenga elevadas demandas respecto a quienes en él se ocupan. Si las empresas humanas, de carácter temporal, exigen mucho a sus dirigentes, sería absurdo pensar que una persona cualquiera está capacitada para ocupar lugares de especial responsabilidad en la obra de Dios, de valor y alcance eternos. Solo quien reúne los requisitos necesarios puede esperar que su labor no sea un fracaso. Entrar en el ministerio sin ellos puede ser una temeridad sacrílega de graves consecuencias. Generalmente conduce o a la frustración o al profesionalismo cínico en el que el ministro apenas hace otra cosa que representar un papel semejante al de un actor de teatro. Y esta última experiencia no siempre se vive con el desenfado propio de una comedia, sino con la tensión dramática de una doble vida, tortura de la conciencia.

Destaquemos las condiciones indispensables para un auténtico ministerio cristiano:

VOCACIÓN

En el Nuevo Testamento hallamos buen número de referencias al llamamiento de Dios para salvación (Jn. 10:3; Rom. 8:28, 30; 9:24; I Cor. 1:9; Gál. 1:6; II Tes. 2:14; I Ped. 5:10; II Ped. 1:3). En este sentido, todos los redimidos son «llamados» y todos, asimismo, quedan incluidos en la vocación a servir a Dios de algún modo (I Tes. 1:9). Pero también encontramos referencias a un llamamiento especial por parte del Señor, dirigido a quienes de modo también especial han de servirle. Antecedentes de esta vocación los hallamos en el Antiguo Testamento con ejemplos tan claros como los de Moisés (Ex. 3:10-12), Isaías (Is. 6), Jeremías (Jer. 1:4-19) y Ezequiel (Ez. 2:1-3), entre otros. En el Nuevo

Testamento vemos cómo Jesús escoge a algunos de sus discípulos (primeramente a los doce apóstoles; después a setenta) y los llama para encomendarles la predicación del Evangelio con mayor dedicación que el resto de los discípulos (Mt. 10:1; Luc. 10:1). El Espíritu Santo llama a Bernabé y Saulo para iniciar una gran obra misionera (Hec. 13:2). Pablo, muy consciente de esta realidad, da testimonio de ella en algunas de sus cartas (Rom. 1:1; I Cor. 1:1; Gál. 1:15,16).

De la enseñanza bíblica se desprende que la vocación al ministerio nada tiene que ver con una inclinación meramente humana como la que pudiera sentir una persona hacia la música, la política o la medicina. No tiene su origen en una tendencia interior, sino en un auténtico llamamiento, exterior y superior, procedente de Dios.

Es ésta una cuestión delicada, ya que tal vocación no se efectúa hoy de modo sobrenatural. Generalmente, cuando Dios llama, no lo hace por medio de un ángel o de una voz milagrosa físicamente audible. Es una voz interior, espiritual, la que se percibe. Por tal motivo, a menos que haya gran sinceridad y sensibilidad de espíritu, no es difícil incurrir en errores. Puede interpretarse como vocación divina lo que no pasa de ser mera apetencia humana. ¿Cómo puede distinguirse una vocación verdadera de una falsa? ¿Qué elementos de juicio hemos de usar para llegar al convencimiento de que realmente es Dios quien nos habla?

Aunque es mucho lo que podría decirse sobre cuestión tan decisiva, nos limitaremos a ofrecer las líneas de orientación más importantes:

La voz interior

Ya hemos aludido a ella. Se manifiesta en un deseo fuerte, incoercible y continuado de hacer del ministerio la ocupación suprema de la vida. El servicio a Dios y a los hombres se convierte en objetivo poderosamente atractivo. Dios y su obra se hacen fascinantes y el hombre llamado se siente —usando frase de Jeremías— como «seducido» (Jer. 20:7). Sea cual fuere el precio que la vocación exija, se acepta de buen grado. Los valores del ministerio superan a todo lo terrenal. Y por encima de todo, el creyente así llamado aspirará solo a responder dignamente a su Señor. La voz que resuena en su interior le resulta poco menos que irresistible, como sugería Spurgeon a sus estudiantes en uno de sus magníficos «Discursos»[5].

---

[5] *Discursos a mis estudiantes*, Casa Bta. de Publicaciones, cap. 2.

Esta experiencia no siempre puede explicarse fácilmente. Suele entrañar un elemento de misterio inefable. Pero quien la vive conoce cuán real y cuán intensa es. J. H. Jowett expresó este hecho con la honda percepción que le caracterizó: «Un hombre puede percatarse de su llamamiento al ministerio porque se ve asido por un imperativo mudo, poderoso, que escapa a una razón adecuada. Está seguro del constreñimiento, pues es tan manifiesto como la fuerza de la gravedad. Pero cuando busca explicaciones para justificarse a sí mismo siente que se mueve en el crepúsculo o en la oscuridad más profunda de la noche»[6].

Pero, importante como es la voz interior, nadie debiera basar únicamente en ella el convencimiento de que la vocación divina es auténtica. Conviene someter esa convicción a otras pruebas.

El análisis de los móviles

El campo de las motivaciones suele ser muy complejo. Son muy raros los casos en los que actuamos por un solo motivo, simple y puro. Junto a las aspiraciones más sublimes puede haber otras de menor altura, aunque a veces no seamos conscientes de ellas. Pueden existir incluso anhelos ocultos en el subconsciente incompatibles con la naturaleza del ministerio. Hay en este mucho que lo hace humanamente atractivo, al menos visto desde fuera. Algunos han visto en él una posición de prestigio, de dominio, de propia exaltación y se han decidido a entrar en él movidos más por la vanidad y el afán de vanagloria que por una verdadera vocación. Poco o nada han entendido de la abnegación, de las renuncias, de las experiencias a menudo humillantes que el ministerio entraña. Hay quien busca en él un trono cuando solo puede encontrarse una cruz.

La persona que se cree llamada por Dios para servirle debe examinar con la mayor objetividad posible los motivos que la impelen al ministerio. ¿Es realmente el amor a Dios y a sus semejantes lo que le impulsa? ¿Es Cristo quien le subyuga? ¿Es su obra, con todos sus problemas y dificultades, lo que le atrae? ¿Seguiría firme en su decisión de dedicar su vida al servicio de su Señor si desaparecieran del ministerio todos sus aspectos humanamente brillantes? ¿Mantendría su resolución si previera claramente que los ministros de Cristo no son por lo general «primeros», sino «postreros», que a menudo no están encumbrados

---

[6] *The preacher, his life and work*, Hodder & Stoughton, p. 12.

en alturas de dignidad humana, sino en situaciones de recusación, de debilidad, de menosprecio, de necesidad, de fatiga, de padecimiento (I Cor. 4:9-13)?

Si después de un riguroso auto-examen se llega a la conclusión de que el motivo que prevalece es la gloria de Dios, cualquiera que sea el precio que deba pagarse, hay una razón importante para pensar que la vocación es genuina. Y ello a pesar de que tal motivo presente adherencias de otros menos nobles. Lo importante es alcanzar la certidumbre de que nos domina el santo deseo de servir a Cristo, no el de ensalzar nuestra propia persona.

La posesión de dones adecuados

Por regla general, cuando Dios llama a un hombre para una obra determinada, previamente lo ha dotado para que pueda realizarla. Esta provisión divina de los dones necesarios incluye no solo los carismas otorgados por el Espíritu Santo, sino los que podríamos denominar naturales o humanos.

Normalmente, el ministro del Evangelio ha de poseer un mínimo de *capacidad intelectual*. Tanto en la predicación como en la obra pastoral se le exigirá un amplio despliegue de actividad mental; habrá de ejercitar sus facultares de raciocinio, de análisis, de discernimiento, de ordenamiento de ideas, de persuasión, etc. Sería un gran error aplicar textos como el de I Cor. 1:26, 27 («lo necio del mundo escogió Dios para avergonzar a los sabios») a fin de justificar la admisión de oligofrénicos en el ministerio. Aunque Dios puede realizar toda clase de milagros, no parece haber sido su voluntad hacer su obra con personas de escasas posibilidades intelectuales. Tanto los profetas como los apóstoles fueron hombres de asombroso vigor mental.

No menos importante es el *carácter*. Un hombre pusilánime, indeciso, voluble o irreflexivo difícilmente puede asumir las responsabilidades ministeriales. La falta de dominio propio también es un serio inconveniente. Por supuesto, no se espera que un ministro del Evangelio sea la perfección encarnada; pero hay defectos que, de no corregirse, pueden ser causa de incompetencia para el ministerio. Hay, sin embargo, en este terreno grandes posibilidades de superación. Timoteo, más bien tímido por naturaleza, llegó a ser uno de los colaboradores más eficaces de Pablo. La impetuosidad y la volubilidad de Pedro, que tantas experiencias amargas le reportaron, quedaron bajo el control del Espíritu Santo. El temperamento fuerte, violento a veces, de Lutero fue encauzado para dar el impulso imprescindible a la obra de la Reforma. De la santificación del carácter nos ocuparemos en el capítulo siguiente.

Un cierto *equilibrio psíquico* es también factor indispensable. Hemos de admitir que resulta prácticamente imposible trazar la línea de demarcación entre la persona psíquicamente normal y la que no lo es. Dios ha usado a menudo, y con resultados maravillosos, hombres y mujeres que muchos psiquiatras habrían tildado de neuróticos. Algunos de los más santos y fieles ministros de Cristo han sufrido frecuentemente hondas depresiones. Pero también se da el caso de personas afectadas por defectos psíquicos, con derivaciones morales o espirituales negativas, que hacen desaconsejable la dedicación al ministerio. Pensar que tal dedicación podría significar la solución del problema es exponerse a una frustración que puede resultar fatal. Mucho más sensato es buscar el tratamiento por otros caminos más adecuados y solo después de conseguir la normalización puede empezarse a pensar en la posibilidad de entrar en el ministerio.

Incluso *la complexión y la salud físicas* deben ser tenidas en cuenta. Es verdad que el poder de Dios se perfecciona en nuestra debilidad (II Cor. 12:9). Resulta casi increíble lo que algunos siervos de Cristo han realizado con fuerzas físicas muy limitadas o con una salud claramente quebrantada. Muchos pastores han llegado a tal estado a causa del gran desgaste que en todos los órdenes produce el ministerio. Pero una cosa es sufrir el deterioro de la salud como consecuencia del trabajo en la obra de Dios y otra aspirar a ese trabajo cuando ya se carece de la capacidad física necesaria. «Los defectos físicos —decía Spurgeon— dan lugar a la duda acerca de la vocación de algunos hombres excelentes. Yo no pretendo, como Eustenes, juzgar a los hombres por su aspecto, pero su físico general puede servir para formar un criterio de no poco peso. Un pecho angosto no indica un hombre formado para discursos públicos... Cuando el Señor se propone que una criatura corra, le da piernas ligeras, y si se propone que otra criatura predique, le dará pulmones a propósito para ello...»[7].

Puede darse el caso de que un defecto físico quede ampliamente compensado por otros excelentes dones. Además, hay diversas formas de ministerio y algunas de ellas permiten insuficiencias que serían

---

[7] *Op. cit.*, p. 60.

inadmisibles en otras. El escritor cristiano, por ejemplo, no necesita las mismas facultades físicas que el predicador. En estos casos no debe imponerse la norma general. De todos modos, una buena salud y un caudal no pequeño de energías son factores que no pueden subestimarse cuando se trata de analizar una vocación.

El reconocimiento por parte de otros

Es fácil que una persona se equivoque al examinarse a sí misma. Charles Bridges cita a Quesnel: «Hay algo que ningún hombre debiera hacer y que muchos hacen, erigirse a sí mismo en juez soberano de su llamamiento». Y a renglón seguido añade: «Una inclinación desviada, una propensión constitucional o consideraciones mundanas enmarañan el camino y oscurecen las señales de la dirección divina»[8]. Por eso siempre es prudente solicitar el consejo de otros, especialmente de personas que por su espiritualidad y experiencia están en condiciones de orientar sabiamente. Cuando el concepto que un creyente tiene de sí mismo no coincide con el de sus hermanos, lo más probable —salvando las excepciones— es que sean éstos quienes posean la opinión correcta. Por consiguiente, un sentimiento de vocación no compartida por quienes mejor conocen a la persona que se cree llamada debiera considerarse con la máxima cautela. Con toda seguridad, Timoteo nunca habría llegado a ocupar el lugar que ocupó en la obra de Dios si Pablo, al igual que los hermanos de Listra e Iconio, no hubiesen reconocido en él (Hec. 16:1,2) las cualidades propias para un ministerio fructífero. La obra del Evangelio tiene siempre un fondo eclesial y, a pesar de que toda vocación es eminentemente personal, la respuesta al llamamiento del Señor debiera tener también un respaldo comunitario. Rarísimas veces sería prudente aceptar al ministerio a alguien que no gozara de la confianza y apoyo moral de su propia iglesia.

La Providencia

Cuando el propósito de Dios es que uno de sus hijos le sirva en una esfera especial de ministerio, ordena los acontecimientos de su vida de modo que este propósito pueda realizarse. Llegado el momento oportuno, Él abre puertas y caminos, a veces del modo más insospechado.

---

[8] *The Christian ministry*, The Banner of Truth Trust, p. 93.

No siempre, sin embargo, una puerta abierta es prueba de que se debe entrar por ella. Las facilidades tanto pueden venir de Dios como del diablo. En todo caso, antes de tomar una decisión, se impone buscar sinceramente la dirección de Dios. El hombre que verdaderamente teme al Señor no quedará sin guía. Dios «le mostrará el camino que ha de escoger» (Sal. 25:12). Aun en el caso de que el creyente vacile y dude, Dios, de algún modo, le impelerá a la resolución correcta. La vida de Calvino habría sido probablemente muy otra de no haberse encontrado en Ginebra con Farel, quien, tomándole de las solapas con mirada apasionada y con tono vehemente, exclamó: «¡La Reforma te necesita!» Dios suele combinar las circunstancias con las personas y las palabras adecuadas para guiar a los suyos en las grandes decisiones.

• •

CUESTIONARIO

1. *¿Qué se entiende por vocación en el sentido bíblico?*

2. *Hágase un análisis crítico del llamamiento de Moisés en Éxodo 3.*

3. *Una vocación en la que se mezclen sentimientos carnales, ¿puede ser auténtica? ¿Por qué?*

4. *De los principios orientativos señalados en este capítulo, ¿hay alguno que tenga una fuerza decisiva? Si cree que lo hay, indique cuál —o cuáles— y por qué.*

• •

Capítulo III
Requisitos del ministro (II)

UN CARÁCTER SANTIFICADO (a)

En el capítulo anterior apuntamos ya algo sobre la importancia del carácter de quien desea dedicarse al ministerio. Aquí debemos volver al tema y estudiarlo más a fondo.

En muchas profesiones humanas, la eficiencia es independiente del modo de vivir de la persona que las ejerce; su vida privada poco afecta a la habilidad profesional de un cirujano, de un abogado o de un arquitecto. Pero no sucede así con los líderes de cualquier tipo que han de guiar a grupos humanos más o menos numerosos a la consecución de unos fines loables. A la pregunta «¿Debe la vida privada de un líder estar por encima de toda censura?», contestaba el famoso mariscal Montgomery: «Mi propia opinión es que en esta cuestión particular, y en todos los demás órdenes, el factor más poderoso es la sinceridad del hombre, su ejemplo e influencia —especialmente en lo que se refiere a las virtudes cristianas— tanto si pertenece a las clases elevadas de nuestra sociedad como a las bajas. No veo cómo alguien puede llegar a ser un líder si su vida privada no está por encima de todo reproche. En tal caso, aquellos que son guiados por él cesan de respetarle, le retiran su confianza, y cuando esto sucede su liderazgo pierde rápidamente efectividad»[9].

Si este principio rige en cualquier tipo de liderazgo humano, ¡cuánto más en el ministerio! Todo ministro del Evangelio es, en mayor o menor grado, un guía. El objeto de su misión lo constituyen seres humanos, por cuyo bienestar en su sentido más elevado y trascendental debe laborar. Toda inconsecuencia entre lo que proclama y lo que vive

---

[9] *The path to leadership,* Collins, p. 15.

amenaza seriamente el éxito de su trabajo. Lo sagrado de su tarea le exige una conducta santa (II Tim. 2:21). No significa esto que un siervo de Dios ha de ser perfecto. Los grandes líderes del antiguo Israel no lo fueron. Tampoco lo fueron los apóstoles. Todos tuvieron sus errores, sus debilidades temperamentales, sus pecados, a veces con caídas espectaculares; pero el conjunto de sus vidas presenta un cuadro de profunda piedad y de moral acendrada. Se tomaban a Dios en serio y le servían con la dignidad moral propia de la vocación con que Dios los había llamado.

En el ministerio cristiano no basta la fidelidad en la proclamación de la verdad; es indispensable la fidelidad en la práctica de la verdad. De todo siervo del Señor debiera poder decirse lo que se atestiguaba de Orígenes: «Como enseña, así vive, y como vive, así enseña». Lo más deplorable para un mensajero de Cristo sería que pudiese aplicársele aquel viejo epigrama: «Lo que haces habla tan alto que no puedo oír lo que dices». De aquí que el ministro necesite, como requisito indispensable, un carácter santificado. Conviene que posea las cualidades de todo líder a nivel natural. Las cuatro virtudes cardinales —prudencia, justicia, templanza y fortaleza— que eran ya reconocidas como esenciales por los paganos de antaño en sus dirigentes políticos, no pueden faltar en el líder cristiano. Esas virtudes incluyen la resistencia tanto a las críticas desfavorables, como a los halagos, la firmeza en los momentos difíciles, la capacidad para inspirar respeto y confianza, la entereza frente a las decepciones y las deslealtades, el tacto, la habilidad para conciliar en lo posible puntos de vista opuestos, la tenacidad y el optimismo.

Pero no son suficientes estas cualidades naturales en el caso del ministro del Evangelio. Necesita, además y sobre todo, la capacitación que procede de su Señor. «Sin mí —dijo Jesús a sus discípulos— nada podéis hacer» (Jn. 15:5). «El liderazgo espiritual es cuestión de poder espiritual superior que no puede nunca autogenerarse. No existe el líder espiritual que se hace a sí mismo. Puede influir espiritualmente en otros únicamente porque el Espíritu Santo obra en él y a través de él»[10]. El poder del Espíritu Santo es imprescindible para cualquier forma de servicio cristiano. Los dones naturales de Pedro jamás habrían logrado los resultados maravillosos de Pentecostés sin la acción poderosa del Espíritu. Aun para una obra de diaconía se exigió que los hombres

---

[10] J. Oswald Sanders, *Spiritual leadership*, p. 20.

que la iglesia eligiera fuesen llenos del Espíritu Santo (Hec. 6:3). Pablo reconoce sin rebozo la verdadera fuente de poder espiritual para el ministerio: «No que por nosotros mismos seamos capaces de atribuirnos cosa alguna, como propia nuestra, sino que nuestra capacidad viene de Dios, el cual nos capacitó para ser ministros... del Espíritu» (II Cor. 3:5,6, vers. BJ).

Pero debe tenerse muy presente que el poder del Espíritu Santo es inseparable del fruto del Espíritu Santo. Algunos predicadores han mostrado gran interés por el primero y bastante indiferencia respecto al segundo. Han anhelado ardientemente la energía divina que asegurara congregaciones crecientes y numerosas «conversiones» a la par que han descuidado el cultivo de su propia vida espiritual. Por este camino no se puede llegar muy lejos. El verdadero fruto del Espíritu no consiste en resultados estadísticamente tabulables, sino en una modelación del carácter a semejanza del de Cristo. «El fruto del Espíritu es amor, gozo, paz, paciencia, afabilidad, bondad, fidelidad, mansedumbre, templanza» (Gál. 5:22, 23). Y la manifestación de tal fruto es absolutamente indispensable en la vida de todo ministro. Quienes antes de conocer a Cristo estaban lejos de estas virtudes, deben experimentar una transformación de su carácter. Pueden subsistir —y subsistirán— los rasgos más acusados del temperamento, pero el carácter, y por consiguiente las reacciones y la conducta, cambiarán bajo el influjo del Espíritu de Dios. Simón, voluble y deleznable como un terrón de tierra, fue transformado en Cefas (piedra), y Juan, el discípulo intolerante, se convirtió en el apóstol del amor.

Ya en el Antiguo Testamento se resaltaba la necesidad de una santificación de los sacerdotes que trascendía los límites de lo ritual para situarse en el plano moral. La familia de Elí tuvo que aprender mediante la tragedia la importancia de esta demanda divina.

En el Nuevo Testamento ese requerimiento es aún más claro. Se observa claramente en los requisitos establecidos para la designación de ancianos en las iglesias. Tres son los pasajes básicos que nos hablan de su carácter (I Tim. 3:1-7; Tito 1:5-9 y I Ped. 5:1-4). Conviene observar, no obstante, que lo que en ellos se exige es un mínimo. Otros textos novotestamentarios nos ayudan a ver de modo más completo lo que debe ser el carácter de un ministro del Evangelio.

Procederemos primeramente a un análisis breve de las características de los «obispos» (ancianos o pastores), mencionadas en las cartas pastorales de Pablo y en la primera epístola de Pedro.

Los requisitos del pastor, según Pablo

Pueden resumirse en una sola frase: «Conviene que el obispo sea *irreprensible» (anepilepton* —que no puede ser sorprendido en nada censurable) (I Tim. 3:2); es decir, debe estar a cubierto de todo reproche, exento de todo lo que normalmente y en justicia es reprobado por la sociedad. La lista de cualidades que Pablo presenta a continuación difieren poco de los requisitos impuestos entre los griegos a figuras publicas como reyes, generales, etc.[11]. No era lógico que en lo concerniente a sus líderes la iglesia se situara en un nivel ético inferior al de los paganos.

La irreprochabilidad del obispo o anciano debía manifestarse en todos los órdenes de su vida, personal, familiiar, social y eclesial, tanto en sus aspectos negativos como en los positivos. Lo que el apóstol considera indispensable en los líderes de la iglesia puede resumirse en seis requisitos básicos:

Sobriedad

El adjetivo *nefaleon* en I Tim. 3:2 solía aplicarse a la persona que se abstenía del vino, totalmente, o del abuso del mismo; pero también tenía un significado más amplio de moderación, templanza. El verbo, *nejo*, se usaba para expresar el estado de tranquilidad de espíritu, ausencia de apasionamiento, circunspección. La sobriedad incluiría, pues, no solo morigeración en la bebida (I Tim. 3:3; Tito 1:7) y buen testimonio en la esfera sexual («marido de una sola mujer»)[12], sino ausencia de codicias deshonestas (I Tim. 3:3; Tito 1:7) y control de cualquier tendencia a la soberbia o a la ira (ídem). La falta de dominio propio ha arruinado más de un ministerio.

Sensatez

El «obispo» debe ser prudente, *sofron*. El término griego, en su acepción secundaria, es sinónimo de templado, aplicable a la persona que domina sus impulsos; pero literalmente y en su sentido primario equivale a la cualidad de poseer una mente sana, equilibrada. Los griegos

---

[11] Donald Guthrie, *The Pastoral Epistles*, The Tyndale Press, p. 80.

[12] Al parecer, en las iglesias primitivas quedarían excluidos de la posición de ancianos quienes antes de su conversión habían sido polígamos. De cualquier modo, sea cual sea la interpretación que se dé a las palabras de Pablo, es evidente que «un obispo debe mostrar un ejemplo de estricta moralidad» (Scott).

atribuían gran importancia a esta virtud. Y en modo alguno debiera ser menospreciada en la iglesia cristiana so pretexto de una sabiduría carismática superior. La sabiduría espiritual y la sensatez a nivel humano no se excluyen; se complementan. Creyentes ha habido que ocupados activamente en la obra de Dios, han hecho alarde de espiritualidad a todos los niveles a la par que evidenciaban su falta de sesudez; generalmente, su obra ha sido un fracaso. Solo una persona juiciosa, ponderada en su apreciación de las personas y de los hechos, puede actuar con tino en las complejas situaciones que se plantean en el ministerio. Por otro lado, si se carece de esa solidez mental, resulta prácticamente imposible llegar a ser «decoroso» *(kosmios* = ordenado) capaz de actuar correcta y convenientemente, o ser «apto para enseñar» (I Tim. 3:2).

Afabilidad

En contraste con el aspecto negativo de la iracundia, que hace del hombre un pendenciero, Pablo afirma que debe ser apacible (I Tim. 3:3) *(epieikes),* amable, considerado, tolerante, magnánimo. Un carácter áspero, fácilmente irritable, con escasa capacidad para la sonrisa cordial, no es la mejor ayuda para el éxito en las amplias relaciones humanas propias del ministerio.

Justicia

Esta virtud no anula la anterior; la completa. El anciano debe ser *dikaion* (Tito 1:8), justo, que observe las normas divinas en su conducta y merezca así la aprobación de Dios; «en un sentido más estricto, que dé a cada uno lo que corresponde, y en un sentido jurídico, que juzgue a los demás justamente, bien sea de palabra o por el modo de tratar con ellos» (Thayer).

Al ministro no le está permitido en ningún caso recurrir a medidas torcidas. Sean cuales sean las dificultades que le presente el camino de la rectitud, no puede salirse de él. Las medias mentiras, el fingimiento, los manejos turbios, las intrigas, los favoritismos, la falta de escrúpulos, y cualquier otro procedimiento incorrecto están vedados a quienes son llamados a proclamar la gloria de un Dios justo. Y esto en todos los casos. Ni siquiera cuando el propósito es bueno pueden usarse medios ilícitos. Bíblicamente es insostenible el principio de que el fin justifica los medios. «Aunque vivimos en la carne, no combatimos según la carne, porque las armas de nuestra milicia no son carnales, sino poderosas en Dios para la destrucción de fortalezas» (II Cor. 10:3,4).

Autenticidad

Esta característica se halla implícita en la recomendación de que el anciano sea hospedador y que gobierne bien su casa (I Tim. 3:2,4; Tito 1:8,6). Inevitablemente, la casa del líder cristiano es de cristal, transparente. Sus puertas están abiertas a los de fuera, y los de dentro, los miembros de la familia, mostrarán en su conducta exterior la influencia de la atmósfera espiritual que en el hogar se respira. Todas las excepciones que puedan aportarse no hacen sino confirmar la regla de que un hombre que fracasa en el gobierno de su casa y en la educación de sus hijos está descalificado para guiar al pueblo de Dios. Cierto es que de ministros tan piadosos y fieles como Samuel pueden salir hijos que no anden en sus caminos. Pero en la mayoría de los casos los resultados del influjo familiar son positivos cuando se ha vivido la experiencia de la fe con autenticidad, cuando las conversaciones, las reacciones y el comportamiento del padre en casa son como una prolongación de su predicación y de su trato con los miembros de la iglesia. Solo Dios sabe cuántos hijos de pastores han sido espiritualmente arruinados a causa de las inconsecuencias observadas en sus padres en el ámbito familiar.

Madurez

«No un neófito» (I Tim. 3:6). El vocablo griego en este texto significa literalmente recién plantado. Se refiere, sin duda, al recién convertido. Este, cual tierna planta, necesita crecer y robustecerse mediante el servicio y las pruebas. Al principio, suele tener «abundancia de follaje. El converso todavía no ha sido podado con la cruz» (Bengel). Se necesita un mínimo de tiempo y de formación, con las consiguientes experiencias duras, para llegar a un grado aceptable de madurez. Sin este requisito, el líder se deja arrebatar fácilmente por el engreimiento. Cree que ha logrado una altura superior a la de sus hermanos, pero es la altura del orgullo, de la que suele caerse estrepitosamente, para quedar envuelto «en lazo del diablo».

Parece que Pablo tenía muy presente este requisito al buscar colaboradores. Recuérdese su dura resistencia a que Juan Marcos, desertor en la primera empresa misionera, se uniera a él y Bernabé en su segundo viaje (Hec. 15:36-40). Tampoco lo perdía de vista al establecer ancianos en las iglesias. Es verdad que omite esta cualidad en la lista de condiciones pastorales en su carta a Tito. Ello podía deberse a una necesidad excepcional, dada la reciente formación de la iglesia en Creta. Pero es significativo el hecho de que en su primer viaje misionero, durante el cual fundó varias iglesias, no se designaron ancianos de modo inmediato en ninguna de ellas; esperó a una nueva visita de regreso de su viaje (Hec. 14:23), y seguramente se decidió a hacerlo al cerciorarse de que ya había hombres que evidenciaban las cualidades esenciales propias de la función pastoral.

La historia de la Iglesia, y especialmente de la obra misionera, habla con patética elocuencia de lo desastrosa que suele ser una admisión precipitada en el ministerio de personas que se distinguían especialmente por una característica: su inmadurez.

Los requisitos pastorales, según Pedro (I Ped. 5:1-4)

Simón Pedro tuvo rasgos naturales de líder muy positivos. A pesar de su impetuosidad, causa de errores y fracasos, se hizo merecidamente acreedor al lugar prominente que llegó a ocupar entre los demás apóstoles. Su entusiasmo, su abnegación, su dedicación plena, su afecto sincero, el arrojo mostrado en sus decisiones, todo hacía de él un hombre que ejercía una poderosa influencia sobre los demás (véase como ejemplo Jn. 21:3). Todas sus cualidades humanas fueron maravillosamente ordenadas, robustecidas y completadas por el Espíritu Santo a partir de Pentecostés, por lo que Pedro continuó siendo una de las principales columnas de la Iglesia cristiana (Gál. 1:18, 2:9).

Sin duda, había en Pedro una honda conciencia pastoral desde que el Señor resucitado le encomendó el cuidado de su grey (Jn. 21:15-17). Esta conciencia aflora clarísimamente cuando exhorta a los ancianos para que diligentemente apacienten al pueblo de Dios. Y, como pastor modelo, se distingue por su humildad. No mira a los ancianos desde un pedestal. Se sitúa junto a ellos, al mismo nivel («yo anciano también con ellos»), en común participación del testimonio de Cristo y de la gloriosa esperanza cristiana (v. 1b). A esta virtud de la humildad volveremos más adelante.

Las condiciones señaladas por Pedro para los pastores no son menos importantes que las mencionadas por Pablo. Analicémoslas sucintamente.

Voluntariedad

«Apacentad la grey de Dios, no por fuerza, sino voluntariamente» (v. 2). La presión de personas o circunstancias puede ser —como vimos— el medio que confirme una auténtica vocación al ministerio. Pero puede ser también una coacción. Nadie debiera dedicarse a ninguna forma de ministerio por constreñimientos ajenos al llamamiento de Dios. Solo cuando de modo libérrimo puede decir: «Heme aquí, Señor, envíame a mí», está el creyente en condiciones de dedicar su vida plenamente al servicio de Cristo.

Diligencia desinteresada

«No por ganancia deshonesta, sino con ánimo pronto» (v. 2b). El siervo de Dios ha de vivir siempre en plena dedicación a la obra que se le ha encomendado; pero debe actuar no bajo el impulso de móviles egoístas, sino con largueza de espíritu. Del famoso J. W. Fletcher, colaborador de Wesley, declaró este en cierta ocasión: «Un carácter tan irreprensible en todos los aspectos no lo he hallado ni en Europa ni en América». Tenía razón. Antes de aceptar su ministerio en Madeley, Fletcher rehusó un ofrecimiento humanamente muy ventajoso que se le hacía en Dunham. «Hay en Dunham —dijo— demasiado dinero y demasiado poco trabajo»[13]. ¿Cuántos en su lugar habrían hecho lo mismo?

El desinterés, sin embargo, no debe limitarse a los aspectos crematísticos del ministerio; debe incluir la renuncia a ambiciones de toda índole, a las ganancias excesivamente humanas de fama, admiración, influencia u honor. «No sé —escribió J. H. Jowett— quién ocupa la esfera más baja, si el que tiene hambre de dinero o el que tiene sed de aplausos».

Ausencia de espíritu dominante

«No como teniendo señorío sobre los que están a vuestro cuidado» (v. 3). Un verdadero líder nunca es un dictador. Desgraciadamente, no todos los ministros del Evangelio han llegado a comprenderlo. Tratan de ejercer un dominio tan despótico como arbitrario mediante un deplorable abuso de autoridad. A la larga, los resultados de esa tiranía son negativos, a menudo nefastos, tanto para la iglesia como para el que

---

[13] Ref. de J. O. Sanders, *op. cit.*, p. 34.

la impone. Afortunadamente, los Diótrefes (III Jn. 9, 10) no tienen demasiadas posibilidades de prosperar entre quienes reconocen a Cristo como único Señor.

Ejemplaridad

«...siendo ejemplos de la grey (v. 3b; comp. I Tim. 4:12). Todo ministro del Evangelio debiera poder decir a sus hermanos: «Sed imitadores de mí, así como yo de Cristo» (I Cor. 11:1) y «lo aprendisteis y recibisteis y oísteis y visteis en mí, esto haced» (Fil. 4:9). Un acto ejemplar habla con mayor eficacia que diez sermones elocuentes. Buena parte de lo que decimos en nuestras predicaciones no llega quizás a ser comprendido por algunos de nuestros oyentes. Pero aun el más sencillo capta el mensaje de una vida transparentemente cristiana. Por algo el autor de la carta a los Hebreos, antes de instar a sus lectores a imitar la fe de sus dirigentes espirituales, les pide que consideren «el resultado de su conducta» (Heb. 13:7).

Observemos que este requisito de la ejemplaridad es superior al de la mera irreprensibilidad. A la ausencia de motivos de reproche se añade un modo positivo de comportamiento. Más que en los defectos que debemos evitar, nos hace pensar en las virtudes cristianas que debemos practicar.

CUESTIONARIO

1. *¿Por qué el carácter santificado del ministro es indispensable para la efectividad de su ministerio?*

2. *Ilustre la respuesta a la pregunta anterior con algunos ejemplos bíblicos.*

3. *Analice algún personaje de las Escrituras en el que aparecen defectos contrarios a las virtudes propias del ministro cristiano y subraye las consecuencias de tales defectos.*

4. *Diserte sobre la posibilidad o imposibilidad de que el carácter sufra una honda transformación.*

5. *¿Qué debería hacer quien, después de haber entrado en el ministerio, descubre que su carácter no responde a las exigencias de su obra?*

Capítulo IV
Requisitos del ministro (III)

UN CARÁCTER SANTIFICADO (b)

Otros preceptos novotestamentarios

Recordemos que Pablo, en sus cartas pastorales, se limita a las cualida des indispensables de los guías de las iglesias. Pedro, en la última parte de su lista, al hablar de la ejemplaridad, señala nuevos rasgos del carácter de un ministro. Pero una simple ojeada, sin pretensiones exhaustivas, a otros pasajes del Nuevo Testamento nos mostrará algunos otros aspectos del siervo de Jesucristo que más cabalmente configuran su carácter y su comportamiento.

Dedicación plena

No nos referimos a la dedicación de todo el tiempo a la obra del ministerio, sino a la entrega interior, que es la decisiva. Puede haber persona que, liberada de ocupaciones seculares con objeto de que pueda atender más adecuadamente a su trabajo ministerial, tenga un corazón dividido y rinda muy poco en su servicio. Puede haber, por el contrario, quien se vea obligado a ganarse el sustento mediante un empleo secular, pero dé prioridad especialísima en su mente y en su corazón a la obra de Dios. Pablo, en algunas ocasiones, trabajó haciendo tiendas; pero en ningún momento dejó de ser el gran siervo de Jesucristo ni mermó su dedicación apostólica. Siempre fue fiel a su gran ideal: «De ninguna cosa hago caso, ni estimo mi vida preciosa para mí mismo, con tal que acabe mi carrera con gozo, y el ministerio que recibí del Señor Jesús, para dar testimonio de la gracia de Dios» (Hec. 20:24). En este sentir, imitaba a su Maestro y Señor (Jn. 4:34).

Esta entrega sin reservas, absoluta, debiera regir la vida del ministro en todos los órdenes. Solo de este modo puede lograrse la concentración necesaria —factor importantísimo— en la tarea que le es encomendada. Toda disgregación de ideales resta efectividad al trabajo ministerial. La unidad de propósito es fundamental para la eficiencia en tal trabajo. La grandiosidad de la obra de Pablo se debió, sin duda, a su clara comprensión de este gran principio espiritual. Así lo manifestó él mismo (Fil. 3:13, 14). Una aspiración análoga ha movido a los más grandes siervos de Dios. Y en todos los casos brotaba de un espíritu plenamente rendido a Cristo. Calvino hizo grabar en su sello particular un corazón encendido con la inscripción *Cor meum tibi, Domino, offero* (Señor, te ofrezco mi corazón). Ninguna otra cosa puede sustituir a esa entrega.

Humildad

Es tendencia natural del hombre caído buscar su propio ensalzamiento. Aun los discípulos que habían convivido con Jesús se sintieron preocupados por «quién es el mayor en el reino de los cielos» (Mat. 18:1) o «quién de ellos sería el mayor» (Lc. 9:46). Juan y Jacobo, por medio de su madre, se atrevieron a pedir al Señor que les concediese los lugares más prominentes en su reino (Mat. 20:20-21).

La esfera del ministerio es propicia a desarrollar ambiciones de grandeza. Por desgracia, muchos han sucumbido a ellas anteponiendo su propia vanagloria personal a la gloria de Dios. En vez de ser colaboradores del Señor, se han convertido —más o menos inconscientemente— en sus competidores.

Se cuenta de un pastor que predicaba un día sobre las palabras de Juan el Bautista: «He aquí el Cordero de Dios que quita el pecado del mundo». Al repetir una y otra vez el texto, lo hacía extendiendo aparatosamente el índice de la mano derecha, de tal modo que los oyentes prestaban mucha más atención al dedo que al Hijo de Dios. Es deplorable que no pocos hayan actuado con semejante espíritu. Les ha preocupado más encumbrarse a sí mismos que exaltar a Cristo. Más que el bien de la obra del Evangelio, han buscado su propio bienestar. El resultado ha sido que se han deshonrado a sí mismos al idolatrar su honor, como señalaba Richard Baxter[14]. Esta debilidad reviste a veces caracteres casi morbosos, irritantes y ridículos. Pero no es solo

---

[14] *The Reformed Pastor,* The Religious Tract Society, p. 151.

debilidad. Es pecado. ¿Y qué ministro está completamente limpio de él?

La insistencia con que el Señor condenó este mal es digna de atención (Mt. 18:4; 20:25-28; 23:11, 12; Mc. 10:42-45; Le. 14:11; 18:14; Jn. 13:13-16). El apóstol Juan, que tan torpe codicia había manifestado, parece haber sido finalmente impresionado por las exhortaciones de Jesús a la humildad. Es el único evangelista que recoge las palabras de Juan el Bautista, testimonio de su profunda humildad: «A El (Cristo) conviene crecer, mas a mí menguar» (Jn. 3:30). Cuando alude a su privilegio de haberse recostado sobre el pecho de Jesús, lo hace de modo anónimo (Jn. 13:23). También es el único que relata el lavamiento de los pies de los apóstoles por Jesús con toda la lección de humildad que entraña (Jn. 13:3-17).

A este hecho parece referirse también Pedro al amonestar a todos, incluidos los ancianos: «Revestíos de humildad» (I Ped. 5:5). El verbo *enkomboomai*, usado en este texto, se refiere a la acción de ceñirse el delantal blanco *(enkomboma)* de los esclavos.

Este era, sin lugar a dudas, el concepto que de sí mismo tenía Pablo cuando se denominaba «esclavo de Jesucristo». Y es que el ministro del Evangelio no puede ser otra cosa. Recuérdese lo que expusimos al ocuparnos de la naturaleza del ministerio. Por consiguiente, o somos humildes o somos infieles al Señor que nos llamó. En este último caso, el ministerio se convierte en anti-ministerio.

Abnegación

La dedicación y la humildad solo se desarrollan adecuadamente cuando tienen una raíz más honda: la negación de sí mismo a que debe llegar el cristiano y especialmente el ministro. Tal abnegación es el principio mismo del discipulado (Mt. 10:38, 39; 16:24, 25; Le. 14:27). La cruz es siempre el precio de un cristianismo auténtico. Y la cruz no es meramente una disposición a padecer cuando el sufrimiento resulta inevitable. En los días de Jesús, un hombre cargado con una cruz era un hombre que se dirigía a la muerte. Tomar la cruz es, por consiguiente, renunciar a la vida. Es comprender y aceptar que ya no estamos en el mundo para disfrutar egoístamente, sino para «servir y dar la vida» (Mc. 10:45) en cumplimiento de la encomienda recibida de Dios.

Por supuesto, nada tiene que ver la abnegación cristiana con el ascetismo. No somos llamados a renunciar de entrada a todo lo agradable y hermoso que la vida lícitamente nos puede ofrecer. Hay mucho en la experiencia de un ministro, en su hogar, en su trabajo, en sus relaciones, que es fuente de alegría de la que puede beber gozosamente. Pero todo queda subordinado a un segundo lugar. Si Dios le privara de todo ello, debería proseguir con firmeza su vida de servicio. Debe pensar que la vida no le debe nada. Y su Señor tampoco. Esto le evitaría muchas horas de amargura y desánimo. Tiempo le quedará para comprobar que Dios no es escaso o —mucho menos— sádico con sus siervos. Cualquier tipo de privación o insatisfacción humana en un momento dado, debe afrontarse sin resentimientos, sin rebeldía interior, sin desfallecimiento en el trabajo. La actitud de renuncia es cimiento de la obra del ministerio; si el cimiento se debilita, la obra puede desmoronarse.

La abnegación llevará aparejada más de una vez la renuncia a cosas lícitas en sí, pero que no convienen (I Cor. 10:23, 24); impulsará a la declinación de derechos (I Cor. 9:1-18; II Cor. 11:7), a la flexibilidad y a la adaptación a otros en cosas no esenciales (I Cor. 9:19-23). Hay un valor y una meta que están por encima de cualquier satisfacción egoísta: la gloria de Dios (I Cor. 10:31). Esta lección magistral de Pablo sobre el ministerio fue rubricada con su ejemplo admirable, mantenido con una tenaz disciplina que hizo de él un gran atleta espiritual (I Cor. 9:25-27).

Valentía

El campo del ministerio no es apto para pusilánimes. Nunca ha sido remanso de tranquilidad. Desde el principio, Jesús pronosticó a sus mensajeros conflicto permanente ante la oposición del mundo (Mt. 10:16-25).

Los apóstoles pronto sufrieron en su carne y en su espíritu los embates de una sociedad hostil: befas, menosprecio, azotes, cárceles, apedreamientos, peligros, fatigas, preocupaciones (II Cor. 4:8-13; 11:23-33). Si a esto se añaden las dificultades creadas por falsos maestros religiosos que trataban de introducir herejías en las iglesias o por hermanos débiles que caían a menudo en serios pecados, podremos hacernos una idea del temple que los apóstoles y sus colaboradores necesitaban. Solo una valentía sin límites podría sostener a aquellos adalides en tantos y tan variados frentes.

Todavía hoy, en algunos países, los siervos de Cristo se hallan expuestos a semejantes combates. Y donde la persecución —al menos la persecución abierta— ha desaparecido, aún subsiste, y con mayor encono, la pugna contra corrientes ideológicas y costumbres disolventes que asedian a la iglesia. Los problemas interiores no son menos inquietantes. Desde el punto de vista humano, las perspectivas que hoy se presentan ante el pueblo de Dios no son precisamente alentadoras, por lo que el líder cristiano precisa de una dosis sobrenatural de coraje para llevar a cabo su misión y poder decir: «No nos ha dado Dios espíritu de cobardía, sino de poder» (II Tim. 1:7).

Sinceridad

Tal vez nadie como el ministro del Evangelio se ve tentado a mantener una apariencia elevada de sí mismo que no responde a la realidad. Piensa en lo que se espera de él y forja una imagen exterior que responda a esa esperanza, sin dar la atención debida a su imagen interior, lo que frecuentemente origina una gran diferencia entre la una y la otra. El doctor Paul Tournier describe hábilmente este hecho cuando en una de sus obras más enjundiosas distingue entre personaje y persona. Hacemos esfuerzos inauditos en favor del primero; lo cultivamos, lo pulimos, lo retocamos, lo abrillantamos. Entretanto, nuestra preocupación por la persona, por lo que realmente somos cada uno, es mínima. Nos inquieta más lo que de nosotros pueden pensar los hombres que lo que piensa Dios.

Esta debilidad es muy antigua (Jn. 12:43), pero debe ser combatida enérgicamente. Cuanto mayor es la diferencia entre lo que aparentamos y lo que somos, mayor es el peligro que corremos. Puede suceder que si el «personaje» alcanza las dimensiones de un gigante y bajo él vive una «persona» enana, la desproporción salte a la vista de cualquier observador, con el consiguiente descrédito para un ser tan contradictorio. Y aun en el caso de que tal discordancia entre la apariencia y la realidad no llegue a ser descubierta por otros, el propio ministro, por poca sensibilidad que tenga, habrá de sufrir el desasosiego torturante producido por una simulación que va más allá de lo comprensible y tolerable.

Las admoniciones de Jesús a vivir en un plano de justicia superior al de los escribas y fariseos (Mt. 5:20) no pueden ser desoídas. Y el ejemplo apostólico nos marca la pauta en este terreno. «Porque nuestra gloria es ésta: el testimonio de nuestra conciencia, que con sencillez y sinceridad... nos hemos conducido en el mundo» (II Cor. 1:12). Esta sinceridad no se refiere únicamente a las palabras (II Cor. 1:18; 7:14), sino también a los pensamientos (II Cor. 1:17) y a la conducta (II Cor. 4:2; I Tes. 2:3, 4).

Solidaridad

Puede parecer esta cualidad poco relevante entre las demás de evidente excelencia. Sin embargo, es una de las que se destacan en el Nuevo Testamento y deberían enfatizarse en nuestros días. El ministro puede contagiarse del individualismo y del localismo que aqueja a gran parte de la obra evangélica en el mundo, perdiendo de vista la amplitud de los propósitos y de la estrategia de Dios. Puede quedar tan absorbido por su obra que no vea la de otros consiervos. Puede actuar como si creyera que su parcela, siempre limitada, es la totalidad del campo del Señor. Puede llegar a pensar que su ministerio es el más importante, muy superior al de sus compañeros, si es que al de éstos reconoce algún valor. En el fondo, estas actitudes revelan un gran defecto: miopía; y un gran pecado: egocentrismo.

Cuando el Señor pensó en su obra en el mundo escogió a un grupo de apóstoles. Cuando los envió a predicar fueron en parejas. Después de Pentecostés, los apóstoles reconocen la obra de Felipe en Samaria y la apoyan (Hec. 8:14, 25). Algo semejante acontenció en la naciente iglesia de Antioquía (Hec. 11:22).

Las empresas misioneras de Pablo y Bernabé entre los gentiles eran tan necesarias como la labor de Pedro, Jacobo y Juan entre los judíos (Gál. 2:7-9). A veces, la obra iniciada por uno era continuada por otro. Se cumplía lo dicho por el Señor: «Uno es el que siembra y otro el que siega» (Jn. 4:37). En Corinto, Pablo plantó y Apolos regó; el uno había puesto los cimientos y el otro había sobreedificado (I Cor. 3:6, 10). En la Iglesia apostólica, los ministros trabajaban y los dones se usaban solidariamente bajo la dirección del Espíritu Santo. Esta experiencia debe seguir repitiéndose hoy, tanto en el ámbito de la iglesia local como en la obra del Evangelio en general. Lo contrario es una negación práctica de la doctrina de la Iglesia como cuerpo de Cristo y una puerta abierta a la inefectividad en cualquier forma de servicio.

Firmeza

Aunque el líder cristiano, como vimos, no debe nunca convertirse en un dictador, ha de distinguirse por un carácter enérgico. Serán muchas las ocasiones en que lo necesitará. Hay momentos en que la blandura, la tolerancia y la concesión son pecado. Lo son cuando el error doctrinal amenaza la integridad del Evangelio (Gál. 1:6-9; I Tim. 1:19, 20; II Tim. 2:18); cuando se da una inconsistencia grave (Gál. 2:11-14); cuando descaradamente se introduce el pecado en la iglesia (I Cor. 5) o cuando actitudes carnales amenazan su buena marcha y gobierno (I Cor. 4:18-21; II Cor. 10:2, 6, 11; 13:2).

En cualquier caso, la firmeza no debe degenerar en rigidez o incomprensión. Hay una obstinación poco santa, emparentada más con el orgullo que con la energía, de la que todo ministro debe huir. La fuerza siempre debe ir acompañada de suma prudencia y delicadeza y debe tener una orientación positiva. Debe emanar de la especial autoridad moral otorgada por el Señor a sus siervos; pero esa autoridad ha de ejercerse siempre para edificar, no para destruir (II Cor. 10:8; 13:10).

También es necesaria la solidez frente a las múltiples circunstancias descorazonadoras que suelen rodear al siervo del Señor. Los problemas, el escaso fruto, las debilidades propias y ajenas, las deslealtades, las decepciones, todo puede contribuir a minar su fortaleza. Pero todo ha de ser superado. Como Pablo, todo líder cristiano ha de poder decir: «No desmayamos» (II Cor. 4:1, 16).

Amor

Esta característica, propia de todo cristiano, ha de manifestarse aún más visiblemente en el ministro. Ha de coronar todas las demás cualidades. Todos los dones, todas las virtudes, todas las fatigas, todas las renuncias, todos los sacrificios serán en vano si falta el amor (I Cor. 13:1-3). El «sentir que hubo en Cristo Jesús» (Fil. 2:5) debe inspirar constantemente a quien le sirve.

El origen de tal amor está en Dios mismo, quien lo ha derramado en nuestros corazones por medio de su Espíritu (Rom. 5:5). Tiene además una doble dimensión. Se orienta, en primer lugar, hacia Cristo y después hacia los hombres. Parece que el Señor quiso recalcar este principio mediante el diálogo que, después de su resurrección, sostuvo con Pedro junto al lago de Genezaret. «¿Me amas?», le preguntó por tres veces consecutivas. Después de cada respuesta afirmativa del apóstol le encomendó el cuidado de su grey (Jn. 21:15-17). La ingente labor llevada a cabo por Pedro patentiza la fuerza incomparable del amor a Cristo y a los hombres.

Igual ejemplo encontramos en Pablo. A través de sus cartas descubrimos los diversos modos de manifestarse su amor. ¡Cuánta ternura, cuánta solicitud, cuánta paciencia, cuánto desinterés, cuánta pasión santa en su relación con los creyentes de las iglesias! (II Cor. 11:11; 12:15; Gál. 4:19; I Tes. 2:7, 8, 11). No era menor su amor hacia los inconversos, sobre todo hacia sus compatriotas impenitentes.

Son estremecedoras sus declaraciones respecto a éstos: «Verdad digo en Cristo, no miento, y mi conciencia me da testimonio en el Espíritu Santo, que tengo gran tristeza y continuo dolor en mi corazón; porque desearía yo mismo ser anatema, separado de Cristo, *por amor* a mis hermanos, los que son mis parientes según la carne, los israelitas» (Rom. 9:1-4).

Cuando un ministro del Evangelio ama de este modo ha alcanzado la cota más alta de la santificación. Ese amor generará comprensión, paciencia, tolerancia, simpatía profunda hacia los hombres en sus problemas, necesidades y sufrimientos. Su predicación y sus contactos pastorales rezumarán un sentimiento de afecto santo. Poseerá el talismán espiritual más portentoso para llegar a los corazones, pues la mayor necesidad del ser humano es la de sentirse de veras amado. Infinidad de personas que viven en el dolor, en la soledad, en la frustración, tal vez entenderán muy poco o nada de teología bíblica, pero detectarán cualquier onda de amor que llegue a ellas, con lo que se habrá iniciado un proceso de comunicación espiritual.

Aun a riesgo de simplificar excesivamente, nos atreveríamos a decir que quien ama real y profundamente reúne el ochenta por ciento de los requisitos necesarios para el ministerio cristiano.

Nunca será demasiado el empeño que se ponga en cultivar las virtudes cristianas. Paralelamente a la acción del Espíritu Santo, debe el ministro velar y esforzarse, «consumando la santificación en el temor de Dios» (II Cor. 7:1). Su autodisciplina ha de ser rigurosa y constante a fin de evitar que, habiendo sido heraldo a los demás, resulte él mismo descalificado» (I Cor. 9:27).

•••

CUESTIONARIO

1. *Juan el Bautista se distinguió por su humildad. Mencione los hechos de su vida que demuestran esta afirmación y exponga la causa de tal virtud.*

2. *Mencione cuatro ejemplos concretos en los que algunos personajes bíblicos practicaron la abnegación y analice los resultados.*

3. *¿Qué relación debe existir entre la firmeza y el amor para que no se excluyan entre sí?*

•••

Capítulo V
Requisitos del ministro (IV)

UNA PREPARACIÓN ADECUADA

Importantes como son la vocación y el carácter, no son suficientes para asegurar la eficiencia en el ministerio. Se necesita también un mínimo de capacitación. Menospreciar este requisito constituye de por sí un signo de incompetencia para las arduas labores del servicio cristiano. Sería absurdo suponer que, mientras se incrementan cada vez más las exigencias de formación profesional en las empresas humanas, pueden ocuparse lugares de responsabilidad en la Iglesia prescindiendo de ellas.

La historia de la obra evangélica registra casos de hombres que fueron «lanzados» a predicar el Evangelio, a abrir nuevas vías de testimonio o incluso pastorear iglesias con muy poca o ninguna preparación. Las circunstancias anormales en que tuvieron que dedicarse al ministerio, la imposibilidad de obtener la formación deseada y lo apremiante de las necesidades del campo que solicitaba su entrega, pueden en cierto modo justificar su decisión. En algunos casos Dios bendijo sus esfuerzos de modo admirable. Además, muchos de tales «obreros» improvisados, una vez dentro del ministerio, aprovecharon cuantos medios estuvieron a su alcance para aumentar su capacitación, lo que vino a suplir dentro de lo posible —a veces de modo asombroso—, el defecto inicial.

Pero las experiencias en situaciones de excepción no debieran generalizarse. El hecho de que Dios haya usado en algunos casos a hombres poco cultivados no sienta ningún precedente normativo. En la Escritura tenemos suficientes ejemplos que apoyan la necesidad de que el siervo de Dios sea debidamenet habilitado para el cumplimiento de su misión. Las antiguas escuelas de los profetas, a partir de Samuel, nos ofrecen ya una muestra. Jesús dedicó la mayor parte de su ministerio a instruir a los apóstoles. Pablo, educado a los pies de Gamaliel y buen conocedor de la cultura griega, pasó dos años en Arabia formándose a la luz de su nueva fe antes de entregarse de lleno a su ingente obra misionera. Parte de su estrategia para la expansión del Evangelio era la enseñanza «en cadena» recomendada a Timoteo (II Tim. 2:2).

Hay actualmente las más variadas posibilidades de adquirir una buena educación bíblico-teológica. Además de los seminarios residenciales, institutos bíblicos y otros centros análogos, se están multiplicando con notables resultados los seminarios por extensión, los cuales hacen posible la formación de un futuro ministro sin que este haya de trasladar su residencia y cambiar radicalmente su modo de vida. Los cursos por correspondencia ofrecen otra posibilidad de estudio sistemático. Y en último término, siempre cabe el recurso de una formación autodidáctica. Algunos hombres de Dios —Spurgeon entre ellos— alcanzaron por este camino niveles tanto o más altos que los logrados por los más aventajados licenciados en facultades de teología. Por supuesto, no todos son capaces de tanto. El autodidacta precisa de unos dones intelectuales y una fuerza de voluntad especiales. Pero aun quienes se beneficien de otros medios de educación deberán siempre completarlos con estudio y esfuerzo de su propia iniciativa.

Al referirnos a una formación adecuada no queremos significar que debe poseerse todo el caudal de conocimientos y experiencias de que una persona es capaz. Tal caudal no llega a conseguirse jamás. Por eso el ministro ha de ser estudiante durante todo su vida. Su acervo intelectual, al igual que el espiritual, han de crecer de día en día. Lo que queremos decir es que, en circunstancias más o menos normales, cuando una persona se dedica al ministerio, debe tener un mínimo aceptable de preparación que le permita realizar su labor con un mínimo de soltura y eficacia.

No nos atrevemos a concretar en qué debe consistir ese mínimo, pero señalamos a continuación tres elementos que estimamos indispensables. Al considerarlos, trataremos de presentar su perspectiva ilimitada a partir de un punto o nivel al que necesariamente se tiene que haber llegado al iniciar tareas ministeriales.

Formación bíblica

Cualquier actividad en el ministerio cristiano tiene como base la Palabra de Dios. Tanto la predicación como la obra pastoral deben nutrirse abundantemente de ella. La Palabra debe ser no solo la fuente de inspiración del ministro, sino la esencia misma del mensaje que de diversas formas ha de comunicar en toda su amplitud y profundidad.

Este hecho debe subrayarse por su capital importancia. Se da el caso paradójico de que en algunos sectores muy evangélicos, en los que la veneración a la Biblia casi alcanza las fronteras de la bibliolatría, se tiene un conocimiento excesivamente pobre y superficial de las Sagradas Escrituras, lo que origina un debilitamiento inevitable de creyentes e iglesias. En esta situación, cualquier «viento de doctrina» puede resultar peligroso.

La eficacia en el ministerio depende de la fidelidad a la Palabra, que es el instrumento del Espíritu de Dios. Y esa fidelidad no consiste en el apego a unos textos determinados o a unas doctrinas predilectas, a menudo heredadas en su formulación más que descubiertas en el estudio personal. Tampoco consiste en el uso reiterado de tópicos, generalmente expresados en frases hermosas, pero estereotipadas y desgastadas por su abuso. La lealtad a la Escritura nos impone extendernos y ahondar cada vez más en su inmenso contenido.

El mínimo de capacitación bíblica obliga a conocer los hechos históricos del Antiguo Testamento y del Nuevo, a discernir la línea ininterrumpida de la historia de la salvación entretejida en los diversos acontecimientos, a observar la evolución de la revelación divina a través de los siglos hasta culminar en Jesucristo. Ha de conocer, asimismo, lo esencial de cada uno de los libros más importantes de la Biblia (autor, fondo histórico, finalidad con que se escribió, mensaje principal que contiene, etc.). Ha de estar familiarizado con lo más básico de la poesía, la profecía y la ética bíblicas y tener una clara comprensión de las doctrinas fundamentales (Dios, el hombre, el pecado, Jesucristo, la salvación, la Iglesia, etc.).

A partir de estos rudimentos, el ministro debe proseguir su estudio día tras día, año tras año, incansablemente. De modo sistemático habría de escudriñar con la máxima profundidad, exhaustivamente a ser posible, cada uno de los libros de la Biblia, «con el hábito de esfuerzo mental propio de los días de estudiante», como decía J. H. Jowett.

En este quehacer conviene usar todo el material útil de que podamos disponer: buenos comentarios exegéticos, obras de introducción bíblica, tratados de teología, etc. Los descubrimientos de otros, en muchos casos guiados por el Espíritu de Dios, pueden facilitar enormemente nuestro estudio. No tenemos por qué empeñarnos en redescubrir américas espirituales. Los escritos de los Padres de la Iglesia, de los reformadores y de una pléyade de teólogos sanos, de comentaristas y predicadores son una herencia valiosísima a nuestro alcance. Sería el colmo del absurdo renunciar a ella movidos por un afán mal entendido de independencia intelectual. Sin embargo, toda lectura de libros que no sean la Biblia debe efectuarse con actitud crítica. No todo lo que se lee en una buena obra ha de merecer obligadamente nuestra adhesión. Y no todo lo que han escrito autores poco evangélicos ha de provocar automáticamente nuestra reprobación. Algunas de sus ideas son verdaderamente formidables. Usando la piedra de toque de la Escritura, a semejanza de los antiguos bereenses (Hec. 17:11), el ministro ha de estar en condiciones de «examinarlo todo y retener lo bueno» (I Tes. 5:21).

Todo lo que llevamos expuesto sobre este punto tiene por objeto resaltar la importancia del estudio de la Escritura. Pero la formación bíblica es mucho más que mera adquisición de conocimientos intelectuales. Incluye indefectiblemente la asimilación espiritual de ese conocimiento y la aplicación en la vida personal. La formación solo es real cuando a un mayor conocimiento de Dios corresponde una adoración más encendida, un mayor amor, un mejor servicio; cuando a una más clara comprensión de la persona y la obra de Cristo acompaña una más decidida entrega a hacer la voluntad del Padre; cuando a la certidumbre de la resurrección de Cristo se añade el gozo de la esperanza; cuando a la proclamación de su señorío se une nuestra sumisión sin reservas; cuando la concepción correcta de la obra del Espíritu Santo determina un modo santo de vivir. Si falta esta correspondencia el ministro se convierte en una figura grotesca, en una especie de monstruo con cabeza descomunal y cuerpo insignificante.

Esa aplicación personal de la Palabra tendrá, asimismo, una proyección sobre el entorno del ministro. Su modo de enjuiciar las personas, las ideas, las circunstancias y los hechos a su alrededor estará regida por la verdad divina, y su propio modo de reaccionar y obrar ante todo ello evidenciará la autenticidad de su preparación. La Palabra no solo debe iluminar la mente; debe trazar todos los perfiles de nuestra actuación. De no ser así, el ministerio puede acarrear más descrédito que gloria a la causa del Evangelio. La Iglesia ha sufrido más a causa de eruditos poco santificados que de hombres incultos pero sinceros y de vida intachable. Por eso, el verdadero talento bíblico solo se demuestra cuando la brillantez de pensamiento y de expresión va acompañada del lustre de un hacer genuinamente cristiano.

Formación cultural

Una vez establecida la prioridad de la preparación espiritual, de sólida base bíblica, conviene también poner de relieve la gran utilidad de un buen bagaje cultural. Los textos de la Escritura usados por algunos como objeción contra la erudición humana (I Cor. 1:19-21; 2:6:8; Col. 2:8; I Tim. 6:20) no condenan los valores de la misma, sino su degradación en una actitud de antagonismo hacia Dios y su verdad. No debe olvidarse que los más grandes líderes del pueblo de Dios poseyeron una amplia cultura. Moisés fue «enseñado en toda la sabiduría de los egipcios» (Hec. 7:22). Isaías da muestras de una intelectualidad refinada. Pablo, paralelamente a su instrucción teológica, evidencia una gran formación humanística, con conocimiento de la filosofía y la literatura de su tiempo (Hec. 17:28). Algo semejante podría decirse de muchos de los Padres de la Iglesia. Los reformadores, incluyendo los promotores del movimiento reformista en España, fueron todos hombres de gran talla intelectual y amplio saber. Podríamos añadir los nombres de Jorge Whitefield, Juan Wesley, Jonatán Edwards y muchos más, en quienes la piedad y la erudición se combinaron admirablemente para hacer de ellos instrumentos excelentes que Dios usó grandemente para su gloria.

En nuestro tiempo, cuando tanta importancia se da a la educación, es inconcebible un ministro del Evangelio que carezca de un mínimo cultural. De nuevo nos resulta difícil precisar cuál ha de ser ese mínimo. En gran parte depende del nivel medio de educación del país, región o población en que debe ejercerse el ministerio. Como es lógico, las exigencias serán superiores en el caso del pastor de una iglesia en una gran capital que en el de un predicador residente en una zona rural cuyos habitantes apenas saben leer y escribir. Sin embargo, aun en los ambientes más pobres culturalmente, el ministro debiera estar en un plano comparable al de un maestro de primera enseñanza.

Sobre esa base habría de ampliar sus conocimientos, dentro de sus posibilidades, en todas las ramas del saber, especialmente las humanísticas, historia, literatura, filosofía, arte, sociología, etc. Particular atención debe prestar a los acontecimientos contemporáneos y a las corrientes de pensamiento, secular o religioso, de su día. No era desacertado el consejo de Karl Barth de leer cada día la Biblia y el periódico. La primera nos permite conocer a Dios; el segundo nos ayuda a conocer el mundo. Claro que el consejo presupone un buen sentido de proporcionalidad y equilibrio. Dedicar cinco minutos a la lectura de la Escritura y una o dos horas a periódicos y revistas no es precisamente lo que se espera de un siervo de Dios.

En sus variadas lecturas, hallará el ministro fuentes de enriquecimiento en todos los órdenes. Mediante ellas, aumentará sus conocimientos, con lo que se dilatarán sus horizontes, recibirá inspiración, aumentará su vocabulario, así como su capacidad argumentativa y de expresión, perfeccionará su capacidad de ordenar las ideas. Y —bendición de bendiciones— le hará más humilde al descubrir que tras cada cosa aprendida quedan aún mil por aprender.

Es aconsejable, no obstante, ordenar sabiamente las lecturas. Hay «bibliófagos», devoradores de libros, que leen ávida, pero indiscriminadamente, cualquier obra que cae en sus manos. El resultado, a menudo, es que no retienen nada. En algunos casos se produce una indigestión de lo leído, con los problemas consiguientes. La limitación del tiempo impone una selección en las lecturas. Las obras escogidas debieran ser las mejores de cada materia, pues lo importante es la calidad, no la cantidad. Thomas Hobbes, filósofo inglés, decía: «Si hubiese leído tantos libros como otras personas, sabría tan poco como ellas».

Una obra valiosa merece, después de una primera lectura rápida, una segunda lectura más reposada, acompañada de la reflexión personal que permita digerir saludablemente lo leído. El subrayado y la acotación de libros es una práctica muy útil, como lo es la anotación, en una libreta destinada al efecto, de todas las ideas importantes que la lectura suele sugerir. Conviene, asimismo, hacer un análisis, una crítica y un resumen de cada obra leída, tratando de retener en la memoria lo más importante. El resto de material que se considere provechoso se preservará mediante algún sistema de archivo.

Nunca ponderaremos suficientemente la importancia de la lectura y el estudio. Por otro lado, haremos bien en prevenirnos contra el peligro de un intelectualismo divorciado de la comunión con Dios. «Después de todo, el hombre de sólida formación, el estudioso, es únicamente la materia prima de la que se forma el ministro cristiano. La energía plástica —la influencia vivificadora del Espíritu Todopoderoso— es aún necesaria para dar luz, vida y movimiento a la sustancia inerte, para moldearla según la imagen divina y hacer de ella "un vaso para honra, útil para los usos del Señor". Tampoco debemos negar que los hábitos del estudio van acompañados de tentaciones insidiosas. El árbol del conocimiento puede florecer mientras que el árbol de la vida languidece.

Todo aumento del conocimiento intelectual tiene una natural tendencia al propio ensalzamiento... Un juicio sano y una mente espiritual deben encaminar los estudios al fin principal del ministerio»[15].

Podríamos concluir con Quesnel: «No leer ni estudiar en absoluto es tentar a Dios; no hacer otra cosa que estudiar es olvidar el ministerio; estudiar solo para gloriarse en el conocimiento que uno posee es vanidad vergonzosa; estudiar en busca de medios para adular a los pecadores es una prevaricación deplorable; pero llenar la mente del conocimiento propio de santos mediante el estudio y la oración y difundir ese conocimiento con sólidas instrucciones y exhortaciones prácticas, eso es ser un ministro prudente, celoso y activo»[16].

Formación humana

Nos referimos a los conocimientos que se adquieren por el contacto directo con el mundo que nos rodea, especialmente con nuestros semejantes. Este sistema de formación es insustituible. Por medio de él aprendemos cosas que no llegamos a encontrar en los libros; y aun aquellas que leemos, si forman parte de nuestra experiencia personal, se graban en nosotros con mayor profundidad.

Hay mucho en la vida humana, tanto negativo como positivo, de lo que debemos ser testigos presenciales para poder comprenderlo a fondo. Una cosa es, por ejemplo, saber que el pecado degrada, y otra ver a un hombre de carne y hueso esclavo de sus pasiones con las marcas de su desenfreno en su cuerpo y en su espíritu. Una cosa es leer acerca de la tentación y otra oír a una persona referir su experiencia de lucha agónica, de debilidad, de caída. No es lo mismo leer acerca de la conciencia de pecado que enfrentarse en la experiencia, propia o ajena, con el sentimiento torturador de la culpa. Tampoco es lo mismo leer el capítulo siete de la carta a los Romanos que ver a un creyente desgarrado por las fuerzas opuestas que combaten en su interior. Hay diferencia, asimismo, entre la preciosa doctrina de la regeneración y la contemplación de un hombre arrancado de las garras del vicio y transformado en un santo que testifica del poder de la gracia de Dios. Y ¿qué diremos de lo que aprendemos junto al pobre que se goza en sus riquezas espirituales, junto al atribulado que deja entrever el poder sobrenatural que lo

---

[15] Watts, *Humble endeavour for a revival*, pp. 17, 18.
[16] Ref. de C. Bridges, *op. cit.,* p. 50.

sostiene, o al lado del moribundo que, recitando el salmo 23, entra sereno, sin sobresaltos, en la antesala de la eternidad? Ciertamente, nada hay más impresionante ni más enriquecedor que contemplar cara a cara la vida humana con su gama inmensa de experiencias, con sus misterios y sus contradicciones, con sus glorias y sus miserias.

Pero este gran libro que nos ofrece la existencia misma no es fácil de leer. Exige atención. Hay quien vive como si anduviera con los ojos vendados, sin apenas percatarse de los tesoros de experiencia humana que hay en tomo de él. Tal clase de personas no llega muy lejos en el camino de la formación experimental.

Es necesario aprender a detenerse, observar y escuchar. Y después de haber visto y oído escrutadoramente, es imprescindible reflexionar. Desgraciadamente, la facultad de reflexión se halla embotada en muchas personas, incluidas algunas que se tienen por intelectuales. Quizá la causa radica en un desmesurado activismo, aun de tipo intelectual, que priva del tiempo necesario para meditar. Tal vez debiéramos pedir a algún amigo cuáquero que nos iniciara en las excelencias del silencio. J. O. Sanders refiere[17] la anécdota del poeta Southey que explicaba a una anciana perteneciente a la Sociedad de los Amigos su modo extraordinario de aprovechar el tiempo: aprendía portugués mientras se lavaba, y otras materias mientras se vestía, desayunaba o se ocupaba en otros quehaceres diversos, sin desperdiciar ni un instante. Ingenuamente, la mujer le preguntó: «¿Y cuándo piensas?»

El general De Gaulle nos dejó otra buena ilustración. A partir de las nueve de la noche no recibía a nadie. Desde esa hora hasta que se acostaba, se quedaba a solas consigo mismo y con las cuestiones de gobierno que demandaban su atención. Si hasta tal punto sentía la necesidad de reflexionar un estadista, ¿cuánto más no habría de sentirla un ministro de Jesucristo? Solo dedicando tiempo a meditar se beneficiaría plenamente de su triple formación, bíblica, cultural y humana.

• •

CUESTIONARIO

1. *La acción del Espíritu Santo ¿no hace innecesaria una esmerada preparación del ministro del Evangelio? ¿Por qué?*

2. *¿Cómo debe interpretarse Mateo 10:19, 20?*

---

[17] *Op. cit.,* p. 101.

3. *La relación entre la cultura y la predicación del Evangelio ha sido vista de tres modos distintos: a) De antagonismo. b) De neutralidad, c) De complemento. ¿Cuál cree que es la visión correcta? Razone la respuesta.*

4. *¿Qué debe entenderse por formación bíblica?*

5. *Aparte del estudio de la Biblia y de otras materias afines mediante clases, conferencias, libros, etc., ¿de qué otras maneras puede perfeccionarse la formación para el ministerio?*

6. *¿Qué requisitos personales se necesitan para asimilar las enseñanzas que pueden hallarse en cualquier fuente de conocimiento?*

Capítulo VI
Los problemas del ministro

«Ten cuidado de ti mismo» (I Tim. 4:16), fue uno de los consejos más sabios dados por Pablo a Timoteo.

El hecho de que un siervo de Dios se ocupe en actividades sagradas no le pone al abrigo de tentaciones. Como cualquier otro hijo de Adán, está expuesto a las debilidades comunes a todos los hombres, al egoísmo, a la vanidad, a ambiciones mundanas, a extravíos sexuales, a enemistades y resentimientos, a dudas y crisis de fe. La diferencia entre él y sus hermanos es que, en su caso, el problema originado por su flaqueza adquiere mayor intensidad. Se agudiza la tensión por el contraste existente entre el hombre que desearía ser y el hombre que realmente es. ¿Qué pensarían sus hermanos si le conociesen en su interioridad más recóndita?

Pero, además de las dificultades morales con las que se enfrenta cualquier creyente, hay peligros específicos, inherentes al ministerio, que amenazan a quien a él se dedica. Descubrirlos y sortearlos victoriosamente es mucho más importante que lograr brillantes éxitos externos. Es frecuente la experiencia de ministros que desarrollan una labor brillante a ojos de sus hermanos, que gozan de elevado prestigio entre sus compañeros, y al mismo tiempo viven con un sentimiento de honda insatisfacción, inquietados por serios problemas no resueltos. De la solución de tales problemas puede depender, a la larga, el verdadero éxito o el fracaso de su labor.

LA SOLEDAD

Esta experiencia, que tiene sus aspectos positivos, expone a la depresión y al agravamiento de otros problemas por no tener con quién compartirlos. Sin embargo, el líder cristiano, en numerosos casos, tendrá que vivir muchas horas difíciles

La mayoría de los más eminentes líderes han sido grandes solitarios. Lo fueron Moisés, Elías, Jeremías. Lo fue, sobre todo, el mismo Señor durante su ministerio en la tierra, a pesar de la compañía de sus discípulos.

El ministro, sobre todo el pastor, se encuentra en una situación en la que prácticamente no puede tener amigos íntimos, al menos entre los miembros de su iglesia. Todo contacto de amistad especial con algunos podría interpretarse como favoritismo y ello podría originarle dificultades con los restantes miembros. Aun en su relación más estrecha con los «oficiales» de la iglesia, la predilección hacia alguno de ellos puede ser tildada de discriminatoria. Lo ideal sería poder mantener una comunión de honda amistad cristiana con todos los que comparten la responsabilidad de dirigir la iglesia; pero esto, dada la heterogeneidad que suele caracterizar a los miembros de un consejo de iglesia, no siempre es posible o fácil. Una solución podría encontrarse en el compañerismo hondamente cristiano con otros colegas en el ministerio o con hermanos espiritualmente maduros fuera de la iglesia o campo de servicio habitual. Volveremos a esta posibilidad al tratar de los recursos del ministro. Pero no siempre se encuentran compañeros o hermanos con quienes puede establecerse una auténtica amistad. Por eso, en no pocos casos, tiene que aceptarse la soledad como parte de la carga que el ministerio impone, carga que resultará tanto más pesada cuanto mayor sea la responsabilidad en la obra de Dios. La soledad es el precio que han de pagar las altas cumbres por su elevación.

Lo que acabamos de decir no significa que el siervo de Dios ha de aislarse de los demás. La misantropía es incompatible con el ministerio cristiano. Tratamos simplemente de resaltar el hecho de que, en medio del pueblo al cual sirve, junto al cual y delante del cual avanza, el ministro a menudo se siente íntimamente solo. Pero si tiene el temple espiritual que de él se espera, esa circunstancia, en vez de perjudicarle, le ayudará a acercarse más a Dios, cuya presencia es más que suficiente para asegurar el feliz término de su obra (Ex. 33:14). La soledad pierde su aguijón cuando se puede decir con el Señor: «No estoy solo, porque el Padre está conmigo» (Jn. 16:32).

LAS TENSIONES FAMILIARES

Podría decirse que con este problema se enfrentan muchas otras personas. Cierto, pero en el caso del ministro reviste unas características singulares y tiene unas derivaciones más trascendentales.

El hogar puede ser una fuente de estímulo o un campo de dura prueba. La influencia que sobre nosotros ejerce es superior a cualquier otra; por algo es el lugar en que pasamos más horas y en mayor intimidad. En el seno de la familia, podremos encontrar el bálsamo que cure o alivie las heridas recibidas en los conflictos del ministerio; pero también podremos hallar problemas que acaben de extenuamos espiritualmente.

Lo que de modo general indicamos sobre los problemas familiares en el capítulo XXII puede ser de interés para el hombre dedicado al servicio cristiano, Aquí queremos subrayar algunos aspectos particulares de la vida del ministro entre los suyos.

En primer lugar, es de la máxima importancia que la esposa constituya realmente una «ayuda idónea» (Gén. 2:18) para su marido, que se identifique con él, con su vocación, con su trabajo y que lo comparta en la medida de sus dones y posibilidades. La mujer que se casa con un ministro debe casarse también con su ministerio. De lo contrario, en vez de ser una ayuda, se convierte en una rémora. De ahí lo trascendental de la elección de esposa por parte de quien está dedicado o piensa dedicarse a la obra del Señor. Por encima de toda otra consideración, tendría que asegurarse de la identificación de ambos en cuanto a aspiraciones espirituales se refiere.

Sin embargo, cometería un grave error —causa frecuente de tensión— el ministro que esperara de su esposa o que le exigiera más de lo que razonablemente el resto de sus responsabilidades como ama de casa y madre le permite. Una mayor dedicación de su tiempo a actividades de la obra ministerial que la obligara a descuidar sus deberes domésticos no sería aconsejable. Por otro lado, en el cumplimiento de estos deberes, la esposa debe tener adecuada ayuda de su marido. Este nunca debiera vivir en «alturas» espirituales que le impidieran compartir con su mujer las preocupaciones de la compra, de la limpieza o de los mil y un pequeños problemas que se presentan en el cuidado de los hijos.

Particular atención merece el caso de quien solo después de haberse casado ha descubierto que su esposa no compartía su vocación ni, por consiguiente, se identificaba plenamente con su obra. El problema puede llegar a ser tan delicado como angustioso. ¿Qué hacer? Todo menos un divorcio espiritual que arroje a cada uno de los cónyuges a vivir en su esfera de trabajo indiferente a la del otro. El amor, la paciencia y la comprensión mutuos pueden dar resultados muy positivos. El diálogo cristiano, la comunicación a nivel profundo, ayudarán a ambos a ver el problema objetivamente y a buscar juntos las soluciones a su alcance. Estas soluciones posiblemente nunca llegarán a ser la realización plena del ideal soñado por cada uno, pero a poco que se consiga siempre será mejor que el distanciamiento recíproco con un sentimiento asfixiante de resentimiento y frustración.

También la relación con los hijos es importante. La conversión y buena conducta de éstos es el testimonio más elocuente de la piadosa influencia de los padres. Por el contrario, su contumacia o indiferencia espiritual, honra poco al cabeza de familia, y forzosamente le creará un sentimiento de fracaso que mermará su buen ánimo en la realización de su trabajo. Por eso los hijos debieran ser el primer objetivo evangelístico serio de un ministro. El calificativo «serio» tiene por objeto destacar la entidad de una obra a fondo. No se trata simplemente de relatar a los niños las historias de la Biblia, de ayudarles a memorizar versículos o de impartirles conocimientos doctrinales teóricos a modo de catequesis. Es cuestión de presentar de modo vivo el mensaje de la Biblia con las respuestas que ésta contiene a las preguntas que el hijo pueda hacerse, no solo de carácter teológico, sino práctico, relacionadas con sus problemas personales y con los que le pueda plantear su observación del mundo o su experiencia en él. Ello debe hacerse con amor y tacto, respetando hondamente la personalidad del hijo, sin violentar o coercer impropiamente el ejercicio de su libertad, con mesura y prudencia aun frente a sus posturas y decisiones equivocadas. La oración, la cordura y el amor ayudarán mucho más al hijo en sus épocas de crisis que las reprimendas airadas o los sermones de tono melodramático.

El siervo de Dios o consigue un hogar con un mínimo de estabilidad, armonía y bienestar o corre el riesgo de que se desmorone su fuerza interior y, como consecuencia, la obra a que ha sido llamado. Josué habría tropezado, sin duda, con serios obstáculos para la realización de la misión que Dios le encomendó si no hubiese podido decir: «Yo y mi casa serviremos a Jehová» (Jos. 24:15).

Cuando el ministro vive experiencias tristes, por negativas, en relación con su esposa y sus hijos, hará bien en examinarse seriamente a sí mismo. Gran parte de la causa de los problemas puede estar en su propia actuación. Dado lo difícil que muchas veces resulta descubrir nuestros propios errores, la opinión objetiva de un buen amigo con experiencia puede ayudarnos a ver las cosas con realismo. Si el examen arroja un resultado desfavorable, conviene corregir los defectos sin pérdida de tiempo, lo que puede incluir una confesión franca a la esposa y, de ser procedente, también a los hijos. Lejos de empequeñecerse, se agranda un hombre cuando sabe decir a tiempo: «¡Perdón! Me he equivocado. He obrado mal».

Puede suceder, sin embargo, que las causas de las dificultades familiares no se deban básicamente al comportamiento del esposo y padre, auténticamente piadoso, prudente, amante. Puede haber problemas complejos cuya solución escape a las posibilidades humanas del ministro. Cuando tal sucede, no le quedará otro camino a seguir que encomendar su situación a Dios y esforzarse por reducir juiciosamente las dificultades a un mínimo. Si en el peor de los casos, sin ser responsable de ello, su familia se convierte para él en dolorosa espina, habrá de recordar que los aguijones suelen ser usados por Dios a modo de agujas para inyectarnos el poder que nos hace fuertes en medio de circunstancias debilitantes (II Cor. 12:7-10).

LAS DIFICULTADES DE LA OBRA

No hay actividad más compleja y dura que la de un dirigente. Tal hecho adquiere aún mayor relieve en el ministerio cristiano. Es este un campo en el que se cosechan buen número de decepciones, deslealtades, críticas destructivas, incomprensiones, zancadillas carnales, en lucha constante contra la debilidad humana, la indiferencia, el error y las formas más diversas de pecado.

Lo más penoso es que el conflicto se desarrolla no solo frente al mundo, lo cual no es sorprendente, sino en las propias filas del pueblo de Dios. Moisés no se sintió nunca turbado en sus graves enfrentamientos con el faraón de Egipto; pero llegó al borde de la desesperación agobiado por el comportamiento de Israel. Pablo celebraba los azotes recibidos, la cárcel y el cepo cantando himnos a Dios (Hec. 16:22-25). Las más duras persecuciones no hacían otra cosa que avivar su celo misionero. En cambio, los problemas de la iglesia de Corinto llegaron a inquietar su espíritu de tal modo que no fue capaz de aprovechar la puerta que se le abrió en Troas para la predicación del Evangelio (II Cor. 2:12). La enumeración de sus sufrimientos culmina con los que tenían su origen en las comunidades cristianas: «Y aparte de otras cosas, mi responsabilidad diaria, la preocupación por todas las iglesias. ¿Quién desfallece sin que desfallezca yo? ¿Quién sufre escándalo sin que yo me abrase?» (II Cor. 11:28, 29). Todo líder en la obra de Dios ha tenido, aunque seguramente con menor intensidad, vivencias semejantes.

El mayor peligro de estas dificultades radica en que, por lo general, no son pasajeras. Subsisten sin que se logre jamás eliminarlas por completo. En un momento dado pueden parecer inexistentes, pero no tardan en mostrarse redivivas. Lo más extenuante de un combate no es su intensidad, sino su prolongación. Podemos entender lo que declaró Jorge Whitefield hacia el final de su vida: «No estoy cansado *de* la obra de Dios, pero sí *en* la obra de Dios». El cansancio puede dar lugar a dos experiencias diferentes; puede degenerar en agotamiento espiritual, lo cual es serio; pero también puede contribuir a una mayor madurez y a un renovado fortalecimiento por la acción vivificadora de Dios (Is. 40:28-31).

Además, las contrariedades de cualquier tipo pueden ser el mejor medio para mantenernos tensos y vigilantes. Un compañero en el ministerio me decía hace algún tiempo: «Siempre doy gracias a Dios por los descontentos de turno. Me ayudan a no deslizarme». Esta acción de gracias podría extenderse a toda clase de disgustos. Aun lo negativo puede ser transformado por Dios en factor positivo para la realización de sus propósitos (Fil. 1:15-18).

LA INSENSIBILIZACIÓN ESPIRITUAL

Los problemas a que hemos aludido en el punto anterior, o bien la simple permanencia en el ministerio por espacio de muchos años, puede producir a la larga un grave mal: la pérdida, en mayor o menor grado, de la sensibilidad. Paulatinamente se cae en la rutina; se efectúan los trabajos varios del ministerio con regularidad y diligencia, pero de modo mecánico, sin entusiasmo. El ardor de los primeros tiempos se va extinguiendo; la predicación pierde vigor espiritual; los contactos personales resultan menos cálidos; la intensidad de las emociones, la capacidad de gozar y de sufrir, van disminuyendo.

Podría alegarse que todo ello es normal, resultado inevitable de un proceso biológico irreversible. Pero no podemos olvidar que el cristiano se mueve en un plano sobrenatural en lo que concierne a sus facultades espirituales. Pablo no deja lugar a dudas: «Aunque nuestro hombre exterior se va desgastando, el interior, sin embargo, se renueva de día en día» (II Cor. 4:16). Puede haber —y habrá— cambios en el modo de manifestarse la fe, la devoción a Cristo, el celo y la sensibilidad, pero su esencia no solo se mantendrá; aumentará en caudal y profundidad. El río, bullicioso y veloz en su nacimiento, va sosegándose a medida que avanza en su curso, pero no pierde nada de su riqueza líquida ni de su capacidad dinámica; por el contrario, la incrementa. Así debe ser nuestra espiritualidad. Así, de modo especial, nuestra sensibilidad, por cuyo mantenimiento habremos de luchar.

Jowett enumera varios peligros concretos contra los que debemos prevenirnos. Uno de los dos que entresacamos es «la familiaridad mortífera con lo sublime», la posibilidad de estar «escrupulosamente ocupado en el lugar santo y, no obstante, perder la conciencia de que uno se halla en la presencia maravillosa del Señor Santo». «Un hombre puede vivir en una región montañosa y perder todo sentido de las alturas. Es un terrible empobrecimiento que el paisaje montañoso llegue a tener la significación de las llanuras. El predicador es llamado a vivir entre los más elevados asuntos de interés humano. Los aspectos montañosos de la vida son su entorno familiar. Vive casi constantemente a la vista de inmensidades y eternidades —la sobrecogedora soberanía de Dios y los misterios, tan gloriosos como nebulosos, de la gracia redentora. Pero aquí radica la posible tragedia: puede vivir constantemente ante esas vistas tremendas y, sin embargo, dejar de verlas»[18].

Otro peligro es la familiaridad con las experiencias frecuentes de la vida, por grandes que sean; la esclerosis espiritual ante el sufrimiento de nuestros semejantes, ante las tragedias, ante la misma muerte. «Podemos perder nuestra capacidad de llorar». A tan atinada observación, quizás hemos de añadir una nota aclaratoria. El ministro, en su sensibilidad y en su identificación con el sufrimiento ajeno, ha de saber superarlo; ha de estar siempre por encima de los efectos enervantes de la angustia. De lo contrario, difícilmente estará en condiciones de ayudar eficazmente a quienes es llamado a sostener. Pero, hecha esta salvedad, conviene volver a recalcar el peligro de que la familiaridad con el dolor se convierta en insensibilidad, pues entonces «se pierde nuestra facultad de consolación».

EL ÉXITO

No hacen falta muchos argumentos para demostrar que el éxito puede tener efectos desastrosos. No hay terreno más resbaladizo que el de las alturas de logros brillantes. Así lo aprendió amargamente el rey Uzías (II Crón. 26).

---

[18] *Op. cit.*, 41 y 88.

Cuando la obra de un siervo de Dios prospera, cuando se reconocen y elogian sus dones, cuando se posa sobre su cabeza la aureola del prestigio, solo la gracia de Dios puede librarle de caer en el engreimiento, principio del fracaso. Recuérdese lo expuesto en el capítulo IV al hablar de la humildad. Debemos poner el máximo empeño en evitar que, como decía Quesnel, mientras procuramos destruir ídolos externos, o vicios ajenos, no nos coloquemos insensiblemente a nosotros mismos en su lugar.

Charles Bridges cita el testimonio de Cotton Mather en los primeros tiempos de su ministerio. No puede ser más honrado y edificante: «Manifestaciones de orgullo —*el pecado de los ministros jóvenes*— patentes en mi corazón me llenaban de amargura y confusión indescriptibles ante el Señor... Procuré ver en mi orgullo *la imagen misma del diablo* contraria a la gracia y la imagen de Cristo, una ofensa contra Dios y un entristecimiento de su Espíritu, la más absurda de las locuras dada mi naturaleza corrompida, locura que podía provocar a Dios y privarme de mi capacidad y de mis oportunidades. Y decidí presentar mi corazón desordenado a Jesucristo, el Médico todo-suficiente, para que lo curase»[19].

Probablemente seríamos hipócritas si pretendiéramos que nos desagradan los halagos, pero tendríamos que alcanzar la madurez de Henry Martin, quien declaraba: «Los hombres frecuentemente me admiran, y eso me place; pero aborrezco el placer que siento».

Todo triunfo en nuestro trabajo es una manifestación de la gracia de Dios que actúa en nosotros (1 Cor. 15:10). *Soli Deo gloria!* La asimilación honda de esta verdad es lo único que puede librarnos de las trampas del éxito.

EL FRACASO

Esta experiencia es tanto o más frecuente que la del éxito. Son pocos los que, tarde o temprano, no sufren bajo la sensación de no haber alcanzado las metas propuestas. Los resultados no corresponden ni a las aspiraciones ni al esfuerzo consagrado a realizarlas. Se ve con dolor cómo la obra no crece, los creyentes se enfrían, se multiplican los problemas, la congregación permanece indiferente a la predicación y a la enseñanza, falta espíritu de colaboración y abnegación en el servicio

---

[19] *Op. cit.*, p. 152.

de la iglesia; apenas se observa interés por la evangelización. Estos hechos, ¿no son evidencia irrefutable de un ministerio fracasado? ¿Qué hacer en tal situación?

Ante todo, es vital no caer ni en la envidia, al contemplar el éxito de otros, ni en el desaliento. La circunstancia invita a la reflexión. Los resultados pobres o negativos pueden deberse a defectos del ministro en su predicación, en su carácter, en su modo de relacionarse con los demás o en los métodos usados para efectuar su trabajo. Cuando tal sucede, se impone la correspondiente rectificación. Pero no siempre la pobreza o ausencia de resultados positivos puede atribuirse a ineficacia —menos aún a infidelidad— del siervo de Dios. Algunas de las figuras bíblicas más eximias no merecerían ningún puesto de honor si su obra hubiese de valorarse por el éxito aparente de sus resultados. Moisés, Elías, Jeremías y muchos más, a juzgar por el fruto visible de su labor, fueron grandes fracasados. Proféticamente, se pone en labios del Siervo de Jehová esta amarga exclamación: «¡Por demás he trabajado, en vano y sin provecho he consumido mis fuerzas!» (Is. 49:4). La presentación de este Siervo en el capítulo 53 de Isaías no tiene el menor acento triunfalista cuando se pregunta: «¿Quién ha creído a nuestro anuncio?» La figura central del anuncio es el «despreciado y desechado entre los hombres». Cuando, en el cumplimiento del tiempo, la profecía se hizo realidad, los hechos confirmaron lo predicho. Excepción hecha de un grupo reducidísimo de verdaderos discípulos, el resultado del ministerio de Jesús fue su rechazamiento total por parte del pueblo judío. La cruz fue el pago a la vida abnegada más sublime que ha conocido la humanidad. ¿Podía pensarse en una frustración mayor?

Pero es evidente que muchos fracasos aparentes son, en los planes de Dios, semillas de las más grandes realizaciones. La dolorosa repulsión de que fue objeto Pablo entre sus compatriotas le abrió las puertas a su apostolado entre los gentiles. A través de frustraciones, muchos han sido guiados por el Espíritu Santo a cambiar su campo de trabajo, cambio que ha significado el principio de una etapa nueva, más rica y fructífera, en su vida de servicio.

Nadie piense, sin embargo, que la escasez de fruto o las dificultades son siempre señal de que debe pensarse en otro lugar o forma de ministerio. Los obstáculos pueden tener como finalidad probar nuestra capacidad de resistencia, nuestra madurez, nuestra abnegación perseverante. Adoniram Judson, pionero de la obra misionera en Birmania, tuvo que trabajar denodadamente por espacio de siete años antes de poder bautizar al primer convertido al Evangelio.

Pueden, asimismo, las decepciones contribuir saludablemente a atemperar nuestra tendencia a los extremos y proporcionarnos el equilibrio emocional que necesitamos para la obra de Dios. Un joven, en los primeros días de su ministerio, poseído de un entusiasmo desbordante, pensaba que él solo era capaz de conquistar el mundo entero para Cristo. «¡Puedo hacerlo todo!», se decía en sus adentros. Al cabo de algunos años, abatido por pruebas duras, exclamaba: «¡No puedo hacer nada!» Transcurrido algún tiempo, y enriquecido con nuevas experiencias, declaraba: «Creo que, con la ayuda de Dios, puedo hacer algo».

Los fracasos, incluidas nuestras caídas, sea cual sea la medida de nuestra responsabilidad en ellos, no debieran hundirnos en el desaliento; más bien habrían de inducirnos a buscar la dirección y la gracia de Aquel que en todo momento puede hacer nuevas todas las cosas.

LA DEPRESIÓN

Este problema puede estar relacionado con el anterior, pero no siempre es su consecuencia. Puede sobrevenir súbitamente aun en momentos en que la obra del ministerio se desarrolla prósperamente. El abatimiento de Elías se produjo inmediatamente después del más espectacular de los éxitos. Pero, independientemente de los motivos, la depresión siempre puede tener efectos temibles, por lo que haremos bien en estar apercibidos para que no nos dañe.

La depresión produce melancolía, provoca la indiferencia afectiva, hace que todo resulte gris, roba la ilusión de vivir, vacía la existencia de todo contenido digno de dedicación entusiasta —con lo que se anula la capacidad de iniciativa—, debilita la fibra moral, induce a rehuir el contacto con los que nos rodean, abre portillo a las dudas y a los pensamientos más siniestros. Posiblemente ésta es la prueba más difícil a que puede verse sometido un ministro; máxime teniendo en cuenta que, a pesar de su estado de ánimo, ha de proseguir su labor suministrando a otros lo que él mismo tan urgentemente necesita.

Cuando se llega a tal estado, lo primero que debe tenerse presente es que no se trata de una experiencia peregrina, impropia de quien vive dedicado al servicio de Dios. Muchos de los grandes santos han conocido las más sombrías profundidades de la depresión y se han apropiado del salmo 42 como uno de sus favoritos. El gran expositor bíblico,

F. B. Meyer, de cuyos comentarios devocionales se han beneficiado miles de cristianos en todo el mundo, era, según uno de sus biógrafos, «inconmensurablemente humano para que no fuese vencido de vez en cuando por la visión pesimista de la vida. Ocasionalmente descendía a lo más hondo del abatimiento»[20]. También Spurgeon se sintió con frecuencia deprimido.

Existen varios tipos de depresión: El doctor Pierre Vachet[21] destaca cinco: a) *la reaccional*, provocada por experiencias traumáticas, tales como la pérdida de un ser querido, un gran desengaño sentimental o el hundimiento repentino en la desgracia, b) *La depresión de agotamiento*, causada por el recuerdo —conservado en el fondo de la persona— de conflictos más o menos lejanos (infancia desdichada, frustración de afecto, etc.) o por un exceso de trabajo o de preocupaciones. c) *La depresión neurótica*. Aqueja, sobre todo, a individuos constitucionalmente propensos a ella, más expuestos que otros a los choques que surgen del inconsciente, d) *La depresión endógena,* sin causa exterior determinada. «Puede atacar a personas perfectamente felices, a quienes la vida sonríe, que tienen éxito y a las que, sin embargo, acecha la neurastenia». e) *La depresión involutiva*, propia de los ancianos, aunque pueden padecerla individuos de mediana edad si han envejecido —física o psicológicamente— de modo prematuro.

En los tipos b), c) y d) podríamos incluir buena parte de las depresiones sufridas por los ministros del Evangelio. Las dificultades de su obra, a las que nos hemos referido anteriormente, pueden causar una total extenuación. Este resultado será prácticamente inevitable si el trabajo produce un *stress* o sobreesfuerzo continuado superior a la capacidad renovadora de energías del organismo. Son tan patéticas como aleccionadoras las palabras del famoso predicador escocés, Robert Murray McCheyne, cuando en su lecho de muerte, a los veintinueve años de edad, confesó a un amigo: «Dios me dio un mensaje que dar y un caballo para viajar. Pero, ¡ay!, he matado el caballo y ahora no puedo dar el mensaje». Desgraciadamente, esta lección, en muchos casos, se aprende demasiado tarde.

No solo el sobreesfuerzo excesivamente prolongado es vía segura a la depresión. El mismo efecto puede tener una experiencia breve de intensidad emocional extraordinaria. Una semana, un solo día, pueden ser

---

[20] J. O. Sanders, *op. cit.,* p. 149.
[21] *Las enfermedades de la vida moderna*, Edit. Labor, pp. 27-29.

tan tensos psíquicamente que produzcan agotamiento nervioso, principio de la depresión. Este fue, sin duda, el caso de Elías. Consecuencias análogas puede tener la enfermedad física. La gota que padecía Spurgeon fue probablemente la causa de sus frecuentes postraciones.

En todos estos casos, el mejor remedio contra la depresión es el descanso, el adecuado tratamiento físico. Tan pronto como el organismo recupera su normalidad, la depresión desaparece.

También la constitución temperamental puede influir en la propensión a las depresiones. Un introvertido estará más expuesto a ellas que un extravertido. El doctor Martyn LloydJones señaló al respecto: «Hay un tipo de persona particularmente inclinada a la depresión espiritual. No quiere eso decir que es peor que otros. Sostengo que muy a menudo las personas que más gloriosamente se han destacado en la historia de la Iglesia han sido personas de este tipo. Algunos de los grandes santos pertenecen a los introvertidos... Obviamente, el peligro de tales personas es que caigan en la morbosidad»[22]. En efecto, una introspección desmesurada puede hacernos víctimas de un subjetivismo que nos encierra a solas con nuestros problemas y debilidades, lo que inevitablemente nos sume en un estado depresivo. Para superarlo, es aconsejable mirar arriba a Dios y los recursos de su gracia, y afuera, incrementando nuestros contactos con nuestros semejantes y no cejando en nuestra actividad.

Puede también suceder que el abatimiento se produzca sin causa reconocida. En tal caso, es prudente no darle mucha importancia. Generalmente desaparecerá por sí solo. No debería preocupar más que los días nublados, a los que siempre suceden días de sol.

Cuando la depresión es producida por problemas espirituales (conciencia de pecado, crisis de fe, etc.), se impone la resolución de tales problemas; si es necesario, mediante la ayuda de persona espiritualmente capacitada para asesorar.

Resta por decir que algunas depresiones son de carácter patológico, en cuyo caso no debe titubearse en buscar la orientación de un psiquiatra, a ser posible, cristiano.

Tal vez los múltiples y variados problemas con que el ministro debe enfrentarse llegarán a crear en él un sentimiento de perplejidad. ¿Por qué tantas dificultades? Hay, entre otras, dos razones para las pruebas del ministerio. Primera: son indispensables para el robustecimiento y

---

[22] *Spiritual depression*, pp. 16, 17.

la madurez de quien ha de guiar y ayudar a otros. Segunda: nos hacen conscientes de nuestra propia debilidad; nos recuerdan reiteradamente que por nosotros mismos nada somos y nada podemos. Como afirmó el famoso teólogo evangélico alemán.

Karl Heim, «Dios permite sombras en sus mejores instrumentos para que solo su nombre resplandezca».

Superada la perplejidad, puede subsistir una sensación de desmayo. «¿Quién es capaz para esto?» (II Cor. 2:16). El mismo apóstol que formuló esta pregunta nos da categóricamente la respuesta: «Nuestra capacidad viene de Dios, el cual nos capacitó para ser ministros» (II Cor. 3:5,6). Pero esto es ya materia de nuestro próximo capítulo.

• •

CUESTIONARIO

1. *¿Qué efectos —positivos y negativos— pueden tener los problemas en la vida de un ministro?*

2. *¿Cómo influye la vida familiar en el ministro?*

3. *¿Es posible evitar la insensibilización espiritual? ¿Cómo?*

4. *¿Qué debe hacer el siervo del Señor cuando experimenta fracasos importantes?*

5. *¿Cuál debe ser su actitud frente a las depresiones?*

• •

Capítulo VII
Los recursos del ministro

Los elevados fines del ministerio, sus exigencias morales y los problemas que implica lo sitúan, como hemos visto, en un plano inaccesible a quien hubiera de ejercerlo con sus propias fuerzas.

No sorprende que muchos, conscientes de las dificultades de toda misión divina, se hayan resistido a emprenderla. Moisés forcejeó con Dios en el desierto antes de rendirse a su llamamiento para ser caudillo de Israel (Ex. 4). Gedeón opuso serios reparos a la vocación divina (Juec. 6). Jeremías trató de escudarse en su inexperiencia y debilidad para rehuir la llamada al ministerio profético (Jer. 1). Pablo confiesa que desarrolló su labor en Corinto «con debilidad y mucho temor y temblor» (I Cor. 2:3).

Estos sentimientos son básicamente sanos. Nos libran del absurdo de confiar en nuestra propia capacidad. Pero pueden, asimismo, inducimos al desánimo y hasta a la deserción del ministerio. Por eso es importante que al mismo tiempo que vemos las dificultades de la obra y nuestras limitaciones, no perdamos de vista los recursos espirituales con los que en todo momento podemos contar. Sería ilógico pensar que el Dios que llama a un hombre a su servicio no va a proveerle de cuanto precise. Ningún soldado ha tenido jamás que fabricarse las armas o lograr por sí mismo los medios adecuados para su sostenimiento (I Cor. 9:7). Los profetas, apóstoles, misioneros, ministros del Señor de todos los tiempos han experimentado, paralelamente a su debilidad e insuficiencia, las energías impartidas por el Espíritu de Dios. Todos han ministrado «conforme al poder que Dios da» (I Ped. 4:11) y bajo su fiel solicitud. Policarpo de Esmirna supo captar y expresar bien esta realidad: «Quien ha sido puesto para cuidar de la Iglesia es objeto del cuidado de Jesucristo».

Si hiciéramos una relación de todos los recursos espirituales del ministro, veríamos que la necesidad de este nunca excede a la provisión hecha por su Señor. Nos limitaremos a destacar a continuación algunos de los más importantes.

EL ESPÍRITU SANTO

Hablar del Espíritu Santo como de un recurso, puede parecer irreverente, herético. Y lo sería si pensáramos que podemos usarlo o manipularlo como si fuera un instrumento a nuestra libre disposición que asegurase el éxito de nuestro trabajo. Tal concepción de la persona y la obra del Espíritu Santo no estaría muy lejos de la que tuvo Simón el mago (Hec. 8:18-24). La verdad es que no somos nosotros quienes usamos el Espíritu Santo, sino el Espíritu Santo quien nos usa a nosotros.

Hecha esta aclaración, consideremos la grandiosidad del Espíritu como provisión de Dios para la obra del ministerio.

Jesús conocía muy bien la imposibilidad de que sus siervos lograran llevar a cabo su obra sin El (Jn. 15:5). Por eso, y ante la perspectiva de su ausencia física, les prometió el Paracleto, verdadero y único Vicario de Cristo en su Iglesia (Jn. 14:23-26; 15:26, 27; 16:7-15).

Por la acción del Espíritu, no solo serían guiados en el conocimiento de la verdad (Jn. 16:13), sino que recibirían un poder nuevo, liberador de la tiranía del pecado (Rom. 8:1-9) e inspirador de su testimonio de Jesucristo (Hec. 1:8).

La asistencia del Espíritu Santo proporcionaría a los testigos de Cristo palabras sabias y firmeza en situaciones difíciles (Mt. 10:20 y pasajes paralelos); los capacitaría para predicar el Evangelio eficazmente (Hec. 2; 6:10; 8:29 y ss.; I Tes. 1:5, 6). Sería el Espíritu mismo el que acrecentaría y fortalecería a las iglesias (Hec. 9:31); daría la orientación necesaria en momentos de perplejidad e indecisión (Hec. 10:19) o frente a problemas doctrinales que amenazaban la unidad de la Iglesia (Hec. 15), dirigiría la estrategia misionera (Hec. 13:2, 4; 16:6, 7) y enriquecería a las iglesias con los dones que, debidamente reconocidos y usados, impulsarían su desarrollo (I Cor. 12:14).

La comprensión práctica de la obra del Espíritu Santo nos libraría de muchas tensiones y ansiedades. A menudo nos dejamos dominar por el pensamiento de lo que nosotros no podemos hacer, perdiendo de vista lo que El puede hacer. Sentimos desasosiego porque echamos sobre nuestros hombros la carga de una responsabilidad que corresponde al

Señor. Ganaríamos mucho en paz y eficiencia si nos viéramos a nosotros mismos más como «dirigidos» que como «dirigentes», si reconociéramos no solo la «presencia» del Espíritu Santo en la Iglesia, sino también su «presidencia», según sugerencia atinada de A. T. Pierson.

LA PALABRA DE DIOS

La Escritura es el manantial inagotable de enseñanza. Es el depósito sagrado de la revelación de Dios. A través de sus páginas, Dios sigue hablándonos. Mediante ella, el Espíritu Santo nos robustece, nos amonesta, nos humilla, nos alienta, nos santifica, nos capacita para cumplir la encomienda divina. Pablo, en la orientación pastoral que da a Timoteo, hace hincapié en el valor de la Escritura, la cual, por haber sido divinamente inspirada, es «útil para enseñar, para redargüir, para corregir, para instruir en justicia, a fin de que el hombre de Dios sea perfecto, enteramente preparado para toda buena obra» (II Tim. 3:16, 17).

Por el estudio de la Palabra, ahondamos en el conocimiento de Dios. Sus atributos se nos hacen más majestuosos; a pesar de que jamás lleguemos a comprenderlos en toda su infinitud, nos maravillan. Su santidad nos anonada (Is. 6:15); pero, al mismo tiempo, contemplada a través de Jesucristo, nos transforma (II Cor. 3:18; 4:6). Su justicia nos condena, pero en Cristo se convierte en justificación (Rom. 3:23, 24). Su amor nos cautiva (II Cor. 5:14; I Jn. 4:19). Su sabiduría y lo admirable de sus propósitos nos mueven a la adoración (Rom. 11:33-36). Su soberanía no nos aterra; nos anima. El Todopoderoso es nuestro Padre. Nuestro destino individual, el de la Iglesia y el del mundo, están en sus manos. La voz de nuestro Soberano, en la hora de nuestro decaimiento, es invariablemente la misma: «No temas» (Apoc. 1:17).

Por la Palabra de Dios aumenta nuestro conocimiento de nosotros mismos. Su luz nos muestra lo que realmente somos. Descubrimos en nuestro propio ser los efectos terribles de la caída. Nos percatamos de la malignidad de nuestro egoísmo, de nuestro orgullo, de nuestro antagonismo hacia Dios, de nuestras inclinaciones al mal, unas veces en forma de impulsos primarios, desordenados; otras en forma de pecados sutiles, mezclados incluso con los más piadosos deseos. En nuestro enfrentamiento con nuestra condición moral, la Palabra de Dios va eliminando toda pretensión paliatoria; nos desnuda de méritos propios. Nos deja a solas con nuestra miseria y con nuestra impotencia. Es entonces cuando fácilmente llegamos a aborrecernos a nosotros mismos con el sentimiento expresado por Pablo en Romanos 7 y con su propia exclamación preñada de angustia (v. 24). Pero esta visión deprimente puede —y debe— ser eminentemente positiva, pues nos sitúa en el plano adecuado para beneficiamos de las riquezas insondables de la gracia de Dios.

También estas riquezas las conocemos por la Palabra de Dios. Es en ella donde aprendemos que Dios nos acepta, no por lo que somos, sino a pesar de lo que somos; que nos llama y nos usa a pesar de nuestras flaquezas. Un hombre humillado, abofeteado por Satanás, insistentemente aguijoneado y sumido en la debilidad, pudo ser el más grande de los apóstoles porque el Señor le dijo: «¡Bástate mi gracia!» (II Cor. 12:7-9). Este prodigio debiera alentarnos cuando el descubrimiento de nuestra indignidad nos impele el descorazonamiento. Haríamos bien en seguir el consejo de Francisco de Sales: «Sé paciente con todos, pero sobre todo contigo mismo».

El día de nuestra transformación perfecta a imagen de Jesucristo está en el futuro; pertenece al momento de la *parusía* del Señor (Fil. 3:20, 21; I Jn. 3:2). Ahora, con la misma actitud expectante de los antiguos patriarcas, vivimos mirándolo de lejos, creyéndolo y saludándolo» y confesamos que somos «extranjeros y peregrinos en la tierra» (Heb. 11:13), bajo el signo de la debilidad y la humillación, pero guiados, sostenidos y usados por Dios.

Pablo veía aún más. Se veía a sí mismo y a sus compañeros como incorporados al cortejo triunfal del más grande de los vencedores: Jesucristo (II Cor. 2:14). Recuerda, sin duda, a los derrotados en el campo de batalla que, hechos esclavos, cerraban el desfile a cuya cabeza marchaba el general victorioso. Pablo era el gran vencido por la gracia de Dios manifestada en Jesucristo. Se sabía derrotado en todos los órdenes y se convierte en esclavo del Vencedor; pero este lo hace participante de su victoria y lo lleva «siempre en triunfo» (II Cor. 2:14), de modo que aun en las circunstancias más adversas es «más que vencedor» (Rom. 8:37).

Esta experiencia no se debía a su propia pericia, sino a la mediación del Señor: «por medio de Aquel que nos amó». El significado real de la gracia se eclipsa cuando pensamos en lo que nosotros hacemos. Solo tiene sentido cuando pensamos en lo que hace Él. Por eso no hay nada más confortante que el mensaje que sobre la gracia de Dios nos trae su Palabra.

No menos consoladora es la enseñanza bíblica sobre la providencia divina. Las experiencias más duras del ministro, incluidas las de fracaso, derrota o caída, están incluidas en los planes de Dios. Nada escapa al control del Señor. Aun lo que no procede directamente de El, nuestros errores y pecados, son permitidos por El con un propósito positivo. Lo que se dice de los creyentes en general (Rom. 8:28) no puede ser menos cierto de aquellos a quienes Dios ha llamado especialmente a su servicio. Por supuesto, esta certidumbre no nos es dada para fomentar en nosotros la negligencia o licencias impropias de un ministro. Su finalidad es animarnos y renovar en nosotros la fe cuando nos debatimos en medio de las dificultades del ministerio sin dejar nunca de tomarnos a Dios muy en serio.

La Palabra de Dios nos capacita asimismo para comprender a nuestros semejantes con sus problemas; lo que nos hace más pacientes, más tolerantes —sin llegar a concesiones imposibles—, más sufridos. Nos da una visión objetiva del mundo con la perspectiva de la soberanía y de la gracia de Dios. Nos muestra que el devenir histórico es inseparable de la historia de la salvación. Los misterios de la providencia son iluminados por los propósitos de Dios. Todo avanza hacia la gran «consumación» en la que resplandecerá la perfección de todos los atributos del Soberano del universo. Todo, incluido cuanto concierne a la vida y obra del ministro, queda bajo la dirección suprema del Señor. Desde las alturas a que la Palabra puede elevarnos, se tiene una visión de todas las cosas que nos infunde serenidad de espíritu y bríos para proseguir los quehaceres del ministerio.

De lo que acabamos de exponer se colige la necesidad de que el ministro dé prioridad absoluta a la lectura y estudio de la Escritura[23]. Nuestra asimilación de la Palabra de Dios es, sin hipérboles, una cuestión de vida o muerte. Lo es en lo que respecta a nuestra propia supervivencia espiritual. Y lo es igualmente en lo concerniente a la eficacia de nuestra obra. No olvidemos que cualquier forma de ministerio espiritual tiene por objeto comunicar la Palabra de Dios; pero esa comunicación será prácticamente imposible si antes la Palabra no ha llegado a nosotros con poder. Como afirmaba Hans Urs von Balthassar, «quien desea hablar al mundo debe antes oír a Dios». El fracaso de los «pastores» de Judá se debió a que no supieron sintonizar con la voz de Dios, «porque ¿quién estuvo en el secreto de Jehová y vio y oyó su Palabra?

---

[23] Recuérdese el punto sobre formación bíblica en el cap. V.

¿Quién estuvo atento a su Palabra y oyó?» (Jer. 23:18). Por el contrario, el éxito de Samuel fue el resultado de que desde el principio supo decir: «Habla, Señor, que tu siervo oye» (I Sam. 3:10).

LA ORACIÓN

La eficacia de este recurso es incuestionable. Jesús mismo, durante su ministerio, tuvo necesidad de retirarse a la soledad para orar a su Padre. El conocía bien la influencia de la comunión con el cielo y de ella obtuvo las energías renovadas para poder acabar su obra en la tierra. No nos extraña, pues, que la recomendara a sus discípulos y que los instruyera en cuanto al modo de orar. Además, les dio promesas magníficas que aseguraban la respuesta a sus preces (Mt. 7:7-11; Le. 11:5-13; Jn. 14:13, 14; 15:7, 16).

Los apóstoles aprendieron la lección. Por eso se desprendieron de actividades secundarias para poder dedicarse a la oración y al ministerio de la Palabra (Hec. 6:4). El apostolado de Pablo se nos presenta bañado en oración desde el momento mismo de su conversión (Hec. 9:11; 16:25; Rom. 1:9; Fil. 1:3, 4; Col. 1:3, etc.). Otros grandes hombres de Dios dieron a la oración el mismo lugar preferente. Lutero, por ejemplo, cuanto más aumentaba su trabajo, más tiempo dedicaba a buscar la dirección de Dios. En cierta ocasión, cuando alguien le preguntó qué haría al día siguiente, contestó: «Trabajar desde una hora temprana hasta tarde; de hecho, tengo tanto que hacer que habré de pasar las tres primeras horas del día orando».

Desgraciadamente, no es esta experiencia la más generalizada entre los ministros del Evangelio. Nos cuesta hallar tiempo y concentramos para orar. Nos resulta mucho más fácil dedicamos a cualquier otra clase de actividad, y ello a pesar de que reconocemos las excelencias de la comunión con Dios. ¿A qué se debe este fenómeno? Probablemente a que, aun sin damos cuenta de ello, pensamos en la oración como una mera práctica religiosa desligada de su contextura. Empeñamos en orar media hora sin interrupción» puede llevamos indefectiblemente al fracaso. Pero si situamos y practicamos la oración en la esfera de la comunión con Dios, en la que se alternan la lectura de la Biblia, la meditación, la adoración, el silencio y el ruego, será mucho más fácil, más espontánea, más deleitosa y confortativa. Este modo de orar exige tiempo; es del todo incompatible con la prisa de nuestra época. A veces, cuando la mente está agitada por múltiples pensamientos y preocupaciones, se necesitan algunos minutos para la relajación. Sin un mínimo de quietud de espíritu es difícil sacar provecho del tiempo dedicado a la comunión con Dios. Pero una vez serenada la mente, esa comunión puede ser viva y vivificadora.

En esta experiencia, la oración será el vehículo para llevar a Dios nuestra alabanza, nuestros problemas, nuestras perplejidades, nuestra necesidad de luz para tomar decisiones, nuestro clamor en demanda de auxilio, nuestras súplicas intercesorias en favor de otros. Al transferir así a Dios la carga de nuestro corazón, nuestro espíritu puede descansar. Todo está ahora en sus manos. El responderá haciendo todas las cosas mucho más abundantemente de lo que pedimos o entendemos» (Ef. 3:20).

Cuando a solas con Dios escuchamos su voz y le hacemos oír la nuestra, se carga nuestra batería espiritual. Los pensamientos se enriquecen; los sentimientos se equilibran; la voluntad recibe estímulo para optar por la obediencia al Señor. Como resultado, también se enriquece el ministerio. La predicación, la enseñanza y los contactos personales desprenderán la fragancia inconfundible de quien vive cerca de Dios.

En su vida y en su obra, el ministro puede prescindir de muchas cosas, pero no de la oración, que debe cultivar diligentemente. La norma que el gran predicador escocés Andrew Bonar menciona en su diario privado debiera apropiársela todo siervo de Cristo. «Por la gracia de Dios —escribe— y el poder del Espíritu Santo, deseo establecer la regla de no hablar a ningún hombre en tanto no haya hablado a Dios; no hacer nada con mis manos hasta que haya estado sobre mis rodillas; no leer cartas o periódicos hasta que haya leído algo de las Sagradas Escrituras».

EL SERVICIO

Aunque parezca una contradicción incluir la actividad del ministerio como medio de fortalecimiento espiritual, no lo es. El servicio fatiga, cierto; pero también estimula. Los setenta discípulos que habían recibido en su contacto con Jesús la inspiración necesaria para emprender su gira misionera, encontraron en ésta su fuente de gozo entusiástico (Lc. 10:17).

Sin disminuir un ápice el valor de la oración, hemos de señalar que no es suficiente para un ministerio equilibrado. No todas las batallas se ganan en el aposento destinado a los encuentros con Dios. De este aposento puede el ministro salir algunas veces más abatido y derrotado que antes de entrar. ¿Es posible en semejante caso esperar algo del trabajo impuesto por la responsabilidad ministerial? Aún más: ¿Nos es lícito ocupamos en él? ¿No debemos antes reponemos de nuestro desaliento o de nuestra frialdad?

Invitado Erasmo por Colet para dar una serie de conferencias en Oxford, escribió a su amigo: «No obra sabiamente, Colet, al pedir que salga agua de una piedra pómez, como decía Plauto... ¿Cómo voy a calentar a otros cuando yo mismo estoy tiritando de frío?» Esta noble declaración es de una lógica aplastante; pero Dios obra muchas veces por encima de la lógica. Ni Plauto ni Erasmo podían, por supuesto, hacer que manara agua de la piedra pómez, pero Dios puede convertir las rocas en manantiales. La experiencia de Moisés en el desierto se ha repetido a menudo en la vida de muchos siervos de Dios. El autor se ha sentido en más de una ocasión profundamente desanimado al empezar un culto o al iniciar una entrevista pastoral; pero casi inmediatamente después de haber empezado a predicar o conversar se vio transformado por un poder ajeno a él que le devolvía las energías y lo restauraba a la normalidad espiritual.

De la misma manera que el ejercicio físico es necesario para mantener la salud del cuerpo, así lo es la actividad espiritual para conservar o recuperar la del alma, aun en los días de postración. Elías completó la recuperación de su depresión reanudando la obra que Dios le había asignado (I Rey. 19:15-18). Los psicólogos reconocen el valor de la terapia ocupacional. Y el ministro haría bien en orientar y regular adecuadamente este aspecto de su vida. Dentro del marco amplio de actividades propias del ministerio cristiano, debiera escoger de modo especial aquéllas para las cuales está más dotado sin pretender ser especialista brillante en todo.

La dedicación a su trabajo debe caracterizarse por la intensidad, pero también por la cordura. La actividad no debe degenerar en activismo. No tendría que robamos jamás el tiempo necesario para la comunión con Dios. Tampoco debería ser causa de tensiones peligrosas. Un agobio de trabajo prolongado conduce fácilmente al agotamiento nervioso. En el servicio puede encontrar el siervo de Dios un medio para mantener su estabilidad espiritual; pero puede igualmente hallar en él la causa de su debilitamiento. Que suceda lo primero y no lo segundo depende de su inexorabilidad en combinar el esfuerzo con el descanso, tanto espiritual como físico (Mc. 6:31). Pueden —y deben— ir de la mano la comunión con Dios y el asueto, la práctica de algún deporte o el disfrute de distracciones sanas.

LA COMUNIÓN DE LOS SANTOS

El hombre es un ser sociable por naturaleza y el ministro no es una excepción. Necesita el calor de sus hermanos. En la comunión con ellos, sufrirá a veces decepciones, pero también recibirá aliento. Pablo conoció el dolor de las deslealtades y de los golpes bajos (II Tim. 1:15; 4:10, 14-16), pero tuvo una abundante compensación en la fidelidad ejemplar de otros colaboradores (Rom. 16:1-4, 7, 13,23; FU. 2:1930; II Tim. 1:16-18; 4:11).

Es de la máxima importancia que, entre sus hermanos o consiervos, encuentre el ministro alguien con quien mantener una comunión honda, no solo a nivel de ideas o de actividades, sino a nivel de sentimientos, de inquietudes y problemas íntimos. El es ayudador de muchos, pero en muchas ocasiones también precisa ser apoyado por alguien que tenga la capacidad, la simpatía y la discreción adecuadas.

Al hablar de los problemas del ministro, destacamos en primer lugar la soledad. Vimos lo difícil que en algunos casos es hallar la persona o personas auténticamente amigas. Sin embargo, es vital llegar a encontrarlas, si no en la propia iglesia fuera de ella. La soledad total puede llegar a convertirse en una carga punto menos que insoportable. Es interesante observar que los grandes líderes de la Biblia tuvieron por lo menos un compañero íntimo en quien encontraron apoyo. Moisés lo halló en Josué; Elías, en Eliseo; Jeremías, en Baruc; Bernabé, en Pablo; Pablo, en Timoteo y otros colaboradores. También llama la atención el hecho de que Jesús enviase a los setenta a predicar el Evangelio emparejados (Lc. 10:1). Todo viene a confirmar la gran verdad del dicho de Eclesiastés: «Mejores son dos que uno, porque tienen mejor paga de su trabajo; porque si cayeren, el uno levantará a su compañero; pero ¡ay del solo! cuando cayere no habrá segundo que lo levante» (Ecl. 4:9-11).

Algunos han visto magníficamente realizado este emparejamiento espiritual en su matrimonio; su consorte ha sido el compañero ideal. Cuando no se tiene tal experiencia ni la esperanza de llegar a tenerla, se debe orar para que Dios, a través de algún hermano o consiervo supla la necesidad de amistad cristiana profunda. Después de la comunión con Dios, tal amistad puede ser la mayor bendición.

El hecho de que el ministro puede disponer de medios valiosísimos para llevar a cabo su labor debe animarle. Pero debe aplicarse diligentemente al uso de dicho medios. Aun así, no siempre podrá cantar victoria. El ministerio, al igual que la vida cristiana en general, suele ser una sucesión de luces y sombras, de logros y decepciones, de ensalzamientos y humillaciones. Hay en ello, sin duda, un sabio propósito de Dios. Las experiencias luminosas contribuyen a mantener nuestro ánimo para que podamos perseverar; las oscuras tienden a mantenemos en actitud de humildad y dependencia de Dios. Solo una conciencia clara de nuestras debilidades, errores y pecados nos permite valorar las riquezas de la gracia maravillosa que somos llamados a predicar.

De ese modo, y a lo largo de una experiencia complejísima, el siervo de Jesucristo descubre nuevas facetas de la gloria del ministerio, lo estima como el más grande de los honores y como la fuente más enriquecedora de la vida. Con el gran comentarista bíblico Scott, puede atestiguar: «Con todos mis desalientos y mi desesperanza pecaminosa, en mis mejores momentos no puedo pensar en otra obra más digna que ésta. Si tuviese mil vidas, a ella dedicaría gustosamente las mil»[24].

CUESTIONARIO

1. *¿Qué razones lógicas tiene el ministro para esperar que las dificultades no le derroten en su labor?*

2. *¿Cómo ayuda el Espíritu Santo a los siervos de Dios?*

3. *¿Cómo influye la Palabra de Dios en el fortalecimiento espiritual de los ministros del Evangelio?*

4. *¿Cuáles son las principales dificultades en la práctica de la oración y cómo pueden superarse?*

5. *¿En qué condiciones el trabajo propio del ministerio puede ser un estímulo y cuándo se convierte en carga de efectos negativos?*

6. *Exponga brevemente los motivos por los que el compañerismo cristiano es necesario en la vida del ministro y mencione las características que tal compañerismo debe tener.*

---

[24] C. Bridges, *op. cit.,* 23.

SEGUNDA PARTE

El ministerio de la predicación Homilética

Capítulo VIII
La predicación cristiana

SU IMPORTANCIA

Los principales fines del ministerio —evangelización y enseñanza— hallan en la predicación uno de sus medios de realización más importantes. Tanto es así que en el Nuevo Testamento los dos verbos que más frecuentemente expresan la acción de comunicar el Evangelio, *evangelizo* y *kerysso* se traducen en numerosas versiones por «predicar». Por eso, tanto Jesús como los apóstoles fueron grandes predicadores (Mc. 1:14; Mt. 4:23, 10.7; Mc. 6:12; Hec. 5:42; 9:20; 20:25; 28:31; I Cor. 1:17; I Tes. 2:9, por citar solo algunas referencias).

En épocas posteriores a la apostólica, los períodos más luminosos en la Historia de la Iglesia han sido aquellos en que el púlpito ha ocupado el lugar de prominencia que le corresponde. La vitalidad de la iglesia ha corrido pareja con la calidad y el poder de la predicación. No importa que ésta haya sido interpretada por el mundo como locura; Dios la ha usado siempre para la salvación de los creyentes (I Cor. 1:21). Su valor fue exaltado por Gregorio Nacianceno cuando le asignaba lugar prioritario en el ministerio *(proton ton emeteron)*. Análogo concepto tuvo Erasmo: «El ministro se halla en la cumbre de su dignidad cuando desde el púlpito alimenta a la grey del Señor con sana doctrina»[25].

Aun en nuestro tiempo, como ha señalado Emil Brunner, «donde hay verdadera predicación; donde, en obediencia de fe, es proclamada

---

[25] Ref. de C. Bridges, *op. cit.,* p. 190.

la Palabra, allí, a pesar de todas las apariencias en contra, se produce el acontecimiento más importante que puede tener lugar en la tierra»[26].

Aunque existen otros caminos para difundir el conocimiento de la Palabra de Dios, tales como el diálogo o la literatura, la predicación auténtica ha conservado siempre una primacía indiscutible. Hay en ella elementos de vida y poderes únicos, inexistentes o muy disminuidos en los demás medios de comunicación. Su fuego, sus inflexiones, su capacidad para sacudir la mente, encender los sentimientos y mover la voluntad no tienen parangón. No nos sorprende que cuando alguien pidió a George Whitefield permiso para publicar sus sermones, el fogoso predicador contestara; «No tengo ninguna objeción, si usted lo desea; pero nunca podrá introducir en la página impresa el rayo y el trueno».

Si la predicación últimamente ha decaído en muchas partes del mundo, ello no se debe a un fenómeno de anacronismo, sino a que muchos predicadores han perdido de vista la verdadera naturaleza y las características esenciales de su función.

DEFINICIÓN

Es difícil definir la predicación, ya que se trata de una actividad compleja y de amplísimas dimensiones. Pero, aun a riesgo de omitir elementos importantes, la definición siempre es una ayuda para comprender y retener lo esencial de una materia.

Nuestro intento de fijar el concepto de predicación carece de pretensiones de originalidad. Sobre este punto, al igual que sobre muchos otros en el campo de la homilética, se ha escrito tanto que lo que a un autor pudiera parecerle original probablemente antes ya se había dicho. Sucede algo parecido a lo que alguien, después de leer la antigua literatura helénica, afirmó sobre la filosofía: «Los griegos robaron todas nuestras ideas modernas».

Por nuestra parte, definiríamos la predicación del siguiente modo: *es la comunicación, en forma de discurso oral, del mensaje divino depositado en la Sagrada Escritura, con el poder del Espíritu Santo y a través de una persona idónea, a fin de suplir las necesidades espirituales de un auditorio.*

---

[26] Cit. por Paul Eppinger, *Christianity Today*, vol. XI, n. 18, p. 13.

El análisis de esta definición nos ayudará a comprender la esencia y los fines de la predicación. Por tal motivo, consideramos a continuación los puntos fundamentales que de ella se desprenden.

EL CONTENIDO DE LA PREDICACIÓN

Es vital que todo predicador tenga una idea clara de lo que ha de constituir la sustancia de sus sermones. Un error en la apreciación de la misma puede malograr sus mejores esfuerzos. Como señala John Bright, «ninguna iglesia puede ser mayor que el mensaje que proclama»[27].

Por vía negativa, diremos que un sermón no es un discurso en el que el predicador expone ideas humanas —propias o ajenas—, doctrinas filosóficas, especulaciones morales o experiencias religiosas. Tampoco es una disertación teológica, fruto de disquisiciones metafísicas más que de exposición bíblica. Ni es una plática piadosa en la que se vierten reflexiones personales, por espirituales y edificantes que éstas sean.

El contenido de toda predicación ha de ser fundamentalmente la Palabra de Dios. No olvidemos que es *kerygma*. Nada de lo que el hombre añada puede desfigurar o debilitar el mensaje divino. Esta característica era expresada de modo tajante en los días de la Reforma: *Praedicatio Verbi Dei est Verbum Dei* (la predicación de la Palabra de Dios es la Palabra de Dios). Esta aparente redundancia es la piedra de toque para distinguir la verdadera predicación del mero discurso.

El predicador cristiano está en la línea de sucesión de los antiguos profetas; detrás de todas sus afirmaciones ha de estar el «Así dice el Señor». Es, además, discípulo de Jesús y, como su Maestro, ha de dar a quienes le escuchan no sus propias palabras, sino lo que ha oído del Padre (Jn. 8:26, 38; 12:50). Su mensaje, al igual que el de Pablo y sus colaboradores, debiera ser acogido «no como palabra de hombres, sino cual es en verdad, como Palabra de Dios» (I Tes. 2:13).

Cuando realmente se predica *la* Palabra y no simplemente *acerca de* la Palabra, el mensaje es revestido de poder sobrenatural. Este hecho da confianza al predicador e impresiona a los oyentes. Los contemporáneos de Jesús se maravillaron de su sermón del monte, porque les enseñaba con autoridad (Mt. 7:28). Su verbo no era rutinario y frío como el de los escribas; llevaba el hálito inconfundible de Dios. Y el mundo de nuestro tiempo, contrariamente a lo que algunos suponen,

---

[27] *The Authority of the O.T.,* SCM Press, p. 165.

necesita oír voces así, con los mismos acentos autoritativos. Son muchos los espíritus que hoy empiezan a estar cansados del relativismo, la incertidumbre y la esterilidad del pensamiento moderno.

Además, la Palabra de Dios posee en sí una energía vital única (Heb. 4:12) y «no volverá vacía» a Aquel que nos la ha dado. Sean cuales sean los resultados visibles, la Palabra de Dios cumplirá el propósito de Dios; unas veces para salvación (I Tes. 1); otras para juicio (Jn. 12:48). La predicación genuina tendrá siempre ese doble efecto. Difundirá «el buen olor de Cristo entre los que se salvan y entre los que se pierden» (II Cor. 2:15). El resultado final siempre debe dejarse al Señor. Mutilar la Palabra, deformarla o abaratarla con objeto de que la predicación resulte más aceptable no es solo una gran equivocación; es un pecado del que Dios pedirá cuentas a todo falso profeta (Jer. 23:9-40).

PALABRA Y ESCRITURA

La Palabra de Dios no llega al predicador, ni a ningún otro ser humano, de modo directo. Se halla en la Sagrada Escritura. Sus páginas contienen el testimonio de los grandes hechos de la historia de la salvación y la interpretación de los mismos, todo ello con la garantía de la inspiración divina (II Tim. 3:16). Por ello, la predicación cristiana ha de ser eminentemente bíblica, lo cual no significa tan solo que ha de girar en torno a un determinado texto de la Escritura, sino que ha de estar impregnada en la totalidad de sus enseñanzas. Con esto no queremos decir que en cada uno de los sermones hay que meter de manera comprimida la Biblia entera, pero sí que su contenido debe estar iluminado por el conjunto de la Biblia. El predicador no debe conformarse con mojar sus pies en un pasaje escriturístico; debe zambullirse en las aguas profundas de la revelación, aunque cada vez, de los tesoros alojados en sus fondos, saque solamente una pequeña parte: una perla doctrinal, la lección de un hecho histórico, una promesa, un mandamiento, una admonición, una palabra de ánimo, un ejemplo a imitar, un llamamiento. Cuando se logra esto, se ha dado un gran paso para acabar con la superficialidad dominante en muchos púlpitos.

Si en un mensaje hay reciedumbre bíblica no hace falta recurrir a componentes secundarios para llenar el tiempo que ha de durar. El material usado en no pocos sermones se reduce lastimosamente a cuatro tópicos expresados con frases de molde, dos alusiones a hechos de actualidad, algunas citas de hombres famosos, una anécdota, un par de experiencias personales —generalmente de tipo triunfalista— y algunas exhortaciones finales o un llamamiento apasionado que no guarda ni relación ni proporción con lo predicado anteriormente. Estos elementos tienen su lugar y su valor en el sermón, como veremos; pero nunca pueden convertirse en su esencia; jamás pueden desplazar o eliminar la sustancia bíblica.

Además, nada más amplio ni más fascinante que la Sagrada Escritura. La revelación que en ella encontramos de Dios, de sus atributos, de sus propósitos maravillosos, de sus obras, de su providencia, de su gracia, o la descripción que en sus páginas se nos hace del hombre en su grandiosidad y miseria, de la complejidad misteriosa de su persona, del sublime destino a que Dios le llama, de la historia de la salvación entrelazada con la historia del mundo, todo es realmente maravilloso. No menos enriquecedores son los pasajes biográficos, poéticos, didácticos, sus denuncias proféticas, sus mensajes de aliento o sus perspectivas escatológicas pletóricas de luz. El predicador familiarizado con esta riqueza, inmensa y varia, de la Biblia, no tendrá dificultades en anunciar «todo el consejo de Dios» (Hec. 20:27) y así alimentar adecuadamente a la grey del Señor.

EL ESPÍRITU SANTO Y LA PREDICACIÓN

Cualquier forma de testimonio cristiano exige el poder del Espíritu Santo (Hec. 1:8). ¡Cuánto más la predicación! El primer sermón oído en la primera iglesia cristiana fue resultado de la acción del Espíritu el día de Pentecostés (Hec. 2). La fuerza irresistible de los discursos de Esteban se debía al mismo poder (Hec. 6:8-10; 7:55). Detrás del mensaje de Pedro en casa de Cornelio estaba la presencia y la acción del Espíritu Santo (Hec. 10:19, 44). Y Pablo reconoce sin rebozo que en esta intervención del Espíritu de Dios radicaba el secreto de su predicación (I Cor. 2:4; II Cor. 3:3; I Tes. 1:5).

Estos breves datos recogidos del Nuevo Testamento son suficientes para mostrarnos que la homilética es una derivación de la pneumatología. Un predicador divorciado del Espíritu es «metal que resuena y címbalo que retiñe». No basta que conozca a fondo la Biblia y la exponga con escrupulosa lealtad. Si el Espíritu Santo no obra en las mentes y en los corazones de los oyentes los resultados serán nulos. La Palabra de Dios es la verdad independientemente de que los hombres lo admitan o no. Pero esa verdad permanece velada en tanto el Espíritu no realiza su obra iluminadora en el interior del corazón humano (I Cor. 2:9-14). Las «cosas que ojo no vio ni oído oyó», es decir, el contenido de la revelación, existía objetivamente antes de que se hicieran realidad subjetiva en nosotros, pero esto último se produjo cuando «Dios nos las reveló a nosotros por el Espíritu».

Con Rudolf Bohren podemos decir que «el mejor fundamento teológico de la predicación no auxilia al predicador si el Espíritu es recusado. Por encima de todo, para predicar, necesito el Espíritu Santo»[28]. Este testimonio de un teólogo contemporáneo mantiene el énfasis de los reformadores respecto a la doctrina novotestamentaria. Calvino había insistido con razón en que la Palabra predicada sin la iluminación del Espíritu Santo es inoperante[29].

Este hecho merece la más seria consideración por parte de todo ministro del Evangelio, especialmente en una época como la nuestra en que los recursos de la retórica y la psicología se presentan al predicador como una tentación.

El sentimiento de entusiasmo producido en un auditorio por una elocuencia arrebatadora puede confundirse —y a menudo se confunde— con una adhesión sincera al mensaje del Evangelio; la agitación profunda de las emociones, con una genuina convicción de pecado; la decisión fácil lograda por una fuerte presión psicológica, con la conversión y la consiguiente entrega a Cristo; la inscripción en el registro de una iglesia, con el discipulado cristiano.

Con esto no queremos dar a entender que exista incompatibilidad absoluta entre la acción del Espíritu Santo y los medios humanos de comunicación. Lo que intentamos recalcar es que la confianza del predicador no debe apoyarse en su habilidad natural, sino en Dios. Sintonizar con su Espíritu debe ser su máximo afán, por encima de toda tendencia carnal a explotar los recursos de técnicas humanas.

El predicador, más que nadie, debe ahondar experimentalmente en «la comunión del Espíritu Santo» anhelada en la bendición apostólica (II Cor. 13:14). En esa comunión madurará el fruto del Espíritu (Gál. 5:22, 23) que aparecerá en la vida del propio predicador. Sin ese fruto, gran parte de la predicación puede convertirse en sacrílega parodia. ¿Qué otra cosa sería hablar de las excelencias del amor si el corazón del predicador está corroído por enemistades, envidias o resentimientos?

---

[28] *Predigtlehre,* Chr. Kaiser Verlag, München, p. 66.
[29] Inst. III, 2, 33.

¿Cómo podrá recomendar el gozo cristiano si él vive amargado; o la paz si se ve atormentado por la congoja? ¿Con qué energía exhortará a la paciencia, la benignidad, la bondad, la fidelidad, la mansedumbre, la templanza, si tales virtudes brillan en él por su ausencia?

En toda predicación deben combinarse la actividad y la pasividad del predicador. Gloriosa actividad ante los hombres. Pasividad no menos gloriosa ante el Espíritu de Dios.

EL PREDICADOR, INSTRUMENTO DE COMUNICACIÓN

El Espíritu Santo podría usar directamente la Escritura para la conversión de los hombres y la edificación de la Iglesia, y a veces así lo hace excepcionalmente. Pero por regla general se vale de medios humanos, entre los cuales el predicador ocupa lugar especial.

Al definir la predicación hemos indicado que el mensaje divino es comunicado a través de una persona idónea. ¿Es posible hallar tal persona? Ante la excelencia de la Palabra y la magnificencia aún mayor del Dios que la ha dado, cualquier capacidad humana es ineptitud. ¿Quién puede considerarse apto para lograr que a través de sus palabras los hombres oigan la voz viva de Dios mismo? Que esto suceda es un misterio y un milagro atribuible a la gracia divina, no a mérito alguno del predicador.

Sin embargo, es imprescindible un mínimo de idoneidad por parte de quien comunica a otros la Palabra de Dios. La predicación no es una simple exposición de la verdad contenida en las Escrituras. Tal tipo de exposición puede hacerla incluso una persona no creyente o desobediente a Dios. Los mensajes proféticos de Balaam fueron irreprochables en cuanto a su contenido (Núm. 23 y 24). Caifás estuvo atinadísimo cuando hizo su afirmación sobre la conveniencia de que un hombre muriera por el pueblo (Jn. 11:50, 51). Aun los demonios anunciaban una gran verdad cuando daban testimonio del «Santo de Dios» (Mc. 1:24; comp. Hec. 16:17, 18). Pero ninguno de estos «predicadores» mereció la aprobación de Dios.

El verdadero predicador, sean cuales sean sus defectos y limitaciones, ha de estar identificado con el mensaje que comunica. Debe reverenciar y amar a Dios, respetar y aceptar su Palabra. Ha de haber tenido una experiencia genuina de conversión y dedicación a Cristo en respuesta a su llamamiento. Tiene que ajustar su vida —aunque no llegue a la perfección absoluta— a las normas morales del Evangelio, Ha de amar sinceramente a los hombres. Ha de reflejar la imagen y el espíritu de su Señor. Recuérdese todo lo expuesto en capítulos anteriores al ocupamos del carácter santificado, indispensable a todo ministro de Cristo.

Pero este punto exige algunas matizaciones, ya que suscita cuestiones inquietantes.

¿Qué lugar debe ocupar en la predicación la experiencia del predicador?

Debe quedar muy claro que somos llamados a predicar a Cristo, no a nosotros mismos (II Cor. 4:5). La Palabra, no nuestras experiencias, debe constituir la esencia del sermón. Las experiencias del predicador, usadas moderadamente y con cordura, pueden ser ilustraciones útiles, pero nunca deben ocupar lugar preponderante.

Y a pesar de esto, la experiencia del mensajero de Cristo es de importancia decisiva. Solo quien ha gustado lo delicioso del pan de vida puede ofrecerlo a otros con efectividad. Unicamente quien ha tenido vivencias auténticas de la energía transformadora del Evangelio puede afirmar sin vacilaciones que es «poder de Dios para dar salvación a todo aquel que cree» y esperar que sus oyentes tomen sus palabras en serio. Pero no es el testimonio oral que sobre sus experiencias puede dar el predicador desde el púlpito lo que más vale, sino lo que de ellas se trasluzca a través de su vida.

Helmut Thielicke ha expresado esta verdad incisivamente en una crítica saludable sobre la iglesia de nuestro tiempo. «Si no estoy equivocado, el hombre de nuestra generación tiene un instinto muy sensible para las frases rutinarias. La publicidad y la propaganda le han acostumbrado a ello... Cualquiera que desee saber si una bebida determinada es realmente tan buena como el anunciante a través de la pantalla del televisor dice que es, no puede creer ingenuamente las recomendaciones fonéticamente amplificadas; debe averiguar si ese hombre la bebe cuando está en casa, no en público. ¿Bebe el predicador lo que ofrece desde el púlpito? Esta es la pregunta que se hace el hijo de nuestro tiempo, consumido por el fuego de la publicidad y los anuncios»[30].

---

[30] *The trouble with the Church.* Hodder and Stoughton, p. 3.

¿Puede predicar quien pasa por una experiencia de crisis espiritual?

Toda crisis es un estado de inestabilidad. No se ha llegado a posiciones fijas, definitivas. No es inmersión en la incredulidad por pérdida de la fe o entrega al pecado con cese de toda lucha. Es más bien una situación de duda, de conflicto, de angustia, de depresión. Pero la fe se mantiene; las dudas son pájaros que revolotean sobre la cabeza sin llegar a hacer nido en ella; en el corazón sigue ardiendo la llama del amor a Cristo; la Biblia no ha dejado de ser el objeto predilecto de lectura y meditación.

En estos casos no solo se puede seguir predicando, sino que, como vimos al considerar los recursso del ministro, el hacerlo puede contribuir muy positivamente a la superación de la crisis. En el púlpito, el predicador sincero tiene experiencias tan claras como inefables de la presencia y el poder del Espíritu Santo, el cual le habla a él tanto o más que a la congregación y convierte la Palabra en fuerza maravillosamente renovadora. Solo cuando la crisis se prolonga y debilita demasiado al predicador, puede ser aconsejable que este cese temporalmente en su responsabilidad en el púlpito a la par que busca medios adecuados de recuperación.

¿Se puede predicar sobre puntos que el predicador no aplica en su propia vida?

Omitir esos puntos es cercenar la Palabra de Dios. Exponerlos, en el caso apuntado, puede dar lugar a la hipocresía, falta intolerable en el mensajero del Señor.

No es moralmente posible exhortar a los oyentes a una vida de oración si el predicador apenas ora en privado; o a la generosidad, si él es atenazado por el egoísmo; o al esfuerzo de una dedicación plena a Cristo, si él no da ejemplo de ello.

Ante tal inconsecuencia, el predicador debe buscar toda la ayuda de Dios para conformar su vida a las enseñanzas de la Palabra. Debiera estar en condiciones de poder decir con Pablo: «Sed imitadores de mí, así como yo lo soy de Cristo» (I Cor. 11:1). Si es consciente de que no ha alcanzado tal meta y si ha de predicar sobre un texto que pone al descubierto algún punto débil de su vida cristiana, no ha de tener inconveniente en reconocerlo públicamente e indicar de algún modo que él mismo también se incluye entre aquellos a quienes se dirige el mensaje. Esto es doblemente positivo, pues no solo libra al predicador de dar una falsa impresión de sí mismo, sino que, ante la confesión de sus propios defectos, aunque parezca paradójico, la congregación se sentirá alentada. Los «superhombres» espirituales anonadan. Los hombres de Dios que, como Elías (Sant. 5:17), son «de igual condición que nosotros» estimulan a sus hermanos.

EL AUDITORIO Y SUS NECESIDADES

El predicador es un intermediario entre Dios y los oyentes en lo que a comunicación de la Palabra de Dios se refiere. Por tal razón, debe conocer a Dios y vivir lo más cerca posible de El; pero tiene asimismo que conocer a los hombres y vivir próximo a ellos. Ha de ser fiel a su Señor y, por amor a El, amar a quienes le escuchan con una preocupación sincera por su situación.

Ante sí tiene hombres y mujeres con sus inquietudes, sus dudas, sus deseos nobles, sus debilidades, sus luchas, sus avances espirituales, sus pecados, sus alegrías, sus temores. De alguna manera, el predicador ha de penetrar en ese mundo interior de cada oyente e iluminarlo, purificarlo y robustecerlo con la Palabra de Dios. No puede conformarse con pronunciar palabras piadosas que se pierdan en el vacío porque su contenido es de nulo interés para quienes escuchan. Cuando el gran predicador Henry W. Beecher preparaba sus sermones, según su propio testimonio, jamás su congregación estaba ausente de su mente.

Nada hay más estéril, ni más aburrido, que una predicación descarnada, insensible al pensar y el sentir del auditorio. Por más que nos opongamos —y nos oponemos— a la exégesis «desmitificadora» de Bultmann, hemos de apreciar su gran preocupación por presentar un mensaje relevante para el hombre de hoy, que le diga y le dé algo importante en el plano existencial.

Al pensar en el hombre, hemos de pensar en la totalidad de su ser y de «su circunstancia». La Palabra de Dios no va dirigida únicamente al espíritu; no tiene por objeto solamente movernos a la adoración o fortalecer nuestra fe. Menos aún, elevarnos a una comunión con Dios que nos haga indiferentes a nuestros compromisos, nuestras necesidades, nuestras relaciones o nuestros problemas temporales. El antiguo docetismo despojó a Cristo de su humanidad y lo redujo a una figura tan espiritual que casi resultaba fantasmagórica. Desgraciadamente, no faltan docetistas en nuestros días, aunque su error se haya desplazado de la cristología a la antropología.

Es necesario desterrar falsos espiritualismos y ver desde el púlpito a seres de carne y hueso. Aun el creyente, ciudadano del Reino de los cielos, vive en el mundo bajo toda clase de influencias culturales, religiosas, políticas, sociales. No puede salir de ese marco. Ni es llamado a hacerlo. Pero en él se hallará infinidad de veces con situaciones en las que no verá con claridad cómo actuar cristianamente. Es entonces cuando una predicación «encarnada», en la que la Palabra de Dios responde preguntas, aclara dudas y proporciona estímulos en el orden existencial, constituye una bendición inestimable por convertirse en palabra redentora. En cierto sentido, respetando el significado original de la frase bíblica, de todo sermón debiera poder decirse que en él «la Palabra se hizo carne».

Por medio de la predicación, el atribulado ha de recibir consuelo; el que se halla en la perplejidad, luz; el rebelde, amonestación[31]; el penitente, promesas de perdón; el caído, perspectivas de levantamiento y restauración; el fatigado, descanso y fuerzas nuevas; el frustrado, esperanza; el inconverso, la palabra cautivadora de Cristo; el santo, el mensaje para crecer en la santificación. Resumiendo: el púlpito ha de ser la puerta de la gran despensa divina de la cual se sacan las provisiones necesarias para suplir las necesidades espirituales de los oyentes.

Implícito en este punto hay otro que, por su importancia, hemos de considerar separadamente.

LA NECESIDAD DE UN PROPÓSITO

No es suficiente que el predicador, al subir al púlpito, tenga algo que decir a sus oyentes. Es necesario que su sermón tenga un objetivo concreto. Ha de aspirar a unos resultados.

El contenido del mensaje no solo ha de iluminar la mente y agitar los sentimientos; ha de mover la voluntad. Toda predicación debiera llevar a quienes escuchan a tomar algún tipo de decisión. Esta puede ser la conversión; la confesión íntima a Dios de un pecado, la renuncia

---

[31] Evítese, no obstante, usar la predicación para «atacar» a una o varias personas —aunque sea de modo anónimo— mediante recriminaciones hirientes. Los problemas personales del ministro en relación con algunos miembros de su iglesia deben resolverse en privado. Trasladarlo al púlpito es generalmente complicarlos peligrosamente.

a alguna práctica impropia de un cristiano, el desechamiento de un temor, una entrega plena a la voluntad de Dios, la resolución de iniciar la reconciliación con un hermano enemistado, la determinación de empezar las actividades de cada día dedicando unos minutos a la lectura de la Biblia y la oración, la de ofrecerse seriamente para algún tipo de servicio cristiano, la de evangelizar con mayor celo, la de mantener contactos de comunión cristiana con las personas que más la necesitan. Podríamos mencionar muchas más.

Solo cuando se han producido resultados de esta naturaleza en los oyentes puede decirse que la semilla de la predicación ha germinado. Por supuesto, la nueva planta debe cuidarse después mediante la acción pastoral de la iglesia; pero ya puede considerarse un éxito inicial que la semilla no cayera «junto al camino» y fuera engullida por las aves.

Es verdad que no en todos los casos la predicación, aunque esté presidida por un propósito concreto, logra su finalidad. Siempre hay oídos y corazones invulnerables a los dardos más directos de la Palabra. También es verdad que el Espíritu Santo puede alcanzar fines que el predicador no se había propuesto. Pero nada de esto justifica que cuando el predicador se embarca en su sermón no tenga idea del puerto al cual se dirige. Sin una meta precisa para cada mensaje, todo el esmero en la exégesis, toda la habilidad homilética y todos los recursos de la oratoria serán poco menos que inútiles. Un sermón no debe ser jamás una mera obra de arte. No ha de llegar a oídos del auditorio como una bella sinfonía, sino como lo que se espera que sea: voz de Dios que habla a los hombres y los insta a las decisiones más trascendentales. En frase de Bohren, la predicación «siempre es una cuestión de vida o muerte».

El ministerio de la predicación es glorioso, pero entraña una responsabilidad imponente. Es fuente de gozo, pero también de grandes tensiones. Su práctica eleva y humilla. Mas detrás de ese ministerio está Dios. El es quien dice a cada uno de sus mensajeros: «He puesto mis palabras en tu boca» (Jer. 1:9) y quien infunde aliento para la realización de misión tan singular (Jer. 1:17).

Del predicador se espera fidelidad y diligencia. Como en el caso de los profetas, su tarea viene determinada por dos palabras: *impresión* y *expresión*. La primera indica la operación del Espíritu y de la Palabra *en* el predicador; la segunda, la acción del Espíritu y de la Palabra *a través* de él.

En la expresión se combinan el elemento divino y el humano, la unción de lo alto y la homilética. Los principios básicos de esta rama de la Teología Práctica serán el objeto de nuestro estudio en los capítulos siguientes.

• •

CUESTIONARIO

1. *¿En qué radica la trascendencia de la predicación?*

2. *¿Qué debe entenderse por predicación bíblica?*

3. *¿Qué relación debe existir entre la predicación y el Espíritu Santo?*

4. *¿En qué medida puede el predicador hacer uso de su experiencia personal en el púlpito?*

5. *¿Qué relación ha de haber entre el sermón y los oyentes?*

• •

Capítulo IX
La preparación del sermón

En la mente de algunos puede surgir la pregunta de si es o no necesario un trabajo esmerado de preparación antes de predicar. La dirección y el poder del Espíritu Santo ¿no hacen superflua tal labor? Y si de algún recurso humano se precisa, ¿no bastan la imaginación, la agilidad mental y la vehemencia?

La respuesta a ambos interrogantes es un «no» rotundo. Ni el Espíritu Santo ni la habilidad intelectual o retórica del predicador pueden suplir la preparación concienzuda. El Espíritu Santo es, como vimos, el único que puede hacer eficaz la predicación; pero su acción nunca ha anulado la de sus instrumentos. La finalidad de la acción divina es hacer fructificar el mensaje, no fomentar la negligencia del mensajero. El Espíritu Santo no solo está presente en el momento de la predicación; puede estarlo —y lo está— en el de la preparación.

La improvisación, en ocasiones excepcionales, puede tener éxito, pero su práctica habitual conduce indefectiblemente a la pobreza de ideas con la consiguiente falta de variedad. Cambian los textos bíblicos sobre los cuales se pretende predicar, pero el contenido de la predicación es casi una repetición invariable de media docena de tópicos. De tal práctica solo cabe esperar esterilidad espiritual por parte del predicador y depauperación de los oyentes.

Sangster refiere la experiencia de un pastor (G. P. Lewis) que dirigía una conferencia para predicadores «laicos». Había hecho un encendido llamamiento a la consagración de una plena actividad mental al servicio del púlpito; pero cuando hubo acabado la conferencia y se abrió el período de discusión, uno de los presentes rechazó tanto el llamamiento como las razones en que se fundaba. Estudio, meditación, bosquejos, todo —decía— es innecesario. Al menos era innecesario para él.

Todo lo que él hacía era simplemente orar. Después de haber orado subía al púlpito, abría la Biblia en busca del texto y el Espíritu Santo hacía lo demás. Concluyó más o menos, con estas palabras: «Hasta ahora no he fracasado ni en uno solo de mis mensajes». Siguió un silencio embarazoso. Finalmente, un hombre, que no parecía ser predicador, manifestó: «No sabía que el Espíritu Santo fuese tan aburrido, repetidor y carente de originalidad». Este hombre asistía con regularidad a la iglesia en la que el otro solía predicar[32].

«La predicación —aseveraba un antiguo autor— no es una mera actividad de los labios y un movimiento ocioso de la lengua bajo los impulsos de una imaginación ligera. Es la expresión de la verdad de Dios a través de la meditación del corazón, en recto juicio, adquirida por la bendición de Dios mediante estudio y trabajo diligente para provecho del pueblo de Dios»[33].

De la preparación del propio predicador hablaremos al final de este capítulo. Es absolutamente imprescindible, pero no suficiente. No basta con que el predicador ore si no prepara su mensaje con solicitud. Como alguien ha dicho, «el trabajo sin oración es ateísmo; la oración sin trabajo es arrogancia». El labrador sería un necio si pensase que sus cosechas son resultado exclusivo de su labor; pero sería aún más necio si, confiando en la acción vital del sol y la lluvia sobre los campos, se entregase a la holganza. El predicador está expuesto a caer en cualquiera de estos dos tipos de necedad. Ambos debe rehuirlos por igual cuando piensa en el fruto de su obra.

PREPARACIÓN GENERAL

Cuando hablamos de preparación de un sermón, hemos de entenderla en dos sentidos: general y especial.

Esta última se refiere al tiempo y esfuerzo dedicados a trabajar sobre el tema o texto bíblico del que se va a hablar. Pero, si ha de resultar productiva, conviene que sea alimentada por la primera, mucho más amplia, la cual se consigue no en unas horas o en unos días, sino a lo largo de meses y años. Los más grandes sermones suelen ser resultado tanto del esmero en la preparación especial como del volumen y calidad de la general.

---

[32] *Power in Preaching,* p. 48.
[33] Ref. de C. Bridges, *op. cit.,* 193.

En cierta ocasión se preguntó a un predicador cuánto tiempo le había costado preparar un sermón que había causado honda impresión en su auditorio. «Diez años», fue la respuesta. Quería dar a entender que las ideas habían estado madurando en su mente durante ese tiempo. Esta experiencia es ilustrativa de lo que debiera, ser en el fondo toda predicación: la ordenación y ampliación durante la preparación especial de un material acumulado y sazonado en el largo transcurso de la preparación general.

Fuentes de preparación

Son innumerables y de todas ellas puede beneficiarse el predicador si es diligente en su aprovechamiento. He aquí algunas de las más valiosas:

a) *La lectura y el estudio de la Biblia.* Al referirnos a la lectura de las Sagradas Escrituras, pensamos no en una lectura intencionada con miras a descubrir textos sobre los cuales predicar, sino más bien en la lectura devocional del predicador mediante la cual trata de nutrir su propio espíritu, manteniéndose a la escucha de la voz de Dios. En esos momentos de reflexión personal sobre un pasaje bíblico, el predicador experimenta una renovación de su propia vida espiritual. Pero sucede a menudo que, sin buscarlo, aparecen textos o surgen temas que se imponen con fuerza en la mente como base de un sermón.

Lo mismo sucede cuando se estudia sistemáticamente la Biblia. Cada día habría de dedicarse algún tiempo al estudio a fondo de algún libro del Antiguo o del Nuevo Testamento. Tal actividad pronto es remuneradora; es semejante a la del minero que se abre camino a través de una galería repleta de ricos filones de oro, plata o diamantes. En esa galería no busca el predicador material para sus sermones, pero lo encuentra a manos llenas. Solo le resta recogerlo y guardarlo adecuadamente.

b) *La lectura de otros libros.* Recordemos lo expuesto en el capítulo V sobre la formación cultural del ministro.

No solo en las obras de contenido religioso, sino en toda clase de lecturas, el predicador encontrará material (pensamientos, aclaraciones, argumentos, citas, ilustraciones, etc.) que tarde o temprano le será útil para enriquecer el contenido de sus mensajes.

De especial interés es la lectura de sermones de otros predicadores. Sus ideas, su estilo y su técnica homilética pueden ser una buena ayuda para el propio perfeccionamiento. Normalmente contribuirán a ampliar las perspectivas del texto bíblico y sugerirán ideas nuevas.

El gran peligro en la lectura de sermones ajenos es la tentación al plagio, en la que ningún predicador debería caer. Es lícito tomar ideas de otros, digerirlas, desarrollarlas e incorporarlas a nuestra predicación. Esto lo han hecho prácticamente todos los ministros de la Palabra, incluido el llamado «príncipe de los predicadores», Carlos H. Spurgeon. Lo que nadie debería permitirse es la apropiación de un bosquejo ajeno, mucho menos la de la totalidad del sermón, a menos que lo reconozca y declare públicamente. Como indica Sangster con gran agudeza, «cortar un trozo de paño de la pieza de otra persona no es pecado ni en literatura ni en homilética; pero apoderarse de un traje y exhibirlo como si fuese de propia confección es un robo. El ladrón podía igualmente haber metido la mano en nuestro bolsillo y dejamos sin cartera»[34].

Aunque el concepto de originalidad es muy relativo, podemos afirmar que la competencia de un predicador está en relación directa con su capacidad de ser original. Esta capacidad se desarrolla precisamente mediante una actividad de lectura amplia y reflexiva.

c) *La experiencia personal.* Todo predicador debe ser amante de los libros, pero no un prisionero de su biblioteca. Es llamado a servir a Cristo en el mundo. Ha de predicar a personas que están inmersas en la vida del mundo. Pero el mundo, mucho más que a través de la literatura, llega a conocerse mediante el contacto directo.

Por este medio, el predicador obtendrá un conocimiento único sobre las circunstancias, las necesidades, los problemas, las preocupaciones y las experiencias de las personas a las cuales debe ministrar la Palabra de vida, y ese conocimiento le suministrará material copioso para sus mensajes. Si carece de él, su predicación puede ser correcta en muchos aspectos, pero resultará excesivamente académica, desprovista de calor humano, lo cual no deja de ser un serio defecto.

Conservación del material

Algunos predicadores que tanto en sus lecturas como en sus experiencias han descubierto abundantes ideas provechosas, no han podido usarlas en el momento en que las necesitaban por haberlas olvidado y no tener medio alguno de recuperarlas. De aquí que tan importante como la adquisición de material sea la conservación del mismo en condiciones que permitan fácilmente su uso. Para ello son recomendables:

---

[34] *The craft of sermon construction,* p. 193.

a) *Una libreta de notas* en la que se registren breves textos, citas, ideas, ilustraciones, etc., hallados en lecturas o bien en observaciones y reflexiones personales.

La eficacia del manejo de esta libreta depende de lo familiarizado que se esté con su contenido. Por eso es recomendable que se relea su material con frecuencia. Más segura, aunque también más laboriosa, es la formación de un índice de asuntos en las páginas finales de la libreta.

b) *Un buen archivo.* A la larga, resulta indispensable.

No es cosa liviana conseguirlo. Aparte el hecho de que el archivo perfecto no existe, cualquier tipo exige meticulosidad y un tiempo que no siempre se encuentra con facilidad.

Tal vez el más simple, de carácter mixto, es el de carpetas y fichas. En las primeras, ordenadas alfabéticamente, se colocan por temas los recortes de periódicos y revistas que se consideran de interés; esto en el caso de que tales publicaciones no hayan de conservarse íntegramente. También pueden añadirse los pensamientos, experiencias o reflexiones del propio predicador.

En las fichas, dispuestas igualmente por orden alfabético de temas, se anotan las referencias (título, autor, página, etcétera) de los libros o revistas correspondientes que el predicador tiene en su biblioteca.

Una de las dificultades que plantea todo sistema de archivo es la delimitación de los temas, muchos de los cuales obligan a ulteriores divisiones en subtemas. En los más perfeccionados suele recurrirse a una clasificación cifrada. Cada persona debe buscar el sistema que le resulte más práctico, teniendo en cuenta que el archivo debe estar al servicio del hombre, no el hombre al servicio del archivo.

PREPARACIÓN ESPECIAL

Cuando llega el momento en que el predicador ha de pensar en un sermón concreto, no le bastan los conocimientos y materiales que haya podido adquirir en su preparación general. Subir al púlpito confiando en ellos sería una semiimprovisación, con todos los peligros que tal forma de predicación entraña. Es menester trabajar a fondo en el tema o texto sobre el cual se vaya a hablar. Dicho de otro modo, se necesita una preparación especial.

Esta comprende la elección del texto bíblico, su interpretación y la meditación.

Elección del texto

Constituye el texto la esencia del tema, aunque la relación entre uno y otro varía, como veremos, según los sermones sean expositivos o temáticos.

Este primer paso en la preparación especial de un sermón ha significado para muchos una seria preocupación, a veces casi una tortura. «¿De qué predicaré el domingo próximo?», se han preguntado. No les era fácil encontrar textos que pudieran despertar en ellos el mínimo indispensable de interés o entusiasmo. Y si el predicador no se siente atraído por el tema, difícilmente el sermón causará impacto en la congregación. ¿Qué hacer? ¿Cómo y dónde encontrar los textos bíblicos?

Como señalan muchos maestros de homilética, hay dos modos de hallarlos. Uno es simplemente buscarlos; el otro, dejarse encontrar por ellos. Se quiere significar que unas veces el predicador busca sus temas de modo más o menos racional, mientras que otras la idea del sermón, con su texto o textos correspondientes, le viene súbitamente como un rayo de inspiración. En este último caso, por lo general, la idea surge con una serie de pensamientos que desde el primer momento constituyen el meollo de lo que será el mensaje. Parafraseando una afirmación de Juan, podríamos decir respecto al texto: «Nosotros lo escogemos porque él nos escogió primero».

Esta experiencia es bastante frecuente. Cuando tiene lugar, es importante que el predicador anote inmediatamente en una hoja de papel o en una libreta el tema, el texto y todo lo que el mismo le sugiere en aquel mismo instante. No hacerlo es exponer al olvido todo lo que de modo fulgurante ha apelado con fuerza a la mente y al corazón del predicador.

Pero como no siempre los temas nos salen al encuentro, conviene tener alguna orientación para dar con ellos cuando sea necesario.

Entre los factores que a tal efecto deben tomarse en consideración podemos mencionar:

a) *Las necesidades espirituales de la congregación.* En un momento dado, la necesidad puede ser de consuelo y aliento; en otras, de instrucción sobre una doctrina determinada, de amonestación acerca de un defecto generalizado o de estímulo para dedicarse más activamente al servicio de Cristo. Cada una de ellas puede sugerir uno o más temas.

b) *La revisión de los sermones ya predicados.* Al efectuar tal revisión se observará que algunos temas importantes no han sido expuestos desde el púlpito en el transcurso de muchos meses o quizá de años, en cuyo caso es casi un imperativo por lo menos pensar en la conveniencia de predicar sobre ellos.

c) *Acontecimientos o circunstancias especiales.* Hay fechas del año, como Navidad y Pascua, en que los temas vienen de modo casi inevitable determinados por los grandes acontecimientos que en ellas se conmemoran. Probablemente la mayoría de predicadores no titubeará en tales ocasiones en preparar mensajes sobre la encarnación del Hijo de Dios y su muerte y resurrección respectivamente.

Importantes sucesos recientes que llenan la mente de todos (una guerra, un terremoto, un gran acontecimiento en la ciudad o en el país, etc.) pueden sugerir asimismo el asunto sobre el cual predicar.

Y cuando ninguno de estos factores tenga fuerza suficiente para guiar al predicador en la selección de su tema, le queda el gran recurso, siempre magnífico y sano, de una *serie de sermones expositivos* sobre un libro de la Biblia. Como veremos oportunamente, este tipo de predicación es muchísimo más que un recurso del que echar mano cuando no se encuentra nada más. Debiera tener un lugar de honor, pues tanto para el predicador como para la congregación es una fuente inagotable de enseñanza e inspiración.

Sobre la elección de textos bíblicos conviene tener en cuenta algunas recomendaciones.

No es aconsejable usar textos oscuros o raros, por más que tiendan a despertar curiosidad en los oyentes y un afán de originalidad en el predicador, pues raramente dan mucho de sí. Lo más frecuente es que solo sirvan de pretexto para una disertación que poco o nada tiene que ver con el texto.

Los grandes textos de la Biblia demandan sermones dignos de la grandiosidad de aquellos. Una predicación pobre sobre una porción rica de la Escritura siempre es una inconsecuencia deplorable. Pero no es cuestión de desechar tales textos, sino de asimilarlos con la máxima dignidad. Como señala Broadus, «un gran texto es promesa de un magnífico sermón, y es difícil cumplir las esperanzas suscitadas por él. Pero no debemos tener por norma el evitarlos, ya que de esta manera nos privaríamos de muchos de los pasajes más nobles e impresionantes de la Biblia. Cuando usemos un texto de esta clase, anunciémoslo con modestia o manifestemos sin afectación cuán pequeños nos sentimos ante él»[35].

---

[35] *Tratado sobre la predicación,* Casa Bta. de Publicaciones, p. 26.

Úsense preferentemente textos completos, lo cual no significa que necesariamente deben ser textos largos. Medio versículo puede ser un texto completo, mientras que en algunos pasajes de la Biblia diez o más versículos pueden no serlo.

Las frases sueltas pueden resultar llamativas e inspirar un mensaje atractivo, pero este difícilmente expresará el verdadero sentido bíblico de la porción en que tal frase se encuentra, a menos que se interprete con rigor exegético. Quien, por ejemplo, se decidiera a predicar sobre las palabras de Pablo «prefiero morir» (I Cor. 9:15) fácilmente podría extenderse en piadosas disquisiciones sobre la muerte del cristiano, pero a costa de una grave distorsión del pensamiento del apóstol expresado en el resto del versículo y del capítulo.

La mención de este peligro nos sitúa ya en la segunda fase de la preparación del sermón.

Exégesis

A la elección del texto bíblico debe seguir su interpretación. Nunca se enfatizará suficientemente la necesidad de predicar sobre una sólida base exegética, pues solo el respeto y la fidelidad al significado original del texto puede acreditar al predicador como mensajero de la verdad divina. Recordemos que este no es llamado a especular con sus propias ideas o a ejercitar su fantasía. Su misión es comunicar la Palabra de Dios tal como llega a nosotros a través de la Escritura.

Este punto ha sido subrayado por John Bright con gran lucidez: «Quienquiera que desee predicar un sermón bíblico debe ante todo, y hasta donde sea humanamente posible, descubrir el significado exacto del texto que se propone exponer. No lo que siempre había pensado que significaba, no lo que preferiría que significase, no lo que en la superficie parece significar, sino lo que significa realmente. No puede haber predicación bíblica si el texto no se toma con la máxima seriedad. Si el predicador se siente libre para prescindir de su texto, si se permite torcer o sesgar su significado con objeto de apoyar algún punto que quiere introducir, o si se contenta con derivar de él lecciones incidentales mientras ignora su contenido principal, debiera abandonar toda pretensión de estar ocupado en la predicación bíblica»[36].

La gran pregunta que debemos hacemos ante el texto al empezar a preparar un sermón es: «¿Qué quería enseñar el Espíritu Santo

---

[36] *The authority of the* O. T., p. 168.

mediante el autor sagrado cuando fueron escritas estas palabras?» La respuesta debe llevarnos a descubrir el sentido en que los primeros oyentes o lectores habían de entender la porción bíblica en cuestión.

No cabe dentro de los límites de esta obra el extendernos sobre los principios básicos de la hermenéutica, que todo predicador debe conocer. Pero enumeramos a continuación los más fundamentales:

— Todo texto debe ser interpretado en su sentido histórico-gramatical. La tendencia a explicar alegóricamente y a «espiritualizar» toda clase de pasajes puede conducir a la adulteración del mensaje bíblico. Puede este tipo de interpretación agradar a muchos oyentes, pero es una veleidad reprobable.

— Ningún texto puede ser interpretado fuera de su contexto.

— Cualquier porción bíblica ha de estudiarse a la luz del fondo histórico del libro en que se encuentra.

— Aunque en la interpretación debe darse preferencia al método gramático-histórico, ha de efectuarse teniendo también en cuenta el género literario (histórico, profético, poético, didáctico, apocalíptico, etc.) del texto que se considera.

— Ningún texto puede interpretarse de modo que contradiga las enseñanzas claras del conjunto de la Escritura.

En la labor exegética, es indispensable usar los mejores instrumentos. Si se conoce la lengua bíblica original hebrea o griega, el texto debe leerse directamente en esa lengua. De no ser así, no deben regatearse esfuerzos en comparar varias de las mejores versiones de la Biblia al alcance del predicador.

El conocimiento del fondo histórico y literario puede obtenerse con la ayuda de diccionarios y manuales bíblicos.

En último término, la consulta de buenos comentarios exegéticos puede guiarnos a una más clara comprensión del pasaje.

Cuando se ha logrado una recta intelección del texto, se han puesto los cimientos sobre los cuales puede proseguir la edificación del sermón.

Meditación

Concluida la tarea interpretativa, el predicador dispone ya de la materia prima para su discurso; pero esa materia debe ser sometida a un proceso de meditación para que se convierta en un mensaje útil. El producto de la investigación exegética, sin más, suele ser poco digerible; es comparable a un fósil que debe ser revivificado. El mensaje que se aloja en sus entrañas debe adquirir actualidad ante quienes han de escuchar la predicación, tarea verdaderamente ardua. Afirma Rudolph Bohren que en la meditación, zona de tránsito entre el texto y la predicación, se dan cita y se juntan todas las dificultades propias de ésta. El texto debe convertirse en palabra viva, creadora. El «dijo Dios» ha de venir a ser una experiencia presente en la que Dios hable al oyente[37]. Y esto no se logra si antes el propio predicador no ha percibido la voz de Dios en su interior y ha experimentado la fuerza del texto bíblico, es decir, si no practica la meditación después de la exégesis.

Adolph Pohl ilustra la relación entre exégesis y meditación mediante el ejemplo de una carta. Sugiere que hay dos maneras de leerla: una analizándola desde el punto de vista gramatical, ortográfico, estilístico, psicológico, grafológico, etcétera; otra, atendiendo al valor de su contenido para el destinatario. La primera nos da una idea de la labor hermenéutica; la segunda, de la meditación[38].

En esta fase de la preparación, el predicador ha de abrirse para recibir lo que el texto sugiera, siempre sobre la base de su recta interpretación. Ha de buscar, en oración, la guía del Espíritu Santo. Ha de pedir a Dios que le muestre las riquezas espirituales que todo pasaje de la Escritura encierra.

En esta actitud, debe ejercitar su capacidad de reflexión; ha de pensar. No puede conformarse con amontonar materiales recogidos en sus lecturas. No puede construir un sermón con piedras labradas por otros; tiene que labrarlas él mismo. Quienquiera que se dedique a la oratoria sagrada, habría de apropiarse la exhortación de Demóstenes: «Por lo que más quieran, señores, les ruego que piensen».

Lo escrito por Charles Bridges en su día sigue teniendo gran actualidad: «La ausencia del hábito de la meditación es causa de superficialidad en el conocimiento religioso. Se consultan libros valiosos y se anotan sus pasajes más notables e instructivos, pero sin el estudio analítico, digestivo, de la materia leída; y, por consiguiente, sin suministrar a la mente alimento sustancial. Todo cristiano inteligente debe ser consciente de la pérdida que implica el relajamiento de este hábito. La mente se ocupa solo en recopilar datos, no en pensar, y pone de manifiesto la diferencia existente entre la huella superficial que sobre ella

---

[37] *Predigtlehre*, Chr. Kaiser Verlag, p. 347.
[38] *Anleitung zum Predigan,* J. G. Oncken Verlag, p. 18.

deja la verdad cuando se desliza velozmente y la impresión profunda y práctica que logra cuando penetra en ella»[39].

No existen métodos ni técnicas para la meditación. También en este terreno tendría aplicación el verso de Machado, «se hace camino al andar». Se aprende a meditar meditando. No obstante, nos permitimos hacer algunas sugerencias que pueden contribuir a facilitar esta práctica.

Debe leerse el texto bíblico una y otra vez, con detenimiento, dando atención a cada frase, a cada palabra, de las cuales irán brotando ideas, unas veces lentamente, otras a borbotones. Frecuentemente se tropieza con dificultades. De pronto, parece como si el texto se convirtiera en una piedra. Cuesta ahondar en él. En este caso, el predicador debe imitar al pino, cuyas raíces, al tropezar con la roca, se deslizan sobre ella hasta que encuentran la tierra que necesitan.

En la tarea de penetrar en sus entrañas puede ser de utilidad «bombardear» el texto con preguntas (¿Quién? ¿A quién? ¿Qué? ¿Dónde? ¿Cómo? ¿Por qué? ¿Para qué? ¿Con qué resultados?, etc.).

El doctor Black, según su propio testimonio, usaba este sistema con gran provecho: «Cuando tengo mi texto o tema —dice—, le hago una serie de preguntas y procuro que las responda. Le interrogo más o menos de este modo: ¿Qué quieres decir? ¿Qué querías decir al hombre de tu tiempo? ¿Puedes sostenerte sobre tus propios pies o eres una verdad diminuta e incompleta? ¿Eres siempre verdad? ¿Significas lo mismo para mí hoy? ¿Qué implicaciones tendría para mí la aceptación de tus enseñanzas? ¿Qué principios o deberes contienes para mí? ¿Hay algo que decir en sentido opuesto? ¿Qué debo hacer para que tu mensaje se convierta en una realidad en mi propia vida? ¿Cómo ilustrar de forma moderna lo que enseñas para mí y para otros? ¿Cómo puedo hacerte penetrante?»[40]. Este ejemplo puede dar una idea del campo amplísimo que las preguntas pueden abrir durante el período de meditación.

Mientras se reflexiona, es aconsejable estar provisto de papel y pluma para ir anotando todos los pensamientos importantes, aunque fluyan sin demasiado orden. Si son muy dispares entre sí, conviene dejar amplios espacios de separación entre uno y otro.

No puede pretenderse en modo alguno que todas las ideas que vengan a la mente del predicador, aunque sean buenas, hayan de tener

---

[39] *Op. cit.,* p. 209.
[40] *The mystery of preaching,* pp. 84, 85.

cabida en el mensaje. Algunas deberán dejarse para otra ocasión. Otras tendrán que ser completamente desechadas.

Durante la meditación, no ha de hacerse ningún esfuerzo con miras a la elaboración de un bosquejo completo, ni siquiera a fijar sus puntos principales. Puede suceder —y sucede a menudo— que tales puntos e incluso buena parte del bosquejo aparezcan con claridad desde el primer momento o en el curso de la meditación. ¡Tanto mejor! Pero la concentración especial para montar en esta fase el esqueleto del sermón puede reducir considerablemente la eficacia de la reflexión.

Lo que sí debe hacerse lo antes posible es precisar el tema, título o idea central del mensaje, pues constituye el eje sobre el cual han de girar todos los elementos que lo integran.

Conviene, asimismo, fijar lo antes posible y con toda claridad el propósito del sermón.

Es importante prestar atención a las circunstancias, externas e internas, en que la meditación ha de tener lugar. Tanto las primeras (habitación, ambiente, hora, etc.) como las últimas (estado de ánimo, lucidez mental, etc.) tienen que ser favorables. Resulta muy difícil meditar cuando se está cansado, expuesto a toda clase de ruidos o abrumado por algún problema serio.

Cuando en un momento dado las circunstancias apuntadas son poco propicias a la meditación, debe tratarse de eliminar las causas. Si esto no fuera posible —fatiga mental, por ejemplo—, en el transcurso de días o semanas, el predicador haría bien en buscar un sustituto. En último término, podría recurrir a la predicación de uno de sus sermones anteriores. La repetición a veces es conveniente. Además, el sermón que una vez fue de bendición, ¿por qué no puede volver a serlo al predicarlo por segunda vez?[41].

Por supuesto, esta decisión, como recurso, debería tomarse solo cuando se hubieran agotado los restantes. Y, en todo caso, el antiguo

---

[41] El doctor Martyn Lloyd-Jones dedica gran parte de uno de los capítulos de su libro *Preaching and Preachers* a esta cuestión. Decididamente, admite la licitud de esta práctica en determinadas circunstancias. Alude a Wesley y Whitefield, quienes repitieron muchos de sus sermones —aunque las más de las veces ante auditorios diferentes— y cita la anécdota de un gran predicador, a quien se dirigió uno de sus oyentes al final del culto para decirle, disgustado, que aquella era la tercera vez que le oía el mismo mensaje. El predicador, sagaz y curtido por la experiencia, fijó los ojos en aquel hombre y le preguntó: «¿Lo ha puesto ya en práctica?» Como viera que su interlocutor titubeaba embarazado, añadió: «Pues mientras no lo practique, seguiré predicando el mismo sermón».

sermón debería ser «re-meditado» a fondo y retocado según las circunstancias del momento antes de volver a llevarlo al púlpito.

PREPARACIÓN DEL PROPIO PREDICADOR

Es tan necesaria como la del sermón. Sin una plena identificación entre el predicador y su mensaje, es prácticamente imposible una predicación efectiva.

La adecuada disposición interior —a semejanza de lo dicho respecto al discurso— también exige una preparación general y una especial. La primera comprende prácticamente todo el vivir diario del predicador, su comunión con Dios, su meditación personal, el ejercicio de su fe, la práctica del amor, su actividad ministerial. Su responsabilidad le obliga moralmente a apropiarse para sí mismo y esforzarse para poner en práctica lo que va a decir a sus hermanos. Solo así su espiritualidad alcanza la intensidad indispensable para que su predicación no resulte impersonal y fría.

La preparación especial del mensajero de Dios debe ser simultánea a la del mensaje, de cuyo contenido han de quedar embebidos su mente y sus sentimientos, pero culmina en los minutos que preceden a la predicación.

En estos momentos, el siervo del Señor, consciente de su elevada misión, ha de buscar intensamente la dirección y el poder del Espíritu Santo, sin los cuales ni lo esmerado de la preparación de su material ni las mejores cualidades oratorias lograrían el resultado deseable. Estos instantes suelen estar cargados de tensión, la cual, paradójicamente, no es incompatible con un sentimiento de paz.

Cuando se sube al púlpito con un corazón y un mensaje debidamente preparados, las palabras adquieren un acento persuasivo y generalmente calan en el auditorio; suelen ser el tipo de palabras que Dios usa para hacer oír su propia voz.

Estas consideraciones, corroboradas por numerosas experiencias, ponen de relieve la necesidad de no consumir el tiempo hasta el último segundo exclusivamente en la calidad homilética del discurso con descuido de la correspondiente vivencia personal. Una de las prácticas menos deseables es la del predicador que se ocupa tanto de la preparación de su sermón que no le queda tiempo para prepararse a sí mismo.

CUESTIONARIO

1. *¿Es incompatible la preparación del sermón con la confianza en la acción guiadora del Espíritu Santo?*

2. *¿Dónde está el límite entre lo permisible y lo ilícito en el uso de ideas ajenas? (Hágase especial referencia al piar gio.)*

3. *¿Cómo puede elegirse un texto para la predicación?*

4. *¿Por qué es de suma importancia la exégesis?*

5. *¿Cuáles son los principios básicos que deben guiar toda labor exegética en torno a un texto?*

6. *Exponga las razones por las que considera indispensable la meditación.*

Capítulo X
Tipos de sermones

Entre los especialistas en el arte de la homilética, no hay unanimidad en lo que concierne a la clasificación de los sermones. La tendencia más común es dividirlos según su contenido y según su estructura en relación con el texto bíblico.

Por su contenido, pueden ser: doctrinales, apologéticos, morales, sociales, históricos, devocionales o evangelísticos.

Por su estructura, suelen dividirse en textuales, expositivos y temáticos.

Como sucede en muchas clasificaciones, las divisiones establecidas no deben considerarse fronteras infranqueables. Un sermón doctrinal puede al mismo tiempo participar de las características del evangelístico o del devocional, y uno moral puede contener importantes elementos sociales y aplicaciones evangelísticas o de inspiración cristiana.

Tampoco puede decirse que a una clase de contenido corresponda un tipo determinado de estructura. Prácticamente, cualquier sermón (doctrinal, moral, etc.) puede presentarse en forma textual, expositiva o temática.

Las clasificaciones no tienen otro objeto que el de destacar las características más importantes de cada tipo de sermón y facilitar así su elaboración. Estas observaciones deben ser tenidas en cuenta en el estudio sobre las diversas clases de predicación que hacemos a continuación, atendiendo a su contenido. De la clasificación según la relación del sermón con el texto nos ocuparemos más adelante.

SERMONES DOCTRINALES

Tienen por objeto presentar alguna de las grandes doctrinas bíblicas con sus consiguientes implicaciones prácticas.

Por diferentes motivos, este tipo de predicación ha suscitado con frecuencia actitudes de oposición o indiferencia.

Opinan algunos que la religión viva está por encima de los dogmas y que encorsetar la fe mediante formulaciones teológicas es oprimirla con el riesgo de llegar a asfixiarla. Otros —entre los que se cuentan no pocos creyentes sencillos— identifican el sermón doctrinal con la aridez, la abstracción y la pesadez más aburrida. Es posible que estos últimos hayan tenido experiencias que expliquen —si no que justifiquen— su opinión, pues fácilmente un mensaje sobre doctrina puede convertirse en un plato de huesos secos. Algunos predicadores, perdiendo de vista la finalidad de todo sermón de alimentar, edificar y estimular a sus oyentes, han hecho de su predicación una disertación teológica, más propia para estudiantes en clase de un seminario que para el auditorio normal de una congregación.

No es fácil exponer de modo vivo y provechoso las grandes doctrinas contenidas en la Escritura. Sin embargo, es absolutamente necesario. Al fin y al cabo, tal exposición no es sino la presentación ordenada de las verdades contenidas en la Escritura, fundamento y clave tanto de la fe como de la experiencia cristianas.

La *necesidad* de la predicación doctrinal se desprende de la relación vital existente entre lo que se cree y lo que se vive. Nuestros actos son hijos de nuestras creencias. Sin duda, el secreto del ímpetu que distingue a los comunistas en la propagación de sus ideas es precisamente la fuerza doctrinaria de éstas, las cuales, a pesar de su ateísmo radical, engendran un fervor casi idéntico al religioso.

En el plano cristiano, algunos ejemplos nos ayudarán a entender la importancia del conocimiento doctrinal. Del concepto que un creyente tenga de la gracia de Dios dependerá que, como Rasputín, se entregue más y más al pecado «para que la gracia se multiplique» ((Rom. 6:1) o a Dios para servirle (Rom. 6:11-13). De lo que opinemos sobre nuestra naturaleza carnal depende que neguemos nuestra responsabilidad moral interpretando erróneamente Romanos 7:17 o que nos humillemos (Rom. 7:24) en busca del gran socorro que se nos ofrece en Jesucristo y el poder de su Espíritu (Rom. 7:25-8:4). Lo que creamos sobre la comunión con Dios determinará nuestra actitud en relación con los hermanos (I Jn. 1:6, 7; 4:20). Nuestros errores escatológicos fácilmente pueden llevarnos a defectos en el comportamiento (II Tes. 3:6-12). Resumiendo, diremos que de nuestra comprensión doctrinal de Cristo depende la manifestación existencial de nuestro cristianismo.

Los apóstoles, muy conscientes de esta interrelación, dieron lugar amplio, a menudo prioritario, a la enseñanza teológica que había de servir de base a sus exhortaciones. Este es, especialmente, el caso de Pablo. Recuérdese el orden (doctrinal-exhortatorio) de sus cartas a los Romanos, a los Efesios y a los Colosenses.

De la relación mencionada entre la Teología y la Etica, se desprende la necesidad de que los sermones doctrinales tengan siempre derivaciones prácticas. La carta a los Hebreos nos marca una pauta instructiva a tal efecto. En ella, con las grandes afirmaciones sobre la persona y la obra de Cristo, se entrelazan observaciones, consejos y admoniciones solemnes, lo que hace de la epístola un todo estimulante. Así, todo sermón doctrinal ha de constituir una fuente de inspiración tanto como de conocimiento.

De la predicación doctrinal, no hay por qué excluir el principio común a todo sermón de orientarla teniendo en mente las situaciones concretas de los oyentes. Un mensaje sobre la expiación, por ejemplo, variará notablemente según se tome o no en consideración la angustia que en muchas personas provocan los sentimientos de culpa. El predicador en este caso no debe limitarse a una mera presentación, por bíblica y sana que sea, de la doctrina. Ha de enfrentarse con el problema de esas personas; ha de contestar sus preguntas; ha de desvanecer sus dudas y temores y ayudarlas a llegar a la gozosa confianza en la obra perfecta del gran Mediador.

De este modo deben fluir desde el púlpito los grandiosos temas doctrinales de la Escritura: Dios, la Trinidad, la creación, el hombre, el pecado, Jesucristo, el Espíritu Santo, el arrepentimiento y la fe, la regeneración, la santificación, la Iglesia, la segunda venida de Cristo, la consumación de la redención humana y tantos otros repletos de riqueza espiritual.

Una observación que debemos hacer respecto a los sermones doctrinales es la conveniencia de que sean desarrollados siempre con sentido de equilibrio y con visión de toda la perspectiva bíblica. La falta de la debida ponderación expone a énfasis que fácilmente desfiguran el conjunto de la verdad revelada. Casi todas las herejías registradas en la Historia de la Iglesia han tenido su origen en el sobrepeso cargado a determinadas enseñanzas de la Escritura.

No menos importante es la práctica de dos virtudes: la humildad y la prudencia. Nunca debe el predicador aparecer como quien tiene respuesta a todas las preguntas. Ha de admitir, confesar incluso, que hay cosas secretas que pertenecen al Señor (Deut. 29:29), en tomo a las cuales nos está vedado especular. Jamás debiera cederse a la tentación de traspasar los límites de la revelación para satisfacer la curiosidad de los oyentes mediante sugerencias que el predicador se saca de su propia manga. La teología del predicador cristiano en ningún momento puede ser una *theologia incognita*. Sin necesidad de efectuar excursiones por zonas prohibidas, la predicación genuinamente bíblica podrá dar respuesta a los interrogantes que realmente afectan al hombre de modo vital, bien se refieran a Dios, al universo, al hombre mismo, al sentido de su existencia o a su destino.

SERMONES APOLOGÉTICOS

En cierto modo, pueden considerarse una modalidad de los doctrinales, pero con la particularidad de que la presentación de la verdad bíblica tiene mayor fuerza argumentativa; su finalidad es demostrar esta verdad y refutar las objeciones que a la misma suelen hacerse.

También este tipo de predicación tiene sus detractores. Se arguye que la verdad de Dios no precisa de defensa. Y se recuerda el símil usado por Spurgeon al comparar la Biblia con un león; este no necesita ayuda, se basta a sí mismo.

No parece, sin embargo, que los apóstoles compartieran este punto de vista. Buena parte de los escritos de Pablo y de Juan son de carácter apologético. Con argumentos bien escogidos, defienden la sana doctrina contra los ataques de falsos maestros, fuesen judaizantes, ascetas, antinomianos o precursores del gnosticismo. Seguían así la línea de Jesús mismo, quien muchas veces tuvo que recurrir a la controversia para probar la superioridad de sus enseñanzas respecto a las de los rabinos judíos.

La necesidad de la predicación apologética tiene un trasfondo pastoral. Cualquier ministro del Evangelio, en sus contactos personales, advierte pronto la influencia que entre su pueblo ejercen las corrientes de pensamiento del momento histórico en que se vive. Las lecturas y las conversaciones con personas no cristianas le llevan a conocer multitud de objeciones formuladas contra la fe cristiana. Y, como no siempre los creyentes tienen una formación suficientemente sólida, asoma en su mente la duda que puede minar su fe. Por eso es vital que el predicador salga al paso de esas corrientes y de modo vigoroso refute el error.

Algunas corrientes filosóficas son pasajeras o intermitentes. Pensemos, por ejemplo, en las herejías que a lo largo de los siglos han atentado contra la integridad de doctrinas como la plena divinidad de Cristo, la pecaminosidad del hombre, la salvación por gracia mediante la fe, el carácter absoluto de la ética cristiana, etc. Pero en el momento en que aparecen —o reaparecen— esas aberraciones teológicas deben ser rebatidas inmediatamente, como lo fueron en los días apostólicos. Cada siglo tiene sus errores peculiares que el predicador no puede ignorar.

Hay, asimismo, objeciones comunes a todos los tiempos con las que el ministro del Evangelio ha de estar igualmente familiarizado. ¿Es Dios realmente un Ser personal? ¿Es justo y bueno? Si lo es, ¿por qué permite la injusticia y el sufrimiento? ¿Es digno de crédito todo lo contenido en las Escrituras? ¿Deben interpretarse los milagros como hechos históricos? ¿No puede explicarse la experiencia religiosa en términos meramente psicológicos de orden natural? La conducta humana, ¿no es resultado de un determinismo absoluto?

Lo más probable es que muchos creyentes, en un momento u otro, se vean asaltados por estos interrogantes. Y no es saludable que los dejen sin respuesta en un derroche de fe ciega. Conviene responder satisfactoriamente las preguntas a fin de que la fe se robustezca y capacite al cristiano para dar un testimonio más eficaz de sus convicciones.

La predicación apologética es también provechosa para los inconversos —ateos o agnósticos— que no creen, pero que tienen inquietudes espirituales y una disposición favorable hacia la verdad, venga de donde venga.

Conviene, no obstante, que el predicador se asegure de la solidez de su argumentación. Si en su intento de refutar ideas falsas usa argumentos débiles, si el sermón en su conjunto es poco claro o convincente, los resultados pueden ser contraproducentes. El error, en vez de desvanecerse, puede quedar más enraizado en la mente de los oyentes. Como aconseja W. E. Sangster, «si alguien se siente mal equipado filosóficamente para esta clase de predicación, es preferible que la deje por completo. Suscitar problemas que uno no puede resolver o cuestiones a las que no pueda dar una respuesta satisfactoria al menos en un setenta por ciento es prestar un mal servicio a la causa»[42].

---

[42] *The craft of sermon construction*, The Epworth Press, p. 39.

SERMONES MORALES

Su contenido es esencialmente ético y está destinado a instruir, a la par que estimular, a los oyentes para que vivan como es digno de la vocación con que son llamados.

También este tipo de predicción ha sido mirado por algunos con suspicacia. Se ha visto en él un portillo abierto al legalismo, a la tendencia natural del hombre a la justificación por las obras y, por consiguiente, a la negación de la más pura esencia del Evangelio. Es verdad que tal peligro existe; pero ¿acaso hay algo puro y bueno que no esté expuesto a corrupción?

La objeción expuesta queda sin efecto si se tiene en cuenta que la moral bíblica no puede desligarse de la doctrina bíblica. Como vimos al ocuparnos de los sermones doctrinales, teología y ética son ramas que salen de un mismo tronco, nutridas por la misma savia. Si cortamos una de las dos, la otra se seca. La enseñanza bíblica es que Dios ha redimido a un pueblo para que viva conforme a sus leyes morales. Israel nos sirve una vez más de ejemplo. La Ley promulgada junto al Sinaí es inseparable del éxodo. Dios primeramente redime; después da las normas que han de regir la conducta de los redimidos. Lo mismo puede decirse de la moral del Evangelio. Es la moral del Reino, al cual pertenece el redimido desde su conversión a Cristo (Col. 1:12-14). El cristiano verdadero no es la persona que se esfuerza por cumplir la ley de Dios para entrar en el Reino; es la persona que, por estar ya dentro, se goza en vivir conforme a las demandas éticas de su nueva ciudadanía. El gran móvil que le impulsa no es una meta a alcanzar, sino un logro ya conseguido por la gracia de Dios.

Pero no siempre tiene el pueblo de Dios idea clara de sus deberes morales. No siempre encuentra fácil traducir en la práctica los principios básicos de la ética cristiana. Por eso necesita instrucción al respecto. La necesita, sobre todo, en torno a las cuestiones más inquietantes de su tiempo. En nuestros días, por ejemplo, ¿cuál debe ser la postura del creyente ante el aborto, la eutanasia, la homosexualidad, el divorcio, las relaciones prematrimoniales, el despilfarro de la sociedad de consumo, la discriminación o la violencia en defensa de reivindicaciones políticas que se estiman justas?

No menor es la necesidad de orientación y amonestación en cuanto a la facilidad increíble con que muchos creyentes se permiten, sin el menor escrúpulo, acciones expresa o implícitamente condenadas por la Palabra de Dios, tales como la mentira, la renuncia a perdonar, el mantenimiento indefinido de resentimientos, la obtención de beneficios por medios moralmente dudosos, la falta de amor manifestada en una casi total despreocupación respecto al prójimo. Muchos cristianos viven «conformados» a los conceptos morales —a menudo inmorales— del mundo, sin haber experimentado la debida transformación por la renovación de su entendimiento (Rom. 12:2). Su mente sigue dando por bueno y lícito lo que Dios en su Palabra declara que es malo e ilícito. Cuando el predicador advierte anomalías de esta índole, no debe dudar en recurrir a la predicación de tipo moral. En ella quizá más de una vez habrá de poner el máximo de energía. Tito fue aconsejado por Pablo para que actuara así a fin de corregir algunas irregularidades observadas en los creyentes de Creta (Tit. 1:12, 13).

Los sermones morales, para que sean eficaces, deben ser concretos. No basta abundar en generalidades sobre la probidad cristiana. Hay que descender al terreno de los hechos de la vida cotidiana para iluminarlos y, si procede, enmendarlos. Puede servir de ilustración aquel predicador que en una zona rural de los Estados Unidos exhortaba a los miembros de su iglesia a vivir vidas íntegras y, entre otras cosas, les decía: «Es menester amar, ayudar, respetar... y no dejar que la vaca paste en el prado del vecino».

También es de suma importancia indicar *cómo* puede el creyente alcanzar la capacidad moral necesaria para vivir conforme a las santas leyes de Dios. Muchos saben cuál es el patrón de conducta que deben observar; pero carecen de fuerzas para ajustarse a él. Las dificultades prácticas, además de los deberes, deben ser tratadas y resueltas en la predicación si ésta ha de ser eficaz. Para ello, inevitablemente, deberá recurrirse a las enseñanzas bíblicas sobre la santificación, con lo que una vez más se producirá el entroncamiento de lo moral con lo doctrinal.

SERMONES SOBRE TEMAS SOCIALES

Su propósito es iluminar la conciencia del creyente en lo que concierne a su responsabilidad como miembro de la comunidad secular.

Las desviaciones que en esta sección de la Etica cristiana se han observado han originado movimientos de oposición a cuanto pudiera significar una adulteración del Evangelio. Ello ha despertado recelo en algunos sectores evangélicos respecto a toda forma de predicación en la que se enfatizan los aspectos sociales del cristianismo. En el transcurso de los últimos cien años se ha acentuado el bipolarismo entre tendencias más o menos afines con el denominado «Evangelio social» y el espiritualismo a ultranza.

El «Evangelio social», iniciado por Walter Rauschenbusch en la segunda mitad del siglo pasado, se desenvolvió con la fuerza de un espíritu altamente humanitario, pero con graves deslices doctrinales que le llevaron a confundir el orden social con el Reino de Dios y a sostener ideas netamente pelagianas sobre el hombre y el pecado. Como tantas veces ha sucedido en la historia de las doctrinas de la Iglesia, el celo por enfatizar un aspecto de la verdad ha conducido al error.

Pero los «espiritualistas» tampoco están exentos de culpa, pues en su afán de salvaguardar la verticalidad del Evangelio, la relación individual del hombre con Dios, y el carácter de la Iglesia como pueblo peregrino, han perdido de vista los aspectos prácticos de la responsabilidad que todo cristiano tiene de ser «luz del mundo y sal de la tierra».

La Escritura nos presenta el aspecto espiritual y el aspecto social del Evangelio como caras de una misma medalla. No es posible separarlas. Mientras el cristiano está en el mundo, debe dar a Dios lo que es de Dios y al César lo que es del César. Ha de vivir como ciudadano del Reino de los Cielos, pero sin desentenderse de sus responsabilidades propias del ciudadano de un estado temporal. No debe conformarse con no participar en las inmoralidades de la sociedad, sino que debe denunciarlas (Ef. 5:11). El creyente de modo individual y la Iglesia comunitariamente deben ser portavoces proféticos de Dios contra toda forma de injusticia, discriminación, opresión o violencia. Al mismo tiempo ha de encarnar su mensaje en su propia vida. La Iglesia ha de mostrar al mundo su verdadera faz; ha de vivir la realidad del Reino como una comunidad de amor, de reconciliación y de servicio.

Si las iglesias cristianas de Europa y América hubiesen predicado y vivido dignamente ese mensaje, ni Marx ni nadie habría podido afirmar que la religión es el opio del pueblo. La realidad, desgraciadamente, fue muy diferente y, mal que nos pese, si nos atenemos al tipo de religión prevaleciente a mediados del siglo pasado, no podemos calificar de dislate la acusación marxista.

Felizmente, como hacemos notar con mayor amplitud en el capítulo XXXIV, amplios sectores evangélicos están redescubriendo la dimensión sociológica del Evangelio y llegando a la conclusión de que no se trata de una mera derivación del mensaje bíblico, sino de una parte constitutiva del mismo. El predicador no debe olvidar este hecho. «La congregación que nunca oye de la naturaleza social del Evangelio —escribe Sangster— será estrecha en su perspectiva, limitada en su pensamiento y espiritualmente débil. Obérvese que hemos dicho *naturaleza* social del Evangelio, no «aspectos» o «implicaciones». No se ajusta a la verdad decir que el Evangelio tiene implicaciones sociales. Es social en su naturaleza. Quien se limita rígidamente a lo que se llama el «evangelio personal» está suministrando leche desnatada»[43].

Es fundamental, sin embargo, que el predicador, en sus mensajes de orientación social, no pierda de vista las verdades básicas de la antropología bíblica. La sociedad, al igual que el individuo, sufre las consecuencias del pecado. El remedio para sus males no está en la reforma de costumbres, en una mejor educación o en un cambio de las estructuras político-económico-sociales. La solución radica en el cambio interior del individuo, en su regeneración espiritual por la acción del Espíritu Santo mediante la fe en Jesucristo. Los hombres así transformados han sido a lo largo de la Historia los que más poderosamente han influido en el mejoramiento de la sociedad. Lo que el marxismo ha proclamado como ideal aún no realizado —ni realizable mediante su filosofía materialista— sobre el «hombre nuevo», Dios lo ha efectuado en los verdaderos creyentes en Jesucristo. El milagro tiene aún sus limitaciones, pero es real (II Cor. 5:17; Ef. 4:22-24) y anticipa la gloria de una nueva humanidad heredera de los cielos nuevos y la tierra nueva en los cuales morará la justicia (II Ped. 3:13).

El predicador que, con la debida competencia, lleva al púlpito estas cuestiones y las enfoca bíblicamente aporta a la nutrición espiritual de su pueblo un elemento indispensable.

SERMONES HISTÓRICOS

Para muchas personas la Historia reviste gran interés. Muchas de sus páginas resultan fascinantes. En ellas sobresalen personajes y hechos, no ideas, lo cual despierta un interés más vivo en quienes carecen de una mente avezada al pensamiento abstracto. En la historia bíblica el encanto aumenta. Constituye el fondo de la historia de la salvación. Sus protagonistas no son solamente los hombres. En primer plano, interviene Dios. A través de todos los acontecimientos discurre el hilo de

---

[43] *Op. cit.,* p. 40.

la providencia. Lo que Dios hace y lo que permite se desarrolla conforme a propósitos admirables. La historia de la humanidad es el desarrollo de un drama imponente en el que la gracia de Dios pugna contra las fuerzas del mal hasta su aniquilación. Los seres humanos aparecen despojados de halos fantásticos; son hombres y mujeres idénticos a nosotros, con semejantes pasiones y debilidades. Los santos, tanto del Antiguo como del Nuevo Testamento, retienen su humanidad; lo hermoso de sus virtudes no encubre sus defectos; sus heroicidades no ocultan sus debilidades. Sus biografías nos muestran las alturas y las profundidades a que cualquier creyente puede llegar. Por tal motivo, el material histórico de la Biblia es eminentemente didáctico (Rom. 15:4; I Cor. 10:11).

Una gran ventaja de los sermones de tipo histórico es que, por limitada que la capacidad narrativa del predicador sea, mantienen sin gran esfuerzo la atención de quienes escuchan y son recordados con mayor facilidad. A esta ventaja se une la de que, por regla general, son más fáciles de preparar.

Pero también debemos señalar sus exigencias. En primer lugar, debe huirse de la alegorización como práctica habitual. Algunos predicadores tienden a espiritualizar inmediatamente a todos los personajes, todos los objetos y todos los hechos que aparecen en un relato de la Escritura. Imaginémonos un sermón sobre el encuentro de David con Goliat en el que, desde el primer momento, prescindiendo de la realidad histórica y de aplicaciones consecuentes con dicha realidad, se presentara a David como figura ilustrativa del creyente; al gigante como ilustración del diablo; las cinco piedras que David llevaba en su zurrón como símbolo de la fe, la humildad, el valor, la perseverancia y la oración. No vamos a negar que esta espiritualización del texto bíblico permita predicar un sermón edificante. Incluso es posible que gran parte del auditorio lo comente después con entusiasmo. Pero la enseñanza así derivada de esa porción histórica ¿sería la que realmente le corresponde? Un sermón auténticamente «bíblico» sobre el episodio mencionado ¿no habría de destacar la relación entre los apuros de Israel frente a los filisteos y el pecado de Saúl con sus nefastas consecuencias (I Sam. 15; 16:14), la providencia de Dios puesta de manifiesto en la llegada de David al campo de batalla (I Sam. 17:17-20), la omnipotencia y la soberanía de Dios por encima de todo poder humano, el principio constante de que el poder de Dios se perfecciona en la debilidad de sus instrumentos y la verdad de que el Señor honra a los que le honran? A partir de estas grandes lecciones, que son las que realmente encierra el texto, podemos extendernos a otras aplicaciones piadosas; per jamás la imaginación, aliada a una excesiva libertad de interpretación alegórica, debe eliminar el mensaje primordial del texto bíblico.

También exigen los sermones históricos una gran atención para no convertirlos en una simple repetición de lo que dice el narrador sagrado. Algunos predicadores caen en este gran defecto. Reproducen el relato con todos sus detalles —a menudo de sobra conocidos por los oyentes—, y, aparte de alguna glosa o la aportación de algún dato arqueológico o geográfico, poco más añaden al mensaje. El resultado es sumamente pobre en aplicaciones de las que pueda beneficiarse personalmente el oyente. El pasado ha quedado en el pasado; no se convierte en presente; el recuerdo no se hace experiencia, que es a lo que toda predicación sobre hechos históricos debe aspirar.

En términos generales, conviene —sobre todo si previamente se ha leído la porción bíblica correspondiente— no reiterar lo que ya se conoce, a menos que se haga de modo breve y vívido o que convenga dar explicaciones que hagan más comprensibles algunos de los hechos. El plato fuerte del sermón debe estar compuesto por las enseñanzas de valor perenne que del acontecimiento histórico se desprenden.

SERMONES DEVOCIONALES

Están destinados a estimular a los creyentes para vivir más intensamente determinados aspectos de la vida cristiana. Se espera que contribuyan a avivar la fe de los creyentes, moverlos a la adoración, renovar su dedicación a Cristo, robustecer su fidelidad frente a la tentación, consolidar su sumisión a Dios en medio de la tribulación, aumentar su celo en el testimonio evangelístico y en el servicio, etc.

Mediante la exposición de textos adecuados, la predicación devocional debe inflamar los sentimientos del auditorio e impulsarlo a dar nuevos pasos hacia adelante en el camino del discipulado cristiano.

Debe cuidarse, no obstante, que tal progreso no se efectúe únicamente a caballo de las emociones. Es imperativo basar toda apelación sentimental en la comprensión de las verdades bíblicas y en los únicos móviles justificables: la gloria de Dios, el amor de Cristo y el bien de quienes nos rodean. Cualquier otro incentivo puede tener efectos más bien negativos; fácilmente promueve el afán de propia satisfacción o de vanagloria. Del mismo modo que es posible caer en la ortodoxia sin espiritualidad, también lo es caer en una espiritualidad sin Espíritu, lo cual no pasa de ser ropaje que encubre la más crasa carnalidad.

La preparación homilética del sermón devocional no es de las más laboriosas, pero exige elevación espiritual. Como sugerimos en el capítulo anterior, no tiene el predicador autoridad moral para impeler a otros hacia metas de las cuales él mismo está aún muy lejos, a menos que se ponga en marcha con —mejor aún al frente de— sus hermanos. Hay en el orden espiritual un principio semejante al de los vasos comunicantes. Salvando las excepciones —que las hay—, difícilmente los miembros de una iglesia alcanzarán un nivel espiritual más alto que el del hombre que les predica y guía.

Pero cuando el Espíritu de Dios habla poderosamente al predicador, los mensajes devocionales de este pueden ser una bendición inestimable para la congregación. Son, pues, recomendables, siempre que no ocupen un lugar tan preferente y continuado que desplace a los otros tipos de predicación.

SERMONES EVANGELÍSTICOS

Van dirigidos especialmente, como es lógico, a personas inconversas. En ellos se hace una exposición más o menos amplia de los puntos esenciales del Evangelio con objeto de que, por la acción del Espíritu Santo, el oyente sea convencido de su pecado y movido a reconocer a Jesucristo como su Salvador y Señor.

En muchas iglesias evangélicas ha sido costumbre secular tener regularmente cultos de evangelización, por lo menos uno semanal y preferentemente en la tarde del domingo. Muchas veces se han complementado estos cultos normales con campañas especiales en las que se ha realizado un esfuerzo evangelístico especial. El fruto global de esta labor específicamente evangelizadora es incalculable. No podemos, por consiguiente, subestimar el valor del tipo de predicación que ahora nos ocupa.

Antes de entrar en algunos detalles sobre la misma, remitimos al lector al capítulo sobre «La Iglesia local y la evangelización» (XXXII) y más concretamente al punto relativo a los cultos, a fin de evitar desfiguraciones perniciosas. Sintetizando lo que allí exponemos con mayor extensión, diremos que toda predicación fiel a la Biblia contiene elementos evangelísticos, sobre todo si se trata de predicación expositiva. Insistimos en que cualquier sermón doctrinal, moral, social o devocional puede tener una proyección evangelizadora de alcance insospechado. La experiencia en multitud de casos así lo demuestra.

En cuanto al mensaje evangelístico propiamente dicho, hemos de observar cuatro puntos esenciales:

a) *La enseñanza bíblica relativa a la salvación debe aparecer con toda claridad.* Tal enseñanza incluye la soberanía amorosa de Dios, la caída del hombre, su estado pecaminoso que le priva de la gloria de Dios, su frustración y su incapacidad moral para autosalvarse, la obra expiatoria de Cristo, la acción regeneradora del Espíritu Santo, la necesidad del arrepentimiento y la fe en Cristo y el compromiso de discipulado adquirido por quien se decide a seguirle.

Algunos de estos conceptos teológicos resultan más bien oscuros para quienes no están familiariazados con el mensaje bíblico. Ello obliga a explicarlos en términos adecuados a la mentalidad y a la experiencia natural de los oyentes. Palabras tan ricas como gracia, justificación, propiciación o consagración suenan a oídos de muchos como vocablos de una lengua extranjera. Hay que interpretarlas para que sean comprendidas. Si una persona no entiende el mensaje, es imposible que se convierta.

Pero hemos de recalcar la necesidad de que el sermón evangelístico esté cargado de las verdades bíblicas fundamentales. El modo de comunicar un mensaje puede ser bueno, pero si el mensaje en sí es pobre de contenido, no pueden esperarse grandes resultados.

b) *La acción sobre los sentimientos ha de ser resultado de la fiel exposición de la Palabra.* Ello implica equilibrio y ponderación. Por supuesto, la presentación de los puntos esenciales del Evangelio con el poder del Espíritu Santo ha de conmover los sentimientos de muchos oyentes. Aun los que no lleguen a convertirse se sentirán inquietos; quizá temblarán, como el gobernador Félix (Hec. 24:25). Es de esperar que el contraste entre el amor de Dios y la rebeldía humana o la exposición objetiva de las consecuencias trágicas del pecado produzcan una honda conmoción en el interior de quienes escuchan. Una conciencia redargüida de maldad ha de turbar el ánimo. Los llamamientos solemnes y amorosos del Señor, al igual que sus amonestaciones, han de sacudir hasta los cimientos de las emociones. Y esto no puede, no debe, evitarse.

Lo que sí debe rehuir el predicador es una agitación psicológica de los sentimientos producida no por el impacto de la Palabra de Dios, sino por técnicas retóricas, especialmente por la presentación de algunos pasajes de la Biblia o de experiencias ilustrativas sobrecargadas abusivamente de dramatismo sentimental. Muchas veces esta sobrecarga es proporcionalmente muy superior al peso de la verdad bíblica contenida en el sermón. En tales casos, es fácil que se produzcan resultados, pero superficiales; que alguna semilla germine, pero no la que arraiga y fructifica.

c) *La presentación del don de Dios no debe ocultar sus demandas.* Sucede a menudo que el énfasis en la verdad de que la salvación es por gracia, no por obras, hace perder de vista, sobre todo a los oyentes, el hecho de que la conversión a Cristo no equivale simplemente a la firma de una póliza de seguro de vida eterna, sino que comporta una rendición total, una decisión de vivir para la gloria de Dios en conformidad con su Palabra.

d) *Debe concluirse con un llamamiento.* En algunas ocasiones, como sucedió el día de Pentecostés, la respuesta de los oyentes se produce antes de la invitación final del predicador. Este ve interrumpido su mensaje por la voz de alguien que públicamente expresa su decisión de seguir a Cristo. Pero si esto no sucede, que es lo más frecuente, en la parte final del sermón debe instarse a los inconversos a la decisión por Cristo en respuesta a la Palabra, mediante la cual les llama el Espíritu de Dios.

Los momentos vividos con motivo de tal llamamiento y sus resultados pueden ser inolvidables. Han constituido el instante crucial en el paso de la muerte a la vida para miles de personas. Por eso el llamamiento no debe omitirse.

Pero la historia de la predicación registra también experiencias embarazosas, casi sacrílegas, en las que el predicador —o alguien después de él— se ha extendido por espacio de largos minutos pidiendo a sus oyentes machaconamente, con escasa o nula sensibilidad espiritual, que exteriorizaran de algún modo su decisión. Solo Dios sabe cuántas personas en las que el Espíritu Santo estaba haciendo su obra se vieron turbadas o estorbadas en su proceso de conversión por una desatinada insistencia humana.

El predicador hará bien en librarse de este despropósito manteniéndose sensible a la dirección del Espíritu Santo, cuyo método de acción en las almas es la persuasión y la atracción amorosa, no la violencia, ni siquiera la psicológica. En sintonía con el Espíritu de Dios, no vacilará en concluir sus mensajes evangelísticos como un gran embajador de Cristo, clamando ante su auditorio con santo vigor, pero también con gran sensibilidad: «¡Reconciliaos con Dios!» (II Cor. 5:20).

Algunos maestros de homilética incluyen en sus clasificaciones de sermones los que se pronuncian en ocasiones especiales. Por nuestra parte los omitimos. Creemos que pueden incluirse en alguno de los tipos ya estudiados. El sentido común del predicador le llevará a introducir con facilidad aquello que lo especial de cada circunstancia aconseje.

CUESTIONARIO

1. *Detalle alguno de los motivos que aconsejan la predicación de tipo doctrinal.*

2. *¿Qué requisitos deben tomarse en consideración al preparar un sermón apologético?*

3. *¿Cuáles son los errores que se cometen con más frecuencia en la predicación de sermones históricos?*

4. *¿Qué elementos básicos deben aparecer en todo sermón evangelístico?*

Capítulo XI
Materiales del sermón

En el capítulo anterior nos hemos referido a la preparación del discurso y al correspondiente acopio de materiales sin detenemos a considerar la esencia de los mismos. Pero su importancia nos obliga a dedicarles capítulo aparte.

El sermón es comparable a un organismo vivo compuesto de miembros, órganos, vísceras, humores, etc. Cada uno cumple una misión específica subordinada a la totalidad del cuerpo y sus necesidades fisiológicas. En la anatomía del sermón observamos igualmente componentes diversos en su naturaleza y en su función; pero todos se combinan armoniosamente para que el conjunto alcance el objetivo de la predicación. Sin perder de vista que los mencionados componentes nunca pueden aparecer inconexos, los analizaremos por separado para hacer más comprensible su naturaleza.

PROPOSICIONES BÁSICAS

Expresan las ideas principales del discurso y aparecen en forma de afirmaciones o negaciones importantes, sin aditamentos de ninguna clase. Las aclaraciones, las pruebas, los ejemplos o ilustraciones, no importa lo ensamblados que estén con ellas, constituyen otra clase de material del que nos ocuparemos más adelante.

Es fundamental que el predicador cuente con un número suficiente de proposiciones, ya que éstas vienen a ser el elemento esencial del mensaje.

Si tomamos como ejemplo el conocido texto de Juan 3:16, podríamos consignar, entre muchas más, las siguientes:

— Dios no es un ser impersonal. No es simplemente el motor del universo.

— Dios no es insensible. «Dios es amor».

— Dios se preocupa del mundo.

— Esa preocupación es maravillosa si se tiene en cuenta la hostilidad del mundo respecto a Dios.

— El amor de Dios no es un mero sentimiento. Se traduce en actos.

— El amor de Dios culmina en el don de su Hijo Jesucristo.

— La venida de Cristo al mundo tiene un propósito salvador.

— Existe una terrible posibilidad de que el hombre se pierda para siempre.

— El propósito de Dios es que el hombre tenga vida eterna.

— Las posibilidades de salvación se ofrecen a todo ser humano sin limitación.

— La condición indispensable para que el hombre disfrute de la salvación es la fe en Jesucristo.

— Perdición y salvación se presentan como dos alternativas tremendas a toda criatura humana.

— La disyuntiva exige una decisión.

Como puede observarse, el conjunto de enunciaciones viene a ser el compendio del sermón. Si resulta pobre, pobre será también la predicación. Si, por el contrario, es copioso, el sermón será rico en contenido.

Sin embargo, las proposiciones básicas deben completarse con otras clases de material que mencionamos a continuación y que se usarán según convenga.

EXPLICACIONES

Cuando alguna de las aseveraciones contenidas en el sermón resulta de difícil inteligencia, su sentido debe exponerse de forma fácilmente comprensible.

Son muchos los conceptos bíblicos que resultan oscuros para muchos oyentes y este hecho ha de ser tenido siempre en cuenta por el predicador. No puede expresarse como si cuantos le escuchan se hallasen en el mismo plano teológico y cultural que él; ha de descender al nivel de ellos. Las ideas de pecado, depravación, expiación, carnalidad, santificación y muchas más no siempre son asimiladas en su sentido bíblico. Han de ser explicitadas. Y lo mismo debe hacerse con cuantas declaraciones importantes formule el predicador durante su discurso.

En el ejemplo mencionado de proposiciones básicas sobre Juan 3:16, sería casi imprescindible explicar el concepto de personalidad referido a Dios, así como el significado bíblico de las palabras «mundo», «perdición», «salvación», «fe», etcétera o el título «Hijo unigénito» dado a Jesucristo. Sin estas ampliaciones aclaratorias, cabe la posibilidad de que muchos oyentes no comprendan buena parte de las ideas más importantes del mensaje.

Huelga decir que la característica esencial de la explicación debe ser la claridad. Si, después de la explicación, la idea que la motivó continúa tan oscura como antes, en realidad no se ha explicado nada; se ha tratado de iluminar un lugar oscuro, pero con una lámpara apagada.

Este principio hace aconsejable que el predicador se abstenga, como subraya Broadus, de tratar de explicar lo que no sea perfectamente cierto, lo que él mismo no entiende y lo que no tiene explicación o no la necesita.

Auxiliares valiosos en la tarea de la explicación son la definición —por la que se concreta y limita el significado de una palabra— la comparación y el ejemplo. El Señor Jesucristo fue verdadero maestro en el uso de estos dos últimos recursos. Recuérdese la multitud de símiles, parábolas y objetos o hechos de la vida diaria que usó para hacer entender sus enseñanzas.

También pueden ser de gran utilidad la descripción y la narración. La *descripción* brillante exige un don especial semejante al del pintor. Pero no es necesario ser un artista consumado para presentar un cuadro vivo como fondo de un hecho al cual se alude en la predicación. El conocimiento de la geografía bíblica, así como de las costumbres de cada época en Israel y pueblos colindantes, puede suministrar al predicador datos del máximo interés no solo para hacer más vívido su sermón, sino también para explicar alguna de sus partes. La parábola de las diez vírgenes, por ejemplo, resultará más comprensible si se informa del modo habitual de celebrar una boda en días de Jesús.

La *narración* tiene por objeto presentar ante los oyentes una acción o un suceso. Puede formar parte esencial del sermón cuando este se basa en un acontecimiento histórico o puede ser una simple alusión a algún hecho ajeno al texto bíblico del mensaje pero relacionado con un punto determinado de este.

La narración exige agilidad. Deben descartarse los detalles poco importantes. Si el suceso es muy conocido, solo debe destacarse lo más prominente y que sirve de base a las aplicaciones correspondientes. Cuando el hecho objeto de la narración es poco conocido, caben los detalles, pero nunca hasta el punto de que ocupen un tiempo excesivo. Algunos sermones han sido terriblemente pobres, porque no han pasado de ser la repetición ampliada de un texto histórico de la Biblia.

Otra característica de la narración debe ser el estilo directo y vigoroso. Sin llegar a dramatismos desmesurados, el relato no debe perder ni un ápice de su fuerza apasionante original. Se puede referir el encuentro de José con sus hermanos o la conversión de Tarso casi como si los oyentes estuviesen viendo lo acaecido, pero también de forma insulsa y soporífera. Todo depende de la destreza del predicador.

ARGUMENTOS

Algunas de las proposiciones básicas del sermón no solo deben ser explicadas; conviene que sean demostradas. Esto es casi una necesidad cuando se trata de afirmaciones que han suscitado o pueden suscitar objeciones. Recuérdese lo expuesto en el capítulo anterior sobre sermones apologéticos. No se olvide que la argumentación aparece siempre entretejida con las grandes enseñanzas de Jesús y en los discursos y escritos de sus apóstoles.

Es importante que el predicador posea por lo menos unos conocimientos elementales de Lógica, que esté familiarizado con los principios del razonamiento, especialmente con su expresión más común: el silogismo. Debe tener aptitud metafísica para distinguir las premisas verdaderas de las falsas y las condiciones para que un razonamiento silogístico sea correcto. Como es bien sabido, un solo defecto en el proceso del razonamiento conduce a conclusiones erróneas.

A semejanza de la explicación, la argumentación tiene que ser clara. De lo contrario, pierde su efectividad. La claridad debe extenderse no solo al razonamiento en sí mismo, sino también al lenguaje usado. Este no puede ser demasiado filosófico si la congregación carece de la formación necesaria para comprenderlo.

Otra observación importante es que todo proceso argumentativo ha de estar constantemente guiado por la Palabra de Dios. Las conclusiones de un razonamiento nunca pueden estar en contradicción con la revelación.

Completamos y recalcamos lo dicho con unas sugerencias generales que sobre el argumento hace Juan A. Broadus:

«1. No pretendáis probar nada si no estáis persuadidos de que es verdad y seguros de poder probarlo.

2. Haced que vuestro argumento comience con algo que las personas a las cuales habláis admitan plenamente. Punto importantísimo, pero descuidado a menudo.

3. Usad argumentos inteligibles a vuestros oyentes y propios para impresionar sus mentes.

4. Por lo regular, depended principalmente de argumentos bíblicos, prefiriendo los que sean más claros e incuestionables.

5. No tratéis de decirlo todo; elegid, más bien, un número conveniente de los argumentos más eficaces.

6. Evítese el formalismo. Hágase uso de la realidad del argumento, pero lo menos posible de sus formas y frases meramente técnicas.

7. En cuanto al estilo del argumento, los más importantes requisitos son la claridad, la precisión y la fuerza. Una sencilla elegancia es compatible con ellas, y cuando el asunto es elevado e inspirador y el alma del orador está llena de fuego, pueden sus rayos de argumentación brillar con esplendor meridiano».[44].

ILUSTRACIONES

A este material, por su enorme variedad, debemos dedicar mayor espacio. En él se incluye todo cuanto puede arrojar luz sobre el contenido de la predicación. Por eso se ha dicho que las ilustraciones constituyen las ventanas del sermón.

Generalmente son de naturaleza gráfica, de modo que los conceptos de la predicación salen de las regiones abstractas para tomar forma de personas, objetos, hechos o experiencias, lo cual es comprendido y retenido más fácilmente por la mayoría de los oyentes. Está demostrado que impresiona y se recuerda mucho más lo que se ve que lo que se oye. Esto explica el enorme incremento en el uso de medios visuales en cualquier tipo de enseñanza. Por eso, como reza un proverbio árabe: «el mejor orador es el que convierte en ojos los oídos». En este arte, Jesús mismo fue un maestro sin parangón.

---

[44] *Tratado sobre la predicación.* Casa Bta. de Public., p. 111.

La utilidad de la ilustración está fuera de toda duda. Veamos algunas de sus ventajas:

Aviva la atención de los oyentes.

Aclara las ideas.

Graba con más fuerza esas mismas ideas en la mente de quienes escuchan. Es innegable que cualquier exposición teológica relativa al amor perdonador de Dios será mucho menos impresionante que la parábola del hijo pródigo.

Diferentes clases de ilustración

Para algunos predicadores parece no haber otro tipo de ilustración que la narración anecdótica. Pero esto es limitar a una parcela un campo que es muchísimo más amplio.

El símil, el ejemplo y la narración, a los que nos hemos referido anteriormente, pueden considerarse como elementos ilustrativos. Asimismo, pueden incluirse en este material los pensamientos o citas sobresalientes —si son suficientemente claros— de determinados predicadores, teólogos, filósofos, historiadores, etc. Daremos, sin embargo, atención especial a los tipos que, por su naturaleza, suelen ocupar mayor espacio que los anteriores en el semón, sin que ello signifique que han de tener una extensión desproporcionada. La calidad de las ilustraciones, cualesquiera que sean, siempre está en relación inversa a su extensión.

La anécdota. Es una narración breve en la que se refiere un incidente curioso que despierta interés y confirma con fuerza una verdad que acaba de ser expuesta.

Imaginémonos que alguien predica sobre la fidelidad e inmutabilidad de las promesas de Dios en contraste con la inestabilidad de todo lo temporal. ¿No resultaría oportuna la anécdota de Abraham Lincoln y su criado relativa a una noche de verano en la que cientos de estrellas fugaces cruzaban el espacio? Se cuenta que en tal ocasión el criado entró asustado en el despacho del presidente norteamericano. «¡Ha llegado el fin del mundo! —exclamó— ¡Están cayéndose las estrellas!» El presidente norteamericano se asomó por la ventana al exterior, contempló por unos momentos el firmamento y al ver que las constelaciones permanecían en su sitio, dijo pausadamente a su criado: «Tranquilízate. Mientras las grandes estrellas no se muevan de su lugar no hay por qué inquietarse». La ilustración es clara. Nos sugiere que, sean cuales fueren los cambios y las convulsiones que se produzcan a nuestro alrededor, las promesas de Dios se mantienen fieles. La Palabra del Señor «permanece para siempre en los cielos» (Sal. 119:89).

La parábola. Es, como alguien ha dicho, «una narración terrenal con significado celestial». Las referidas por Jesús, profusamente preservadas en los evangelios, son ejemplos magníficos de este método de ilustración. Inspiradas en la vida doméstica, laboral, política y social de su tiempo, se caracterizan por su belleza, por la simplicidad de su estructura y por su reciedumbre.

Un predicador con mediana imaginación puede sacar gran provecho de sus propias parábolas, siempre que éstas resulten suficientemente claras y se deriven de hechos de la vida actual.

La analogía. Establece un paralelo de semejanza entre un objeto o un hecho de la vida natural y una experiencia espiritual.

Ejemplos de analogía podemos hallarlos en las diferentes ramas de la Ciencia y en la experiencia popular. Verbigracia: la fuerza de la gravedad, como ilustración de la tendencia que se observa en el hombre hacia lo terreno. La transformación del grano de semilla, que cae al suelo «y muere», en una nueva planta, aclara admirablemente la doctrina bíblica de la resurrección (I Cor. 15:35-44).

En esta forma de ilustración conviene limitar el paralelismo estrictamente al punto que se quiere iluminar. Traspasar ese límite puede conducir a errores. La analogía que desde tiempos antiguos se ha visto entre la crisálida, aparentemente muerta, que se convierte en mariposa, y la supervivencia del alma más allá de la muerte puede ser válida si se usa también como ilustración de la resurrección. Pero sería llevar la analogía demasiado lejos si del estado de inactividad de la crisálida se dedujese un estado de inconsciencia del alma entre la muerte y la resurrección.

El acontecimiento histórico. Abunda la Historia en sucesos aleccionadores de los que el predicador puede sacar abundante material ilustrativo.

Generalmente, el devenir histórico pone de relieve la invulnerabilidad de las leyes morales establecidas por Dios. Ilustra una y mil veces que oponerse a Dios y quebrantar sus normas es labrarse un futuro desgraciado, tanto a nivel individual como colectivo.

También revela la Historia la providencia de Dios, misteriosa pero decisiva, y confirma el cumplimiento de los propósitos divinos.

Además de las verdades apuntadas, hay muchas más que en los casi infinitos episodios históricos de todas las épocas pueden tener tanto ilustración como confirmación.

El dato biográfico. La vida *de* personajes importantes en la historia bíblica, de la Iglesia o del mundo en general suele abundar en hechos de máximo interés y de gran valor ilustrativo.

La magnanimidad de José, por ejemplo, el arrepentimiento de David, el arrojo de Elías, el tesón misionero de Pablo, el heroísmo de los mártires, la firmeza de los reformadores, la devoción de los pioneros de las misiones modernas aparecen en páginas biográficas con incidentes hondamente sugestivos, utilísimos para apelar a la conciencia de cualquier creyente.

La experiencia personal. Algún hecho acaecido en la vida del propio predicador puede añadir luz e interés a su mensaje. Tiene la ventaja de ser algo próximo que da mayor realismo a lo que se dice.

Es importante que los oyentes vean que el Evangelio se encarna en la vida de quien les predica. El apóstol Pablo no titubeó en referirse a sus experiencias personales cuando lo consideró oportuno.

Sin embargo, la prudencia debe presidir el uso que se haga de tal tipo de ilustración. Sin percatarse de ello, puede el predicador convertirse en anunciador de sus experiencias más que de la Palabra de Dios. Y si cae en la debilidad de sacar a luz desde el púlpito únicamente experiencias positivas con acento triunfalista, lo más probable es que conduzca a fijar sus ojos más en él que en Cristo, a no ser que los hechos en la conducta del ministro muestren otros aspectos menos positivos, en cuyo caso la predicación perderá gran parte de su impacto. El lema de todos los predicadores no puede ser otro que el de Pablo: «No nos predicamos a nosotros mismos, sino a Jesucristo como Señor» (II Cor. 4:5).

El episodio dramático. Hay novelas y obras de teatro que abundan en cuadros impresionantes, fiel trasunto de la vida humana en toda su misteriosa complejidad. En los dramas de Shakespeare o las novelas de Dostoiewsky, por ejemplo, numerosos predicadores han hallado ilustraciones de primerísima calidad.

La poesía. La selección atinada de unos versos literariamente potables y su introducción en el discurso pueden dar a este gran lustre.

Son preferibles composiciones de poetas reconocidos.

En todo caso la cita poética debe ser clara y breve.

En esta clase de ilustración puede incluirse el himno religioso, preferentemente si es conocido por la congregación.

Fuentes de ilustraciones

Vamos a referimos a dos en particular:

1. *La lectura.* En ella puede incluirse toda clase de obras literarias. Todo predicador debiera dedicar parte de su tiempo a leer algunas de las más notables. Tal lectura, no debiera ser una penetración en el libro a la caza de ilustraciones, sino más bien un ejercicio de reflexión personal. Pero, a semejanza de lo que acaece con la lectura devocional de la Biblia, deberá aprovecharse y anotarse cuanto pueda mejorar el contenido de un sermón.

Incluso como fuente de ilustración, la Biblia ocupa el primer lugar. Su primacía se debe no solo al carácter eminentemente religioso de sus páginas, sino a la variedad, la calidad literaria y el vigor de las mismas. En ellas se encuentran todas las clases de ilustración antes mencionadas con una riqueza incomparable.

2. *La observación.* En su contacto con la naturaleza, con sus semejantes, con sus hermanos, con su familia, descubrirá un caudal inagotable de ilustraciones que, por lo general, tendrán más fuerza que las adquiridas mediante la lectura. Recordemos que las más hermosas de las usadas por Jesús fueron resultado de su observación personal. Los lirios del campo, los pajarillos, el niño que pide pan a su padre, los chiquillos que juegan en las plazas, la oveja que se descarría, la fiesta de bodas y tantos otros seres o hechos en los que fijó su atención han sido inmortalizados como ilustraciones de las más grandes enseñanzas.

Los objetos de observación directa suelen impresionar al propio predicador de modo más intenso, a veces muy profundamente. El autor recuerda una experiencia vivida hace años, en una circunstancia de dura prueba que oscurecía su ministerio. Viajando en tren hacia otra ciudad en cuya iglesia había de predicar, la tarde ya avanzada y sumido en pensamientos sombríos, de pronto se dio cuenta de que las nubes que parcialmente cubrían el cielo iban adquiriendo matices insospechados en una puesta de sol indescriptible. En pocos minutos, el gris de las nubes se convirtió en un derroche de colores, rojo vivo, anaranjado, amarillo, diferentes tonalidades de verde y de azul, violeta. El conjunto semejaba una isla con colinas y bosques, bordeada por un mar maravilloso, todo ello envuelto en una combinación de luces y sombras que ni el mejor pintor podría igualar. Las nubes oscuras, deprimentes, se habían convertido, por la acción del sol, en un cuadro celestial. Huelga decir cuán honda y favorablemente influyó esta visión en el ánimo del autor. Su fe fue estimulada para seguir confiando en Aquel que, por su gracia, puede transformar gloriosamente las situaciones más lóbregas de la vida.

Observaciones sobre el uso de ilustraciones

En primer lugar, y aunque parezca una redundancia o una perogrullada, las ilustraciones deben ilustrar. Y deben ilustrar precisamente el punto del sermón en el cual se introducen. No pocas veces se usa una anécdota o se refiere una experiencia más con ánimo de «divertir» que con el fin de aclarar y vigorizar una idea importante del mensaje.

Las ilustraciones deben ser breves. Una historieta que ocupe la tercera parte del sermón es un abuso intolerable.

Cualquier tipo de ilustración debe usarse con la debida mesura. Atiborrar la predicación de narraciones, relatos de episodios históricos, experiencias propias o ajenas, citas, analogías, fragmentos poéticos, etc., sin dejar apenas espacio para la sustancia del sermón sería como vestir con los más ricos atuendos una caña. El mensaje tendría un atavío aparatoso, pero carecería de cuerpo. No se puede olvidar en ningún momento que la misión primordial del predicador es comunicar la Palabra de Dios, no deleitar.

La ilustración debe estar rigurosamente subordinada al contenido del mensaje, no viceversa. La sierva nunca debe convertirse en señora. Algunos predicadores, en vez de escoger un texto bíblico, desarrollarlo y después buscar el material ilustrativo adecuado, invierten el orden; escogen ilustraciones llamativas y a continuación se dedican a la búsqueda de algún texto bíblico sugeridor de ideas que se acomoden a aquéllas. Esta práctica es indigna de un ministro de la Palabra.

Ninguna predicación exige un mínimo de ilustraciones. Hay quien da la impresión de que si no introduce tres o cuatro anécdotas y seis o siete citas en su discurso, considera que este es defectuoso. Idea absurda. Solo deben usarse las ilustraciones que sean estrictamente necesarias y tengan un mínimo de calidad. Si carecen de estas cualidades es mejor prescindir de ellas.

APLICACIONES

Debemos insistir una y otra vez en la necesidad de que las ideas del sermón calen en la mente de quien escucha de modo que puedan ser asimiladas de modo personal e incorporadas a su propia vida. Los hechos y los pensamientos que van exponiéndose a lo largo de la predicación han de tener una inserción en la experiencia del oyente. Este fenómeno es precisamente el que distingue el sermón de la conferencia.

Para lograr esta «encamación» del mensaje en la vida de los oyentes, es necesario aplicar las ideas del discurso a las personas que lo escuchan según sus especiales circunstancias y necesidades.

No basta extendemos, por ejemplo, en consideraciones sobre las mentiras de Abraham y sobre el engaño en general; de alguna manera, el que oye ha de ser movido a examinar su propia conducta y descubrir las ocasiones en que él también peca por falta de veracidad. No es suficiente glosar —por correcto que sea el comentario— las denuncias formuladas por Amós contra sus contemporáneos condenando sus pecados sociales; es necesario que cada uno de cuantos componen el auditorio analice su modo de comportarse en la sociedad en que vive y sopese sus aportaciones para el saneamiento de la misma. Sería muy pobre un sermón sobre la experiencia de Pablo en el naufragio de la nave que le conducía a Roma si se limitara a narrar patéticamente lo acaecido y añadir algunas observaciones generales sobre el valor de la fe, sin parar mientes en las tempestades de diversa índole que pueden estar azotando a quienees lo escuchan y sin llegar a comunicarles el ánimo que sostuvo a Pablo. Una predicación adecuada sobre este suceso habría de conseguir que el oyente saliera confortado con una nueva visión de la providencia y la soberanía del Señor y exclamando con el apóstol: «¡Yo confío en Dios!» (Hec. 27:25).

Tan importante es lo que acabamos de exponer que bien puede decirse, con palabras de Spurgeon: «donde la aplicación comienza, empieza el sermón».

Muchos estudiantes de homilética se han hecho una pregunta: ¿cuándo debe hacerse la aplicación, al final o a lo largo de todo el discurso? Sin ningún titubeo, preferimos la segunda opción. Es verdad que, en la conclusión de un mensaje, la aplicación debe alcanzar su punto culminante, pero sería un error prescindir de ella en el resto de la predicación. Habrá muchos momentos antes del final en que convendrá encajar hechos, ideas, normas, reflexiones, amonestaciones en la conciencia de los oyentes para que fructifiquen en su vida.

Y es en esos momentos especialmente cuando el predicador —como hicimos notar en un capítulo anterior— debe tener presente la situación de sus oyentes, su estado espiritual, su problemática humana, sus puntos débiles, sus errores, pero también sus cualidades positivas, sus progresos en el camino de la fe, sus victorias. En las sucesivas aplicaciones de las ideas básicas del sermón, las preguntas que los oyentes pueden tener han de ser contestadas, sus problemas iluminados y su voluntad movida a vivir conforme a las conclusiones prácticas que se desprenden del contenido del sermón.

La aplicación ha de tener, por lo general, dos partes. La primera, de adaptación; la segunda, de exhortación. En la primera, se efectúa un traslado de las consideraciones hechas en torno al texto mediante una interpretación y adaptación adecuadas a la situación de los oyentes. En la segunda, se apela a la voluntad de éstos para aceptar cuanto el mensaje contiene personalmente para cada uno de ellos.

Si la aplicación final ha de ser, en cierto modo, la suma de las aplicaciones anteriores, ha de responder al propósito original que el predicador tenía respecto a los oyentes al preparar su mensaje. Del éxito o el fracaso en este punto depende que la predicación cumpla su finalidad o que no pase de ser una mera pieza de oratoria, bella en el mejor de los casos, pero estéril.

CUESTIONARIO

1. *¿Qué proposiciones básicas derivaría usted de Hebreos 1:1-4?*

2. *¿Qué requisitos debe reunir una ilustración?*

3. *Ilustre de dos modos diferentes el texto de Romanos 8:28.*

4. *Exprese las aplicaciones prácticas que puede hallar en Lucas 9:28-36.*

Capítulo XII
Estructura del sermón

La mera acumulación de materiales diversos, por buenos que sean, no es un sermón, de la misma manera que el amontonamiento informe de ladrillos, arena, cemento, vigas de hierro, yeso, baldosas, puertas y ventanas, tubos, grifos, etc. no es una casa. Tanto la construcción de un edificio como la de un sermón obliga a una disposición adecuada de sus materiales, de modo que cada uno cumpla su función y que el conjunto, además de ser sólido, armonioso y coherente, responda a la finalidad con que fue diseñado.

La ordenación atinada de las diferentes partes del discurso es imprescindible si este ha de poder ser seguido y retenido por los oyentes. De lo contrario, las ideas más brillantes, los mejores argumentos y las más sugestivas de las ilustraciones pierden la mayor parte de su fuerza a causa de su inconexión. En este último caso, los oyentes pueden salir bendecidos con algunos pensamientos provechosos, pero nunca con la riqueza de un auténtico mensaje.

Debe, por consiguiente, el predicador esforzarse en alcanzar el máximo perfeccionamiento en el arte de bosquejar correctamente sus sermones. De su habilidad en esta parte de la preparación del sermón depende mucho la calidad de su predicación.

Esbozamos a continuación los principales elementos de la estructura de un sermón:

TEMA Y TÍTULO

Lo primero que el predicador debe hacer es precisar el tema de su mensaje.' Sin él, difícilmente evitará las divagaciones. Antes de elaborar un bosquejo de sus ideas, debe contestarse muy claramente la pregunta:

«¿De qué voy a hablar?» Este es el punto de partida. J. H. Jowett aseguraba que «ningún sermón está en condiciones de ser predicado en tanto no pueda expresarse su tema en una frase breve, fecunda y transparente como el cristal»[45].

El tema ha de ser siempre una síntesis del texto bíblico sobre el cual se va a predicar. Este requisito es especialmente indispensable en los sermones textuales y expositivos, de los que nos ocuparemos en el próximo capítulo. Aquí no cabe honradamente la elección de un texto de la Escritura como ornamento de un discurso que poco tiene que ver con aquel. El tema debe fluir como el jugo del texto bíblico exprimido.

Conviene que el tema no sea excesivamente amplio, sino que exprese de modo concreto la idea central del mensaje. Así, por ejemplo, si hubiéramos de predicar sobre Mateo 6:5-15, «Los requisitos de la oración» sería un tema preferible al más impreciso de «La oración». «El amor de Cristo hacia los marginados» sería mejor que «El gran amor de Jesús» en el caso de tener que predicar sobre el llamamiento de Zaqueo.

Cuando se ha de predicar sobre un texto bíblico, este puede sugerir lícitamente más de un tema. Volviendo al ejemplo de Juan 3:16, sería válido cualquiera de los siguientes: «El amor de Dios al mundo», «El don supremo de Dios» o «El secreto de la salvación». Aún podrían hallarse más. Pero una vez el predicador se ha decidido por un tema determinado, debe hacer de este el eje en torno al cual gire todo el mensaje.

El tema es piedra angular de todo el discurso, determina sus puntos y excluye cuanto le sea ajeno o no se subordine a él. Tiene derechos de prioridad absoluta y solo respetando esos derechos puede mantenerse la unidad y la fuerza del sermón.

Puede ser conveniente, sobre todo cuando el mensaje ha de ser anunciado o publicado, que el tema se exprese con un título. En tal caso, el título debe reunir dos características: concisión y fuerza expresiva.

Un título demasiado largo es del todo desaconsejable en nuestros días. En otras épocas era de uso común, pero hoy puede resultar intolerable. Imaginémonos que alguien va a predicar sobre Isaías 1:10-20 y titula su tema del siguiente modo: «Las condiciones indispensables que Dios exige a su pueblo para que le rinda un culto aceptable». ¿No sería mucho más plausible «Los requisitos del verdadero culto»?

---

[45] Cit. por C. W. Koller, *Expository preaching without notes,* Baller Book House, p. 73.

También es loable todo esfuerzo por dar con un título sugestivo. En el ejemplo anterior, ¿no podría mejorarse el dado por válido («Los requisitos del verdadero culto»)? Piénsese en este: «¿Adoración o abominación?» Debe procurarse, sin embargo, que, en su afán de originalidad, el predicador no escoja títulos extravagantes o que no expresen realmente el tema. En último término, la seriedad y la fidelidad deben prevalecer sobre todo lo demás.

INTRODUCCIÓN

Aunque generalmente conviene prepararla cuando ya se han ultimado las restantes partes del sermón, la estudiamos en este lugar ateniéndonos no al orden de preparación, sino al de la predicación misma.

La importancia de una buena introducción nunca debe subestimarse. Algunos predicadores le prestan tan poca atención que suelen abandonarla a la improvisación. Pero este error puede tener consecuencias muy negativas en la asimilación del resto del mensaje por parte del auditorio. La introducción no es un simple elemento decorativo, sino decisivo, pues de ella depende que los oyentes se dispongan a seguir el mensaje con interés o que opten por la «excursión» mental mientras dura la predicación.

Su finalidad es doble. Por un lado, como acabamos de señalar, despertar la atención de quienes escuchan; por otro, prepararlos para comprender y recibir el contenido del sermón.

En cuanto a las formas de introducción, resulta imposible enumerarlas. La imaginación del predicador descubrirá siempre nuevas posibilidades. Solo a modo de orientación sugerimos seguidamente algunas.

1. Explicación del fondo histórico sobre el cual se va a predicar o de las circunstancias que lo motivaron.

2. Indicación de la importancia del tema.

3. Alusión a la ocasión especial del sermón si la hay.

4. Mención de algún suceso de actualidad relacionado con el tema.

5. Cita de una frase célebre.

6. Uso de una anécdota apropiada.

7. Una pregunta o una serie de preguntas.

8. Una declaración sorprendente, una paradoja o unas frases intrigantes.

9. La simple enumeración del tema y las razones de su elección.

En cualquier caso, la introducción ha de ser breve, sugestiva e interesante. Y jamás debe convertirse en un resumen del sermón en el que se adelante lo más importante de este. Si algo se anticipa debe servir para aumentar el interés de los oyentes, no para exponerlos a la fatiga de tener que escuchar una repetición ampliada —quizá pesada— de lo que ya han llegado a saber por lo manifestado en los tres primeros minutos del mensaje. A modo de aperitivo, la introducción ha de estimular el apetito de oír, pero nunca ha de ser un plato fuerte que sacie e impida el aprovechamiento de la comida que ha de seguir.

PUNTOS PRINCIPALES

Un buen discurso no está constituido por la mera sucesión de unos pensamientos, por ordenada que sea su exposición. Es más bien la sucesión de algunas ideas fundamentales, de las cuales se derivan los pensamientos y en cuyo marco se agrupan los diversos materiales recogidos durante la preparación. Esas ideas son los puntos principales del sermón, las partes que componen su cuerpo. De su calidad y forma de enunciación depende la calidad del mensaje, tanto para el predicador como para el auditorio.

Su importancia nos obliga a señalar sus características:

Cada uno de los puntos debe corresponder a alguna de las partes más importantes del texto bíblico o del tema.

Supongamos que alguien, para desarrollar el tema «La grandeza en el Reino», sobre Mateo 20:20-28, dividiera su bosquejo en los siguientes puntos:

    I. El deseo ardiente de una madre.
    II. Oraciones nacidas de la ignorancia («No sabéis lo que pedís» — v. 22).
    III. La tiranía de los gobernantes del mundo.
    IV. Redención por Jesucristo (v. 28).

Las ideas expresadas en estos enunciados se hallan indudablemente en el texto, pero no son en él las más sobresalientes. Pueden tener cabida en el sermón, pero subordinadas a los puntos capitales. Estos podrían ser:

I. La tendencia humana a la grandeza.
II. Conceptos erróneos de grandeza.
III. El secreto de la grandeza verdadera.

Todos los puntos deben estar estrechamente relacionados entre sí.

No basta que cada uno guarde relación con el tema. Deben tener conexión mutua. Adaptando el símil novo testamentario del cuerpo, no basta que los diferentes miembros del mismo dependan de la cabeza; precisamente porque son un cuerpo, son «todos miembros los unos de los otros» (Rom. 12:5). Solo cuando se da esta interrelación adquiere el sermón unidad, vida y progreso armonioso hacia la consecución de su fin.

Volviendo al ejemplo expuesto en el punto anterior, observamos en el segundo bosquejo el orden deseable. Los puntos surgen del texto sin forzarlo y cada uno sucede al anterior con naturalidad y lógica, cosa que no sucede en el primero. En este, más que cuatro puntos de un tema tenemos cuatro temas distintos, propio cada uno de ellos para un sermón diferente.

La ordenación de los puntos debe estar presidida por la lógica natural.

Si se trata de predicación sobre textos determinados (textual o expositiva), el orden es, generalmente, el mismo que el de las ideas capitales contenidas en la porción bíblica. Una vez más podemos tomar como ilustración el segundo bosquejo sobre Mateo 20:20-28.

Puede suceder, sin embargo, que en algunos casos convenga no ceñirse estrictamente al orden de las ideas tal como aparece en el texto. En I Timoteo 2:5 se distinguen con toda claridad los puntos principales: Dios, un mediador, los hombres. Pero resultaría muy difícil seguir este orden en la predicación y hablar de Jesucristo como mediador sin antes haber hablado del hombre y de su enemistad con Dios. Por consiguiente, los puntos principales habrían de ordenarse del siguiente modo:

I. Dios.
II. El hombre.
III. El Mediador entre Dios y el hombre.

La transición de un punto a otro debe ser suave

El final de cada punto no puede ser un corte abrupto. Sobre su extremo ha de tenderse un puente que conduzca al punto siguiente. El hilo del discurso no puede aparecer roto en ningún momento; ha de poder verse a lo largo de toda la predicación sin solución de continuidad.

En la sucesión de los diversos puntos debe observase progreso

Tanto la exposición como la argumentación y la aplicación o el llamamiento deben ir aumentando en intensidad a medida que se avanza en el curso del sermón. Cualquier retroceso o disminución de fuerza en el mensaje puede mermar el interés de los oyentes.

El progreso se facilita si se tienen en cuenta algunos principios básicos: lo negativo debe preceder a lo positivo; lo abstracto a lo concreto; lo general a lo particular; la exposición de una enseñanza a la ilustración; la objeción a la refutación; el planteamiento de un problema a su solución; el razonamiento a la exhortación o el llamamiento.

El número de puntos no debe ser excesivo

Un mínimo de tres y un máximo de cuatro o cinco pueden normalmente ser suficientes. En casos excepcionales puede haber solo dos puntos. Este podría ser el caso de un sermón sobre Mateo 7:24-27, por ejemplo. Otros textos pueden hacer aconsejable sobrepasar los cinco puntos; pero cualquier exceso en este sentido tiende a complicar el mensaje y dificultar su retención en la mente de los oyentes. A mayor número de puntos menos posibilidades existen de que una persona de memoria normal los recuerde una vez la predicación ha concluido.

La extensión de cada punto debe ser proporcional a la de los restantes

Subrayamos el hecho de que la proporcionalidad no significa igualdad. Sería una monstruosidad que el predicador actuara respecto a las partes de su sermón al modo del legendario bandido Procusto, quien estiraba a sus víctimas sobre una cama especial y cortaba sus pies si sobresalían de ella o los estiraba hasta descoyuntarlos si no alcanzaban la medida justa.

Pero sería impropio que el desarrollo de un solo punto ocupara cuatro quintas partes del mensaje y los restantes hubieran de exponerse apresurada e incompletamente en los últimos minutos de la predicación.

Es importante que las ideas de un punto no invadan el campo de otro punto posterior

Lo contrario daría lugar a repeticiones innecesarias y confusión que deben ser evitadas.

Los puntos deben enunciarse de modo breve y claro

Si los oyentes pueden retener en su memoria estos enunciados, conservarán la sustancia del sermón. Si no, recordarán ideas sueltas, pero el mensaje como tal se habrá desvanecido en sus mentes.

En aras de la efectividad debe sacrificarse todo otro propósito. Sobre todo, hay que renunciar a enunciados altisonantes que escapan a la comprensión de la mayoría de los oyentes. Campbell Morgan ilustra este principio irónicamente mediante un ejemplo que nadie debiera imitar. Sobre el texto «Dios es espíritu, y los que le adoran, en espíritu y en verdad es necesario que le adoren» (Jn. 4:24), el predicador formula las siguientes divisiones:

    I. Las propiedades trascendentales de la naturaleza divina.

    II. Las relaciones antropomórficas bajo las cuales estas propiedades trascendentales de la naturaleza divina son reveladas y comprendidas.

    III. El simbolismo escriturístico, por el cual estas relaciones y misterios de las propiedades trascendentales de la naturaleza divina son entendidos, constituye la adoración[46].

Huelga todo comentario.

Es aconsejable que haya una cierta uniformidad en el modo de enunciar los puntos.

Pueden usarse proposiciones gramaticales, frases, sustantivos, adjetivos, verbos, preguntas, etc. Lo importante es que los diversos puntos

---

[46] *Preaching*, pp. 122, 123.

sigan —dentro de lo posible— una misma forma y no que aparezcan como una ensalada de formas.

Volviendo nuevamente a Juan 3:16, ofrecemos dos posibles esbozos bajo el tema *El gran amor de Dios*:

A)   I. Dios ama al mundo.
     II. ¿Qué don superior al de Dios? («ha dado a su Hijo»).
     III. No muerte, sino vida («no se pierda, mas tenga vida eterna»).
     IV. Lo imprescindible de la fe («para que todo aquel que en él cree»).
B)   I. El objeto del amor de Dios (el mundo).
     II. Su demostración («dio a su Hijo»).
     III. Su propósito (que el hombre «no se pierda, mas tenga vida eterna»).
     IV. Su exigencia (la fe en Cristo: «que todo aquel que en él cree...»).

A nadie resultará difícil decidir cuál de las dos maneras de enunciar los puntos es preferible.

Las subdivisiones

Con frecuencia, los puntos principales de un sermón deben subdividirse a fin de darles mayor consistencia y claridad.

Las subdivisiones no siempre son absolutamente necesarias; pero cuando se introducen en el bosquejo deben ajustarse a su finalidad, es decir, han de presentar de modo claro algún aspecto importante del punto principal en el que se insertan. Nunca pueden ser ajenas a este. Tampoco pueden alcanzar una prominencia superior. Las subdivisiones son comparables a ramitas salidas de las ramas (los grandes puntos del sermón), las que a su vez proceden del tronco del árbol (el tema).

Por lo demás, prácticamente todas las características de los puntos principales ya expuestas tienen aplicación a las subdivisiones.

Ofrecemos seguidamente un ejemplo de bosquejo con divisiones y subdivisiones. Como se verá en el segundo punto, a veces conviene que aun las subdivisiones sean subdivididas. Pero estos casos no son muy frecuentes.

Tema: *LOS DIEZ MANDAMIENTOS* (Éxodo 19 y 20)

Introducción: Grandeza moral del decálogo. Su vigencia perenne.

I. *Su contexto* (Ex. 19)
   1) Para un pueblo redimido (19:4).
   2) Para un pueblo santificado (19:10).
   3) Para un pueblo llamado a un elevado destino (19:5,6).

II. Su texto
   1) Deberes para con Dios:
      a) Lealtad al único Dios (20:2, 3)
      b) El culto a Dios (4-6).
      c) La honra debida al nombre de Dios (7).
      d) La observancia del día de Dios (8-11).
   2) Deberes para con el prójimo:
      a) Respeto a los padres (12).
      b) Respeto a la vida humana (13).
      c) Pureza sexual (14).
      d) Respeto a la propiedad privada (15).
      e) Respeto al honor del prójimo (16).
      f) Respeto a su integridad (17).

III. Su inscripción
   1) En tablas de piedra (Ex. 24:12).
   2) En el corazón (Heb. 10:16; II Cor. 3:3).

Conclusión: Por el poder del Espíritu Santo, el pueblo de Dios puede y debe vivir conforme a sus mandamientos.

LA CONCLUSIÓN

Es superfluo ponderar la importancia que tiene el final de un sermón. Constituye su cúspide. En los últimos momentos se libra la batalla decisiva. Hay que aprovecharlos bien para impeler a los oyentes a aceptar las demandas del mensaje. Del modo de concluir depende en gran parte la realización del propósito contemplado por el predicador al preparar su mensaje. De ahí lo ineludible de no acostumbrarse a improvisar las conclusiones en la confianza de que el calor del momento inspirará las formas más adecuadas.

Contenido

Puede variar la sustancia de la conclusión, por lo que no pueden establecerse normas en cuanto a su contenido. Pero en la mayoría de los casos entraña uno o más de los siguientes elementos:

1. Un *resumen* conciso y claro de los puntos principales del discurso que recuerde lo esencial del sermón. Tal resumen capacita al oyente para asimilar sus deducciones prácticas. Dicho de otro modo, le ayuda a adoptar de modo inteligente una postura o tomar una decisión.

No obstante, debe evitarse a toda costa que el resumen sea una repetición del mensaje.

2. Una *aplicación* directa de los hechos, verdades, ofrecimientos, mandatos, etc., que han aparecido en las partes anteriores del mensaje o se desprenden de ellas. No importa que, como señalamos en el capítulo anterior, se hayan ido haciendo aplicaciones parciales a lo largo de todo el discurso. Conviene que al final se efectúe una aplicación global, tanto si se refiere a un solo punto como si ha de incluir varios.

3. Una *llamada* a la mente, los sentimientos y la voluntad de los oyentes para someterse a la verdad de Dios y sus implicaciones expuestas durante la predicación.

El llamamiento puede ser a la conversión, a la consagración, a una vida más activa de servicio o a algún otro tipo de decisión inspirado por el contenido del mensaje.

Forma

Las conclusiones pueden ser en su forma —cualquiera que sea su contenido— tan diversas como las introducciones.

En muchos casos, quizá no habrá en ellas nada especial. En estilo llano y sin grandes recursos retóricos, se hará el resumen, la aplicación o la invitación y se dará fin al mensaje. Otras veces la conclusión adquiere mayor fuerza si se usa una ilustración atinada (de este modo concluye el sermón del monte), un texto, la estrofa de un himno, una frase abrupta, retadora, o recursos análogos.

Características esenciales

1. *Relación con el resto del discurso.* Aunque este requisito parezca obvio, no siempre se cumple. Algunos sermones adolecen de este gran defecto y su final es un simple apéndice añadido al cuerpo del mensaje,

pero no una conclusión. Sea cual fuere su forma, ha de lograrse que esta parte sea la expresión del sermón concentrado y aplicado.

2. *Concreción y claridad.* Si, como hemos dicho, la conclusión entraña el esfuerzo más intenso para mover a los oyentes a algún tipo de decisión, el contenido de las frases debe estar desprovisto de abstracciones y ambigüedades. El oyente ha de saber bien adónde debe ir, qué tiene que hacer y cómo. Si la conclusión no responde a esta necesidad, el conjunto del mensaje puede perder la mayor parte de su eficacia.

3. *Solemnidad.* Las notas humorísticas, bien dosificadas, pueden tener cabida en la introducción y en el desarrollo de los puntos del sermón, pero no en la conclusión. Cualquiera que sea el propósito que debe presidir la predicación, ha de estar siempre a la altura de las enseñanzas sublimes de la Palabra de Dios y difícilmente se alcanza si en los decisivos momentos finales el predicador pierde de vista lo trascendente de su misión.

4. *Brevedad.* Una conclusión demasiado larga puede malograr el contenido de un mensaje. Si sus tiros se disparan afinando bien la puntería hacia los blancos deseados, no hace falta gastar muchos cartuchos.

La fuerza de una conclusión no radica en su extensión, sino en su intensidad. Pero téngase en cuenta que intensidad no es sinónimo de apasionamiento o de voz estridente. Unas frases pronunciadas en tono suave, con serenidad profunda, pueden ser más densas e impresionantes que una catarata retórica. Esa densidad y la tensión culminante que suele producir en el auditorio no pueden prolongarse más de muy breves minutos. Así que, en la conclusión, láncese el predicador

al ataque final de modo directo, sin digresiones, sin entrar en nuevos detalles o explicaciones, *y concluya.* Puede resultar catastrófico prolongar la conclusión cinco o diez minutos cuando el predicador ha dado la impresión de que iba a terminar en cinco o diez segundos. Quizás a pocas cosas puede aplicarse con mayor propiedad que a la conclusión de un sermón el adagio «lo bueno, si breve, doblemente bueno».

• •

CUESTIONARIO

1. *Elabore un bosquejo sobre el tema SALVOS PARA SERVIR.*

2. *Escriba la introducción a un sermón sobre Gálatas 6:7.*

3. *Escriba la conclusión de un mensaje sobre Hebreos 10:19-25.*

• •

Capítulo XIII
Clasificacion de los sermones
en función del texto

Ya adelantamos en el capítulo X que los sermones, según su relación con el texto bíblico, pueden dividirse en temáticos, textuales y expositivos.

El predicador debe estar familiarizado con su carácter y estructura y llegar a componerlos con la máxima eficiencia. Con objeto de ayudarle a alcanzar este propósito, estudiamos a continuación sucintamente cada uno de los mencionados tipos.

TEMÁTICOS

Como su mismo nombre indica, tienen su origen no en un texto de la Escritura, sino en un tema, generalmente de carácter doctrinal o moral. Ello no significa que el tema, y por consiguiente el mensaje, carezca necesariamente de apoyo bíblico. En algunos casos podría incluso prepararse un sermón temático prácticamente idéntico a otro textual o expositivo obtenido como desarrollo de un pasaje de la Escritura. La diferencia entre el primero y los dos últimos es que aquel tiene su estructura en el análisis del tema escogido, mientras que los otros dos la tienen en el análisis del texto.

Sermones temáticos serían, por ejemplo, los predicados sobre la divinidad de Jesucristo, la providencia, la Trinidad, la justificación, el deber de la veracidad, la adoración, el pecado en la vida del creyente, etc.

El desarrollo de esta clase de mensajes viene determinado por el orden lógico de sus puntos principales. Si tomamos como ilustración el último de los temas mencionados en el párrafo anterior, «El pecado en la vida del creyente», los puntos podrían ser los siguientes:

I. *Su realidad*
1) Enseñada en la Escritura (I Jn. 1:8, 10).
2) Confirmada por la experiencia (Rom. 7:14-24).

II. *Su origen*
La vieja naturaleza del creyente (Gál. 5:16, 17; Sant. 1:14, 15).

III. *Su remedio*
1) Propiciación (I Jn. 2:1, 2).
2) Santificación (Rom. 6:11-14).

En este ejemplo puede observarse que cualquier variación en el orden de los puntos sería ilógica y atentaría contra la efectividad del sermón. Imaginémonos que se invierte el orden y se coloca el tercer punto como primero y el primero como tercero. ¿Cuál sería el resultado?

Esta clase de sermón tiene la gran *ventaja* de que permite tratar cuestiones importantes y de gran interés para los oyentes de modo directo y con libertad para escoger los aspectos del tema que más pueden convenir en cada ocasión.

Pero también tiene sus *inconvenientes*. Destacaremos dos como los más peligrosos:

a) La facilidad con que el predicador puede convertir su mensaje en una disertación en la que abundan más sus propias ideas o ideas ajenas que las enseñanzas de la Palabra de Dios.

Este riesgo obliga a orientar constantemente las ideas del sermón temático mediante la brújula de la Escritura. Es de rigor que todas las proposiciones importantes se apoyen en textos bíblicos, como puede verse en el ejemplo antes expuesto (en tal ejemplo, los textos podrían ser más de uno en cada punto, aunque no es aconsejable su multiplicación).

Es importante, sin embargo, que los textos escogidos apoyen realmente las proposiciones del sermón y no sean simplemente un adorno. A menudo se usan como base de un aserto versículos que, sanamente interpretados, están muy lejos de corroborar lo que mediante ellos se pretende. Como en toda clase de sermones, es la Escritura la que debe privar sobre las ideas humanas y no viceversa. Todo sermón ha de estar al servicio de la Palabra de Dios, no ésta al servicio del sermón.

b) Un segundo peligro de los sermones temáticos es el de no delimitarlos adecuadamente. Hay temas tan amplios que cualquier intento de tratarlos exhaustivamente en un solo mensaje es condenar de antemano al fracaso tanto el tema como el sermón, pues su extensión o su obligada densidad harán imposible su asimilación por parte del auditorio.

Cuando un tema es muy amplio, conviene limitarse a un aspecto del mismo. ¿Qué sucedería si alguien intentase predicar sobre el Espíritu Santo refiriéndose a cuanto sobre su persona y obra enseñan tanto el Antiguo Testamento como el Nuevo? Mucho más prudente sería escoger una faceta determinada, tal como «El Espíritu Santo y la evangelización» o «El Espíritu Santo y la santificación del creyente».

En la preparación de esta clase de sermones, es de gran ayuda una concordancia temática (diccionario bíblico de paralelos u obras análogas), pero la abundancia de referencias bíblicas en estas obras puede contribuir a que el predicador caiga en el peligro que estamos comentando. Al usar tales auxiliares, se debe tener el debido discernimiento para hacer una selección de los puntos y textos adecuados.

Una comparación de las ventajas y los inconvenientes de la predicación sobre temas nos permite recomendarla, aunque no como forma habitual. Si se evitan los riesgos señalados, puede usarse provechosamente con más o menos frecuencia. Pero un exceso de sermones de este tipo pronto llevaría al predicador al agotamiento de sus ideas, lo que aconseja una sabia dosificación.

TEXTUALES

No existe realmente diferencia esencial entre el sermón textual y el expositivo, del que nos ocuparemos después. Ambos tienen como base un texto bíblico. Este constituye el meollo del mensaje; no es el trampolín desde el cual se lanza el predicador a la exposición de un tema. El texto es el principio, la continuación y el fin del discurso. Por esta razón, algunos especialistas en homilética incluyen los sermones textuales en los expositivos y evitan toda distinción.

Por nuestra parte, seguimos la clasificación más generalizada, pues aunque las diferencias entre una y otra clase no sean de mayor entidad, deben ser tenidas en cuenta en el momento de preparar el sermón.

En relación con el sermón expositivo, distinguen al textual dos características principales:

a) El pasaje bíblico sobre el cual se basa es más corto. Generalmente no consta de más de uno o dos versículos, mientras que un sermón expositivo toma textos más extensos, a veces capítulos y hasta libros enteros de la Biblia.

b) En el sermón textual, prácticamente todas las frases del pasaje escogido son insertadas como partes esenciales del sermón. En el expositivo, las partes del texto bíblico que no encajan en el esquema determinado por la línea de pensamiento central pueden omitirse.

En los sermones textuales, es frecuente que los puntos principales coincidan con las frases del texto, en cuyo caso puede obtenerse el bosquejo con gran facilidad. Por ejemplo, si hemos de predicar sobre Miqueas 6:8, bajo el tema *Lo que Dios pide al hombre,* bastaría con establecer las siguientes divisiones:

I. *Hacer justicia.*
II. *Amar misericordiia.*
III. *Humillarse ante Dios.*

Son más bien excepcionales los textos que permiten una elaboración tan simple del bosquejo. Pero no son pocos aquellos en que las divisiones aparecen de modo claro, bien que no puedan enunciarse con las mismas palabras del texto. Tal sucedería con II Timoteo 3:16, 17. Si aquí tratáramos de aplicar el método del ejemplo anterior, tropezaríamos con serias dificultades; pero éstas desaparecen si, en vez de usar las frases, nos apropiamos las ideas. Así, sobre el tema *La Sagrada Escritura,* podríamos formular el siguiente bosquejo:

I. *Su inspiración divina.*
II. *Su utilidad.*
III. *Su finalidad.*

Pero puede haber aún casos en que ni siquiera las ideas aparezcan tan claras y ordenadas como en el ejemplo último. Procede entonces efectuar un análisis más detenido del pasaje con objeto de descubrir sus ideas predominantes, independientemente de su extensión, y las posibilidades de relacionarlas entre sí y subordinarlas a un tema central.

Un pasaje menos simple que los usados anteriormente es Mateo 16:24, 25. Ante él, un predicador poco experimentado estaría expuesto a la perplejidad ante tantas frases, ricas todas ellas en contenido espiritual. Tal vez se sentiría inclinado a introducir en su mensaje gran número de divisiones, no todas adecuadas.

Tomando como tema *El discipulado cristiano,* podría hacer algo parecido al siguiente esquema:

I. *El discípulo debe negarse a sí mismo.*
II. *Debe tomar su cruz.*
III. *Debe seguir a Jesús.*
IV. *Debe despreciar su vida.*
V. *Debe despreciar al mundo.*

No es que tal bosquejo resulte inaceptable, pero adolece de dos defectos. En primer lugar, omite la primera frase de las palabras de Jesús («Si alguno quiere venir en pos de mí»), que no carece de importancia. En segundo lugar, algunos de los puntos podrían ser subdivisiones de un punto más amplio; con ello, el número de puntos principales disminuiría, lo cual siempre es aconsejable.

Compárese el ejemplo expuesto con el siguiente:

I. *La voluntariedad del discipulado*:
«SI alguno quiere...»
II. *Los requisitos del discipulado:*
1) Negarse a sí mismo.
2) Tomar su cruz.
3) Seguir a Jesús.
III. *La razón del discipulado:* Vs. 25 y 26.

La opción entre los dos bosquejos no admite dudas.

Una modalidad especial del sermón textual es la que combina dos o más textos breves que se relacionan y complementan entre sí. De esta combinación pueden surgir magníficos mensajes. Spurgeon predicó un sermón excelente con las frases de Jeremías 4:20 y 30: «De repente son destruidas mis tiendas, en un momento mis cortinas... Y tú, destruida, ¿qué harás?» George Adam Smith logró un brillante mensaje uniendo Salmo 104:23 con Juan 12:36. Resultado análogo obtuvo Alexander Maclaren con Éxodo 28:36, Zacarías 14:20 y Apocalipsis 22:4.

Un método parecido es el de usar una frase o una idea contenida en diferentes textos y contextos. Si, por ejemplo, tomamos Lucas 3:21, Juan 1:51; Hechos 7:56, 10:11 y Apocalipsis 19:11, observamos de inmediato la repetición de la frase «el cielo se abrió» o una equivalente. Es imprescindible, sin embargo, que en este tipo de sermones la diversidad de textos permita la aglutinación de sus respectivos pensamientos en tomo al tema central. En el ejemplo que acabamos de ofrecer, el tema podría ser *Cielos abiertos para salvación,* que dividiríamos del siguiente modo:

I. El reconocimiento divino del Salvador (Lc. 3:21).
II. La certidumbre de la salvación (Hec. 7:56).
III. La universalidad de la salvación (Hec. 10:11).
IV. La consumación de la salvación (Ap. 19:11).

Cuando los textos son tan diversos que no permiten su relación entre sí y su subordinación al tema central, es preferible renunciar a la preparación de un sermón sobre ellos, pues sería muy difícil evitar la incoherencia y la confusión.

EXPOSITIVOS

La predicación expositiva, como ya indicamos, toma por base un pasaje de la Escritura más extenso que el correspondiente a sermones textuales. Es la predicación bíblica por excelencia, sumamente enriquecedora cuando se practica correctamente.

La diversidad de conceptos relativos a este tipo de sermones nos obliga a precisar su naturaleza.

Debemos decir, en primer lugar, que un sermón expositivo no es simplemente una *ex-positio,* un colocar fuera o sacar del texto las enseñanzas que este encierra, siguiendo versículo por versículo la porción bíblica escogida. Si esto fuera realmente un sermón, se encontraría en este método una magnífica solución al problema de tener que predicar sin tiempo para una preparación adecuada. Una lectura del texto, una explicación exegética de cada uno de los versículos o de cada una de sus frases, alguna aplicación práctica, alguna ilustración, y sermón concluido. Pero esto no es en modo alguno un mensaje expositivo.

Un sermón del tipo que nos ocupa es, por regla general, bastante más difícil de preparar que cualquier otra clase de sermones, pues no siempre es fácil ordenar los elementos del texto, hechos, pensamientos, preceptos, exhortaciones, etc., de modo que se obtenga un bosquejo aceptable. Un sermón expositivo obliga a usar todo el material importante del pasaje bíblico, pero con el debido ordenamiento, de modo que tanto el tema como sus puntos básicos aparezcan con claridad y con la necesaria trabazón lógica.

Ventajas de la predicación expositiva

Compensan ampliamente el esfuerzo exigido al predicador. El mismo es el primer beneficiado, pues se ve obligado a estudiar con ahínco el texto a fin de profundizar en su contenido. La práctica más o menos habitual de la predicación expositiva aumenta de manera insospechada su conocimiento de la Escritura.

Otra ventaja es que tal predicación, sobre todo cuando se sigue una serie sobre un libro de la Biblia, cuenta con una fuente inagotable de material tan variado como provechoso. Este hecho libra al predicador de la preocupación de encontrar nuevos temas para sus sermones.

Además, en los pasajes sobre los cuales predique, encontrará a menudo puntos relativos a cuestiones delicadas que quizá nunca llegaría a tratar si hubiese de exponerlas directamente como tema de un sermón. Probablemente no muchos predicadores se sentirán animados a predicar sobre cuestiones sexuales o sobre pleitos legales; pero les resultará fácil hacerlo si preparan una serie sobre la primera carta a los Corintios.

También la congregación se beneficia grandemente de la predicación expositiva, pues por medio de ella se le abren perspectivas mucho más amplias de la verdad bíblica. La variedad que suele caracterizar a esta clase de sermones asegura una alimentación espiritual rica, suficiente para el sustento de una fe sana. Por otro lado, los descubrimientos a que los oyentes son conducidos mediante la exposición tienen muchas veces un encanto fascinante que induce a los oyentes a ahondar en las Escrituras por sí mismos, lo cual es de todo punto deseable.

Preparación del sermón expositivo

Exige una gran aplicación, concentración y habilidad. Esta solo se adquiere con la práctica, pero ofrecemos una serie de sugerencias que pueden ayudar a quien todavía la encuentra demasiado difícil.

1. Léase repetidas veces —cada vez con mayor detenimiento— el texto bíblico, a ser posible en sus lenguas originales o, en su defecto, cotejando varias versiones de reconocida calidad. Para el estudio del pasaje bíblico deben rechazarse las versiones que más que una traducción son una paráfrasis del texto original.

2. Tómese nota de las palabras que más se repiten o destacan en el texto.

3. Estudíese a fondo el significado de tales palabras.

4. Compárese el uso y significado de esos términos en otros textos bíblicos. A tal efecto, una concordancia (preferentemente de las lenguas originales) puede ser de valor inestimable.

5. Destáquense las ideas más importantes y sus aplicaciones.

6. Procédase a fijar el tema.

7. Escójanse las ideas principales, relacionadas con el tema, y ordénense en un bosquejo con sus puntos y subdivisiones correspondientes.

8. Introdúzcase en cada punto todo el material del texto bíblico que quepa y sea compatible con el orden y la unidad que deben regir el desarrollo del tema. Algunas ideas no tendrán cabida. En los sermones expositivos casi siempre hay que poner en práctica lo que alguien ha denominado «el buen arte de la omisión».

9. Cada punto y cada subdivisión del bosquejo deben tener apoyo claro en el texto.

10. Compleméntense los puntos, cuando convenga, con textos bíblicos paralelos.

Como ejemplo de bosquejo de un sermón expositivo, ofrecemos el siguiente:

Texto: **I Tesalonicenses 1**

Tema: **UNA IGLESIA EJEMPLAR**

Introducción: Alusión breve a la fundación de la iglesia en Tesalónica. También puede hablarse de la gran importancia de la iglesia local.

I. *Las características esenciales de la iglesia* (v. 3)
Una síntesis del cristianismo práctico:
1) La obra de la fe.
2) El trabajo del amor.
3) La constancia en la esperanza.

II. *El origen de la iglesia* (v. 4)
No radica en la iniciativa humana, sino en el propósito eterno de Dios.

III. *Su formación* (vs. 5, 6)
1) Mediante la predicación («en palabras») del Evangelio.
2) Con poder. El poder sobrenatural de Dios.
3) Por la acción del Espíritu Santo.
4) En plena certidumbre. La predicación apostólica poseía la fuerza de una convicción sólida.
A esta predicación poderosa, respondieron los tesalonicenses «recibiendo la Palabra».

IV. *Su testimonio* (v. 7-10)
Ejemplo en toda Macedonia y Acaya. Fue, pues, un testimonio de amplia influencia.

Fue un testimonio de conversión admirable:
a) Convertidos *de los ídolos.*
b) *A Dios*
— Para servirle.
— Para esperar a su Hijo Jesucristo.
Conclusión: ¿Se parece nuestra iglesia local a la de Tesalónica?
Exhortación a una renovación de la fe, la esperanza y el amor y a un testimonio más eficaz.

A continuación, nos ocuparemos de tres tipos especiales de sermón expositivo, los tres muy comunes por la abundancia de material bíblico que puede originarlos.

Sermones narrativos

Se basan en un relato histórico y tienen por objeto extraer las principales enseñanzas del mismo y su aplicación a los oyentes.

Para más detalles, remitimos al lector a lo expuesto en el capítulo X bajo el epígrafe «Sermones históricos».

Sermones biográficos

En la preparación de un mensaje sobre algún personaje bíblico, deben descubrirse los siguientes elementos:

— Los rasgos más prominentes, tanto positivos como negativos, del carácter del personaje.
— Las experiencias más importantes de su vida.
— Influencia que ejerció.
— Referencias en el Antiguo y en el Nuevo Testamento.
— Significado —si lo tiene— en la historia de la salvación.
— Lecciones prácticas que se desprenden de su vida.

Los datos obtenidos no equivalen a los puntos del bosquejo, pero ayudan a formularlos.

Una observación que debe tenerse presente en el sermón biográfico es la necesidad de limitarlo en el caso de que se refiera a una persona de la cual la Biblia dice mucho. Sería muy difícil preparar un mensaje en el que cupiera todo lo que en la Escritura se dice de Abraham, por ejemplo. La abundancia de material biográfico sobre este patriarca aconseja más bien pensar en varios sermones, para cada uno de los cuales se seleccionarían los aspectos o los hechos que mejor correspondieran al tema. En el caso de Abraham, podrían sugerirse los siguientes temas:

— Abraham, el peregrino.
— Una fe más fuerte que la muerte (sacrificio de Isaac).
— El conflicto entre la fe y las circunstancias (promesa de Dios y esterilidad de Sara).
— Abraham, amigo de Dios.
— Las inconsecuencias de un gran creyente (sus mentiras).
Véase a continuación el bosquejo de un sermón sobre Lot.

Textos bíblicos: **Génesis 13:1-18; 19:15-29**
II Pedro 2:7.

Tema: **EL DRAMA DE UNA FE DÉBIL**

Introducción: Si Abraham mereció el título de padre de los creyentes, Lot merece el de padre de los creyentes débiles. Sus experiencias son un aviso solemne al que deben prestar atención los creyentes de todos los tiempos.

I. *Su carácter* (II Ped. 2:7)
  1) Justo.
  2) Sensible. Se afligía ante la impiedad.
  3) Codicioso de bienes materiales.

II. *Su conducta*
  1) Orientó su vida hacia Sodoma (Gén. 13:11, 12).
  2) Estableció su vivienda en Sodoma (Gén. 14:12).
  3) Aceptó un lugar prominente en la sociedad de Sodoma (19:1).
  4) Desperdició la oportunidad de dar una nueva orientación a su vida (Gén. 14).

III. *Su cosecha* (Gén. 19:15-29)
  1) Perdió su testimonio (v. 9, 14).
  2) Perdió su patrimonio material.
  3) Solo salvó su vida. Y «así como por fuego».

Conclusión: De nuestro carácter dependen nuestras decisiones. De nuestras decisiones, el curso de nuestra vida. Solo una fe viva nos mantendrá cerca de Dios, el único que puede modelar nuestro carácter, orientar nuestras decisiones y henchir nuestra vida de significado y utilidad. ¡Rindámonos totalmente a El!

En relación con los sermones narrativos y biográficos, hemos de insistir en la necesidad de dar lugar preponderante a las aplicaciones. Limitarse a ampliar un relato o presentar los hechos más significativos de una persona, sin deducir de todo ello lecciones prácticas que puedan apropiarse los oyentes, por más fuego que se ponga en el discurso, es predicar sin propósito, algo así como gastar la pólvora en salvas.

Sermones sobre parábolas

Pueden ser sumamente provechosos. El texto bíblico en sí ya goza del atractivo de toda ilustración y la enseñanza que atesora suele ser valiosísima.

Pero, contrariamente a lo que algunos suponen, la preparación de este tipo de sermones no es tan fácil como parece a primera vista. Exige tomar en cuenta algunos requisitos especiales.

Debe extremarse el esmero en una sana exégesis del texto, recordando que una parábola no debe usarse alegorizando todos los personajes, objetos o hechos de su contenido, sino que debe ser estudiada con objeto de descubrir la lección —generalmente una sola— que encierra y hacer de ella el factor determinante de la totalidad del sermón.

Los puntos esenciales del mensaje deben tener un sólido cimiento bíblico, especialmente si son de carácter doctrinal, pues nunca debe fundamentarse una doctrina sobre una parábola. La función de ésta es ilustrativa, no dogmática.

El «ropaje» de la parábola ha de ser analizado a la luz de los usos y costumbres del lugar y de la época correspondientes. Sin la aclaración de determinados detalles, relativos a prácticas antiguas, algunas parábolas son difíciles de entender. Recuérdese el ejemplo de la parábola de las diez vírgenes, o la del hombre sorprendido en el banquete de bodas sin la indumentaria exigida.

Solo cuando el predicador ha hecho la debida distinción entre lo importante y lo secundario podrá formar su bosquejo.

Sirva de ejemplo el siguiente esquema sobre la parábola de los labradores malvados.

Texto bíblico: **Lucas 20:9-16**

Tema: **LOS DERECHOS DE DIOS CONCULCADOS**

Introducción: La aplicación primaria debe hacerse a los judíos, quienes correspondieron al «pacto» con Dios con la ingratitud y la rebeldía. Pero la aplicación puede hacerse extensiva a todo ser humano en su estado natural.

I. *Los derechos de Dios*
   1) Derecho al reconocimiento de su soberanía.
   2) Derecho a recibir del hombre gratitud, adoración y servicio.
   3) Derecho a que su Hijo sea honrado.

II. *La usurpación humana*
   El hombre ha querido apropiarse lo que pertenece a Dios y se ha hecho señor de sí mismo, con total desprecio de sus deberes para con su Creador.
   Este pecado culmina con el rechazamiento deicida de Cristo.

III. *El juicio inevitable*
   «Dios no puede ser burlado». «Todo lo que el hombre siembre, eso también segará» (Gál. 6:7).

Conclusión: Los oyentes de Jesús exclamaron: «¡Dios nos libre!» Dios puede y quiere librarnos. Pero exige que le demos el fruto que le corresponde: fruto de arrepentimiento, de fe y de servicio. Su veredicto futuro depende de nuestra decisión ahora.

Series de sermones

Antes de concluir este capítulo, queremos referimos a la predicación expositiva siguiendo el sistema de series más o menos prolongadas.

Tales series son indispensables si se desea predicar sobre todo un libro de la Biblia. Aunque es posible preparar un sermón sobre un libro corto de la Biblia (Habacuc, Hageo y otros), por regla general es preferible fraccionar el libro en pasajes sobre los cuales predicar en sermones sucesivos. Ello hace posible penetrar con mayor profundidad en el texto y aprovechar más de su contenido.

Las series de sermones expositivos pueden ser una fuente incomparable de enriquecimiento espiritual para la congregación. Conviene, no obstante, tomar en consideración tres observaciones:

a) A ser posible, un pensamiento central —que sería el correspondiente al libro mismo— debe presidir la serie entera.

b) Es aconsejable que la serie no se prolongue demasiado tiempo. Aun los manjares más apreciados pueden llegar a cansar.

c) El predicador ha de sentirse siempre en libertad de interrumpir un día la serie para predicar sobre otro texto o incluso de suspenderla, si se siente movido por el Espíritu de Dios para hacerlo. Ningún plan ha de implicar una servidumbre.

Como final de este capítulo, nos permitimos afirmar que solo en la medida en que un ministro del Evangelio domina el arte de la predicación expositiva puede decirse que es un buen predicador.

CUESTIONARIO

1. *Elabore el bosquejo de un sermón temático sobre EL CRISTIANO Y EL MUNDO.*

2. *Haga un bosquejo, con notas de una cuartilla de extensión, sobre Romanos 5:1.*

3. *Haga un bosquejo, con notas de dos cuartillas de extensión, sobre Mateo 19:16-24 o sobre Tito 2:11-15.*

4. *Elabore el bosquejo de un sermón biográfico sobre BERNABÉ de la misma extensión que el anterior.*

5. *Bosqueje un sermón sobre la parábola del rico insensato (Luc. 12:16-21).*

Capítulo XIV
El estilo en la predicación

El estilo (del latín *stilus*) era el punzón utilizado por los antiguos romanos para escribir en tablas enceradas. Era, por consiguiente, un utensilio usado para expresar el pensamiento. De ahí que el término tenga también la acepción de «manera de expresar el pensamiento por medio de la palabra hablada o escrita, por lo que respecta a la elección de vocablos y de giros, que dan al lenguaje carácter de gravedad o de llaneza o lo hacen especialmente adecuado para ciertos fines» (J. Casares).

Dado que la predicación tiene fines propios muy concretos y diferentes de otras ramas de la oratoria, no basta un estudio del estilo en general. Menos aún podemos considerar el estilo como un fin en sí mismo, al modo de los sofistas de la antigüedad. Desgraciadamente, algunos predicadores atribuyen más importancia a la forma que al contenido de sus sermones, con lo cual se desvirtúa la predicación. Como hace notar el doctor Martyn Lloyd-Jones, «existe el peligro de traspasar el límite e interesarse en la elocuencia como meta, preocuparse más de la manera de expresarse que de la Verdad misma, del efecto que producimos más que de las almas a las cuales nos dirigimos»[47].

No significa esto que el predicador ha de prescindir de las reglas del estilo o que debe menospreciar los recursos de la retórica. Usando frase de Spurgeon, las manzanas de oro del Evangelio tienen que servirse en bandejas de plata. Pero hay que evitar a toda costa la inversión de prioridades. Puestos en la disyuntiva de tener que escoger entre el contenido del mensaje y el estilo, deberíamos optar por aquel sin titubeos. Cuando el predicador tiene algo importante que decir, no le será demasiado difícil expresarlo eficazmente. Un orador tan eminente como Beecher declaró en sus conferencias sobre la predicación dadas

---

[47] *Op. cit.*, 239.

en Yale, que el estilo no es absolutamente necesario para persuadir a los hombres[48]. Por tal motivo, nos abstendremos de entrar en sus pormenores, que el lector puede encontrar en obras como la de Broadus[49], y concentraremos nuestra atención en las cualidades estilísticas que deben distinguir la predicación.

DIGNIDAD

No debe confundirse esta característica con la afectación. La naturalidad debiera ser consustancial con el predicador. Cualquier amaneramiento le es impropio. Un porte excesivamente grave, un tono de voz solemne en demasía, una expresión del rostro artificialmente mística deben proscribirse del púlpito.

Pero tampoco se puede perder de vista el carácter sagrado del lugar y el momento en que se proclama la Palabra de Dios. El Antiguo Testamento abunda en ejemplos ilustrativos de la reverencia que debía presidir todo lo concerniente al culto israelita. En el Nuevo Testamento, observamos que tanto Jesús como los apóstoles hablan o escriben sin tiesura, pero con seriedad, como correspondía al gran mensaje que habían de comunicar.

La naturalidad y la sencillez nunca deben degenerar en vulgaridad. Un estilo abierto a la chabacanería no es precisamente el más adecuado a la naturaleza de la predicación cristiana.

Cuestión que merece mención especial es la relativa al humor. ¿Puede permitirse el predicador frases, ejemplos o ilustraciones que provoquen la hilaridad del auditorio? Hay opiniones divididas al respecto. En algunos países, son muchos los predicadores que casi invariablemente empiezan su predicación con alguna ocurrencia que hace reír a la gente. El autor conoció a un evangelista cuya técnica parecía depender de un principio invariable: lograr que los oyentes empezasen a escuchar riéndose y que acabasen llorando. Esta práctica, que en algunos casos excepcionales puede ser admisible, en muchos más puede resultar catastrófica. De ahí que algunas autoridades en el arte de la homilética rechacen totalmente las expresiones humorísticas por considerarlas incompatibles con el elemento divino que debe haber en toda

---

[48] Lloyd M. Perry, *Baker's Dict. of Practical Theol.*, p. 74.
[49] *Op. cit.*, parte III, caps. I al IV.

predicación. Quizás este criterio sea exagerado; pero es preferible al de una jocosidad de mal gusto.

Aun las personas más dotadas del don del humor deben refrenarse cuando están en el púlpito. Este fue el caso de Spurgeon, poseído de una gran agudeza natural que muchas veces tuvo que reprimir en sus sermones.

Quienes carecen de gracejo natural harán bien en renunciar a la comicidad, sobre todo si han de recurrir a chistes ajenos y archiconocidos. Hemos oído a varios predicadores extranjeros que han empezado su mensaje (traducido) del siguiente modo: «Hay tres palabras que son idénticas en todos los idiomas: "amén", "aleluya" y "coca-cola"». Es una pobre pareja la formada por la ausencia de donaire y la falta de imaginación. El humorismo sin una buena dosis de sensatez puede convertirse en una de las moscas muertas que hacen heder el buen ungüento del perfumista. Si se carece de un humorismo digno, es mejor decidirse, como lo hizo Whitefield, por una seriedad sin concesiones.

CLARIDAD

Este requisito es indefectible Un sermón que no sea entendido por los oyentes es un fracaso absoluto, cualquiera que sea el valor de su contenido o de su ropaje retórico. El predicador no está al servicio de la sintaxis, de la elocuencia o de la estética; está al servicio de su Señor, quien le llama a comunicar su Palabra a quienes le escuchan. Pero tal comunicación es imposible si el mensaje resulta incomprensible.

Tal exigencia plantea un gran problema al predicador, pues no es tarea sencilla expresar de modo elemental muchas de las grandes verdades contenidas en la revelación bíblica. ¿Cómo adaptar al lenguaje llano del pueblo las realidades del mundo espiritual? ¿Cómo hacer perfectamente inteligibles conceptos tales como trascendencia, inmanencia, gracia, depravación, justificación, regeneración o glorificación? La terminología teológica, tan útil para el predicador, constituye una lengua desconocida para la mayoría de la congregación y debe ser traducida al idioma de ésta. Una vez más Pablo nos sirve de ejemplo. El se sentía deudor «a sabios y a no sabios» (Rom. 1:14) y, aunque mucho de sus discursos y de sus escritos no es fácil de entender, se esforzaba por presentar la verdad del Evangelio del modo más claro posible, bien que para ello hubiese de renunciar a la «sabiduría» hinchada y a la retórica de su tiempo (I Cor. 1:17; 2:1-5; II Cor. 10:10).

Los sermones de los llamados Padres de la Iglesia se caracterizan precisamente por su sencillez, y algo análogo se advierte en los de los reformadores del siglo XVI. Cuando alguien preguntó a Lutero cuál era el mejor modo de predicar ante el príncipe elector, el paladín de la Reforma contestó: «Predica de la manera más sencilla posible. No mires al príncipe, sino a la gente sencilla e inculta, de cuyo paño también el príncipe está hecho. Si en mi predicación me dirigiera a Felipe Melanchton o a otros eruditos doctores, los resultados serían muy pobres. Predico del modo más simple a los menos cultos y eso satisface a todos»[50].

Por mor de la claridad debe sacrificarse todo cuanto dificulte a los oyentes la comprensión del mensaje. Renúnciese a términos filosóficos, psicológicos, teológicos e incluso a las galas retóricas que el predicador tenga en mayor estima si ello, en vez de allanar, hace más difícil el camino de la comunicación.

Ningún esfuerzo debiera parecer jamás excesivo para lograr la perspicuidad. Con objeto de que tal esfuerzo no se malogre, el predicador debe prestar atención no solo a la totalidad del sermón, sino a cada una de sus partes.

Ello implica:

Claridad en el tema y su desarrollo

El predicador ha de tener una visión diáfana del asunto que va a exponer. El tema y sus ideas principales han de aparecer en su mente con claridad meridiana. De no ser así, ha de trabajar en la clarificación de su propio pensamiento. Y si, después del trabajo necesario, el tema continúa siendo nebuloso, es preferible renunciar a predicar sobre él.

Una piedra de toque que se puede usar para probar la perspicuidad de un mensaje es el bosquejo del mismo. Si el texto, título, puntos principales y subdivisiones aparecen como un todo coherente, lógico y luminoso, sin duda se ha alcanzado la meta de una claridad inicial muy importante.

Claridad en las palabras

Sin renunciar a la precisión y al uso correcto de las palabras, conviene que éstas sean comprendidas por los oyentes. Y si alguna vez es preciso utilizar algún término que previsiblemente ha de resultar difícil de comprender para la mayoría del auditorio, debe explicarse su

---

[50] Ref. de C. Bridges, *op. cit.*, p. 311.

significado o repetir la idea en palabras más sencillas de modo que sea bien entendida por todos.

Hemos de convenir que esta regla no es fácil de poner en práctica. El predicador está tan habituado a la terminología bíblica, teológica y aun filosófica que, sin percatarse de ello, hace uso de su «jerga» con olvido de la lengua del pueblo. Pero la dificultad no exime a nadie de la responsabilidad de esforzarse al máximo a fin de que su lenguaje sea inteligible.

Juan Wesley se había formado en la universidad de Oxford y se deleitaba como el que más en el estilo académico; pero se hizo entender perfectamente por las grandes masas poco educadas de Inglaterra a las que tantas veces predicó. El secreto lo atribuyen sus biógrafos a su costumbre de leer los manuscritos de sus sermones ante una sencilla criada, a la cual pidió que le interrumpiese cada vez que llegasen a una palabra que ella no entendiera. A menudo los manuscritos quedaban repletos de tachaduras y correcciones, pero Wesley llegó a dominar el idioma de las multitudes. El padre del metodismo supo inmolar las galas de su erudición en aras de la efectividad por amor a quienes le habían de escuchar.

No se olvide, sin embargo, lo dicho sobre la dignidad del estilo y apliquese a las palabras. La perspicuidad no debe ser pasaporte para dar entrada en la predicación a vocablos ramplones o a expresiones de mal gusto.

Claridad en la construcción de frases y períodos

Algunos predicadores tienen ideas claras, pero éstas se oscurecen por el modo de expresarlas. Las palabras pueden ser sencillas y perfectamente comprensibles, pero la sintaxis es defectuosa. Las oraciones y los períodos adolecen de excesiva complicación. Llegan a convertirse en pequeños laberintos en los que las mejores ideas se pierden sin que lleguen a encontrar el camino de acceso a la comprensión de los creyentes.

Como regla general, deben preferirse las frases breves a las largas, si bien hay que rehuir igualmente la uniformidad. La intercalación de oraciones gramaticales más extensas entre otras más cortas puede enriquecer el estilo en su vigor.

Lo que sí debe evitarse a toda costa es la elaboración de períodos o párrafos excesivamente largos, con abundancia de frases incidentales o notas parentéticas que embrollen la idea principal.

A quienes son conscientes de este defecto, les recomendaríamos escribir íntegramente —al menos durante algún tiempo— sus sermones y no regatear prendas en la corrección sintáctica hasta conseguir un estilo terso y claro.

VIGOR

Esta característica debe empezar a manifestarse ya en el pensamiento. No habrá estilo vigoroso si no hay pensamiento vigoroso. Esta verdad no puede ser olvidada. De lo contrario, es posible que más de una vez nos veamos compelidos a imitar el ardid de cierto predicador que al margen de una línea del bosquejo de su sermón escribió: «Punto flojo. Levantar el tono de voz y golpear con el puño el púlpito».

La fuerza de expresión no radica tanto en la intensidad de la voz como en la riqueza de las ideas, en la selección de las palabras para expresarlas y en la habilidad con que se usan los diversos recursos de la oratoria. Sucintamente ofrecemos las reglas más elementales de un estilo vivaz:

La energía estilística aumenta cuando, a ser posible, se usan palabras concretas en vez de términos abstractos o genéricos. Referirse a «los lirios del campo» tiene más fuerza que aludir a las flores en general; al gorrión y la golondrina, más que a las aves.

Las frases deben ordenarse enfáticamente, de modo que las palabras más importantes ocupen el lugar más incisivo. Recuérdense, por ejemplo, las palabras del Señor: «Si no os arrepintiereis, todos pereceréis igualmente», y obsérvese el debilitamiento que se produciría si la misma idea se expresase del siguiente modo: «Igualmente pereceréis todos, si no os arrepintiereis».

El estilo gana en vigor cuando se hace uso de metáforas claras, símiles, aforismos, antítesis, preguntas, frases incisivas, etc.

Nadie debe pretender mantener invariable la energía del estilo a lo largo de todo el sermón. Al igual que la intensidad del pensamiento o el tono de voz, tendrá sus oscilaciones. Debe tenerlas. Todo elemento vigorizador del estilo tiende a aumentar la tensión tanto en la persona que habla como en la que escucha y ninguna tensión elevada conviene que se mantenga más tiempo de lo necesario. Deben alternarse la tensión y el relajamiento.

FERVOR

Un predicador puede dominar las más depuradas técnicas del estilo y, sin embargo, carecer de ardor en su discurso. Este defecto suele tener efectos negativos en el auditorio. Es poco frecuente que un sermón entusiasme a quienes lo escuchan si no ha entusiasmado al propio predicador.

Hace años visitó al autor un joven anarquista. En el curso de la conversación le manifestó que había asistido a un culto evangélico del que guardaba un pobre recuerdo. «Las ideas del predicador —dijo— eran buenas; pero les faltaba fuego. Cuando yo hablo de mis ideas políticas, lo hago con mucho más apasionamiento». Estas palabras evocan el diálogo sostenido en cierta ocasión entre un predicador y un actor de teatro. «¿A qué será debido —preguntaba aquel— que nosotros a menudo fracasamos y, en cambio, ustedes cosechan éxitos clamorosos?» El actor respondió: «Sin duda, a que nosotros, los actores, representamos la ficción como si fuese verdad, mientras que ustedes, los predicadores, a menudo presentan la verdad como si fuese ficción».

Pero el ardor en la predicación no puede ser artificial, resultado de una técnica. Ha de ser consecuencia del fuego de su contenido. La mente, los sentimientos y el ser entero del predicador han de estar dominados por la grandiosidad de los pensamientos que la Palabra de Dios le ha sugerido. Si los pensamientos son pobres y fríos, será inútil tratar de compensar la pobreza y la frialdad con artimañas, tales como el tono impresionante de voz, el incremento de la velocidad o la gesticulación aparatosa.

El fervor que ha de distinguir a toda predicación ha de ser auténtico. En palabras de Sangster, «el resplandor tiene que ser la irradiación exterior de una llama que arde en el interior. A veces se oye a alguien en el púlpito que no dice nada, pero que habla como si dijese algo. Una voz de órgano y un porte de dignidad trasnochada dan un aire espúreo de profundidad a unos pensamientos triviales»[51].

Cuando hay autenticidad en el ardor, este se manifestará con naturalidad de diferentes formas, según el temperamento y el estilo de cada predicador. No siempre aparecerá a través de una elocución vehemente, a modo de torrente estruendoso. Puede hacerse ostensible igualmente mediante modos de expresión sosegados, pero no menos impresionantes. Algunos predicadores, pocos, raramente llegan a la excitación en sus sermones; hablan casi inmóviles, con tono tranquilo y ritmo más bien lento, pero de modo tal que cada frase, cada palabra, parece una flecha inflamada. Lo importante no es la manera de

---

[51] *Power in Preaching,* The Epworth Press, p. 90.

exteriorizar el fuego, sino que el fuego realmente arda en la mente y el corazón del predicador.

Esta lumbre sagrada debe alimentarse diligentemente por medio de la meditación y la oración. En comunión con su Señor y bajo la exposición de su Palabra, el predicador experimentará que su corazón arde en el camino al púlpito como ardía el de los discípulos de Emaús.

También la reflexión sobre el estado espiritual de los oyentes contribuye al ardor en la predicación. Sea cual sea tal estado, siempre habrá inquietudes, problemas, necesidades. La Palabra de Dios tiene la respuesta y la provisión, y el predicador va a ser el instrumento para hacer oír esa Palabra. ¿Puede haber acción más apasionante? Fue precisamente esa responsabilidad de aplicar la Palabra de Dios a las situaciones humanas lo que convirtió los mensajes de los profetas y de los apóstoles en verdaderas hogueras espirituales. Todo predicador debiera ser un digno sucesor de ellos.

OSADÍA

Frecuentemente los pensamientos, derivados de la Palabra, que el predicador ha de exponer ante su auditorio, resultan hirientes. Ponen al descubierto los prejuicios, las debilidades, las inconsistencias, la rebeldía, el egocentrismo, la incredulidad, el pecado —en una palabra— del ser humano. Y si la predicación cumple su finalidad, ese descubrimiento no tendrá un carácter demasiado general. Despertará la conciencia de los oyentes como si el mensaje fuese dirigido a cada uno de ellos individualmente.

No siempre las reacciones provocadas por una predicación fiel son positivas, concordes con la voluntad de Dios. Pueden ser abiertamente negativas, de disgusto y hasta de resentimiento. Tal tipo de reacción se da incluso entre creyentes. Mientras la predicación se mantiene en el terreno de las generalidades, no hay problemas; pero cuando denuncia formas concretas de comportamiento anticristiano, una de dos, o mueve al arrepentimiento y al cambio de conducta o suscita la antipatía propia del endurecimiento. El siervo de Dios no puede contemporizar. Si por un lado ha de tener una gran comprensión de la naturaleza humana y una compasión profunda, por otro ha de mantenerse fiel a la Palabra de Dios que debe proclamar. No puede aguar el vino de la verdad. Y esto exige valor.

En algunos casos, el arrojo en la proclamación del mensaje divino ha llevado al martirio y a la muerte. Así lo atestigua la historia de los profetas y de no pocos predicadores en países sometidos a regímenes dictatoriales. En otros casos, no se ha llegado a finales trágicos, pero las experiencias producidas por la lealtad en ambientes de incomprensión espiritual han sido hondamente dolorosas. De ello podrían dar testimonio los pastores que han tenido que enfrentarse con la indiferencia o la hostilidad de sus iglesias hacia mensajes honradamente extraídos de la Sagrada Escritura.

Dos son los males más comunes a los que el predicador debe hacer frente con valentía: los errores y las costumbres no cristianas prevalecientes en un lugar y en una época determinados que mediatizan el pensamiento de la mayoría. La influencia de tales errores y costumbres alcanza también a la iglesia cristiana y ello origina un conflicto en el que el predicador debe ponerse sin reservas al lado de la verdad bíblica. En esta lucha combatieron sin tregua los apóstoles. Pablo, el campeón de la causa del Evangelio, nunca buscó en su predicación agradar a los hombres, sino a Cristo su Señor (Gál. 1:10). El mismo espíritu debiera animar a todo predicador.

La valentía comunica acentos de autoridad al estilo y, combinada con las demás cualidades antes expuestas, imparte al sermón la fuerza propia de un mensaje que procede de Dios.

● ●

CUESTIONARIO

1. *La dignidad del estilo en la predicación ¿es compatible con el humor? ¿Hasta qué punto?*

2. *¿Dónde debe empezar la claridad del sermón y por qué?*

3. *¿Cómo deben construirse las frases para que resulten claras?*

4. *¿En qué se diferencia el verdadero fervor del aparente en la predicación?*

5. *En la predicación, intrepidez e imprudencia no son lo mismo. ¿Cómo distinguiría la una de la otra?*

● ●

Capítulo XV
El acto de la predicación

Llegado el momento de predicar su sermón, el ministro del Evangelio se halla siempre ante una experiencia trascendental. Ha concluido el estudio, la meditación, el trabajo homilético, la oración a solas, y ahora se encuentra frente a un auditorio al que debe comunicar el mensaje hallado en la Palabra de Dios. El predicador arrostra en esa hora una responsabilidad sin igual. Ha de hablar a los hombres en nombre de Dios. Ha de ser fiel a la verdad revelada. Sus palabras tienen que convertirse en el vehículo de esa verdad y han de ser dirigidas sabiamente, poderosamente, con objeto de que produzcan unos efectos determinados. Estos efectos conciernen no solo a la vida temporal, sino al destino eterno de cuantos escuchan. Lograrlos no es fácil, pues son muchas y muy poderosas las fuerzas que se oponen a la acción de la Palabra de Dios en el corazón humano. ¿Puede causar extrañeza que el predicador consciente de su misión se sienta siempre tenso durante los momentos que preceden a la predicación? Esa tensión no es el nerviosismo típico de muchas personas que tienen que hablar en público, fenómeno que desaparece en la práctica. Es el sentimiento de quien se sabe llamado a una acción en la que se combinan lo divino y lo humano para alcanzar resultados de suprema trascendencia.

Para hacer frente adecuadamente a esa situación no basta una preparación concienzuda. No es suficiente que el predicador sepa qué va a decir y, más o menos, cómo lo va a decir. Hay factores propios de la predicación en sí que deben tenerse en cuenta para que ésta resulte eficaz. Algunos de esos factores son externos; otros, internos. Pero unos y otros deben contribuir a que se establezca una comunicación fructífera entre el predicador y la congregación, ya que sin tal comunicación el sermón pierde su finalidad. Por tal motivo, antes de referirnos a los factores mencionados, nos ocuparemos de otra cuestión fundamental.

AUDITORIO Y ATENCIÓN

«Quien predica, predica a alguien. Nadie puede predicar a nadie. Predicar significa tener un oyente; quien predica, *predica a*»[52].

No estaría de más el recordar aquí lo expuesto en el capítulo VIII sobre el auditorio y sus necesidades. Pero ahora el énfasis debemos hacerlo en la conexión que debe establecerse entre el predicador y los oyentes para que los pensamientos de aquel puedan ser asimilados por éstos.

Tal enlace es imposible si el auditorio carece de atención. Cuando la mente del oyente está embotada por la indiferencia u ocupada por pensamientos ajenos al mensaje, las mejores ideas del predicador se perderán en el vacío; serán como aguas que se deslizan sobre terreno impermeable sin que penetren en él. Por consiguiente, o de algún modo se logra la atención del auditorio o el sermón se convierte en un rotundo fracaso.

La atención depende en gran parte de la predisposición del oyente. Si el asunto del discurso le interesa mucho, pondrá en acción todas sus facultades de recepción y comprensión. Tal sería, por ejemplo, el caso del alumno que se reuniese con sus compañeros para escuchar de labios del profesor, un día antes del examen final, el resumen de lo más importante del curso. Tenemos aquí una manifestación de atención voluntaria. Este tipo es el que distingue a la mayoría de creyentes que asisten al culto y escuchan con ánimo de aprender más de la Palabra para crecer en la gracia y en el conocimiento de Cristo.

Diferente es el caso de personas más bien indiferentes al Evangelio. En ausencia de una atención voluntaria, debe procederse a despertar y mantener una atención provocada. Para lograrlo, es imprescindible descender al terreno de tales personas, referirse a hechos o cuestiones que les interesan y, a partir de este punto, avanzar hacia regiones más elevadas. Es lo que hizo Jesús con la samaritana.

Es verdad que muchos de los recursos para ganar la atención del auditorio pueden haberse preparado de antemano; pero a menudo la realidad en el momento de predicar es diferente de lo previsto. Puede

---

[52] Rudolf Bohren, *op. cit.*, p. 443.

suceder que, contrariamente a lo que el predicador esperaba, la introducción de su sermón no despierte interés y que el auditorio siga «frío», que no se establezca verdadera comunicación entre predicador y oyentes y que la mente de éstos —el predicador lo percibe muy claramente— no emita ninguna señal de respuesta al mensaje. En tal situación, nada más deplorable que proseguir con la misma falta de comunicación. Sea como sea, dentro del decoro —y aquí es donde se pone de manifiesto la capacidad imaginativa del predicador o la ausencia de ella—, hay que abrir brecha en la mente de los oyentes y conquistar su atención.

Recursos valiosos para lograrlo pueden hallarse en los elementos estilísticos mencionados en el capítulo anterior, en el uso de la anécdota, de la pausa, en una pregunta o en afirmaciones enfáticas que toquen directamente cuestiones profundas comunes a todo ser humano, tales como el sufrimiento, los desengaños, el misterio de la existencia, los problemas de la vida, la repulsión de la muerte, las aspiraciones más intensas de la humanidad y muchas más.

Un hecho que debe ser tenido en cuenta por el predicador es que ni las personas más dotadas para concentrarse en una disertación pueden mantener su atención con la misma intensidad por espacio de mucho tiempo. Ello hace aconsejable que la fuerza del sermón no se mantenga en una línea constante. Los párrafos que exigen mayor atención deben ser seguidos de otros menos densos que permitan una distensión en la mente de quien escucha. Esta relajación mental puede facilitarse por medio de una ilustración, de una narración adecuada, de una referencia a algún hecho de actualidad, o simplemente de frases que pueden seguirse sin esfuerzo. Por supuesto, todos estos elementos no pueden ser nunca extraños al cuerpo del sermón, sino que han de estar estrechamente relacionados con los pensamientos capitales de los cuales dependen.

También es importante que, tras la fase de relajación, al iniciar un nuevo período discursivo sobre un punto importante, se espolee nuevamente la atención del auditorio. Hay diversos modos de intentarlo. Los más frecuentes son la pausa moderada, el anuncio de un nuevo punto y una brevísima observación acerca de su importancia, una pregunta incisiva, el planteamiento de una gran cuestión, una frase contundente, una variación acusada en el tono de la voz o en la velocidad del discurso. Aparte de estas breves sugerencias, el predicador hábil hallará muchos otros recursos para lograr que su sermón sea seguido atentamente por la congregación.

FACTORES EXTERNOS DE LA PREDICACIÓN

Su influencia no es totalmente decisiva, pero sí importante. Algunos sermones cuajados de magníficos pensamientos apenas han producido efecto por haber descuidado el predicador el modo de presentarlos. He aquí algunos de los elementos que más pueden influir, para bien o para mal, en la predicación.

El porte del predicador

El atuendo y el comportamiento en el púlpito pueden venir en parte determinados por las costumbres de cada lugar. Pero hay unos principios generales de aplicación universal.

Todo predicador debe presentarse ante sus oyentes con la máxima pulcritud, lo que no implica ni lujo ni ostentación. Una persona puede ser pobre y al mismo tiempo limpia y delicada en su vestir. Por otro lado, una indumentaria extraordinariamente rica o la exhibición de ornamentos lujosos y superfluos más bien puede predisponer desfavorablemente a muchos de los oyentes.

El aspecto del predicador ha de estar en consonancia con la dignidad sencilla —o con la sencillez digna— que corresponde al Evangelio. Escrupulosamente tiene que evitarse todo cuanto pudiera desviar la atención del auditorio. Una mancha ostensible, unas mangas raídas, una punta de cuello de la camisa levantada, una corbata con el nudo torcido, zapatos sucios, un cabello despeinado y cosas por el estilo pueden dar una imagen del predicador que va a favorecer muy poco su influencia.

Pero igualmente debe evitarse cualquier objeto excesivamente vistoso que pudiera distraer a más de un oyente. Anillos, pasadores de corbata u otros objetos, con gemas destellantes, son impropios de un predicador. Lo mismo puede decirse de las prendas de vestir que por su forma o color resultan extravagantes. El predicador es un siervo de Dios, no un maniquí al servicio de las modas. Y, aunque debe cuidar su porte, su poder atractivo no es externo; radica en la gloria del mensaje que proclama.

La voz

Subestimar este factor es renunciar a uno de los recursos más efectivos que el predicador tiene a su disposición.

Algunos aspectos de la voz, tales como el tono, el timbre y la potencia, son ajenos a la voluntad del predicador. Vienen determinados por factores congénitos. Pero hay otros que pueden ser controlados y ventajosamente usados por él. En primer lugar, la voz debe ser siempre *audible*. Aun las personas que se hallan más lejos del predicador han de poder captar sus palabras. En nuestro tiempo esto no es difícil de lograr, pues aun los predicadores de voz más débil pueden ver compensado su defecto mediante el uso de altavoces.

Sin embargo, aun este recurso técnico es insuficiente para corregir la inaudibilidad de las palabras finales de un párrafo pronunciadas por algunos en voz imperceptible. Este mal hábito debe ser repudiado. Lejos de añadir valor al estilo, llega a irritar al oyente a causa del esfuerzo que una y otra vez le obliga a hacer —generalmente en vano— para no perder una sola palabra.

En segundo lugar, la dicción debe ser *clara*. Hay quienes al hablar articulan tan defectuosamente las sílabas que obligan igualmente a quienes les escuchan a aguzar el oído para poder entenderles. Si el predicador adolece de este vicio y no lo corrige, se expone a que sus oyentes se cansen de escucharle. Por el contrario, cuando la pronunciación es correcta, aun el susurro más leve puede ser percibido por el auditorio.

Otro requisito indispensable para una elocución feliz es la *variación en el tono* de la voz. La monotonía es casi insoportable. La voz humana normalmente tiene posibilidad de usar los tonos de dos escalas musicales. Con esto no queremos dar a entender que el predicador haya de convertir su sermón en un recital de canto. Pero sí tratamos de mostrar la amplia gama de inflexiones de voz a su disposición, cada una de las cuales se ajusta más que otras a la expresión de las ideas y emociones que se suceden a lo largo de la predicación. La variación correcta en el tono, además de dar mayor amenidad al mensaje, lo hace más penetrante.

Algo semejante podría decirse respecto a la *variación en el volumen de la voz*. No todos los pensamientos han de expresarse con la misma fuerza. Algunos exigirán un volumen máximo, aunque sin llegar nunca a la estridencia. Otros harán aconsejable más bien una voz suave, casi un murmullo.

Completando lo dicho sobre la variación en el tono y la intensidad de la voz, conviene destacar la necesidad de *variación en la velocidad* del discurso. Un sermón pronunciado con lentitud desde el principio hasta el fin aburriría y cansaría; el mismo u otro sermón, a velocidad acelerada, agotaría. Tuvo el autor ocasión de escuchar en su iglesia a un evangelista forastero, cuya predicación le hizo recordar una ametralladora en acción. Cuando el «fuego» hubo cesado, todos los presentes experimentamos una sensación de alivio.

Hay partes del mensaje que ganan colorido y fuerza con la celeridad; otras adquieren mayor efectividad mediante una expresión lenta. No puede seguirse el mismo aire cuando se narra una acción rápida o se alcanza el punto culminante de un argumento que cuando se hacen reflexiones profundas o se expresan ideas solemnes.

Generalmente, el máximo efecto se logra combinando la variación del tono e intensidad de la voz con la de la velocidad del discurso. La combinación suele presentar un cierto paralelismo. La elevación del tono lleva aparejada la de la intensidad fonética y un incremento de la velocidad; al descenso del tono, acompaña una disminución de la fuerza de la voz y de la velocidad.

Postura y gesticulación

Los componentes de una congregación son influenciados no solo por lo que oyen, sino también por lo que ven. De ahí que el predicador deba cuidar, además de su porte, su posición en el púlpito y sus movimientos.

Como regla general, ha de eliminarse tanto lo extravagante o irreverente como las poses y los ademanes inspirados por una dignidad mal entendida.

Una posición vertical, sin rigidez, es la más apropiada. Cualquier tipo de postura forzada es de efectos negativos. No es ninguna ayuda para los oyentes de mediana senbilidad estética, y no favorece en absoluto la respiración fácil del predicador, factor indispensable para el buen dominio de la voz.

En cuanto a los gestos, nadie se atrevería a discutir su importancia. Si se combinan atinadamente con las palabras, incrementan la efectividad expresiva del sermón. Pero no son pocos los predicadores que fracasan en la gesticulación. Unas veces, porque permanecen inmóviles como si tuviesen las manos y los brazos paralizados; otras, porque los mueven de modo artificial y a destiempo o en contradicción con lo expresado por los labios. Un mal actor, en un momento dado de su declamación, exclamó: «¡Cielos!», mientras extendía sus brazos y, ligeramente inclinado hacia abajo, fijaba sus ojos en el suelo.

Sin llegar a tales extremos, puede caerse en hábitos indeseables. Algunos oradores suelen mover su mano derecha mecánicamente en dirección vertical, arriba y abajo, como si estuviesen marcando un compás musical binario. Otros alzan demasiado a menudo el brazo derecho y lo agitan como si amenazasen al auditorio. Hay quienes abusan del movimiento de ambas manos ligeramente crispadas a la altura del pecho. Y no faltan quienes parecen, como sugería el doctor E. F. Kevan, guardias de tráfico dirigiendo la circulación.

Los gestos han de ser espontáneos, no amanerados, y siempre deben concordar con las palabras. De lo contrario, es mejor suprimirlos. Sigue siendo insuperable el consejo dado por Shakespeare a los actores que habían de representar *Hamlet:* «Adecuad la acción a la palabra y la palabra a la acción».

La mirada

Este factor, insignificante en apariencia, merece la mayor atención. Los ojos tienen una fuerza de expresión superior a la de cualquier otro órgano o miembro del cuerpo. No puede negarse que hay ojos que hablan. Y de esta clase son normalmente los del predicador. Su mirada refleja el fuego de sus convicciones y de sus sentimientos y penetra poderosamente en el ánimo del auditorio. Así la mirada se convierte en uno de los medios más estimables para lograr una comunicación auténtica.

Deplorable e incomprensiblemente, muchos oradores desperdician este precioso recurso. Miran a todas partes menos a sus oyentes, como si temiesen el intercambio de miradas, siempre enriquecedor. No es raro ver a un predicador que se mantiene la mayor parte del tiempo que dura su sermón con la mirada fija en algún punto elevado al fondo del templo. Uno, al verlo, piensa si no estará parafraseando interiormente el Salmo 121 y diciéndose a sí mismo: «Alzaré mis ojos al techo, de donde vendrán mis ideas». En otros casos, el predicador mira al suelo, como si las ideas hubieran de brotar de las entrañas de la tierra.

Pero aun quienes miran a la congregación pueden cometer un error, el de fijar sus ojos en un solo sector, en unas pocas personas, casi constantemente las mismas. El predicador ha de cubrir con su mirada la totalidad de sus oyentes. Por supuesto, no irá fijándose en ellos uno por uno. Una atención excesiva no puede centrarla en ninguno, ya que ello le sería causa de distracción. Pero hay una mirada amplia, difícil de explicar, que facilita una comunicación recíproca íntima entre el que habla y el conjunto del auditorio. El predicador que practica esa mirada pronto detecta el efecto que están produciendo sus palabras. Y si su mensaje es sustancioso, el resultado es casi siempre inspirador.

La naturalidad

Mencionamos esa virtud como elemento que debe ceñir todos los que acabamos de considerar. El porte, la voz, la gesticulación, todo ha de ser regido por la sencillez.

En el púlpito, el predicador no puede dejar de ser quien es. No puede aparecer como si se hubiese transformado en otra persona. La dignidad de su misión no le impone la obligación de adoptar una apariencia impropia de su idiosincrasia.

Sobre todo, ha de huir de la afectación. Ha de desterrar hasta el más leve asomo de pedantería. ¡Fuera de su estilo el abarrocamiento! ¡Fuera de su voz la entonación tribunicia! ¡Fuera de sus ademanes los aspavientos histriónicos! ¡Que, desde el principio hasta el fin, sus sermones estén dominados por un lema: «Naturalidad, naturalidad, naturalidad»!

FACTORES INTERNOS

Tanto o más influyentes que los factores externos son los relativos a la disposición interior del predicador en el momento de pronunciar su sermón. De su calidad depende que la predicación sea una experiencia inefable o que no pase de ser la simple recitación de un discurso. Si la actitud espiritual de quien predica es pobre, ni la riqueza de sus ideas, ni la elegancia o el vigor del estilo ni todas las técnicas de la oratoria podrán evitar que el sermón resulte mecánico y poco impresionante.

Podríamos comparar los factores externos de la predicación al atrio del antiguo tabernáculo israelita; los internos, al lugar santo, a través del cual se llega al santísimo, a la presencia íntima de Dios, de quien se recibe la bendición que inmediatamente después se imparte al pueblo. Esta ilustración ya puede darnos una idea de la sublimidad inherente a la predicación auténtica y de lo difícil que resulta someter a análisis o estudio las vivencias íntimas del mensajero del Señor.

No obstante, aun admitiendo lo indescriptible de gran parte de ese mundo interno del predicador, nos permitimos destacar los elementos que no pueden faltar en su talante espiritual a la hora de subir al púlpito.

Humildad

Esta cualidad, como vimos, ha de caracterizar al siervo de Cristo en todas las esferas de su ministerio. Pero debe intensificarse en el acto de la predicación.

El púlpito es un lugar propicio al incremento del orgullo, especialmente si el predicador posee gran formación y dotes de orador. La abundancia de sus conocimientos, la solidez de su preparación, la fuerza de su estilo, la fascinación que ejerce sobre su auditorio, le convierten en una figura admirable y, generalmente, admirada. En ningún otro momento será más fuerte la tentación al engreimiento que a la hora de predicar. Pero, asimismo, en ningún otro instante será más detestable el pecado de la vanagloria. El predicador es llamado no a exhibir su erudición[53], sino a comunicar la Palabra de Dios; no a ensalzarse a sí mismo, sino a glorificar a su Señor.

Por otro lado, quien sucumbe en el púlpito al asalto de su propia vanidad, pone de manifiesto dos graves defectos. Ha perdido de vista su incapacidad total para lograr los fines que se persiguen en la predicación, fines que solo se alcanzan por la acción del Espíritu Santo. Y subestima la perceptividad de sus oyentes, los cuales reaccionarán negativamente tan pronto como detecten en el predicador el menor asomo de jactancia.

Si pensamos en lo sagrado del ministerio de la predicación y en sus santas exigencias, solo podremos abrir nuestros labios con un sentimiento de «debilidad y con mucho temor y temblor» (I Cor. 2:3). Y solo entonces, sobre la base de nuestra conciencia de debilidad, actuará el poder de Dios (II Cor. 12:9).

Sensibilidad

Mientras predica, el ministro del Evangelio está actuando en una esfera sublime, casi misteriosa, en la que convergen fuerzas espirituales diversas. El predicador ha de tener suficientemente desarrollada su capacidad de percepción espiritual para discernir esas fuerzas y obrar en consecuencia.

En algunos momentos será consciente de la acción del Espíritu Santo, quien le sugiere nuevas ideas, aviva sus emociones, lo eleva en alas

---

[53] La verdadera erudición no aparece con ostentación en la fachada del sermón; debe estar en sus cimientos. Su finalidad no es dar lustre, sino solidez. Por eso, el predicador hará bien si se mantiene vigilante en el uso de las lenguas originales, no sea que en vez de servir un plato de vianda espiritual, dé a sus oyentes, como alguien ha sugerido jocosamente, un plato de raíces filológicas. La misma cautela ha de observar en el manejo de citas de hombres célebres, así como en la utilización de material científico o filosófico.

de una convicción firmísima y le infunde un poder realmente sobrenatural. Por demás es decir que en tal caso debe el predicador ceder plenamente al impulso del Espíritu, aunque ello implique hacer caso omiso de sus notas.

Es este fenómeno el que en muchas ocasiones convierte al predicador en «predicado», en oyente que escucha lo que el Espíritu de Dios le dice. El autor ha tenido a menudo esta bendita experiencia y puede atestiguar que aun si su predicación no hubiese hecho bien a nadie más, al menos para él ha sido de suma bendición.

En otros momentos, sentirá el predicador de modo especial la influencia del auditorio. En la expresión de sus rostros verá reflejado el efecto del mensaje. Podrá discernir si los oyentes escuchan con interés o estoicamente, si reaccionan o si permanecen indiferentes, si aprueban o desaprueban. Ello le ayudará a corregir el curso del sermón y darle la eficacia necesaria. Y cuando en el auditorio observe una actitud receptiva, entusiasta, su propio espíritu y la predicación se inflamarán con fuego más vivo.

Es, pues, indispensable, que a lo largo de todo el sermón mantenga el orador extendidas dos antenas; una que le permita recibir las ondas de Dios y otra que le haga posible detectar los sentimientos de la congregación.

Entrega

Este término puede parecer un tanto peregrino en el terreno de la predicación. ¿Quién se entrega y a qué o a quién? El predicador con alguna experiencia sabe bien cuál es la respuesta. Es él mismo quien se rinde a la fuerza del mensaje bajo la dirección del Espíritu Santo en un sentido infinitamente superior al del atleta, el deportista o el profesional que se dan totalmente en el momento de su actuación.

El desarrollo del sermón en el púlpito ejerce —o debe ejercer— una influencia enorme sobre el predicador y demanda de él la aportación plena de su capacidad intelectual, anímica, espiritual e incluso física. La satisfacción de tal demanda lleva aparejado un consumo enorme de energía mental y psíquica. Este desgaste es común a todo orador, incluido el profano, fiel a su vocación. André Malraux, a pesar de lo impecable de su preparación, cuando pronunciaba un discurso sudaba copiosamente y terminaba literalmente extenuado. No puede esperarse menos esfuerzo en el caso del predicador.

Naturalmente, el desgaste puede variar según la constitución física de cada persona. No todos los predicadores han de acabar necesariamente sus sermones en un estado de agotamiento. Pero sí deben todos ser conscientes de que en el púlpito no pueden ahorrarse egoístamente las energías. Hay que darse sin más reservas que las indispensables para evitar que las emociones se desborden de modo contraproducente. Todo sermón es una carrera atlética en la que hay metas sagradas que alcanzar. Todo sermón es un combate librado en favor de una causa trascendental. En esa carrera y en ese combate, solo puede participarse cuando se renuncia a cualquier regateo de esfuerzos, cuando la dedicación es total.

Confianza

No todos los predicadores encuentran en el púlpito una incitación al engreimiento. Muchos experimentan en él una sensación de desfallecimiento que puede ser producida por las más diversas causas.

Algunas veces el desaliento es debido a una preparación insuficiente. Un exceso de visitas y otras ocupaciones que en conciencia han resultado ineludibles han impedido dedicar el tiempo necesario al estudio y la meditación. Si esto sucede solo ocasionalmente y no es resultado de la negligencia, el predicador no ha de sentirse demasiado preocupado. Ni debe empezar su sermón disculpándose. Esto nunca es aconsejable; es, como decía Sangster, una ducha de agua fría sobre el auditorio. Dios es poderoso para suplir lo que haya podido faltar en la preparación. Algunos grandes sermones se han pronunciado en este tipo de circunstancias. Guárdese el predicador de hacer experimentos en este terreno con objeto de llegar a predicar normalmente sin necesidad de preparar concienzudamente su mensaje. Dios asiste a los desvalidos angustiados, no a los haraganes de profesión. Pero si alguna vez, involuntariamente, se enfrenta con el problema de tener que predicar casi improvisando, confíe en la bondad y el poder de su Señor.

Otro motivo de inquietud puede ser el estado de debilidad física o mental. Si el predicador se siente cansado, si su mente no funciona con la agilidad habitual, ¿cómo podrá dar lo mucho que la predicación exige? Ha sido precisamente en tales estados donde la energía sobrenatural de Dios se ha puesto de relieve. El autor, al igual que muchos otros consiervos suyos, ha tenido esa experiencia en muchas ocasiones. Pero aun si ese milagro no se produjera siempre y el mensaje delatara la debilidad física del mensajero, ni este ni la congregación debieran hallar en ello causa de reproche, sino más bien de reflexión. Quizá lo que el predicador necesita es el descanso de unas vacaciones.

En otros casos, el temor se debe a la conciencia de debilidad inherente a cualquier hombre ante una tarea incomparablemente grandiosa. Llevar la persuasión a las mentes, despertar las emociones y mover la voluntad de los oyentes para que se rindan a la Palabra de Dios es algo que excede a la capacidad del hombre más dotado, máxime teniendo en cuenta la resistencia del corazón humano al mensaje divino.

La experiencia misma del predicador puede contribuir a veces a fomentar el desánimo. En su ministerio ha podido comprobar cómo la predicación más poderosa ha tenido resultados escasos. Los inconversos han seguido impenitentes. Los creyentes, fríos o indiferentes; sus vidas no han experimentado grandes transformaciones; en su carácter continúan manifestándose las mismas debilidades; su conducta muestra los mismos defectos; su celo espiritual no es avivado; su cristianismo parece reducirse a mera fachada. Pasa el tiempo y ninguna predicación logra cambiar ese estado de cosas. Todo hace pensar en lo que Rudolph Bohren denomina «huelga no organizada de los oyentes», que tantas crisis ha originado en el mundo de los predicadores. El mismo Bohren cita frases de un sermón de Otfried Halver sobre Lucas 18:1-5: «No. No predicaré más. He terminado... No me hagáis por más tiempo vuestro arlequín, coartada para vuestra inacción... He observado que mis palabras nada pueden lograr, que preferís vuestra tranquilidad. Voy a dejaros, a pesar mío...»[54].

Pero estos sentimientos no reflejan toda la realidad. Aunque muchas veces los resultados tengan mucho de negativo y la experiencia del predicador se asemeje a la de los antiguos profetas de Israel, en la predicación del Evangelio intervienen fuerzas maravillosas.

Una de esas fuerzas es la inherente al Evangelio mismo, «poder de Dios para la salvación de todo el que cree» (Rom. 1:16). La Palabra de Dios no deja de ser «viva y eficaz y más cortante que espada aguda de dos filos; penetra hasta las fronteras entre el alma y el espíritu, hasta las junturas y médulas, y escruta los sentimientos y pensamientos del corazón» (Heb. 4:12). Es la palabra de la cual ha dicho Dios: «No tomará a mí de vacío, sin que haya realizado lo que me plugo y haya cumplido aquello a que la envié» (Is. 55:11).

---

[54] *Op. cit.*, p. 29.

Al poder de la Palabra se une el del Espíritu de Dios. El da testimonio de Cristo (Jn. 15:26), convence al mundo de pecado (Jn. 16:8) y obra de modo que las palabras de los testigos de Cristo den fruto (Hec. 2:40, 41; 8:29-39; Rom. 15:19; I Cor. 2:4; I Tes. 2:5).

No importa que en algunas épocas de la historia de la iglesia o en algunos períodos de la vida de un predicador los resultados sean escasos, tal vez imperceptibles. El Espíritu, por medio de la Palabra, no cesa de obrar. Aun en los momentos en que el predicador, a semejanza de Elías, cree estar solo frente a la indiferencia o la apostasía, quedan miles de rodillas que no se han doblado ante Baal. Aun en los períodos de bajamar espiritual, hay hombres y mujeres que responden a la Palabra de Dios, que son consolados, que crecen en la santificación, que testifican, que renuevan su fidelidad al Señor. Además, cualquier predicación puede ser el principio de un despertamiento espiritual.

Con su mirada puesta en Dios, apoyado en sus promesas, el predicador debe comunicar a su congregación el mensaje que llena su interior. Lo hará con la tensión y la entrega a que aludíamos en el punto anterior; pero también con paz de espíritu, encomendando el resultado al Señor. Mientras predica, todo ministro del Evangelio debiera tener ante sí el texto de Isaías 30:15: «En quietud y en confianza será vuestra fortaleza».

El siervo de Jesucristo que cumple fielmente, en todas sus partes, el ministerio de la predicación, está ocupándose en la más gloriosa de las actividades humanas. En ella vivirá muchas de las experiencias más inspiradoras de su vida. De ella fluirán raudales de bendición cuyo volumen y alcance solo la eternidad revelará plenamente.

• •

CUESTIONARIO

1. *¿En qué sentido el acto de la predicación tiene un carácter trascendental?*

2. *Mencione algunos factores que pueden contribuir a despertar o mantener la atención del auditorio.*

3. *¿Cuáles deben ser las características de la gesticulación?*

4. *¿Cómo influye la sensibilidad del predicador en el momento de la predicación?*

5. *¿Qué hechos pueden contribuir al desánimo del predicador antes de empezar su sermón?*

6. *¿Cuál es el mejor remedio para ese desaliento?*

• •

Apéndice 1
La predicación como medio
de comunicación

En el capítulo VIII definimos la predicación como «comunicación» de un mensaje divino, y a lo largo de capítulos subsiguientes consideramos diferentes elementos indispensables para que tal acto resulte eficaz. Lo hicimos desde un punto de vista homilético. En este capítulo adicional trataremos de resumir sucintamente y de modo global sus aspectos básicos desde la perspectiva abierta por las modernas ciencias de la comunicación.

Concepto de «comunicación»

Se define este término como acción de comunicar o comunicarse. El verbo, a su vez, significa «hacer saber a alguien cierta cosa» (M. Moliner), o bien «dar participación a otro en lo que uno tiene» (Casares). Esta última definición parece más acorde con el sentido etimológico de la palabra, derivada de *communis*, común, propio de algunos o de todos. No solo en su sentido original, sino también en su concepto más moderno, comunicación no es simple información, «hacer saber» algo a determinada persona. Implica participación de ésta, lo que a su vez supone un intercambio de ideas, datos, deseos, respuestas, etc.

El predicador no puede conformarse con anunciar el Evangelio sin preocuparse del resultado de su anuncio, al estilo de los antiguos pregoneros. Ha de aspirar —y buscar por todos los medios— a que sus oyentes lleguen a ser de algún modo «participantes» de lo que en el mensaje se les ofrece. Solo habrá comunicación con ellos en la medida en que sean movidos a dar una respuesta a la predicación. Por supuesto, la comunicación habrá tenido su mayor éxito si la respuesta es positiva.

En todo caso, la predicación no puede ser un monólogo, como no puede serlo, por ejemplo, una comunicación telefónica. La predicación ha de ser dialógica; ha de tener en cuenta el modo de pensar, de sentir y de reaccionar del auditorio; ha de dar respuesta a las preguntas y objeciones de los oyentes, a cuyo conocimiento se llega mediante el contacto personal con ellos. Difícilmente una congregación prestará oídos a lo que dice el predicador si este no toma en consideración lo que sus miembros dicen. Recordemos lo expuesto al referirnos al auditorio y sus necesidades (p. 112).

Esencial en el concepto de comunicación es también la idea de propósito. Toda forma de comunicación —y las hay muy diversas— tiene una finalidad concreta. El niño llora —es un medio de comunicarse— para que su madre le dé el alimento. Las señales de tráfico tienen por objeto que los conductores de vehículos contribuyan a una circulación más ordenada y segura. Las palabras del agente comercial y las muestras que exhibe ante su cliente tienen asimismo un propósito: la venta del producto que le ofrece. La información transmitida está encaminada a conseguir la persuasión para que ésta, a su vez, conduzca a la acción. Como ha afirmado David K. Berlo, «nos comunicamos para influir y para afectar intencionalmente... toda comunicación tiene su objetivo, su meta, o sea, producir una respuesta».[55]

En la predicación no debe faltar esta característica. Al preparar su mensaje, todo predicador debería preguntarse: ¿Qué resultados de mi sermón deseo que se produzcan en quienes me escuchan? ¿Que se deleiten, como si escuchasen una bella sinfonía? ¿Que reciban una enseñanza determinada? ¿Que aumenten el bagaje de sus conocimientos bíblicos? Estos objetivos son laudables y deben incluirse en la finalidad global; pero son insuficientes. Debe haber otros mucho más concretos que pongan al oyente en la necesidad de tomar una decisión. La audición del mensaje ha de generar alguna forma de acción. Así lo entendieron los antiguos maestros de oratoria romana clásica al fijar para todo discurso la triple finalidad de *«placeré, docere, movere»* (agradar, enseñar, mover o impeler).

Ya nos ocupamos de esta cuestión oportunamente (p. 114), por lo que aquí nos limitamos únicamente a recalcarla y mostrar su importancia como factor de efectividad en el proceso comunicante.

---

[55] *El proceso de la comunicación*, El Ateneo, 1982, p. 11.

Elementos y proceso de la comunicación

No hay unanimidad entre los especialistas en cuanto a los componentes de la comunicación. Algunos los han reducido a esquemas sumamente simples, mientras que otros introducen numerosos factores en procesos de gran complejidad. Como ejemplo de esquematización simple, podemos citar a Aristóteles, quien en su *Retórica* distingue tres componentes: el orador, el discurso y el auditorio. Hoy este modelo resulta incompleto y se han elaborado otros más detallados, con grandes similitudes entre sí, aunque con variantes en la terminología.

En todos ellos el punto de partida está en el *emisor* (denominado también «fuente»), que es la persona que toma la iniciativa para comunicar a alguien un *mensaje*. En segundo lugar, el emisor ha de precisar el modo como va a transmitir dicho mensaje. ¿Usará medios visuales (un signo, un gráfico, un gesto, etc.), se servirá de sonidos (palabra, música, etc.) o utilizará medios mixtos (audiovisuales)?

Aquí aparece un nuevo elemento, el *codificador*, es decir, el factor determinante del modo de efectuar la comunicación. Cuando, años atrás, queríamos enviar un telegrama llevábamos el texto del mismo a una oficina de telégrafos; allí el telegrafista expresaba el mensaje por medio de los puntos y rayas del código de Morse; dicho de otro modo, el telegrafista lo codificaba. El gerente de una empresa comercial quiere comunicar al público las excelencias de un producto nuevo que se dispone a lanzar al mercado. Tiene las ideas, pero no sabe cómo expresarlas para que el producto sea comprado. Acude a un técnico publicitario y este prepara un anuncio que logra satisfactoriamente el propósito del gerente. El técnico ha sido el codificador. En muchos casos, sin embargo, codificador y emisor coinciden en la misma persona, cuya facultad pensante decide el código a usar, es decir, la manera de transmitir el mensaje. Ése es el caso del predicador, si bien no debe olvidarse que su ministerio se desarrolla bajo principios básicos superiores a todas las técnicas de «marketing».

El mensaje debidamente codificado es transmitido a través de un canal, que puede ser un conductor eléctrico (telégrafo, teléfono, etc.), el aire, a través del cual se propagan las ondas sonoras, las ondas electromagnéticas (radio y televisión), la página impresa, la ilustración gráfica, etc. En la predicación el canal es normalmente el aire, mediante el cual las palabras del predicador llegan al auditorio.

A un extremo del canal se halla el emisor; al otro, el *receptor* o destinatario. Pero el mensaje solo llega al receptor en condiciones de comprensión y efectividad cuando es debidamente «decodificado» de modo que en la mente del receptor se reproduzca lo más fielmente posible lo que el emisor quería comunicarle. Dicho de otro modo, es necesaria la acción de un *decodificador* que interprete adecuadamente el mensaje codificado.

Volviendo a la ilustración del telegrama cursado en código Morse, el telegrafista de la población en que reside el destinatario sería el decodificador, quien traduciría los puntos y rayas de la cinta para reproducir en lenguaje ordinario el mensaje entregado por el emisor al codificador (el telegrafista en la población de origen). Pero también a este otro lado del canal suele suceder algo parecido a lo que vimos en cuanto a emisor y codificador: coincidencia en la misma persona. A menudo es el propio receptor quien ha de interpretar el mensaje. Sus facultades sensoriales y mentales constituyen el elemento decodificador. Si falla esta labor de decodificación o interpretación, el receptor recibirá un mensaje, pero no corresponderá al que el emisor quiso transmitir.

Para dar mayor claridad a lo que acabamos de exponer nos serviremos del siguiente gráfico:

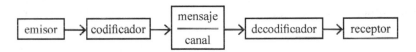

Contrariamente a lo que este esquema puede sugerir, la comunicación no concluye con la recepción del mensaje por parte del receptor. No es una recta que se corta cuando el mensaje ha llegado a su destinatario; es más bien un circuito. La reacción o respuesta del receptor ha de llegar de algún modo al emisor y le afectará para confirmar o corregir en sucesivos mensajes lo comunicado en el primero. Podríamos ilustrarlo mediante otro gráfico que completa el primero:

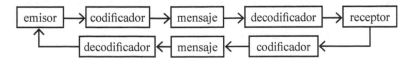

Esto es lo que se ha denominado «retroalimentación» o *feedback* y constituye un magnífico elemento para perfeccionar futuros trabajos de comunicación. Tan importante es esta retroalimentación que los medios de comunicación de masas invierten elevadas cantidades de dinero para averiguar el número de personas que oyen o ven sus programas y lo que de éstos piensan. Las reacciones de los receptores ayudan enormemente al emisor a analizar su éxito o fracaso y, por consiguiente, a mejorar su mensaje, su codificación, el canal transmisor, etc. Berlo ha expresado la importante función de este factor con tanta concisión como claridad: «El *feedback* proporciona a la fuente información con respecto al éxito que tuvo al cumplir su objetivo. Al hacer esto ejerce un control sobre los futuros mensajes que la fuente codifica».[56]

El *feedback* correspondiente a la predicación consiste en las reacciones y comentarios varios, favorables y/o desfavorables, que el mensaje provoca. Normalmente los comentarios verbales del auditorio no llegan al predicador durante el sermón. Pero se le pueden hacer llegar después del culto o en algún otro momento posterior. Solo así la interrelación personal predicador-auditorio permite el diálogo y la mutua comprensión. La consecuencia es un enriquecimiento de la comunicación y una mayor efectividad de la misma.

Sin embargo, existe un *feedback* inmediato, simultáneo con el desarrollo de la predicación. Tiene su expresión en los rostros y en las posturas de los oyentes. Si éstos mueven sus cabezas con signos de asentimiento, si sonríen, si en un momento dado contienen la respiración y permanecen inmóviles con los ojos fijos en el predicador, están dando a entender que el mensaje les interesa, que están de acuerdo, y parecen animar al orador para que prosiga. Si, por el contrario, los oyentes fruncen el ceño, adoptan posturas físicas reveladoras de aburrimiento o cansancio, si las miradas vagan de acá para allá con aire inconfundible de distracción o si el cuerpo entero se mueve con muestras evidentes de inquietud, el predicador ha de ver en cada uno de esos signos una luz roja que se enciende ante sus ojos en señal de alarma. Su mensaje está tropezando con serios obstáculos (rechazo, indiferencia, tedio, etc.). Posiblemente se ha interrumpido la comunicación. En tal caso, lo que el predicador debe hacer no es proseguir impertérrito el camino que originalmente se había trazado. De inmediato tiene que introducir los correctivos necesarios que permitan recuperar la atención, el interés, y a ser posible la adhesión del auditorio. Pese a la mudez verbal de los oyentes, éstos no dejan de enviar su respuesta al predicador

---

[56] *Op. Cit.*, p. 86.

mediante formas de comunicación no verbal. Si el predicador es sensible al mensaje que de ese modo le llega de quienes le escuchan, si lo aprecia y reacciona constructivamente, se habrá restablecido el diálogo; se habrá reparado una avería en el sistema de comunicación.

Con esta visión esquemática del proceso de comunicación, consideremos más detenidamente cada uno de sus componentes.

El emisor

El emisor o fuente, como hemos visto, es la persona que inicia la comunicación en un momento dado. Ello no significa que el proceso se origina en ella a partir de un punto cero, por su propia voluntad única y exclusiva. Toda decisión de comunicar un mensaje a otros forma parte del complejo conjunto de relaciones interpersonales. Lo que yo deseo comunicar ahora, por ejemplo, es en gran parte resultado de comunicaciones anteriores en las que yo no he sido emisor, sino receptor.

Este hecho debe ser tenido especialmente en cuenta al pensar en la predicación. No puede haber auténtico mensaje cristiano si el predicador no ha sido antes receptor de una comunicación, mediante la cual llega a él la Palabra de Dios. Estrictamente hablando, el predicador es emisor o fuente solo en sentido relativo. La fuente por excelencia es Dios mismo. El predicador, al igual que los antiguos profetas, más que emisor es transmisor del mensaje divino, al que tiene acceso a través de las Escrituras. En el texto bíblico se encuentra el mensaje, que el predicador recibe mediante el estudio y la oración, para después comunicarlo a modo de intermediario. Cualquier frivolidad en esta interrelación (Dios-predicador-oyentes), cualquier sustitución del mensaje divino por un mensaje propio es una grave deslealtad. Será también, pese a posibles apariencias en contra, un fracaso. No importa que un sermón sea rico en sabiduría humana y en retórica, que entusiasme al auditorio; si no procede de Dios, no cumplirá el propósito para el cual Dios envía su Palabra.

Esto nos reconduce a la necesidad ineludible de que el predicador sea un asiduo lector y estudiante de la Biblia. Al acercarse a sus páginas, tanto en momentos devocionales como en horas de estudio, debiera hacerlo con la oración de Samuel: «Habla, Señor, que tu siervo oye». Un imperativo para él debiera ser el conocimiento extenso y profundo tanto del Antiguo como del Nuevo Testamento, de sus magnos hechos, de las grandes promesas de Dios, de sus graves juicios, de la teología de la historia que llena sus narraciones iluminándolas con la gloria de la soberanía sabia, justa y misericordiosa del Señor. Debe calar hondo en el mensaje de la «buena nueva», con su centro en la persona y obra de Jesucristo, con sus incomparables ofrecimientos y también con sus llamamientos al arrepentimiento y a la fe, a la obediencia y el seguimiento, al testimonio, al servicio, a la misión. Solo cuando el predicador haya comprendido y asimilado personalmente el contenido de la Palabra de Dios, fuente primigenia de toda comunicación, poseerá el mensaje que es llamado a comunicar.[57]

Queremos subrayar la necesidad de «asimilar» la Palabra en el sentido de que debe *in-formar* (dar forma interior, formar en el ánimo) los pensamientos y sentimientos interiores del predicador, los cuales han de *con-formar* (componer, ajustar) los actos exteriores, el comportamiento. Toda discordancia entre el mensaje del predicador y su conducta personal amenaza muy seriamente la efectividad de la comunicación. Por desgracia, demasiadas veces es verdad lo que alguien dijo de un orador: «Habla tan alto lo que hace que no puedo oír lo que dice». ¡Se ha roto la comunicación!

El mensaje y su codificación

El emisor —en nuestro caso el predicador— ha de tener ideas muy claras en cuanto a lo que desea comunicar; qué quiere decir y con qué propósito. Por supuesto, ambos elementos deben estar contenidos en el texto bíblico sobre el que se predica y deben desarrollarse y ordenarse de modo que no solo despierten la atención del oyente, sino que acrecienten su interés y lo persuada para llegar a algún tipo de decisión.

La claridad de pensamiento debe distinguir todo el mensaje, pero ha de extremarse en sus puntos principales. En la medida de lo necesario —pero no más— se hará uso adecuado de la repetición o redundancia, de la ilustración oportuna, de los símiles y de cualquier otro recurso pedagógico aceptable que ayude a hacer más comprensibles las ideas. Asimismo, debe lograrse la máxima claridad en el objetivo final del mensaje. No puede haber ambigüedades en lo que el emisor espera del receptor. Deberá perdonársenos la insistencia en este punto, pero descuidarlo equivale a malograr la comunicación. Por tal motivo, nos permitimos aconsejar a cuantos predicadores tengan problemas al

---

[57] Remitimos al lector a las pp. 105 y 106.

respecto que escriban breve pero íntegramente y de modo claro el propósito concreto de su sermón, así como los resultados que se espera produzca en los oyentes.

A la claridad en las ideas y en los propósitos debe unirse el orden y la solidez, factores imprescindibles para la comprensión del mensaje. Por lo que respecta al orden, remitimos al lector al capítulo XII relativo a la estructura del sermón. En cuanto a la solidez, recuérdese lo expuesto en el capítulo XI (sección relativa a «Argumentos») y no se olvide que el receptor, es decir, el oyente, a menudo interpone barreras de objeción al mensaje, barreras que han de ser eliminadas mediante la refutación de las objeciones si la comunicación ha de lograr los resultados apetecidos.

Pero no basta conque el contenido del mensaje sea claro, ordenado y sólido. Comunicarlo con éxito depende de que sea bien codificado. En la predicación, obviamente, el código principal, aunque no el único, es el habla, el caudal inmenso del vocabulario de una lengua. Pero el código usado por el emisor ha de ser siempre común al receptor. F. Gauquelin recoge la siguiente cita: «Las palabras, como todo medio de transmisión, no significan nada por sí mismas: son simples instrumentos a los que puede darse una significación». Y añade: «El que emite la información les da una significación; el que la recibe, también, pero tal vez no la misma. Hay que estudiar, por tanto, la psicología de los dos polos del circuito de comunicación, emisor y receptor, para reducir lo más posible las divergencias en la interpretación de las palabras del lenguaje».[58] Ello significa que el predicador ha de expresarse en un lenguaje que resulte perfectamente comprensible para su auditorio. Es necesario que use más o menos el mismo vocabulario y que el oyente dé a cada una de las palabras el mismo significado que tiene para el predicador. Muchos defectos de comunicación se producen por falta de coincidencia semántica. Abundando en lo que señalamos al tratar de la claridad en el estilo de la predicación (pp. 201, 202), hemos de enfatizar la conveniencia de que el predicador use un léxico que el auditorio comprenda sin dificultad. Especial cuidado ha de tener en que ninguna de las palabras o frases más importantes del sermón sea mal interpretada.

A tal efecto, conviene que el discurso sea lo más gráfico posible. Es muy difícil expresar —y captar— unidades de pensamiento que no

---

[58] *Saber comunicarse*, Ed. Mensajero, 1982, p. 35.

estén enraizadas en nuestras experiencias. Por eso son preferibles los términos concretos a los abstractos, los objetos y los hechos a las ideas. Si, por ejemplo, hablamos del amor de Dios, podemos extendernos en consideraciones teológicas de ese atributo divino; podemos decir: «el amor es la quintaesencia de las virtudes que determinan la armonía en las relaciones personales entre Dios y el hombre». O podemos afirmar: «Dios muestra su amor para con nosotros en que, siendo aún pecadores, Cristo murió por nosotros». ¿Cuál de estas dos declaraciones será mejor entendida por la mayoría de oyentes y cuál les causará mayor impacto? Esto no significa que el predicador haya de renunciar totalmente a los conceptos abstractos, a definiciones y exposiciones más o menos académicas, pero sí que, cuando este tipo de material ha de aparecer en el discurso, es indispensable explicar e ilustrar adecuadamente su contenido a fin de que la idea central resulte perfectamente comprensible.

Es asimismo importante evitar el extremo opuesto, en el que se cae cuando el orador hace uso y abuso de frases trilladas, de clisés, de expresiones oídas hasta la saciedad, sin que el mensaje contenga nada que pueda despertar un mínimo de interés en el auditorio. En este caso solo puede comunicarse una cosa: el tedio, y solo cabe esperar una respuesta: el bostezo.

La buena codificación del mensaje hace aconsejable el uso de palabras y frases cortas, claras, pero cargadas de contenido que apele a la mente, los sentimientos y la voluntad del oyente.

El receptor

No es posible elaborar un mensaje y una codificación eficaces si no se toma en consideración al receptor. De hecho, este constituye en el proceso de comunicación un elemento tan importante como el emisor. Si el receptor no responde, la comunicación no existe. Y la respuesta difícilmente se producirá si el emisor o fuente ignora las características de la persona o personas a quienes su mensaje ha de ser dirigido.

Este hecho pone de relieve dos necesidades:

1. Que el predicador conozca a sus oyentes y sus circunstancias, su situación humana, sus problemas, sus zozobras, sus aspiraciones, su modo de pensar, sus reductos de defensa frente a ideas ajenas a las suyas propias, etc.

2. Que establezca verdadero contacto con el auditorio, que capte su atención y despierte su interés por el mensaje. Recordemos el discurso de Pablo en el areópago de Atenas (Hch. 17:22-31). El apóstol toma como punto de partida lo que había observado entre los atenienses y a ello se refiere con una actitud y en unos términos que facilitaban la receptividad por parte de cuantos habían acudido a escucharle. Sin caer en halagos impropios, el predicador ha de tener la capacidad de reconocer y mencionar aquello que puede granjearle la buena disposición del auditorio.

El «contacto» con los oyentes, si ha de ser eficaz, impone al orador una actitud de respeto y cortesía hacia ellos. Pero demanda de él algo mucho más importante: sensibilidad y *empatía*. No solo ha de conocer a quienes le escuchan. Ha de ser sensible al valor de la personalidad de cada uno de ellos, a su entorno, a sus opiniones, a sus sentimientos, a sus objeciones. Jamás debe mostrar superioridad o menospreciar y ridiculizar a quienes discrepan de sus ideas. El orador no puede nunca hablar como si desde el pedestal de la suprema sabiduría se dirigiese a pobres ignorantes. Ha de aprender a colocarse en el lugar de sus oyentes. Eso es la empatía. Si el orador es «empático», se introducirá en el mundo del auditorio para comprenderlo. Solo conociendo ese mundo podrá predicar de modo que su mensaje lo ilumine y transforme.

Y a la empatía debe unirse la *simpatía*. Un sentimiento de amor sincero hacia el receptor. Quien predica el amor de Dios solo puede comunicar eficazmente su mensaje si comparte el mismo amor hacia sus oyentes, recordando que el amor de Dios tiene su manifestación suprema en su Hijo, Emmanuel, «Dios con nosotros». La encarnación de Cristo significó su identificación con la humanidad, la asunción de nuestras experiencias dolorosas, con excepción del pecado. No olvidemos que «simpatía», etimológicamente, equivale a «sufrir con». Los sentimientos del predicador deben sintonizar con las múltiples causas de sufrimiento —al igual que con los motivos de gozo— en los componentes de su congregación. Ha de gozarse con los que se gozan y llorar con los que lloran. Cuando tal simpatía existe, el auditorio lo nota. Y responde.

La respuesta nace de la persuasión. He aquí otro hecho a tener en cuenta. A menos que el receptor llegue al convencimiento de que el mensaje es verdadero y conveniente y de que debe ser aceptado, permanecerá insensible a cuanto el mensaje pueda tener de demanda. Una fuerte presión psicológica por parte del orador puede conmover las emociones de los oyentes y lograr algún tipo de decisión; pero si no ha habido persuasión basada en el reconocimiento racional de la bondad del mensaje, la respuesta será superficial y pasajera. Pasados los efectos de la presión psicológica, se desvanecerá.

Dada la resistencia natural de la mayoría de personas a modificar su sistema de ideas, sus convicciones y sus normas de conducta, el mensaje debe reunir dos características esenciales:

a) Ha de ser atractivo, interesante.

b) Ha de ser convincente. Debe estar dotado de argumentos y estímulos suficientemente poderosos para mover a la decisión. Probablemente la respuesta que ha de dar el receptor exige el pago de un precio: la renuncia a determinadas ideas propias que han de ser sustituidas por otras nuevas, un cambio en la escala de valores de su vida, una modificación de actitudes, el abandono de ciertas prácticas, la iniciación de nuevas formas de comportamiento, la realización de determinados esfuerzos o sacrificios. Y el receptor, más o menos conscientemente, se pregunta: «¿Vale la pena pagar ese precio? Lo que el mensaje me ofrece, ¿compensa lo que me pide?» Adaptando una fórmula de Wilmur Schramm,[59] podríamos expresar la capacidad o probabilidad de decisión del receptor del siguiente modo:

$$\text{Capacidad de decisión} = \frac{\text{Recompensa esperada}}{\text{Energía requerida esperada}}$$

es decir, la probabilidad de decisión estará en razón directa de la recompensa y en razón inversa del esfuerzo necesario para conseguirla. Por supuesto, el concepto de recompensa aquí debe ser interpretado en sentido psicológico, no teológico, incluyendo en él todo lo mejor para el ser humano. Una ilustración hondamente sugestiva la hallamos en el diálogo de Pedro con Jesús. El apóstol, con el resto de sus compañeros, había aceptado el llamamiento del Señor y había pagado el precio del discipulado. ¿A cambio de qué? La respuesta del Maestro es categórica: «Todo el que haya dejado cosas, o hermanos, o hermanas, o padre, o madre, o mujer, o hijos, o tierras, por mi nombre, recibirá cien veces

---

[59] *Hombre, mensaje y medios*, Forja, 1982, p. 125.

más y heredará la vida eterna» (Mt. 19:27-29). Sí, en el mensaje cristiano, lo que se ofrece (las grandes y variadas bendiciones de la nueva vida en Cristo) es infinitamente superior a lo que se exige. Si esto es comprendido por el receptor, la respuesta será positiva, cualquiera que sea el costo de la decisión.

El canal

En comunicación se entiende por canal todo medio por el cual el mensaje emitido por la fuente llega al receptor. En palabras de D. K. Berlo, es «el vehículo de transporte para el mensaje».[60] En la predicación, como vimos, el canal está constituido principalmente por el aire, en el que se propagan las ondas sonoras emitidas por el predicador al hablar. No debe olvidarse, sin embargo, otro canal de gran importancia, el que llega al receptor a través del sentido de la vista, medio de comunicación no verbal. Pero sobre este punto volveremos más adelante.

Ateniéndonos ahora exclusivamente a la comunicación verbal, conviene destacar la necesidad de que el «canal» cumpla sus funciones adecuadamente. El orador tiene que asegurarse de que su auditorio le oye y le entiende bien; de lo contrario, lógicamente, la comunicación será defectuosa. Si algunas palabras o frases no llegan al oyente con perfecta claridad, pueden confundirse con otras, lo que introduce un elemento de incoherencia o desorden en la mente del receptor y en su acción decodificadora. Se impone, pues, que el predicador articule con esmero sus palabras y que hable en voz suficientemente alta para que todos sus oyentes capten correctamente la totalidad del mensaje. Y si la amplitud del lugar en que se predica o las condiciones acústicas no son favorables a la audición, es imprescindible perfeccionar el canal mediante el uso de micrófonos y altavoces de la máxima calidad.

No lo olvidemos: un buen canal es un factor de primer orden en la buena comunicación. Un canal defectuoso la deteriora o incluso la destruye.

Comunicación no verbal

Es la que se lleva a efecto mediante expresiones o signos visibles de interpretación común universalmente generalizada. En cualquier lugar

---

[60] *Op. cit.*, p. 50.

del mundo, un rostro encendido en ira y una mano alzada en actitud amenazante dicen mucho más que la más recia frase intimidatoria. La comunicación no verbal fue bien descrita por Eduard Sapir al referirse a ella como «un código elaborado que no está escrito en ninguna parte; nadie lo conoce y todos lo comprenden».[61]

Ya hemos adelantado que la voz del orador, propagada por ondas sonoras, no es el único canal en la comunicación de un mensaje desde el púlpito. Hay mucho en el predicador que «habla» y llega al oyente no a través de los oídos de este, sino a través de sus ojos. Lo que se ve puede contribuir a confirmar o neutralizar lo que se oye.

Este elemento de comunicación no verbal tiene que ser bien cuidado. Todo predicador ha de percatarse de la gran influencia que sobre el auditorio ejercen su porte, sus gestos, las expresiones de su rostro, sus miradas (en frase de Simmel, la mirada mutua es «la reciprocidad más pura», y la que quizá más nos compromete). Si en todo ello puede verse sinceridad, amor, vehemencia, entrega, lo que perciban los ojos de quienes escuchan será tan importante como lo que escuchen sus oídos. Si la compostura del predicador es descuidada, si su mirada revela apatía o indiferencia, si sus tímidos gestos sugieren ausencia de entusiasmo o si, en otro extremo, la gesticulación es forzada, histriónica, no importa que el discurso sea bueno y llegue a los receptores en perfectas condiciones de audición, el resultado global de la comunicación será pobre. Los oyentes no se sentirán demasiado inclinados a tomarse en serio el mensaje.

Pero no es solamente lo que del predicador se ve en el púlpito lo que influye en la comunicación. Tanto o más decisivo que esto es lo que se ve fuera de él. Si en todo lugar la conducta del predicador se mantiene en un elevado nivel de piedad, fervor, integridad moral, abnegación, si se muestra como auténtico siervo de Dios, sus palabras ganarán credibilidad y sus oyentes le escucharán respetuosamente con actitud positiva. Si, por el contrario, hay discordancia o incoherencia entre el sermón y el comportamiento, el efecto de la predicación será prácticamente nulo. La comunicación del mensaje cristiano siempre es mixta: verbal y no verbal, mediante palabras y mediante las obras del vivir diario. Sin duda, Pablo comprendió esta verdad fundamental y actuó de modo consecuente. Por eso pudo escribir a los filipenses: «Lo

---

[61] Cit. por W. Schramm, *op. cit.*, p. 84.

que aprendisteis y recibisteis, oísteis y visteis en mí, esto haced» (Fil. 4:9). Todo predicador debe imitar su ejemplo.

Interferencias

La máxima aspiración del emisor es que el proceso de comunicación se desarrolle en condiciones óptimas, de modo que el receptor no solo capte e interprete el mensaje correctamente, sino que produzca en él la respuesta deseada. Para lograrlo es indispensable que las condiciones en que el mensaje se transmite sean propias de «alta fidelidad». Ello obliga a eliminar, dentro de lo posible, todos los «ruidos» o interferencias, es decir, todos los factores que pueden mermar la efectividad de la comunicación.

Las interferencias pueden tener un doble origen: externo e interno.

1. *Interferencias externas*. Suelen ser numerosas y muy diversas: ruidos físicos, personas que entran o salen, niños que lloran o se mueven nerviosamente, objetos próximos al orador que distraen la atención del auditorio, exceso de calor o de frío, ventilación inadecuada, etc. Algunas de estas causas de perturbación difícilmente pueden eliminarse. Las procedentes del exterior generalmente están por completo fuera de nuestro dominio; por ejemplo, el ruido del tráfico en la calle, la sirena de una ambulancia, los truenos durante una tormenta. Pero otros de los factores de distracción que hemos mencionado sí pueden y deben ser eliminados. En una iglesia, los diáconos o personas responsables del buen orden del culto habrían de velar escrupulosamente para evitar todo cuanto pudiera restar efectividad a la predicación. Y la misma preocupación debieran tener el orador y sus colaboradores si el mensaje es dado en una sala de conferencias o en cualquier otro lugar.

2. *Interferencias internas*. Pueden aparecer tanto en el emisor como en el receptor.

Por lo que respecta al primero, un estado de gran cansancio físico, una apariencia de escaso entusiasmo ante el propio mensaje, un porte de arrogancia, un lenguaje poco comprensible, una excesiva dosis de humorismo, una voz monótona, etc., afectan negativamente la comunicación.

En cuanto al receptor, conviene no perder de vista sus posibles actitudes, estados de ánimo y capacidad receptiva. Puede situarse ante el orador con una predisposición hostil y poniendo en funcionamiento todos sus mecanismos mentales de defensa. Puede hallarse sumido en una total pasividad, indiferencia a cuanto el orador diga. O en un mar de preocupaciones que impiden la penetración del mensaje en la mente. Puede, asimismo, mantener una actitud positiva tanto hacia el orador como hacia su discurso, pero tropezar con dificultades de comprensión o de concentración; a menos que sea persona muy culta, si el mensaje no está bien estructurado o si las ideas son demasiado abstractas, tendrá mayor dificultad para entender y retener su contenido. La dificultad aumentará si el mensaje es excesivamente largo. El cansancio del auditorio es una de las interferencias más comunes y una de las más destructivas de la comunicación. La frecuencia de este último problema hace aconsejable que se le dedique especial atención.

¿Cuál debe ser la duración de un mensaje? No cabe una respuesta categórica expresada en unidades de tiempo. Lo recomendable depende de múltiples factores: la naturaleza y calidad del auditorio, capacidad mental y de concentración, la calidad del propio mensaje, la forma de ser presentado, etc. Un mensaje de cuarenta y cinco minutos puede parecer corto; otro de quince puede resultar terriblemente largo y pesado. El orador tiene que ser sensible a la reacción interior de sus oyentes y a sus posibilidades de seguir atentos a lo que están escuchando. Uno de los errores más funestos que puede cometer un predicador es pensar que Dios le ha dado un mensaje y que él tiene que transmitirlo, escuche el auditorio o no. En este caso habrá «transmisión», pero no comunicación. El resultado no será muy diferente del que se produciría si hablase a las paredes y los asientos. Por desgracia, no son pocos los que predican, pero no comunican. Sus palabras se pierden en el vacío y quedan sin respuesta.

Ningún predicador debiera tratar de justificarse recordando el largo sermón de Pablo en Troas (Hch. 20:7-12) o los mensajes de dos y tres horas de Wesley, de Jonathan Edwards y otros en algunas ocasiones especiales. En nuestro tiempo el ritmo acelerado de vida hace totalmente desaconsejable predicar sermones demasiado largos. Al decir esto no estamos abogando por la generalización de las pláticas de diez minutos que se escuchan en algunas iglesias. La adecuada exposición de un texto bíblico pocas veces admite una reducción de tiempo tan drástica. Como alguien ha señalado jocosa pero atinadamente, «los sermoncitos solo producen cristianitos». Lo que queremos subrayar es que una predicación demasiado larga está irremisiblemente condenada al fracaso como medio de comunicación.

Si alguien insistiera en preguntar sobre la duración de un sermón, le responderíamos con un dicho citado por J. R. W. Stott: «Debe parecer de veinte minutos». Para conseguirlo, el predicador debe hacer uso de todos los recursos (contenido, estilo, ilustraciones, etc.) necesarios para que su mensaje sea seguido atentamente. En palabras de H. W. Beecher, «el verdadero camino para acortar un sermón es hacerlo más interesante».

Hemos considerado algunas de las interferencias que pueden perjudicar la comunicación. Podríamos citar más; pero nos parece innecesario. Lo expuesto es suficiente para que el predicador se anticipe a todas las que pueden aparecer y actúe en consecuencia.

El Espíritu Santo en el proceso de comunicación

El éxito de la predicación no depende totalmente —ni en primer término— de la profundidad teológica, de la homilética, de la retórica, de la habilidad en el uso de recursos psicológicos o de técnicas de comunicación. En primer lugar depende de la acción del Espíritu Santo. Así lo indicamos en el capítulo VIII (pp. 106-108).

Insistimos en este punto con objeto de evitar dos errores:

a) El de pensar que, si el Espíritu obra, resulta superfluo el esmero en la preparación del mensaje y del modo como debe ser comunicado.

b) El de dar tanta importancia al perfeccionamiento del proceso de comunicación en cada una de sus partes que se pierda de vista lo indispensable y decisivo de la acción del Espíritu Santo.

Es él quien actúa tanto en el emisor (predicador) como en el receptor (auditorio), tanto en la codificación como en la decodificación; por consiguiente, en la comprensión del mensaje y en la respuesta al mismo.

Ya hicimos alusión a la experiencia de Pentecostés. Ampliando lo señalado observemos que el Espíritu Santo no solo guió a Pedro y a los demás discípulos en la proclamación de las «maravillas de Dios» (Hch. 2:11). También les ayudó prodigiosamente en la codificación de su mensaje, pues «comenzaron a hablar en otras lenguas, según el Espíritu les daba que se expresasen» (2:4), de modo que la heterogénea multitud que les escuchaba, procedente de las más diversas naciones, se preguntaba con asombro: «¿Cómo les oímos hablar cada uno en nuestra lengua?» (2:8). El Evangelio era así comunicado en perfectas condiciones de comprensión.

Asimismo se hizo manifiesta la acción del Espíritu en los oyentes. El mensaje de Pedro fue claro, sólido, bien fundamentado, incisivo. Pero ¿eran suficientes estas buenas cualidades para producir una respuesta tan sorprendente como la que se nos narra en el texto bíblico (2:27-41)? Los oyentes podían fácilmente haber reaccionado de modo muy diferente. Podían haber mostrado la misma hostilidad de la muchedumbre que el viernes de la pascua había clamado pidiendo la muerte de Jesús. Podían haberse mantenido en una posición de duda, de incertidumbre, de indecisión. Podían haber respondido con la pasividad y la indiferencia. ¿A qué se debió la espontánea respuesta positiva, acompañada de una profunda conmoción espiritual, de los tres mil convertidos aquel día? Sin duda, al cumplimiento de lo predicho por el Señor mismo: el Espíritu Santo «convencerá al mundo de pecado, de justicia y de juicio» (Jn. 16:8).

Otro ejemplo iluminador lo hallamos en el relato de la conversión de Lidia, a quien «el Señor abrió su corazón para que estuviese atenta a lo que Pablo hablaba» (Hch. 16:14). De este modo la recepción del mensaje tenía lugar en condiciones sumamente positivas. Los efectos de cualquier interferencia —si la hubo— quedaban anulados por la acción del Espíritu en el interior de aquella mujer. La atención por parte de ella permitió que las palabras de Pablo le llegaran en la plenitud de su poder. La respuesta, inmediata, no pudo ser más completa (Hch. 16:15).

En resumen: es deber de todo predicador hacer cuanto esté a su alcance para que la comunicación de su mensaje sea lo más efectiva posible. Pero una vez ha hecho su parte ha de pensar en la acción infinitamente superior del Espíritu Santo, decisiva tanto para la conversión de los no creyentes como para la edificación espiritual de la iglesia. Es su intervención lo que determina el fruto de la Palabra de Dios, la cual no volverá a él vacía, sino que cumplirá aquello para lo cual es enviada (Is. 55:11).

El predicador ha de sentirse alentado por esta realidad. En su arduo ministerio de comunicación del Evangelio no está solo. Con él está el *Parákletos* (literalmente, uno llamado para estar al lado de otro). Nosotros solos podemos fracasar. Él, no. Y él es el que da testimonio de

Cristo al tiempo que nosotros estamos también ocupados en testificar juntamente con él (Jn. 15:26-27). Parte de ese testimonio es la predicación, medio insustituible de comunicación de un mensaje que tiene su origen en Dios y su destino en los seres humanos de todo el mundo. Confiando en el Espíritu Santo, cabe esperar numerosas y positivas respuestas.

Apéndice 2
Decadencia y renovación
del púlpito cristiano

En el capítulo VIII, al referirnos a la importancia de la predicación, hicimos notar la estrecha relación existente entre ésta y la vitalidad de la Iglesia. A los ejemplos y citas allí aducidos, podríamos añadir muchos más para evidenciar lo decisivo de la predicación, tanto en la edificación espiritual de los creyentes como en la expansión misionera.

Desde Pentecostés, la predicación ha ocupado un lugar prioritario entre las diferentes formas de testimonio evangélico. Predicadores poderosos fueron los apóstoles. También lo fueron las figuras más insignes de la Iglesia durante los primeros siglos. Eusebio de Cesarea, el gran historiador, resume lo esencial de la actividad eclesial en los dos primeros siglos de cristianismo destacando la predicación y la enseñanza. En el siglo IV, Juan Crisóstomo, «boca de oro» (de *chrysos* = oro, y *stoma* = boca), con el contenido bíblico de sus sermones, con sus aplicaciones prácticas y con la vigorosa elegancia de su estilo, elevó la predicación a alturas que el pueblo contemplaba con admiración y respeto. Algo parecido podría decirse de Ambrosio de Milán, Agustín de Hipona y otros que con sus homilías y sermones enriquecieron espiritualmente a las comunidades cristianas. Si la Reforma se extendió y consolidó rápidamente, ello se debió en gran parte a la calidad y al fuego con que los reformadores predicaban el Evangelio en sus exposiciones de la Escritura. Conocida es la primacía que Lutero daba a la Palabra de Dios en la Iglesia; de ahí que considerase la predicación como «la parte más importante del culto».[62] Para Calvino tan importante era la predicación fiel de la Palabra que en ella veía la primera y

---

[62] *Luther's Works*, ed. Lehmann, vol. 53, p. 68.

principal característica de la verdadera Iglesia.[63] Si el movimiento puritano en Inglaterra produjo un impacto tan amplio como profundo, la causa principal radicó en la fuerza de sus púlpitos. «Lo esencial para comprender a los puritanos es que eran predicadores antes que cualquier otra cosa».[64] No fue menos encumbrado el lugar de la predicación en los grandes avivamientos de los siglos XVII al XIX, con hombres tan notables como Wesley, Whitefield, Edwards, Beecher, Finney y Moody, entre muchos otros. En una época de crisis teológica, los sermones de Spurgeon en el siglo pasado y sus resultados fueron la mejor demostración de que la predicación sana, fiel a las Escrituras, con la unción del Espíritu Santo, constituye la energía espiritual más poderosa, no solo para robustecer la fe del pueblo de Dios, sino también para la evangelización eficaz. Aun en el siglo XX no faltan nombres y experiencias que corroboran el poder insustituible de la predicación, pese a las olas de escepticismo, indiferencia y frialdad que han penetrado en innumerables iglesias.

La historia, pues, viene a revalidar una y otra vez la perennidad del valor del púlpito. Y así lo han reconocido los más distinguidos pensadores cristianos de nuestro siglo, incluidos algunos de los que han seguido líneas teológicas diferentes de la tradicional «evangélica». En una de sus declaraciones, Karl Barth manifestó: «Es simplemente una perogrullada afirmar que no hay nada más importante, más urgente, más útil, más redentor y más saludable, que nada hay desde el punto de vista del cielo o de la tierra más apropiado para la situación real que hablar y oír la Palabra de Dios...»[65] Y Bonhoeffer, en una de sus conferencias sobre la predicación, recalcó la trascendencia de la misma: «En el sermón se echan los cimientos para la fundación de un nuevo mundo. En él la palabra original se hace audible. No hay evasión o escape de la palabra hablada del sermón; nada nos exime de la necesidad de su testimonio, ni siquiera el culto o la liturgia... El predicador debiera tener la seguridad de que Cristo penetra en la congregación a través de esas palabras que él proclama de la Escritura».[66] Y el doctor Martin Lloyd-Jones, una de las más prestigiosas figuras evangélicas del siglo XX en Gran Bretaña, escribía: «Para mí la obra de la predicación es la vocación

---

[63] Inst. IV, 1, 9 y 2.1.
[64] Irvonwy Morgan, *Godly Preachers*, pp. 10, 11.
[65] Cit. por J. R. W. Stott, *I Believe in Preaching*, p. 40.
[66] Fant, *Bonhoeffer*, p. 130.

más grande y sublime a la que se puede ser llamado. Si deseáis que añada algo más diría sin el menor titubeo que la necesidad más apremiante en la Iglesia cristiana hoy es la predicación verdadera».[67]

Sin embargo, este elevado concepto de la predicación no siempre ha sido compartido de modo generalizado; unas veces porque el sacramentalismo y la liturgia han dominado la práctica del culto cristiano; otras porque la ignorancia o la negligencia —o ambas cosas— no solo han reducido el uso de la predicación, sino que la han convertido en algo insulso, frío, tedioso. En la historia de la Iglesia hallamos períodos en los que la predicación descendió a niveles sumamente bajos sin más características que la pobreza y la ineficacia, con la consiguiente depauperación espiritual de los fieles.

En nuestros días es ampliamente compartida la opinión de que la predicación cristiana en muchos lugares atraviesa uno de esos períodos de decadencia. Ha decaído en Europa, como reconoce Helmut Thielicke en su obra *Leiden an der Kirche (La dolencia de la Iglesia),* en la que atribuye la disminución de la asistencia a las iglesias al descenso en el nivel de la predicación. No es más boyante la situación en muchas iglesias de Norteamérica. En cuanto a la América latina, en la «Declaración de Cochabamba», formulada en 1970 por la Fraternidad Teológica Latinoamericana, se afirmaba: «La predicación a menudo carece de raíces bíblicas. El púlpito evangélico está en crisis...».

Tan triste realidad puede ser debida a las causas ya apuntadas o a otras similares. Pero además hoy empieza a manifestarse una actitud de indiferencia y hasta de menosprecio respecto a la naturaleza intrínseca de la predicación. Se estima que ésta es un medio de expresión anacrónico, «el eco de un pasado abandonado», impropio para apelar a la mente y la voluntad del hombre moderno, constantemente sometido al impacto de las actuales técnicas de comunicación.

Llevando a extremos el aforismo de Marshall McLuhan, «el medio es el mensaje», se piensa en sustituir la predicación por los variados recursos que la tecnología pone a nuestra disposición y en los que se reduce el valor de la palabra a la par que se incrementa el de la imagen visual. La comunicación no verbal tiende a alcanzar primacía sobre la verbal. Estamos asistiendo a un triste acontecimiento: la humillación de la palabra, como magistralmente lo expresa Jacques Ellul en su obra *La parole humiliée.* Convertida la palabra en la cenicienta de

---

[67] *Preaching and Preachers,* p. 9.

la comunicación, resulta fácil el predominio de la iconolatría, la imposición del culto a la imagen en sus múltiples formas. No es de extrañar que algunos empiecen a entonar un réquiem por la predicación.

Sin embargo, ¿está justificada esa infravaloración del púlpito? ¿Puede la imagen prescindir de la palabra? El autor recuerda una experiencia vivida en Holanda hace tres años como participante en una conferencia sobre publicación y comunicación. Uno de los cultos devocionales de la mañana consistió en una representación muda de la historia de Rut. La esperanza de los organizadores era, sin duda, que tal representación comunicase el mensaje del libro de Rut de modo más vivo y eficaz que una predicación. Para mí, el resultado fue negativo y, al parecer, una experiencia análoga tuvieron otros asistentes a la conferencia. No negamos el gran valor del elemento visual en la comunicación, pero este nunca debiera ser exaltado en detrimento de la palabra hablada.

Por otro lado, quienes ven en la predicación un medio de comunicación solo verbal ignoran los elementos no verbales que intervienen en ella (a ellos nos referimos en el apéndice anterior), especialmente los gestos y la expresión del rostro, singulares medios de expresión no solo de ideas, sino también de sentimientos, de interioridad, de intensa experiencia personal del predicador que se siente bajo el impacto de la Palabra en el momento mismo en que la proclama. Hay mucho, y muy poderoso, que los oyentes *ven* en quien les habla si este es —y debe serlo— algo más que un robot articulador de fonemas.

A pesar de todo lo expuesto, y aun manteniendo firmemente nuestra postura respecto a la predicación, hemos de reconocer que ésta frecuentemente presenta deficiencias que conviene confesar y corregir a fin de evitar una declinación de fatales consecuencias. Un análisis objetivo, aunque sea somero, de los reparos que en nuestro tiempo suelen oponerse a la predicación puede ser saludable para la Iglesia hoy. Nunca ha sido signo de sensatez cerrar los ojos a la realidad de los hechos con vendas de inconsciencia o de triunfalismo. Cualquier verdad revelada por el análisis debe ser reconocida y de ella deben sacarse las oportunas conclusiones. Lo que de positivo se descubra debe ser un estímulo. Si se observan errores, éstos deben ser evitados para librarnos de desviaciones o de renuncias innecesarias que tendrían más de retroceso que de avance.

Defectos frecuentes de la predicación

Sin pretender una enumeración exhaustiva, exponemos seguidamente los puntos de mayor relieve en la crítica negativa que de la predicación podría hacerse actualmente en no pocas iglesias.

1. Lo deficiente de su contenido

El mensaje del predicador carece de puntos de contacto con los oyentes y se ha convertido en monólogo aburrido. Trata de temas y cuestiones que no preocupan en absoluto a quienes escuchan. Ha perdido el carácter dialógico (de diálogo) que siempre debiera tener. No toma en consideración la situación existencial de los oyentes; no responde a sus preguntas; no aporta solución a sus problemas. Como alguien ha dicho jocosamente, rasca donde no pica.

Hay en esta objeción mucho de verdad, pero una verdad que ha de examinarse críticamente. Por sí solo, el hecho de que la predicación no coincida con los intereses, los gustos y las preocupaciones del auditorio no debe sorprender demasiado si tenemos en cuenta el grado de secularismo y de indiferencia religiosa que predominan en la sociedad de nuestro tiempo. Aun el sermón más rico en contenido espiritual resultará pobre para quien carece totalmente de inquietudes espirituales, y las exposiciones bíblicas más sabrosas serán insípidas para quien solo se deleita en platos de mundanería temporal.

Esto, sin embargo, no exonera al predicador de responsabilidad, pues no pocas veces sucede que el sermón adolece de defectos sustanciales. Ello generalmente se debe a que el predicador no ha hurgado suficientemente ni en la Palabra de Dios ni en la interioridad humana. En lo más íntimo de toda persona, por escéptica o incrédula que sea, hay problemas, temores, ansiedades, aspiraciones que, directa o indirectamente, tienen mucho que ver con realidades espirituales. Misión del predicador es ahondar en ese mundo interior del hombre. Lo que en él descubra le ayudará a predicar de modo que los oyentes tengan que contemplar su propia realidad con nuevas perspectivas, contestarse preguntas que nunca antes se habían hecho, empezar a reflexionar sobre cuestiones ante las que antes habían sido indiferentes. El predicador tiene que ser un aguijoneador de la mente y de la conciencia de sus oyentes. Y cuando el aguijoneamiento se ha producido, cuando el oyente ha sido arrancado de su apatía y empieza a escuchar con interés, la predicación debe establecer la relación existente entre la problemática del hombre y las grandes enseñanzas de la Palabra de Dios.

Al hacerlo debe mantenerse el equilibrio entre la fidelidad al contenido del texto bíblico y la contemporaneidad en su exposición. Hay predicaciones que, como observa J. Stott, son «bíblicas, pero no contemporáneas» y predicaciones que son «contemporáneas, pero no bíblicas».[68] ¿Por qué no han de ser bíblicas y contemporáneas a la vez? Esto, por supuesto, no es fácil de conseguir; pero es un imperativo para quienquiera que se atreva a ocupar un púlpito. El predicador es —como dijimos— intermediario entre Dios y unas personas a las que Dios quiere hacer llegar su Palabra. Si tenemos conciencia de este hecho, no escatimaremos esfuerzos en la preparación de nuestros mensajes con un espíritu de oración que nos lleve a buscar la dirección divina y con un sentimiento de simpatía profunda hacia nuestra congregación.

Conseguido el ideal que venimos preconizando, el predicador se verá libre de la abstracción, madre de tantos sermones desabridos, los cuales incitan más al bostezo que a la reflexión y la acción.

Igualmente quedará inmunizado contra los males de una retórica mal entendida, en la que el discurso deja de ser vehículo de ideas para ser simple y meramente «palabras, palabras, palabras». Este tipo de retórica es enemigo mortal del pensamiento. Como bien hizo notar el Dr. Martin Lloyd-Jones, «la retórica mató a la filosofía. La filosofía murió porque para todos, con excepción de una minoría, dejó de ser real; pasó de la esfera del pensamiento y de la conducta a la de la exposición y la literatura. Sus predicadores predicaban no porque se sentían inevitablemente impelidos a expresar unas verdades, sino porque eran maestros de fraseología elegante...».[69]

Quizá más de un lector opina que no es precisamente la retórica lo que distingue a muchos púlpitos evangélicos, sino más bien lo contrario, por lo que el mal es doble. A la pobreza de contenido en la predicación se une la pobreza en la forma de expresión. Al parecer, algunos predicadores, consciente o inconscientemente, intentan compensar esa deficiencia mediante un entusiasmo artificial con tono apasionado que no corresponde a lo débil y apagado de su pensamiento. Tienen mucho calor, pero poca luz.

---

[68] *Op. cit.*, p. 144.
[69] *Op. cit.*, p. 14.

Obviamente, no es mucho lo que de tal tipo de predicación puede esperarse. A nadie debe extrañar que sea tenida en poca estima y escuchada con una predisposición tan pobre como su pobre sustancia y su elocución (o entonación) carente de naturalidad.

2. La superficialidad

Este defecto, al que ya aludimos en el capítulo VIII, guarda estrecha relación con el anterior; generalmente es su causa. Y, por desgracia, se halla ampliamente extendido. Muchas predicaciones son una exposición de vaguedades o de conceptos trillados, expresados en frases estereotipadas que han perdido ya toda capacidad de despertar el interés de los oyentes. Ello se debe a que la actividad pensante del predicador se halla gravemente disminuida y ha de suplirse esta deficiencia con generalidades o con trivialidades. James S. Stewart cita al respecto una ilustrativa declaración de S. Coffin: «La receta para componer uno de los muchos sermones en boga podría escribirse del siguiente modo: "Tomar una cucharadita de pensamiento flojo, disolverlo en agua y servirlo."»[70]

La superficialidad se observa en tres de los componentes de la predicación: la exégesis, la teología y la aplicación práctica.

Superficialidad exegética. Más de un predicador escoge un texto bíblico, lo lee y de él deriva algunas ideas más o menos edificantes, pero sin ahondar en el significado del texto, sin asegurarse de que encuentra en él lo que realmente el escritor sagrado quiso comunicar. En algunos casos el texto es simplemente el punto de partida; pero pronto el predicador prescinde de él para extenderse a sus anchas, con libertad absoluta, por el campo de sus propias divagaciones. Hemos tratado ya esta cuestión en el capítulo IX, por lo que remitimos al lector a la sección que en el mismo se dedica a la exégesis. Solo nos resta añadir y subrayar que la buena homilética descansa siempre sobre una hermenéutica sana.

Superficialidad teológica. «La teología sin la predicación —ha afirmado G. Ebeling— está vacía y la predicación sin la teología está ciega». Si esto es cierto —y creemos que lo es— hay ceguera en muchos púlpitos. Los grandes temas doctrinales o las referencias a los mismos

---

[70] *Preaching*, p. 100.

son tratados con notable descuido; a veces dando la impresión de que solo se conocen someramente y de que aun este conocimiento apenas corresponde a la enseñanza bíblica. Se aportan a la predicación ideas teológicas recogidas en la lectura de algunos libros —no siempre los mejores—, pero no maduradas mediante la propia reflexión y el estudio directo de cada doctrina a la luz de la Escritura. Es el resultado de una formación insuficiente.

Pero existe otra causa de superficialidad teológica: la formación defectuosa, equivalente a deformación. A ella puede llegarse por vías diferentes: la del liberalismo y la de un mal entendido fundamentalismo.

Las diferentes formas de liberalismo teológico y su evolución hasta nuestros días han relativizado mucho de lo que en la predicación ha de mantener su carácter absoluto: la autoridad de la Escritura, la fiabilidad histórica de sus narraciones, la trascendencia de Dios, la profunda pecaminosidad del hombre, la obra expiatoria de Cristo en la cruz, etc. Esta relativización, la desmitificación, la secularización y la politización predominantes en la teología moderna han minado la fe de muchos que un día sintieron gozosos el llamamiento al ministerio cristiano. Si permanecen en él, carecen de convicciones sólidas. Sus creencias están envueltas en la niebla de la incertidumbre. Lógicamente, su predicación resulta desvaída; carece de color, de fuerza, de vida. Lo que de contenido doctrinal pueda quedar tiene escaso fondo; de ahí la superficialidad. De ahí también la imposibilidad de que esa predicación, basada en inseguridades, produzca certidumbre y fe robusta. Sin duda, a no pocos predicadores se les habría de repetir el ruego de Goethe: «Dadme el beneficio de vuestras convicciones, si tenéis alguna, y guardaos para vosotros vuestras dudas, que bastante tengo con las mías».

Pero conviene tener igualmente en cuenta la deformación que un fundamentalismo de vía estrecha puede producir. Esto sucede cuando se pretende encajonar el contenido teológico de la Biblia en inflexibles moldes dogmáticos y se da más importancia a la formulación de las doctrinas que a la inmensa riqueza espiritual que las doctrinas atesoran. Bien están las concreciones de los credos y las confesiones de fe que expresan correctamente las verdades de la revelación bíblica a la par que ponen muro a la herejía. Pero el predicador ha de saber utilizar ese buen material adecuadamente a fin de evitar que las proposiciones teológicas actúen a modo de rígido corsé que impida el hálito del Espíritu de Dios a través de una exposición viva y vivificante de la Palabra.

El predicador ha de guardarse de los peligros mencionados, al tiempo que se sumerge en el depósito de las Escrituras para ahondar en las profundidades de sus grandes temas. Solo así evitará la superficialidad teológica en sus sermones.

Superficialidad en las aplicaciones prácticas. No es suficiente una exégesis correcta del texto bíblico ni una exposición adecuada de las doctrinas de la Escritura. Es necesario, como vimos en el capítulo XI, aplicar la enseñanza del pasaje sobre el cual se predica a la situación del oyente de modo que este se sienta realmente interpelado por la Palabra de Dios y movido a tomar algún tipo de decisión. Y es en esa aplicación o actualización del texto donde fallan muchas predicaciones, pues, pese a lo correcto de su contenido, no penetran en las esferas de los sentimientos y de la voluntad del auditorio. Resultan totalmente neutras. No provocan ninguna reacción ni en favor ni en contra, y dejan al oyente en una absoluta indiferencia. La adecuada aplicación del mensaje del texto ha de hacer que quien lo escucha se sienta en la presencia de un Dios que le habla y al cual debe responder de algún modo, sea con alabanza, sea con una confesión de pecado, sea con la decisión firme de poner en práctica lo que se le pide, etc., o bien —posibilidad terrible— con el endurecimiento y la desobediencia.

Para lograr una respuesta positiva, cuanto más concreta sea la aplicación y cuanto más claro el modo como los oyentes deben llevarla a efecto, tanto mejor. Muchas aplicaciones fracasan porque no se indica el *cómo* de su realización.

3. Espíritu acomodaticio

Numerosos seres vivos se distinguen por la tendencia a adaptarse al medio en que se encuentran. Como es bien sabido, hay animales —el camaleón, por ejemplo— que mudan el color de su piel de modo que este apenas se distingue de los colores predominantes del entorno. Y el hombre, pese a su superioridad en muchos aspectos, no escapa a esa tendencia. Solo pequeñas minorías se atreven a desentonar, a discrepar de las opiniones en boga. La mayoría sigue las corrientes de pensamiento imperantes, las modas y los convencionalismos de cada época.

Este hecho se ha visto con excesiva frecuencia dentro del pueblo de Dios, incluso entre quienes han tenido responsabilidades de guías. Fue la característica de los falsos profetas de Israel, cuyos augurios siempre coincidían con lo que agradaba a los monarcas y a los nobles del reino.

La historia de la Iglesia también registra hechos análogos. Y todavía hoy existen ministros del Evangelio que, consciente o inconscientemente, subordinan su mensaje a determinados presupuestos teológicos, morales, filosóficos o político-sociales que gozan del beneplácito de la mayoría. El sometimiento del predicador a esa tiranía del medio sociocultural puede estar propiciado por el afán de presentar una imagen de intelectual tolerante, alejado de cuanto pudiera atraer sobre sí el calificativo de oscurantista o fanático. Por supuesto, la verdadera intelectualidad no está reñida con la fidelidad al mensaje cristiano. No es del todo afortunado el famoso interrogante de Tertuliano: «¿Qué tiene que ver Atenas con Jerusalén?» Aunque completamente distintas e independientes entre sí, filosofía y revelación bíblica no siempre y necesariamente han de ser antagónicas. Además, el conocimiento de la cultura puede servir de punto de contacto entre el predicador y sus oyentes, como sucedió cuando Pablo habló a los atenienses reunidos en el areópago de Atenas. El predicador que, por ejemplo, hable en un círculo de universitarios o intelectuales no puede menospreciar el contexto cultural de su auditorio. Dentro de lo posible, ha de adaptarse a él. Pero, dicho esto, hemos de recalcar que el pensamiento humano siempre ha sufrido los efectos de la caída y que frecuentemente la «sabiduría del mundo», desde el punto de vista divino, ha sido «necedad» (1 Co. 1:20); que el mensaje del Evangelio, centrado en la cruz de Cristo, siempre ha sido piedra de tropiezo y locura para la mente no regenerada.

Cabe esperar, pues, que la predicación fiel de la Palabra de Dios no solo se quede sin aplauso, sino que sea objeto de oposición o menosprecio, tanto por parte de los incrédulos como por parte de creyentes más amoldados al modo de pensar del mundo que a las verdades del Evangelio. Pero el predicador sabe cuál debe ser su opción en cuestiones de lealtad. No es él quien debe acomodarse a los criterios y gustos de su auditorio, sino este el que debe someterse a la voz de Dios prescindiendo de las ideas predominantes en cada momento. Dignas de reflexión son al respecto las palabras de J. R. W. Stott y sus citas de Bergen: «Es necesario... afirmar la trascendencia y la autoridad del cristianismo por encima y más allá de cualquier constelación cultural en la historia, presente o futura, establecida o en pugna por convertirse en *establishment*. Los líderes cristianos deberían cesar de "danzar en torno a los becerros de oro de la modernidad". En vez de hacer la pregunta: "¿Qué tiene que decir el hombre moderno a la Iglesia?", habrían de empezar a preguntarse: "¿Qué tiene la Iglesia que decir al hombre moderno?"» [71]

Solo en la medida en que la predicación se vea liberada de servidumbres ajenas a su propósito y recobre la santa independencia que únicamente reconoce la autoridad de la verdad de Dios recuperará la posibilidad de ser poderosamente efectiva.

Existe, no obstante, un peligro contra el cual el predicador tiene que precaverse. Es lo que podríamos denominar «vocación de denunciante» y se manifiesta en una acusada tendencia a hostigar casi constantemente al auditorio exponiendo errores, pecados y debilidades en tonos tremebundos, con un dramatismo que no siempre corresponde a la realidad objetiva de la situación. Cuando esto sucede, el predicador suele estar convencido de que actúa de ese modo a causa de su fidelidad a la dirección del Espíritu Santo. Pero ¿es así siempre? No debe descartarse la posibilidad —comprobada en muchos casos— de que las actitudes radicales y los discursos fuertemente condenatorios, en vez de ser inspirados por el Espíritu Santo, tengan su origen en la acción de complicados mecanismos psicológicos o en meras reacciones carentes de objetividad y de equilibrio.

El predicador debe repudiar el espíritu acomodaticio con valentía, pero sin excesos de un mal entendido celo profético. Tan libre ha de verse de la influencia dominante de su entorno como de la que ejerce su propia subjetividad, a menudo coloreada por elementos temperamentales. Un doble sentido de lealtad y sensatez auténticamente guiadas por el Espíritu y la Escritura es imperativo para todo ministro de la Palabra.

4. Falta de autenticidad

Algo dijimos sobre esta cuestión al referirnos al predicador como instrumento de comunicación. Y en este aspecto sí es cierto que «el medio es el mensaje». Lo es por lo menos en la opinión de quienes escuchan. Para la mayoría de oyentes, una predicación que no esté respaldada por la conducta del predicador carece de credibilidad. En tal caso, las palabras pierden totalmente su eficacia. Como hace notar J. Ellul, «en el momento en que una persona no añade el peso entero de su vida a la palabra que pronuncia, ¿qué seriedad podemos atribuirle a lo que dice? La ruptura entre quien habla y su palabra es la rotura decisiva. Si el hombre no está en su palabra, ésta es un ruido... La palabra en la Biblia

---

[71] *Op. cit.*, p. 89.

está integrada en la persona. Es verdadera si la persona es verdadera. Las palabras de Jesús no tienen ninguna clase de valor si son separadas de la persona de Jesús. Hay en Él una perfecta unidad de vivencia, acción, palabra, relación, conocimiento».[72]

Sin autenticidad, el ministerio de la predicación se convierte en actividad profesional. Puede ejercerse siguiendo todas las técnicas de la homilética, de la retórica, de la psicología; pero si el predicador no encarna en su vida la esencia de su mensaje nunca será un medio adecuado para comunicar la Palabra de Dios. Tendrá las palabras, pero le faltará el poder. Su experiencia será semejante a la de Giezi, quien se creyó con capacidad para resucitar al hijo muerto de la sunamita con solo colocar sobre el rostro del niño el bordón de Eliseo. Pero el báculo del profeta sin el espíritu del profeta de nada servía. Y Giezi fracasó.

Hemos de reconocer que la autenticidad en sentido absoluto es difícil, por no decir imposible, de encontrar. Si hubiéramos de entenderla como sinónimo de transparencia total, todos nos sentiríamos incómodos, pues todos tenemos defectos y debilidades que tratamos de ocultar. Pero la autenticidad no equivale a perfección. La autenticidad es sinceridad; es tomarse en serio la Palabra de Dios y, pese a las imperfecciones, vivir bajo sus principios y normas. Es poder decir con Pedro: «Señor, tú sabes todas las cosas; tú sabes que te amo»; y poder decirlo de modo consecuente, teniendo en cuenta la palabra de Jesús: «El que me ama mi palabra guardará» (Jn. 14:23).

Es de este tipo de autenticidad que algunos mensajeros del Evangelio se encuentran alejados. Solo Dios sabe cuántas predicaciones pasan de ser sonido de «metal que resuena». Pero no es demasiado difícil detectar signos de «profesionalismo» en predicadores para los cuales el púlpito es un lugar que necesariamente ha de ser ocupado una o más veces por semana, más por obligación que por visión de sus gloriosas posibilidades, y sin que ello les imponga la necesidad de una conducta estrictamente acorde con lo que predican. Ante la evidente dicotomía existente entre predicación y comportamiento, no es de extrañar que en algunos lugares el púlpito haya perdido gran parte de su prestigio y de su influencia. La efectividad y la autenticidad son inseparables.

---

[72] *La parole humiliée*, p. 175.

El camino de la renovación

En la obra de Dios nunca se dan situaciones irreversibles. Lo torcido siempre puede ser enderezado. El fracaso o la caída siempre pueden ser remediados con la restauración; la decadencia, con renovadas experiencias del poder de Dios. Así que no importa el bajo nivel que la predicación pueda haber llegado a alcanzar en un lugar y un momento determinados. Siempre subsiste la esperanza de su plena recuperación. Mientras el Espíritu Santo se mantenga activo en la Iglesia de Cristo, cabe confiar en su acción en los mensajeros del Evangelio tendente a elevar la predicación a las alturas que le corresponden. Sin embargo, la obra del Espíritu Santo no excluye la responsabilidad del predicador. A continuación señalamos algunos de los elementos que en la acción de este no deben faltar si quiere que en su ministerio el púlpito recobre su grandeza y eficacia.

1. Corrección de defectos

Es necesario acabar con los males que ya hemos mencionado: con la pobreza de contenido y con la superficialidad.

Es menester ahondar en los grandes temas y en los grandes textos de la Escritura mediante una exégesis rigurosa, sana, que permita una correcta estructuración teológica. Y es preciso exponer los textos, con su inmensa riqueza doctrinal, ética, consolatoria, parenética, en sintonía con los oyentes y su mundo. En toda predicación, la voz del Dios que un día habló a unos hombres «allí y entonces» ha de ser escuchada con la misma actualidad por quienes la oyen «aquí y ahora».

Es imprescindible acabar con los titubeos teológicos y con la tendencia a flirtear con el pensamiento contemporáneo ocultando o sacrificando partes esenciales de la verdad bíblica.

Es imperativo poner fin a la inautenticidad, a la servidumbre de la vocación bajo el espíritu profano del profesionalismo, a la repelente contradicción entre lo que se predica y lo que se vive.

En la historia del pueblo de Dios el punto de partida de todo avivamiento, de toda experiencia de restauración, ha sido el arrepentimiento, el reconocimiento, confesión y abandono de los errores o pecados puestos al descubierto por el Espíritu de Dios.

2. Redescubrimiento de la gloria del púlpito

Como hemos señalado repetidamente, el predicador es intermediario entre Dios y el auditorio. Habla a seres humanos, creyentes o no creyentes, envueltos en la complejidad dramática de la existencia en un mundo cuajado de problemas. Son hombres y mujeres que viven experiencias en las que concurren los elementos más contradictorios: la alegría y el dolor, la esperanza y la desilusión, el anhelo noble y el sentimiento de culpa, la actitud heroica y el miedo, la fe y la incredulidad, la certidumbre y la duda. Se ven envueltos en los grandes misterios del espacio y del tiempo, de la vida y de la muerte, de la existencia del mal, del sufrimiento. Ante tales misterios, muchos no solo se sienten perplejos; se ven atormentados y se percatan del drama impresionante, la tragedia que es la existencia humana.

Además, el predicador sabe que estas realidades están enmarcadas en el cuadro de una creación arruinada moralmente por el pecado. Sabe que lo más horrible en la historia del mundo y en la vida de cada individuo es la enemistad con Dios. Sabe que «la paga del pecado es muerte» en el sentido más amplio y profundo, y que a esa muerte está condenado todo ser humano a menos que se vuelva a Dios por el camino del arrepentimiento y la fe en Jesucristo. Sí, el predicador es consciente de que lo más grave de la condición humana no es la perplejidad, ni el sufrimiento, ni la injusticia, ni la degradación moral con sus efectos sociales, ni la frustración, ni el temor a la muerte. Lo más grave es que la humanidad entera, sin excepción, está bajo el juicio condenatorio de Dios.

A esas personas debe hablar el predicador. Debe hablarles en nombre de Dios, con el mensaje de Dios. Ha de ser fiel transmisor, no emisor —como vimos en el apéndice precedente— de la Palabra divina, que es palabra eminentemente creadora, vivificadora. Ella fue la fuerza que dio origen a la primera creación (Hcb. 11:3) y por su poder, manifestado en la Palabra encarnada, son hechas nuevas todas las cosas (2 Co. 5:17). Cierto es que la Palabra de Dios contiene un fuerte elemento de juicio condenatorio sobre los hombres y sus obras. Pero no es ése el elemento definitivo o decisivo. Esencialmente, los mensajes de Dios siempre han sido evangelio, buena nueva. La denuncia del pecado ha tenido siempre por objeto despertar la conciencia y llevar a los hombres a la reconciliación con Dios y al disfrute de sus mejores dones. Por eso la proclamación de la Palabra ha sido siempre anuncio de salvación. Es luz para los que están en tinieblas, ofrecimiento de perdón para los pecadores, de consolación para los tristes, de liberación para cuantos sufren cualquier forma de esclavitud, especialmente la de sus propios hábitos y tendencias pecaminosas, de esperanza para quienes han sucumbido a la frustración, de vida espiritualmente plena para quienes arrastran una existencia vacía de contenido y de ilusión, de vida eterna para quienes se sienten constantemente amenazados por el desastre final: la muerte.

Todo esto es lo que nuestros contemporáneos siguen necesitando, por más que no se percaten de ello. Lo necesitan urgentemente. Las grandes crisis de diversa índole que el mundo está viviendo ponen de manifiesto que sus males no se remedian mediante los recursos de la ciencia y la tecnología, de la sociología y la evolución política. Tampoco pueden estos recursos satisfacer el hambre espiritual que, en el fondo, todo ser humano siente. Hoy resulta harto evidente que «no solo de pan vive el hombre, sino de toda palabra que sale de la boca de Dios».

Ésa es la palabra que el predicador es llamado a exponer. Fruto de su labor puede ser la conversión de hombres y mujeres que son arrancados de la potestad de las tinieblas y trasladados al Reino del Hijo de Dios, la gloriosa transformación de vidas arruinadas por el pecado, la consolación de almas atribuladas, la restauración moral de los caídos, el robustecimiento de los debilitados, la elevación de los creyentes, sus hermanos, a alturas superiores de fe, esperanza, amor, en las que hallarán no solo la plenitud de sentido de sus vidas, sino esferas de servicio donde serán «luz del mundo» y «sal de la tierra». Nada como la predicación puede acercar el cielo a la tierra. Nada puede aportar mayores beneficios.

¡Qué privilegio, qué ministerio glorioso el del predicador! Recuperar la visión de lo que ese privilegio entraña es indispensable para la revitalización del púlpito.

3. Asunción del elemento profético

Puede haber diversidad de opiniones en cuanto a la interpretación del «don de profecía» en la Iglesia cristiana y su manifestación en nuestros días. Algunos sostienen que Dios sigue teniendo sus «profetas», a quienes hace sus revelaciones, como antaño, de modo directo, mientras que otros, convencidos de que esa interpretación abre la puerta a mensajes «proféticos» provenientes del espíritu humano, no del Espíritu de Dios, e incluso en desacuerdo con el mensaje bíblico, prefieren limitarse rigurosamente a la Escritura como fuente única de revelación.

Independientemente de que el predicador sea o no carismático, lo cierto es que en su ministerio de proclamación de la Palabra debe haber mucho del espíritu que animó a los profetas bíblicos. Todo predicador debería reunir las mismas características que distinguieron a los portavoces de Dios enviados por Él a su antiguo pueblo. En ese sentido podemos hablar del «predicador-profeta», quien presenta los mismos rasgos esenciales de los profetas de la Biblia:

a) Conoce la situación existencial, moral y espiritual de sus oyentes, entre los cuales convive en estrecha relación compartiendo sus experiencias, a excepción de sus errores religiosos y sus extravíos morales. El predicador ha de ser un hombre de su pueblo, con el que se identifica en tanto no comprometa la fidelidad de su vocación.

b) Conoce la Palabra de Dios, que llega a él con fuerza incontenible, como llegó a Jeremías (Jer. 20:9), a Amós (Am. 3:8) y a tantos otros. No se trata de un conocimiento meramente intelectual, sino vivencial. El contenido de la Palabra ilumina la mente del predicador-profeta, pero al mismo tiempo inspira y transforma su vida, a la par que le induce a su proclamación.

c) Comunica fielmente el mensaje divino. Sin adulteraciones: sin añadir ni quitar; sin concesiones ni adaptaciones al pensamiento humano opuesto a la verdad de Dios, sin temor a «desentonar»; no exento de sensatez, de sentido común.

d) Habla con autoridad, la autoridad que emana de Dios mismo y de la que está investida su Palabra. La fuerza del predicador no radica en su capacidad intelectual o en su oratoria, sino en que, si es fiel a la Palabra, siempre puede declarar con firmeza: «Así dice el Señor...».

e) Se expresa con certidumbre. Si, como cabe suponer, el predicador ha experimentado en sí mismo la acción de Dios, su mensaje llevará la impronta de la certidumbre. Nada hay más penoso e ineficaz que un predicador dominado por la inseguridad en su fe. Toda predicación ha de tener los mismos distintivos que la de Pablo en Tesalónica. Debe llegar a los oyentes «no solamente en palabras, sino también en poder, en el Espíritu Santo, en plena certidumbre» (1 Ts. 1:5). Si algún secreto tiene la predicación eficaz, no es, como indica John Stott, «el dominio de ciertas técnicas, sino el ser dominados por ciertas convicciones».[73]

f) Habla con profunda compasión. Los testimonios de profetas como Jeremías y Oseas nos conmueven. A pesar de las amargas experiencias que hubieron de vivir, no cesaron de amar intensamente a las personas que solo merecían repudio. Algo de esto puede llegar

---

[73] *Op. cit.*, p. 92.

a conocer el predicador en su propia vida; pero si la Palabra de Dios ha calado hondo en su alma, sus palabras siempre llevarán la unción del amor.

4. Mejoramiento de la preparación

Recordemos todo lo expuesto en el capítulo IX. Poco o nada tenemos que añadir aquí. Lo único que podemos hacer es subrayar la necesidad imperiosa de que el predicador se autodiscipline tanto en la continuidad relativa a su preparación general como en lo que concierne a la preparación de sus mensajes.

Normalmente una predicación, como hicimos notar, no debe improvisarse. Exige horas de estudio, de meditación y oración. Frecuentemente el predicador se ve desbordado por un sinfín de otras actividades que le roban el tiempo que debería dedicar inexcusablemente a preparar su sermón. De ahí que, por importante que sea cuanto hace, resulte imprescindible establecer un orden de prioridades; y difícilmente encontraremos alguna que esté por encima de la predicación. Establecido ese orden de preferencias, el predicador ha de luchar con toda su capacidad y todas sus fuerzas para liberarse de la tiranía de las actividades secundarias.

De igual modo hemos de recalcar lo vital de la preparación espiritual del propio predicador mediante el cultivo constante de su piedad personal. El espacio de tiempo dedicado a la lectura devocional de la Biblia en comunión con Dios, salvo en circunstancias excepcionales, debiera considerarse sagrado. De lo contrario, se corre el riesgo de empobrecimiento interior y de que se produzca el fenómeno tan triste como paradójico, de que mientras el predicador ha de seguir alimentando espiritualmente a su congregación, él mismo carece de la nutrición indispensable. El peligro que a la larga pueda derivarse de ello es realmente serio.

5. Recuperación del dinamismo de la fe

Es innegable que los tiempos actuales son difíciles desde el punto de vista religioso y que la predicación del Evangelio tropieza con fuerzas tremendas de oposición. El secularismo de la sociedad con sus secuelas de relativismo y permisividad y la tibieza que predomina en muchas iglesias son una prueba dura para el mensajero de Cristo. No faltan motivos para el desaliento; pero caer en él es añadir una más a las causas de decadencia del púlpito cristiano. El predicador fiel a su Señor no puede permitirse tal debilidad. Como dijera Eliseo a su criado, «más son los que están con nosotros que los que están con ellos» (2 R. 6:16).

Cualesquiera que sean los obstáculos y los adversarios, el predicador ha de seguir confiando gozosamente en el poder perenne de la Palabra de Dios que «vive y permanece para siempre» (Is. 40:8), así como en la divina energía del Espíritu que convence al mundo de pecado, de justicia y de juicio (Jn. 16:8) y no cesa de hablar a las iglesias para reavivarlas (Ap. 2 y 3). Por eso, aun en las épocas más críticas de la historia no faltarán las minorías de fieles que no doblarán sus rodillas ante los baales de turno. Por eso, aun en las horas de mayor oscuridad, el predicador siempre podrá esperar nuevos amaneceres. En cualquier momento Dios puede irrumpir obrando maravillas. Ese momento puede ser el de una predicación de la que quizás el propio predicador nada extraordinario espera. Somos siervos de un Dios grande, todopoderoso, soberano, capaz de conmover la tierra y transponer montes si nosotros tenemos fe como un grano de mostaza.

Sí, hay poder ilimitado en Dios. Lo hay en su Palabra, siempre viva y eficaz. Lo hay en el predicador que con fe expectante encarna y proclama esa Palabra.

Si esa fe entra en acción, y si se asumen los demás elementos de renovación que hemos expuesto, la predicación cristiana brillará con el fulgor de sus momentos más radiantes y con indiscutible eficacia. De ese modo los púlpitos decadentes, donde los haya, experimentarán los efectos de su restauración y se convertirán en plataformas de comunicación desde las cuales serán emitidos con poder los mensajes de Dios.

TERCERA PARTE
El ministerio pastoral

Sección A
Cura de almas

Capítulo XVI
Concepto bíblico del pastorado

NECESIDAD DEL MINISTERIO PASTORAL

La predicación, como hemos visto, es una actividad importantísima. Pero resulta insuficiente para lograr plenamente los fines del ministerio. Por inspirada que sea, no pasa de ser un monólogo, con todas las limitaciones que este tipo de comunicación lleva aparejadas. Al final del mejor de los sermones, siempre quedan preguntas sin contestar, dudas sin desvanecer, problemas sin resolver. Nada digamos de la inoperancia de la predicación cuando la persona que oye se encuentra, a causa de prejuicios, preocupaciones o sentimientos negativos, impermeabilizada a las palabras del predicador. En este caso el fruto del púlpito es nulo. Pero lo que no se consigue mediante veinte discursos puede lograrse muchas veces por medio de una conversación.

Desligada del contacto directo con los oyentes, la predicación puede incluso convertirse en mero ejercicio intelectual carente de calor humano, de identificación con el pueblo y, por consiguiente, ineficaz para la mayoría del auditorio. Falta la receptividad producida por la comunión entre orador y oyentes. En tal caso, podría reproducirse el comentario que en cierta ocasión se hizo de un ministro cristiano: «Durante seis días de la semana es invisible, y el domingo, incomprensible».

Por otro lado, aun los mensajes recibidos con la mejor disposición espiritual no siempre resultan fáciles de poner en práctica. La idiosincrasia y las circunstancias de cada persona pueden bloquear sus buenos deseos. Por eso las enseñanzas generales impartidas a través de la predicación deben ser complementadas y aplicadas de modo particular según la situación de cada oyente. Podría decirse que lo que el predicador siembra desde el púlpito debe regarlo con sus contactos pastorales.

El apóstol Pablo comprendió lo inseparable de estas dos formas de servicio. La maestría con que combinó ambas es, sin duda, el secreto del éxito que Dios le concedió en lugares como Tesalónica (I Tes. 2:11) y Efeso (Hec. 20:20).

En los primeros siglos de la Iglesia, se dio gran importancia a la labor pastoral. Ignacio de Antioquía se distinguió por el conocimiento que tenía de los miembros de la iglesia. Cipriano de Cartago exhorta a la diligencia con objeto de evitar que, por el descuido, perezcan las ovejas de Cristo[74].

También en los días de la Reforma se atribuyó especial valor a esta faceta del ministerio. Calvino da testimonio de la abundante cosecha espiritual recogida en Ginebra como resultado de la obra sistemática de visitación hecha por los ancianos para tratar de modo íntimo con los miembros de la iglesia sus problemas espirituales.

Las ventajas de esta obra no son exclusivas de las «ovejas». También el pastor se beneficia de ella. En contacto con su pueblo, aumentará su bagaje de conocimientos relativos a la naturaleza humana, a los anhelos, inquietudes, necesidades, luchas de quienes le rodean, lo que le enriquecerá con ideas y experiencias utilísimas.

EL PASTOR A LA LUZ DE LA ESCRITURA

En el Antiguo Testamento se presenta repetidas veces a Dios como el pastor, guía y protector de Israel (Sal. 23:1-4; 28:9; 74:1; 78:52 y ss.; 80:1; 95:7; 100:3; Is. 40:11; Jer. 23:3; 31:10; 50:19; Ez. 34:11-22; Miq. 4:6-8). También se usa la figura para designar a los dirigentes políticos del pueblo, quienes, en su mayoría, cumplieron mal su misión (II Sam. 7:7; Is. 56:10; Jer. 2:8; 3:15; 10:21; 22:22; 23:1-4; 25:34-36; 50:6; Ez. 34:2-10; Zac. 10:3; 11:5, 15-17). El estudio de todos estos pasajes es muy iluminador y todo ministro haría bien en meditarlos detenidamente.

En el Nuevo Testamento, como era de esperar, es Jesús mismo el primero en apropiarse la metáfora con objeto de ilustrar su misión en el mundo y la relación que le uniría a sus redimidos. El es «el buen Pastor» (Jn. 10:11, 14). El adjetivo que se usa en el original griego es *kalos,* que expresa no solo la idea de bondad, sino también la de hermosura. «Es una imagen espléndida que irradia un resplandor de

---

[74] Epíst. LXVIII.

belleza celestial» (M. Pfliegler). Otros textos dan relieve a esta imagen (Mt. 15:24; 18:12-14; Mc. 6:34; Luc. 12:32; 15:3-7) que, evidentemente impresionó a los apóstoles. Pedro da a Cristo los títulos de «Pastor y Obispo de vuestras almas» (I Ped. 2:25) y «Príncipe de los pastores» (I Ped. 5:4). El autor de la carta a los Hebreos ve, asimismo, en El al «gran Pastor de las ovejas» (Heb. 13:20). En efecto, la más exquisita dedicación pastoral caracterizó el ministerio público del Salvador, lo que hizo de El Señor y ejemplo de los pastores que a lo largo de los siglos habrían de dirigir la Iglesia. «Solo en la medida en que vemos la obra pastoral de Cristo mismo como parte del conjunto de su obra redentora podemos comprender rectamente la primacía de su propia labor pastoral, así como el carácter y alcance del ministerio pastoral de la Iglesia. La Iglesia no tiene función pastoral propia; si hay cristianos que son llamados a ser pastores, son únicamente subpastores. Del mismo modo que solo hay un Sumo Sacerdote, así hay solo un Buen Pastor. Sin embargo, pertenecer a la Iglesia de Cristo equivale a estar comprometidos en su obra sacerdotal y pastoral. Es únicamente en este sentido como podemos hablar de «pastores cristianos»[75].

Cristo mismo enfatizó este significado de la pastoría en su Iglesia cuando encomendó a Pedro —en el momento de su restauración— el cuidado de su rebaño (Jn. 21:15-17. «Apacienta mis corderos... Pastorea mis ovejas». No eran los corderos y ovejas de Pedro o del colegio apostólico. Eran la grey del Señor.

La importancia del ministerio pastoral resalta tanto en los Hechos como en las Epístolas. Pronto en la Iglesia de Jerusalén aparecen los ancianos en estrecha colaboración con los apóstoles (Hec. 11:30; 15:2). Pablo y Bernabé constituyeron ancianos en cada una de las iglesias fundadas en su primer viaje misionero (Hec. 14:23). El carácter eminentemente pastoral del ministerio de los ancianos se advierte en el mensaje dirigido por el apóstol Pablo a los de Efeso (Hec. 20:17, 28). Es precisamente en su carta a los Efesios donde Pablo, en un enfoque teológico del ministerio, sitúa a los pastores (con funciones también de maestros) junto a los apóstoles, profetas y evangelistas (Ef. 4:11). En sus cartas pastorales da especial atención a los requisitos de los ancianos (obispos o pastores, términos los tres sinónimos), a su trabajo y a sus relaciones con la iglesia (I y II Tim. y Tito). De modo resumido, Pedro subraya igualmente la obra de pastoreo a que deben dedicarse

---

[75] Frederick Greeves, *Theology and the Cure of Souls*, p. 9.

los ancianos, con los que él mismo se identifica (I Ped. 5:1-3). Todos estos pasajes nos muestran la gran solicitud que los dirigentes de las iglesias locales deben tener en la cura de almas.

RESPONSABILIDADES PASTORALES

Nos son sugeridas por la riqueza de la metáfora bíblica que nos ocupa y confirmadas por la enseñanza de la Escritura. Veamos las más importantes:

Provisión de alimento espiritual

Los «pastos delicados» (Salm. 23:2) deben ser puestos al alcance de las ovejas, lo que equivale a decir que la grey del Señor debe ser instruida en su Palabra (I Tim. 3:16, 17; I Ped. 1:23-2:3). Tal es la finalidad de la predicación; pero también la de los contactos personales (Hec. 8:35; 18:26; I Tes. 2:11, 12). Los problemas más graves de algunas iglesias se deben a la desnutrición espiritual que debilita a sus miembros y los expone a errores, actitudes carnales, debilidades y extravíos de todas clases. Un creyente bien alimentado espiritualmente tendrá y creará, por lo general, menos dificultades que el que carece del necesario sustento de la Palabra. Además, la oveja satisfecha, difícilmente codicia prados extraños.

Protección

En lenguaje incomparable, expone el Señor este aspecto del trabajo pastoril (Jn. 10:10-15). El encargo solemne que hizo Pablo a los ancianos de Efeso es igualmente impresionante (Hec. 20:28-30). El pastor, mediante su enseñanza bíblica y su ejemplo, debe proteger a sus hermanos de los falsos profetas —incluso los que surgen del seno de la propia Iglesia—, de las corrientes de pensamiento y formas de vida de cada época contrarias al Evangelio, de las influencias secularizantes del mundo, de todo precursor del anticristo (I Tim. 4:1-6; II Tim. 3; I Jn. 2:18-20; 4:1-6; Jud. 3-4).

En la práctica, la protección se extenderá más allá de lo doctrinal. Atenderá a los problemas íntimos de cada persona, a sus dudas, conflictos morales, debilidades, traumas, etcétera, que pudieran amenazar su integridad espiritual. Y cuando una oveja ha sufrido alguna herida, el pastor se esmerará en curarla. Ese es el propósito de Dios (Ez. 34:16).

Dirección

A semejanza de Cristo (Jn. 10:3,4), el pastor fiel conduce a sus ovejas. Esta tarea es delicada. No puede llevarse a cabo por la fuerza; el pastor no «arrastra» a sus ovejas; simplemente las «saca» (*exagei auta* — literalmente, guía o conduce afuera, del aprisco a los pastos). El éxito en esta misión tiene un secreto: el pastor «va delante» del rebaño (Jn. 10:4). La dirección de sus pasos determina la de las ovejas. No puede esperarse que éstas lleguen muy lejos si el pastor se queda atrás. Pocas cosas influyen tanto en la buena marcha de una iglesia como el ejemplo de sus líderes. Por eso exhorta Pedro a los ancianos a que sean modelos de la grey (I Ped. 5:3).

Con el estímulo de este ejemplo, el pueblo del Señor debe ser guiado, según las orientaciones de la Palabra de Dios, a través de las dificultades, tentaciones, tribulaciones y también de las oportunidades de servicio que encuentra a diario en su peregrinar cristiano.

Corrección

Todavía hoy, las piedras y el perro prestan un gran servicio al pastor cuando una oveja tiende a rezagarse o extraviarse. En las cartas de los apóstoles abundan las admoniciones e incluso represiones severas. Pablo tuvo que consumir gran parte de su tiempo y de sus energías subsanando errores y rectificando formas de conducta contrarias al verdadero cristianismo. Recuérdense sus cartas a las iglesias de Galacia, Corinto y Colosas. Y en sus consejos de orientación pastoral dados a Timoteo y Tito, insiste en la necesidad de corregir todo lo torcido (I Tim. 1:3; 5:20; 6:17; II Tim. 2:14; 4:2; Tito 1:5, 13). Hay una tolerancia mal entendida que más bien es infidelidad al Evangelio.

Esto no excluye la necesidad de que, en las acciones correctivas, se obre con comprensión y mansedumbre (I Tim. 2:24, 25).

Consolación

Por cada vez que el pastor tenga que corregir, se verá diez veces en la necesidad de consolar. En el zurrón pastoril nunca debe faltar el aceite suavizador. Cuando el Espíritu de Dios está sobre uno de sus siervos, el ministerio es acción en favor de los abatidos, de los quebrantados de corazón, de los cautivos, de los enlutados, de los afligidos, a quienes debe suministrarse el óleo de gozo contenido en el mensaje evangélico (Is. 61:1-3).

Dios mismo, el gran Pastor de Israel, prorrumpe en exclamaciones consolatorias cuando su pueblo, después del cautiverio babilónico, inicia una nueva era de su historia (Is. 40:1). Jesucristo, con sus numerosos milagros de amor, infundió aliento a innumerables seres humanos. El Espíritu Santo es el *Parákletos* (persona llamada para estar al lado de otra a fin de ayudarla) (Jn. 14:16, 26; 15:26; 16:7). La traducción de este término en la versión de Reina-Valera por «Consolador» no es del todo afortunada; pero subraya una de las acciones que el Espíritu Santo realiza en el creyente. Y los apóstoles, guiados por el Espíritu, fueron grandes consoladores. El ejemplo de Pablo descuella de modo inspirador (Hec. 16:40; II Cor. 1:4-7; 2:7; Ef. 6:22; Col. 4:8; I Tes. 2:11; 3:2; 5:14).

La eficacia pastoral no se mide tanto por la ortodoxia o por el celo desplegados en el trabajo como por el aliento impartido a cada creyente para proseguir su vida cristiana con fuerzas renovadas.

Restauración

El pastor cristiano debe tener la misma preocupacion que su Señor por las ovejas perdidas que están lejos del redil (Luc. 15:4-4; 19:10 y Jn. 10:16). Ha de sentir el anhelo de alcanzar con el Evangelio a los inconversos. Pero debe velar con pasión no menor por los que ya pertenecen a la grey. Sucede a menudo que pastores e iglesias concentran sus esfuerzos en actividades evangelísticas con objeto de ganar almas; pero casi tan pronto como éstas se han convertido, quedan prácticamente sin la atención y cuidado que necesitan. En muchos casos, el recién convertido ha de enfrentarse con conflictos que exceden a su capacidad espiritual; y sucumbe o se limita simplemente a vegetar en la experiencia cristiana. Esto puede acontecer también en creyentes más formados, incluso años después de su conversión, ante el embate de contrariedades o a causa de un debilitamiento de la fe. En cualquier caso, no debiera faltar el cuidado pastoral. También sobre este punto, el capítulo 34 de Ezequiel (en especial el versículo 16) nos ofrece importantes lecciones.

La obra de restauración debe iniciarse tan pronto como se ve una anomalía importante en la vida del creyente. No conviene esperar al enfriamiento total. Entonces puede ser demasiado tarde. Cuando se observa que la fe de un hermano decae, que va abandonando sus responsabilidades en la iglesia, espaciando su asistencia a los cultos o adoptando sistemáticamente actitudes negativas; cuando los intereses temporales desplazan peligrosamente a los intereses espírituales en la escala de prioridades; cuando algún problema moral no resuelto le tortura; cuando se intuyen dificultades serias en su vida íntima o familiar, es hora de proceder a un acercamiento fraternal con objeto de ayudar a tal hermano y restaurarlo a una vida de plenitud espiritual.

CARACTERÍSTICAS DEL PASTOR

Las básicas son las expuestas ya en la primera parte de esta obra. Sin embargo, hay algunas cualidades especiales que deben distinguir al ministro en su actividad pastoral.

Conocimiento personal de la grey

«Yo conozco mis ovejas», dijo Jesús (Jn. 10:14). Y las conoce individualmente, las «llama por su nombre» (Jn. 10:3). El sabe bien lo que hay en cada ser humano (Jn. 2:25). Por eso su acción pastoral se ajusta a la necesidad particular de cada persona. Las palabras y el modo de obrar de Jesús con Natanael, con la samaritana, con Leví o con Zaqueo fueron determinados por el conocimiento que Jesús tenía de cada uno de ellos. Lo mismo puede decirse de su obra de enseñanza entre los apóstoles.

El pastor ha de conocer a los miembros de su iglesia lo más íntimamente posible, por difícil que esto sea, sobre todo en iglesias grandes. Ha de conocer el temperamento de cada miembro, lo más importante de su vida, su estado de salud, sus circunstancias familiares, las características de su situación laboral, su experiencia espiritual, tanto en sus aspectos positivos como en los negativos.

Al conocimiento debe unirse el reconocimiento, el respeto y la aceptación de cada persona con todas sus peculiaridades, con sus virtudes y defectos. Cada una ha de ser de valor inestimable a ojos del pastor, pues ha sido —y es— objeto de la gracia de Dios. Cada una ha de poder percatarse de que es tenida en cuenta y amada. Idealmente, todo creyente habría de poder ver en el pastor una ilustración, aunque pálida e imperfecta, de Cristo, de quien Pablo dice con la intensidad emotiva de una relación personal: «Me amó y se dio a sí mismo por mí» (Gál. 2:20).

La importancia de este punto no podrá enfatizarse nunca desmesuradamente. Y menos en nuestros días en que las corrientes sociológicas tienden a despersonalizar al hombre. En una época de masificación creciente en que el individuo es engullido por la colectividad, prácticamente anulado por estructuras socioeconómicas deshumanizadas y valorado solo por lo que produce, el pastor tiene que ser muy consciente del valor de cada persona en sí. Sería fatal que viera en la iglesia una empresa y en sus miembros meros productos espirituales o elementos de producción. El pastor trabaja con hombres y éstos deben ser el objeto de su atención personal y de su afecto. Ellos mismos son el fin de su obra (Col. 1:28, 29), no un medio más o menos mecánico para montar un tinglado eclesiástico.

Toda persona se da pronto cuenta y suele responder positivamente cuando es objeto de interés y afecto, cuando alguien se preocupa sinceramente de ella y de sus circunstancias. El pastor que comprende este hecho y actúa consecuentemente está en condiciones de hacer una gran obra; el que lo ignora difícilmente verá grandes resultados de su labor.

Simpatía

Cuando nuestros hermanos viven horas de tensión, de soledad, de amargura, de frustración, nada les hará tanto bien como la presencia de alguien que se acerque a ellos con el sentir compasivo que hubo en Cristo Jesús. La identificación con sus hermanos ha de ser distintivo del ministro. «¿Quién enferma y yo no enfermo?», preguntaba Pablo con vehemencia (II Cor. 11:29).

Aun en los casos en que se haga necesaria la represión o la condenación de un pecado determinado, no puede faltar la caridad. Dos razones obligan a ello. En primer lugar, el hecho de que también el ministro tiene sus propios defectos (I Cor. 10:12; Gál. 6:1). En días del Antiguo Testamento, el sumo sacerdote debía distinguirse por su magnanimidad: «Que se muestre paciente con los ignorantes y debilitados, puesto que él también está rodeado de debilidad» (Heb. 5:2). En segundo lugar, porque tanto la naturaleza como la conducta humana, complejísimas, sufren las consecuencias nefastas del pecado. Y el pecado, siempre reprobable, debe siempre despertar en nosotros un amor profundo hacia el pecador. Este es el sentimiento de nuestro Padre celestial, a quien debemos imitar (Ef. 5:1, 2).

En la medida en que amamos, ahondamos en el conocimiento de nuestros semejantes. Como escribió Nikolai Berdiaiev, «no conocemos el último secreto, la última profundidad del corazón humano; esto se revela solo al que ama»[76].

---

[76] *Von der Bestimmung des Menschen*, 1935, p. 150.

Sencillez

El pastor ha de apropiarse las palabras de Jesús: «Aprended de mí, que soy manso y humilde de corazón» (Mt. 11:29). Sin menoscabo de su dignidad, que debe conservar en todo momento; sin concesiones a una excesiva familiaridad, el ministro ha de mostrarse siempre sencillo y asequible. En el momento en que, consciente o inconscientemente, se sitúa por encima de sus hermanos con aires de superioridad, está cerrando la puerta de acceso a sus corazones. Si da la impresión —falsa por lo general— de que vive en un plano espiritual muy elevado en el que solo cosecha victorias y experiencias inefables en comunión con Dios, en vez de estimularlos, probablemente los desanimará. El creyente que se ve zarandeado por mil tentaciones, que duda o fluctúa, que tropieza una y otra vez. se sentirá muy lejos del «santo» varón de Dios y tendrá la impresión de que no va a poder ni entenderle ni ayudarle. Ya antes de iniciar el contacto personal, se siente juzgado, humillado y rechazado.

El ministro de Jesucristo ha de tener una idea muy clara de que la comunión de los santos es comunión de pecadores, entre los cuales se encuentra él mismo. Cuanto más evidente se haga esta realidad, más fácil resultará la comunicación entre él y sus hermanos y más fructífera será su labor de cura de almas.

Tacto

Cada persona debe ser tratada conforme a su situación concreta. El médico no puede prescribir el mismo tratamiento para todos sus enfermos. Tampoco Cristo, el gran Médico espiritual, trató del mismo modo a todos los que entraron en relación personal con El. Su conversación con la samaritana fue muy diferente de la que sostuvo con Nicodemo. Con Zaqueo no obró como en el caso del ciego de nacimiento, ni habló a Leví como al joven rico. A cada uno dijo y dio lo que necesitaba, siempre sobre la base de un conocimiento admirable de cada persona y su situación. Y en todos los casos, con un derroche de delicadeza. Sus palabras podían causar gozo y tristeza, pero nunca —si se exceptúan sus diatribas contra escribas y fariseos— fueron hirientes; nunca revelaron reacciones incontroladas o falta de conocimiento, sino el tino de una sabiduría y un amor sin límites.

Salvando las distancias entre su peerfección absoluta y nuestras limitaciones, hemos de tomarlo como ejemplo en nuestros contactos personales con los demás.

Discreción

Es de lógica elemental que el pastor haya de mantenerse fiel a la confianza que en él depositan sus hermanos. Aunque en el ministerio evangélico no existe la confesión auricular, no son pocas las personas que abren de par en par su corazón ante su guía espiritual, a quien hacen confidente de sus mayores intimidades. Le hacen auténticas confesiones, cuyo secreto no se puede divulgar, a menos que el ministro quiera destruir su prestigio e influencia juntamente con el bienestar de la iglesia. Si en la Escritura se condena la chismografía de algunas mujeres (I Tim. 5:12, 13), ¿cuánto más no habrá de reprobarse la indiscreción de un líder cristiano?

Imparcialidad

Con tono extraordinariamente enfático, aconsejó Pablo a Timoteo que se abstuviera de la parcialidad (I Tim. 5:21). Desoír este mandamiento es dar cita a los peores problemas que puedan plantearse en una iglesia.

Una congregación cristiana suele ser un conjunto sumamente heterogéneo de personas. Las hay ricas, pobres, cultas, analfabetas, delicadas, vulgares, afables, descorteses, positivas, negativas, estimuladoras, deprimentes. Es muy fácil que el pastor se sienta más a gusto relacionándose con los miembros con quienes más se identifica. Pero debe sacrificar sus predilecciones personales y velar para que nadie pueda acusarle justamente de favoritismo, tanto en sus contactos como en la distribución de lugares de servicio dentro de la iglesia o en la resolución de los litigios que puedan surgir entre los miembros.

DIMENSIONES DE LA OBRA PASTORAL

Aunque se hallan implícitas en lo que ya llevamos expuesto, conviene destacarlas, con algunas observaciones prácticas, como conclusión de este capítulo.

Su amplitud

Debe extenderse a toda la iglesia. Ningún miembro ha de quedar excluido (Hec. 20:26; Rom. 1:7, 8; Fil. 1:4, 7; Col. 1:28; I Tes. 1:2).

Este principio resulta, sin embargo, difícil de aplicar cuando la iglesia tiene un elevado número de miembros. A partir de los cien, ya es prácticamente imposible que una sola persona pueda atender pastoralmente a toda la congregación. La solución bíblica es la pluralidad de ancianos. Y aun esta solución puede completarse con la colaboración de hermanos fieles debidamente preparados para realizar este tipo de trabajo[77].

De este modo puede llegarse a la meta ideal de que no haya ni un solo miembro de la iglesia que no reciba la atención espiritual que necesita. Los casos más delicados pueden ser tratados por los dirigentes más aptos. El consejo de Jetro a Moisés para atender adecuadamente al pueblo de Israel (Ex. 18:13-26) es una buena pauta.

Su duración

La acción pastoral no puede limitarse temporalmente. Muchas veces no basta una conversación para solucionar un problema; son necesarias varias. Cuando se ha resuelto una cuestión, al cabo de un tiempo surge otra. Mientras permanece el creyente en el mundo, está expuesto a dificultades de modo constante, por lo que la cura de almas es una ocupación permanente. Pablo, después de tres años en Efeso absorbido en una labor intensísima de pastoreo, no podía considerar que aquella obra estuviese acabada; por eso exhorta a los ancianos de la iglesia a que la continúen fielmente (Hec. 20:28, 31).

A veces sucede que los esfuerzos en el pastoreo parecen estériles o poco fructíferos. Hay quienes por su edad en la fe habrían de ser creyentes maduros y, sin embargo, no han salido de su infantilismo espiritual (Heb. 5:12). Pablo escribía a los Gálatas: «Vuelvo a sufrir dolores de parto hasta que Cristo sea formado en vosotros» (Gál. 4:19). Esto puede producir cierto desánimo en el siervo del Señor. La torpeza de sus hermanos puede entorpecer sus manos en el trabajo. Henry Martin confesó que a veces era «probado con un disgusto pecaminoso por su obra pastoral» y que frecuentemente se sentía «como una piedra hablando a piedras». Cuando esto acontezca, conviene mirar al Siervo de Dios por excelencia, el cual «no se cansa ni desmaya», aunque su ministerio se desarrolle entre cañas cascadas y pábilos humeantes (Is. 42:3,4).

---

[77] «En la Iglesia primitiva, todos practicaban la cura de almas. Cada cristiano sentía preocupación por los demás. Compartía las dificultades del hermano y estaba a su lado en los momentos de necesidad. Procuraba, mediante el consuelo, la exhortación, la instrucción y el consejo, ordenar la vida espiritual en relación con Dios y con el prójimo. En esta labor se buscaba, sobre todo, actualizar la salvación y la curación» (Walter Wanner, *Signale aus der Tiefe, Tiefenpsychologie und Glaube,* Brunnen Verlag, p. 14).

Su profundidad

No basta conocer superficialmente las situaciones diversas en que nuestros hermanos gozan o sufren, triunfan o son derrotados. Conviene calar hondo en la naturaleza de sus experiencias, en las causas, en su contextura recóndita. Para ello es imprescindible un mínimo de conocimiento de la estructura anímica del ser humano y de las fuerzas que actúan en su comportamiento. De este punto nos ocuparemos en el capítulo siguiente. Pero anticipemos que cualquier «inmersión» en las profundidades espirituales de nuestros semejantes debe efectuarse con el equipo de la Palabra de Dios y la asistencia del Espíritu Santo.

Su altura

La finalidad del ministerio no es simplemente consolar, instruir o ayudar desde un ángulo meramente temporal. Es «presentar perfecto en Cristo Jesús a todo hombre» (Col. 1:28); es lograr que cada creyente viva su vida cristiana de tal modo que en el día de Cristo merezca la aprobación de su Señor. El campo pastoral debe estar iluminado por los esplendores del cielo, pues la tarea que en él se lleva a cabo coadyuva a la realización del propósito divino que tendrá su perfecta consumación en la glorificación de la Iglesia (Rom. 8:28-30; II Tes. 1:10-12).

• •

CUESTIONARIO

1. *¿Por qué la obra pastoral es complemento indispensable de la predicación?*

2. *Cristo es el Pastor por excelencia. ¿Cómo se puso de manifiesto su cuidado pastoral durante su ministerio? Mencione hechos concretos que sirvan de pauta para sus «sub-pastores».*

3. *Señale la relación que puede haber entre las responsabilidades y las características del pastor.*

4. *Si la obra pastoral debe extenderse a todas las «ovejas» encomendadas a un ministro, ¿qué debe hacerse en el caso de que las limitaciones de tiempo impidan un contacto regular con toda la grey?*

• •

Capítulo XVII
Psicología y pastoral

En el capítulo anterior hicimos notar la necesidad de que el pastor conozca a las personas entre las cuales debe ministrar. En palabras del profesor J. G. McKenzie, «es realmente imposible exagerar la tremenda desventaja bajo la cual trabaja el predicador, el educador o el reformador social cuando carece de un conocimiento de la naturaleza humana, sus tendencias dinámicas, sus sentimientos controladores, su conciencia y su razón»[78].

Pero nada hay más difícil de entender que el ser humano en su misteriosa complejidad. ¿Qué factores determinan su carácter? ¿Cómo está estructurada su personalidad? ¿Qué fuerzas configuran su conducta? ¿Dónde radican las causas de sus conflictos? ¿Qué se oculta detrás de sus reacciones? Las respuestas a estas preguntas y otras análogas son de capital importancia y no siempre las encontramos, al menos explícitamente, en la Biblia o en nuestras observaciones directas. De aquí que nos veamos precisados a poseer un mínimo de conocimientos psicológicos.

LUGAR DE LA PSICOLOGÍA EN LA CURA DE ALMAS

La psicología, como disciplina científica, ha tenido un origen relativamente reciente y está aún lejos de haber llegado a conclusiones indiscutibles. Hay discrepancias importantes entre sus diferentes escuelas. El comportamiento humano y sus problemas, objeto del estudio de esta ciencia, no han sido aún aclarados de modo plenamente satisfactorio. Consecuentemente, tampoco puede en muchos casos proporcionar soluciones eficaces para los desórdenes, graves o leves, de

---

[78] *Souls in the Making*, p. 20.

la personalidad. Además, en este campo suele mirarse con poca simpatía el valor objetivo de la fe religiosa. En algunos casos, la actitud es de franca hostilidad a cualquier tipo de religión. De aquí que muchos creyentes hayan mirado con suspicacia cualquier acercamiento a la psicología.

Sin embargo, aunque en modo alguno podamos admitir ciertas opiniones de psicólogos y psiquiatras, fuerza es reconocer que la psicología nos ayuda a entender la naturaleza humana. La oposición de algunos teólogos, entre ellos Karl Barth, a reconocer el derecho de la psicología a examinar los fenómenos religiosos no parece justificada. Como ha señalado Antoine Vergote, esta posición pierde de vista que el cristiano no solo es interpelado por la Palabra divina, sino que marcha delante de ella con toda su humanidad y su asentimiento humano, y ahí sí que puede intervenir la Psicología[79]. En el fondo, sus conclusiones básicas no difieren de los postulados teológicos fundamentados en la revelación bíblica. Haremos, pues, bien en apropiarnos lo que, a la luz de la Palabra de Dios, consideremos verdadero y útil para nuestra tarea pastoral.

Debe haber por nuestra parte una asimilación de los elementos positivos de la psicología sin la menor renuncia a nuestra propia identidad. Puestos a escoger entre la psicología y la Palabra, optaríamos por ésta. Pero no hay necesidad de tal disyuntiva. La labor del psicólogo puede ser magníficamente complementada por la del pastor. W. Fearon Halliday, escribió: «Estamos viviendo en una época de peculiar inquietud psíquica, y la mente religiosa no la considerará aparte de la ordenación providencial de Dios de que importantes descubrimientos psicológicos proporcionen la llave para calmar esta inquietud»[80]. Nosotros diríamos que la llave la encontramos en la Escritura, pero los descubrimientos psicológicos nos ayudan a usarla con mayor tino. El testimonio de O. L. Joseph sobre los pastores merece ser tenido en cuenta: «A diferencia del psicólogo profesional, estos hombres, que a su espíritu religioso y a su instinto pastoral unieron una mente científica, han diagnosticado motivos, analizado emociones, interpretado deseos que dan percepciones más claras de la vida, libres de las predisposiciones favorables de las teorías y en mayor conformidad con las realidades de la vida»[81].

---

[79] *Psychologie religieuse*, p. 24.

[80] *Psychology and religious experience*, Hodder and Stoughton, p. 35.

[81] *The dynamic ministry*, The Abingdon Press, p. 117.

Esto es especialmente cierto en numerosos desórdenes psíquicos causados por problemas morales o espirituales, lo que no excluye la necesidad de que el pastor remita a un psiquiatra competente los casos evidentemente patológicos que exigen algo diferente de la orientación pastoral.

Pablo dijo a los corintios: «Todo es vuestro» (I Cor. 3:21). ¿Por qué no incluir nosotros hoy en ese «todo» los progresos de la psicología?

LA PERSONALIDAD HUMANA

El hombre, al igual que todos los seres vivos, es una entelequia, es decir, tiende a desarrollarse bajo determinadas leyes hacia una forma final *(en telos éjousin)*. Existen, sin embargo, algunas diferencias entre el ser humano y los demás seres orgánicos. Una de esas diferencias es la complejidad de su desarrollo, cuya normalidad se ve a menudo impedida por múltiples causas. Otra es el hecho de la personalidad, la conciencia que el hombre tiene de su identidad y continuidad, «la función psicológica por la que un individuo se considera como un Yo uno y permanente» (Lalande).

La personalidad implica dos ideas indispensables: integración y unicidad. Al estudiarla, no nos limitaremos a un segmento determinado de la conducta, sino al funcionamiento de la totalidad de la persona. Por otro lado, observamos que el individuo presenta unos atributos que lo hacen único y lo distinguen de sus semejantes. «Al referirnos a la personalidad se hace esencial saber cómo la persona, al expresar sus necesidades y sus relaciones sociales, funciona como una unidad recognoscible con rasgos distintivos, impulsos, actitudes y hábitos que le permiten o impiden alcanzar una adaptación adecuada a su entorno y a sí misma»[82].

Factores dominantes de la personalidad

Hemos de agruparlos en dos: herencia y medio ambiente. La influencia de ambos es innegable, por lo que no debe excluirse ninguno de los dos. Como señaló William James, las potencialidades innatas de la conducta humana se combinan con oportunidades para su realización adquiridas mediante la experiencia.

---

[82] S. Rosenzweig, *Encycl. Britannica, art. Personality.*

Los factores fisiológicos son importantes, pues constituyen una base indiscutible de fenómenos psicológicos. Es hecho bien conocido que el funcionalismo humoral o de las glándulas endocrinas, por su acción sobre el sistema nervioso, influye en el psiquismo. De aquí que, desde tiempos antiguos, se haya establecido una clasificación de temperamentos según la constitución física del individuo[83].

El pastor deberá tener en cuenta los elementos innatos de la personalidad de cada individuo, no solo para comprender mejor su comportamiento, sino para aceptar los límites que la constitución temperamental impone normalmente a una persona en sus reacciones.

Pero la herencia no es decisiva. La influencia del medio ambiente sobre el carácter y la conducta humanos no es menor. Las investigaciones de la antropología social han venido a demostrar que culturas diferentes producen diferentes efectos en las personalidades que se desarrollan dentro de ellas.

De singular importancia son las experiencias de la infancia, determinantes de muchas reacciones de la persona adulta. Las vivencias de los primeros años del niño marcan, por lo general, su futuro desarrollo psíquico y sus actitudes sociales. Si ha vivido en una atmósfera familiar en la que se ha sentido amado, comprendido y deseado, tenderá a sentirse seguro y amable fuera del hogar; si, por el contrario, se ha visto rechazado, se desarrollarán en él sentimientos de inseguridad que le llevarán o al aislamiento o a la hostilidad. La autoridad paterna, ejercida con cordura y amor, hará de él una persona sumisa; la misma autoridad, ejercida con dureza despótica, lo convertirá fácilmente en un rebelde. Si ha sido objeto de una excesiva protección, puede quedar reducido en su capacidad de iniciativa, tendrá propensión a darse toda clase de gustos y a imponer sus criterios a otros de modo dominante. La presencia de hermanos, puede fomentar su sociabilidad, pero puede también engendrar los celos infantiles que más

---

[83] Galeno elaboró la teoría de los cuatro temperamentos, determinados por la predominancia de uno de los cuatro humores: temperamento sanguíneo (predominancia de sangre), temperamento colérico (predominancia de bilis amarilla), temperamento melancólico (predominancia de bilis negra) y temperamento linfático (predominancia de linfa). Las huellas de esta teoría pueden verse aún en las tipologías morfofisiopsicológicas de Kretschmer (tipos pícnico-ciclotímico, leptosómico-esquizotímico, atlético-enequético y diplásico), K. Conrad, Sheldon, Pende, etc.

tarde reaparecen en forma de rivalidad y competencia en la relación con la sociedad.

Las vivencias infantiles pueden tener derivaciones importantes incluso en experiencias religiosas posteriores. En cierta ocasión una mujer creyente me confesó con gran turbación que a menudo sentía un fuerte impulso de maldecir a Dios con las palabras más crudas. Al preguntarle acerca de su niñez, me expuso los dramas vividos en el hogar a causa del alcoholismo de su padre. Traté de ayudarla a comprender que su problema en relación con Dios podía ser una proyección del resentimiento contra su padre terrenal. Al parecer, el problema quedó resuelto.

La problemática de la personalidad se agrava debido a que los efectos de la experiencia, al igual que otras fuerzas psíquicas, se alojan mayormente en el inconsciente del individuo, sin que este advierta su poderosa acción sobre la conducta. Este hecho nos obliga a considerar otro punto:

LA ESTRUCTURA DE LA PERSONALIDAD

Al tratar esta cuestión hemos de referimos, aunque solo sea de modo esquemático, a algunas de las figuras más prominentes dentro de la psicología. Ninguna de sus teorías parece completamente aceptable en su totalidad; pero al compararlas, puede observarse que se complementan.

Sigmund Freud

Suponía Freud al principio que la mente está dividida en dos partes: consciente e inconsciente. La primera contiene las ideas y sentimientos que se pueden expresar libremente. La segunda, los pensamientos y sentimientos hechos inconscientes por mecanismos de represión. Posteriormente, el gran psicoanalista elaboró una teoría más compleja, según la cual la estructura de la personalidad consta de tres partes: el *ello*, el *yo* y el *superyó*.

El *ello* es el depósito de los impulsos derivados de la constitución genética y tendentes a la preservación y la propagación de la vida. En esta región se alojan el impulso sexual (tan preponderante en la psicología de Freud) y el de agresividad, imprescindibles para satisfacer las necesidades biológicas y la perpetuación. El ello actúa bajo el *principio del placer*. No está regido por consideraciones lógicas o morales. Simplemente busca satisfacer necesidades instintivas. «No puede tolerar la tensión y exige una gratificación inmediata. Es exigente, impulsivo, irracional, asocial, egoísta y amante del placer»[84].

El *Yo,* en contraste con el ello, actúa en los niveles del consciente y el preconsciente y regula los impulsos primarios del ello. El ser humano no puede satisfacer sus necesidades biológicas sin tener en cuenta la realidad del mundo exterior. Pronto aprende que no puede apoderarse de todo cuanto desea sin desencadenar a veces sobre sí experiencias más penosas que el refrenamiento de sus impulsos. Por eso se dice que el yo está gobernado por el *principio de la realidad,* ya que domina al ello a fin de que el hombre se acomode al mundo en que vive. La base de su acción es el raciocinio.

El *superyó* constituye, por así decirlo, el elemento moral y judicial de la personalidad. Trata de ajustar la actuación del ello a las normas morales y costumbres de la sociedad, especialmente a las establecidas por los padres mediante un sistema de premios y castigos. El superyó, según Hall y Lindzey, «representa lo ideal más que lo real, y tiende hacia la perfección más que hacia el placer».

Del equilibrio entre las tres partes de la personalidad (ello, yo y superyó) depende el bienestar del individuo.

Carl Gustav Jung

Fue este psicólogo suizo colaborador de Freud durante algún tiempo; pero después se separó de él para fundar una nueva escuela. En su teoría de la personalidad destaca la división del inconsciente en personal y colectivo.

El *inconsciente personal* contiene recuerdos así como impulsos y deseos propios de cada individuo.

El *inconsciente colectivo* es una disposición heredada de los antepasados y constituye un depósito de «arquetipos» o «grandes imágenes primordiales, representaciones humanas virtuales de las cosas tal como siempre han sido, transmitidas de una generación a otra por la estructura del cerebro»[85]. Estos arquetipos de carácter universal, han inspirado los mitos, leyendas, fábulas y proverbios que han existido en la

---

[84] Calvin S. Hall, *Compendio de psicología freudiana,* Edit. Paidos, 1971, p. 31. Esta obra es una de las más recomendables para llegar a comprender a Freud.

[85] J. Delay y P. Pichot, *Manual de psicología,* p. 327.

literatura de todos los pueblos. «De este gran depósito surgen las fantasías que se convierten en el gran arte de la humanidad, las ideas creadoras que son embriones de filosofías, y las intuiciones que se desarrollan en religiones. Son impulsos interiores que dan contenido a nuestra vida»[86]. Entre los arquetipos, según Jung, se encuentra la idea de Dios.

Como puede verse, este depósito incluye mucho más que los impulsos arcaicos alojados en el ello de Freud.

También es característica de Jung la división de los seres humanos en *extravertidos e introvertidos*. El extravertido se distingue por su correspondencia a los estímulos externos y su carácter impulsivo, mientras que el introvertido concentra su interés y atención en su propio interior y es reflexivo. Sin embargo, Jung admite también la existencia de *ambivertidos*.

Cualquiera que sea el tipo a que un individuo pertenezca, lo ideal es que posea la cuádruple función de la personalidad: sensación, pensamiento, sentimiento e intuición.

Alfred Adler

Eminente psiquiatra austríaco, trabajó, al igual que Jung, asociado con Freud hasta que diferencias irreconciliables los separaron. En su sistema, el motivo dominante en el comportamiento humano es la *pugna por la perfección*, que a menudo adquiere la forma de lucha por la *superioridad* en compensación de un sentimiento de inferioridad. El afán de poder se convierte en una fuerza dinámica de primer orden. Para Adler, sin embargo, el concepto de poder equivale en muchos casos al de prestigio. Pero el mecanismo es en todos los casos el mismo. El sentimiento de inferioridad origina un sentimiento de inseguridad. La ansiedad que ambos producen solo puede eliminarse mediante una afirmación influyente de la propia personalidad. Para lograrlo, el hombre recurre a los medios que más fácilmente están a su alcance. El niño rehúye la compañía de compañeros más fuertes que él y busca la de otros más débiles a los cuales puede dominar. En los adultos, los esfuerzos realizados para sobresalir profesionalmente, establecer un negocio próspero, ocupar posiciones de honor, amasar grandes fortunas, o la exhibición de títulos, joyas, posesiones, suelen tener la misma motivación: el sentimiento de inferioridad, padre de las ansias de

---

[86] May, *The art of counselling*, p. 183.

poder o grandeza. Aun en el orden espiritual puede observarse el mismo fenómeno.

A este elemento básico debe unirse en la teoría adleriana la influencia ejercida sobre los procesos psicológicos por la opinión que el hombre tiene de sí mismo y del mundo y lo decisivo de su vinculación social a sus semejantes.

Otto Rank

Su teoría de la motivación se centra en su concepto de *voluntad*. A cualquier tipo de compulsión, ora externa (como pueden ser las órdenes de los padres) ora interna (acción de los instintos), la voluntad opone una resistencia. Esa resistencia no debe ser suprimida, sino encauzada hacia niveles más altos de desarrollo.

La expresión suprema de la voluntad —*voluntad de inmortalidad* la denomina Rank— es la esencia de nuestra individualidad. Como fuerza unificadora, equilibradora entre impulsos e inhibiciones, es el factor psicológico decisivo en la conducta humana[87].

Rank, que podría aparecer demasiado optimista en cuanto a las posibilidades de la voluntad, abre una valiosa perspectiva, hondamente religiosa, cuando señala la «vida en Cristo» como fuente de una «identidad real» y el amor como la afirmación positiva de la voluntad en sumisión a algo mayor que la persona misma[88].

Otros psicólogos han ampliado el campo de las motivaciones en sus descripciones de la personalidad. Mencionaremos solo dos más.

Erich Fromm, en su análisis de las necesidades humanas, da primacía a la que el hombre siente de relacionarse con sus semejantes para salir de su soledad, de su impotencia y de su ignorancia. Esta relación está presidida idealmente por el amor.

Viktor Frankl enfatiza la aspiración a descubrir el significado de la vida y la sitúa en primer lugar entre las fuerzas motivadoras, dándole identidad propia al negar que sea una «racionalización secundaria» de impulsos primarios.

Los límites de esta obra nos impiden extendernos en un análisis crítico de cada una de las teorías expuestas. Pero en breve síntesis podemos señalar que la conducta humana está determinada por una complicada combinación de fuerzas interiores (necesidades e impulsos)

---

[87] *Beyond Psychology*, p. 50.
[88] Recop. de Harold W. Darlin, *Man in his right mind*, p. 77.

y fuerzas exteriores (influencia de otras personas —particularmente de los padres—, costumbres, cultura, religión, etc.). Si las necesidades e impulsos son satisfechos adecuadamente, la personalidad se desarrolla de modo equilibrado y armonioso. Si no se satisfacen o se satisfacen mal, se produce la frustración, la cual, a su vez, da origen a la anormalidad psicológica. Esta anormalidad se manifiesta unas veces en forma de agresividad antisocial; otras, en forma de evasión. Agresión o huida, *fight or flight,* como lo expresan en inglés los psicólogos. De estos desajustes provienen las neurosis y otros desórdenes psíquicos.

Debe recordarse, no obstante, que ninguna teoría, ni la síntesis de todas las teorías, agota la complejidad de la personalidad y la conducta humanas. Menos la agotaría una aplicación simplista del principio estímulo-respuesta del *behaviorismo* clásico, pues no se ajustaría a la realidad de la experiencia en el caso del hombre. El postulado de Watson de que «la meta del estudio psicológico es la averiguación de datos y leyes tales que, dado el estímulo, la psicología pueda predecir cuál será la respuesta; o... dada la respuesta, pueda especificar el... estímulo»[89] puede conducir a un determinismo inaceptable. El hombre no es una rata de laboratorio. Sobre él actúan simultáneamente innumerables estímulos, muchos de ellos imperceptibles para el yo consciente. El hombre, en lo que concierne a su comportamiento, sigue siendo «ese gran misterio».

PSICOLOGÍA Y TEOLOGÍA

Como apuntamos líneas arriba, la relación entre psicología y teología no ha de ser necesariamente de antagonismo, como algunos han supuesto. Los conflictos surgidos entre ambas se deben generalmente a prejuicios. Hay posturas que no son rigurosamente científicas y que deben ser abandonadas. La Teología ha de estar dispuesta a corregir cuanto pueda haber en sus dogmas que contradiga, sin suficiente base bíblica, los hechos evidentes revelados por la psicología. Esta, a su vez, ha de reconocer «las limitaciones inherentes a cualquier punto de vista científico especializado y, por consiguiente, conceder la posibilidad de que otros puntos de vista y otras explicaciones de los mismos fenómenos sean posibles y legítimos»[90].

---

[89] *Encycl. Britannica,* art. *Behaviourism.*
[90] W. M. Horton, *A psychological approach to Theology,* p. 23.

Algunos de los más afamados psicólogos han reconocido la importancia del factor religioso en la salud de la personalidad. Jung declaró: «Durante los treinta últimos años me han consultado personas de todos los países civilizados de la tierra... Entre todos mis pacientes mayores de treinta y cinco años no ha habido ninguno cuyo problema en último término no fuera el de hallar un sentido religioso a la vida. Puedo decir que todos ellos enfermaron porque habían perdido lo que las religiones vivas de todas las épocas han dado a sus seguidores y ninguno de los que no recuperaron su perspectiva religiosa llegó a sanar realmente»[91].

Sin presunción vana, podemos afirmar que la fe cristiana supera a cualquier religión en su concepción del hombre. La revelación bíblica contiene la descripción más profunda que jamás se ha hecho de la naturaleza humana y de sus problemas psicológicos. Coincide con mucho de lo expuesto por las diferentes escuelas de psicología; pero ahonda más en las raíces de los conflictos de la personalidad y contribuye de modo más eficaz a su solución.

Reconoce la fuerza tremenda de los impulsos interiores y de las influencias externas que actúan sobre el individuo, todo ello en la contextura dramática del pecado en su naturaleza intrínseca y en sus manifestaciones. Los conflictos entre el ello y el superyó freudianos hallan su expresión bíblica en la lucha entre la carne y el espíritu. El desajuste psíquico del hombre se origina en el momento en que el hombre se rebeló contra Dios e hizo de sí mismo el centro y la meta de su existencia. Este egocentrismo preside las motivaciones de la conducta, entre las que prevalecen la sed de placer y las ansias de prestigio, de superioridad y poder, con todas sus secuelas de frustración y agresividad (compárese Sant. 4:1-3).

Asimismo, la Teología bíblica muestra el camino a seguir para alcanzar el equilibrio psíquico con la plena madurez de la personalidad. Cuando el hombre responde a los estímulos sobrenaturales del Espíritu y la Palabra de Dios, cuando se une espiritualmente a Cristo mediante la fe, se producen unos efectos de terapéutica psicológica incomparables.

Las promesas de Cristo disipan la ansiedad. El creyente confía en que las necesidades de primer orden, tales como la comida, la bebida, el abrigo, etc., serán suplidas por Dios en la ordenación paternal de su providencia (Mt. 6:25-34).

---

[91] Cit. por W. Goulooze, *Pastoral Psychology,* p. 136.

Los impulsos sexuales, con su fuerza enorme, son encauzados a través del matrimonio o por vía de la sublimación en el sentido cristiano (Mt. 19:9-12; I Cor. 7).

El gran deseo de ser amado y aceptado tiene su cumplimiento más perfecto en la experiencia de la gracia de Dios, quien nos perdona y nos adopta como hijos suyos (Ef. 1:5-7).

El anhelo de descubrir el significado de la vida se ve colmado al conocer el propósito del Dios que nos llama a recobrar acrecentada nuestra dignidad original (Rom. 8:29) y a ocuparnos en un servicio fructífero (Jn. 15:1-16). En este servicio hay amplio lugar para desarrollar la capacidad creadora —otra necesidad psicológica— que Dios mismo ha concedido a cada uno juntamente con unos dones determinados.

El afán de plena realización humana se ve igualmente cumplido, pues el creyente en Jesucristo va siendo transformado moralmente a la imagen de su Señor (II Cor. 3:18). Solo así puede lograrse una plena «integración» de la totalidad de la persona, meta de todo tratamiento psicológico. Esta integración, que tiene a Cristo como centro, genera actitudes positivas y saludables en relación con los demás seres humanos y ante la vida con sus variadas experiencias.

Como resultado, también las necesidades sociales son suplidas satisfactoriamente. El creyente en Cristo es llamado a salir, en frase de Paul Tournier, «de la soledad a la comunidad». El principio del amor, al que tanta importancia da Erich Fromm, adquiere una fuerza dinámica (II Cor. 5:14) que vigoriza la personalidad del creyente, a la par que enriquece espiritualmente a la sociedad.

Por último, la sed o «voluntad de inmortalidad» a que se refiere Rank, es calmada por la seguridad de vida eterna que Cristo da a los suyos (Jn. 5:24; 11:25).

Incluso las tensiones o posibles sentimientos de frustración producidos por la imperfección de la experiencia cristiana son mitigados por la esperanza. Sabe el cristiano que no ha alcanzado aún la meta, pero ya está en el camino que conduce a ella. Vive la tensión existente entre el «ya» y el «todavía no», alentado por la perspectiva radiante que le presenta la Palabra de Dios (Rom. 8:17-25; Fil. 3:20, 21; Ap. 21:3-5).

¿Qué escuela de psicología puede ofrecer más que el Evangelio para satisfacer las hondas necesidades humanas y conseguir la plenitud de desarrollo de la personalidad?

CUESTIONARIO

1. *¿Qué existe en común entre la psicología y la teología?*

2. *¿Cuáles son los factores básicos determinantes de la personalidad?*

3. *Expóngase resumidamente la teoría de Freud sobre la estructura de la personalidad.*

4. *¿Tiene algún paralelo esta teoría con la teología bíblica?*

5. *¿Qué nos enseña la Biblia sobre la integración de la personalidad humana?*

Capítulo XVIII
El pastor como consejero

En su obra de visitación[92] y en otras formas de encuentro personal, el pastor tendrá incontables oportunidades de guiar y ayudar a sus hermanos, aunque éstos no se encuentren en circunstancias especialmente difíciles. Pero habrá casos en que, a causa de serios conflictos, su labor será más necesaria y, por consiguiente, exigirán su atención preferente. La intervención pastoral en tales casos constituye la «cura de almas».

Algunos de los problemas planteados en esta esfera del ministerio son específicamente espirituales; otros, de índole temporal, pero con repercusiones hondas de tipo religioso. La enfermedad, la pobreza, los

---

[92] En los tratados sobre pastoral se ha dado siempre gran importancia a esta obra. Si nosotros no nos ocupamos más extensamente de ella no es debido a subestimación de la misma, sino al hecho de que, por su generalización, es algo que practican con acierto la mayoría de ministros. Sin embargo, nos permitimos subrayar sucintamente algunas de las normas básicas de la visitación:

a) Practíquese de modo sistemático, dedicando a ella el tiempo posible durante la semana.

b) Evítese la discriminación. En todo caso, cualquier diferencia en la frecuencia de las visitas a la misma persona o familia debe estar determinada por la necesidad espiritual, no por predilección personal.

c) Escójanse para la visitación las horas más adecuadas.

d) En algunos casos, es casi imperativo que el pastor vaya acompañado de otra persona, preferentemente de su esposa.

e) Procúrese que cada visita no sea más larga de lo estrictamente necesario.

f) La visita, por supuesto, debe tener un carácter religioso. Normalmente —aunque no siempre— puede concluirse con una oración. Que ésta sea precedida o no de una lectura bíblica y un breve comentario es algo que el visitante debe decidir según los casos.

g) Es útil llevar un registro de las visitas efectuadas con anotación de cuantas observaciones pudieran ser de interés para posteriores contactos.

En iglesias grandes con un solo pastor, es indispensable que otros hermanos (ancianos, diáconos u otras personas debidamente preparadas) colaboren en la visitación.

conflictos familiares, las dificultades laborales, las frustraciones, los defectos temperamentales, los desajustes psíquicos, etc., suelen tener efectos perturbadores en las relaciones del individuo con Dios, con sus semejantes y consigo mismo. En cualquier caso, el pastor debiera estar en condiciones de entender y ayudar.

Con esto no queremos decir que el ministro del Evangelio haya de considerarse dotado para remediar todas las situaciones difíciles. Ha de ser consciente de sus limitaciones. Tiene que saber discernir entre los casos propios de su ministerio y aquellos en que se necesita un tratamiento especial. Sobre todo, debe evitar el grave error de practicar a nivel de aficionado el psicoanálisis o cualquier otra forma de terapéutica reservada al psiquiatra. Y cuando llegue a la conclusión de que el tratamiento psiquiátrico es necesario, deberá orientar al paciente en la elección de especialista. Algunos psiquiatras, por sus fuertes prejuicios antirreligiosos, pueden hacer más daño que bien a una persona creyente o con inquietudes religiosas.

FINALIDAD DE LA CURA DE ALMAS

Debe perfilarse claramente en la mente del pastor. La actuación de este cuando trata de ayudar a alguien a resolver un problema no puede ser una reproducción a nivel individual de su predicación desde el púlpito. El predicador y el maestro deben, en cierto modo, eclipsarse cediendo el lugar al hombre dispuesto a escuchar, comprender y ayudar. No significa esto, como algunos han objetado, que ha de producirse una dicotomía contradictoria entre el predicador y el pastor. Quiere decir que este, en su contacto personal con quien arrostra un poblema, no puede limitarse a dogmatizar, moralizar o exhortar piadosamente, sino que debe dirigir su intervención a lograr un diálogo franco y profundo mediante el cual la persona con quien se habla pueda ver por sí misma el camino de la solución. El propósito de la cura de almas «no es aconsejar o dar soluciones prefabricadas a los diversos problemas personales... es crear una relación personal de tal calidad que la persona beneficiaria se sienta progresivamente en condiciones de descargar sus emociones enclaustradas y abrir sus defensas psíquicas enterradas profundamente. Solo de este modo la mayoría de las personas obtendrán la percepción necesaria y las condiciones suficientes para conocer y liberar su capacidad creadora. Entonces se hallan en una posición que les permite mirarse a sí mismas y a sus problemas más objetivamente y, en diálogo subsiguiente con el consejero, determinar sus futuras actitudes y acciones» (W. L. Carrington).

PRINCIPIOS Y REGLAS PARA EL DIÁLOGO PASTORAL

No pueden establecerse normas concretas para los contactos personales en la cura de almas. La inmensa variedad de casos imposibilita toda normativa. «No hay reglas fijas y estereotipadas para la obra pastoral. Un hombre tiene que confiar bastante en sus intuiciones y experiencias... Ninguna fórmula psicológica ni palabra mágica puede serle dada (al pastor), puesto que no puede tratar a los seres humanos como si fuesen autómatas que se mueven por rutina»[93]. Sin embargo, existen principios y reglas elementales, dictados por la experiencia, que deben ser tenidos presentes si no se quiere cosechar fracasos deplorables.

La entrevista debe efectuarse en un ambiente de intimidad
Generalmente a solas, en un lugar donde la conversación no pueda ser oída por terceras personas. Quien se decide a descubrir su intimidad siempre ha de vencer una gran resistencia y solo llegará a esa decisión si está seguro de que únicamente su consejero espiritual le ve en el momento en que se desnuda interiormente.

También es importante que no se produzcan interrupciones por llamadas telefónicas u otras causas. Hay momentos críticos en algunas conversaciones en los que cualquier suspensión puede tener efectos difíciles de reparar.

Debe mostrarse la máxima simpatía desde el principio
En muchos casos la persona entrevistada se siente inicialmente cohibida. Conviene allanarle el camino con afabilidad y delicadeza, pero al mismo tiempo con naturalidad; las actitudes que revelan afectación predisponen desfavorablemente a quienes las detectan. Sobre todo, es importante que, desde el primer momento, la persona que acude al pastor sienta que este la ama, se interesa sinceramente por su bienestar y va a esforzarse por comprenderla.

---

[93] Thomas H. Hughes, *La psicología de la predicación y de la obra pastoral*, La Aurora, p. 161.

El pastor ha de saber escuchar

Algunos consejeros bien intencionados, pero con poca experiencia, tan pronto como captan algo de la cuestión objeto de la entrevista, inician un largo monólogo en el que vierten toda clase de reflexiones y consejos. Esta práctica es un error colosal.

Los psicólogos se muestran unánimes en cuanto a la importancia de la escucha. Hay momentos en la vida de muchas personas cuando la mayor necesidad es encontrar a alguien con oídos y corazón abiertos en quien poder desahogar los sentimientos torturadores. Taylor Caldwell, en su obra «The Man Who Listens» (El hombre que escucha) ilustra admirablemente este hecho. Prologa su libro con una amplia cita de Séneca, de la que entresacamos las siguientes líneas:

«¿A quién puede un hombre decir: "¡Aquí estoy!
Heme aquí en mi desnudez, con mis heridas, mi dolor oculto, mí desesperación, mi perfidia, mi padecimiento, mi lengua incapaz de expresar mi angustia, mi terror, mi desamparo"?
¡Escúchame un día... una hora... un momento, no sea que expire en mi terrible desierto, en mi silencio solitario!
¡Oh, Dios! ¿No hay nadie que escuche?

La misma expresión patética sigue brotando de millones de seres humanos. No podría un pastor hallar mayor reto.

El valor terapéutico de la escucha auténtica está ampliamente probado. La doctora Frieda Fromm-Reichmann, psicoanalista vienesa que se vio obligada a huir del régimen nazi a América, da al arte de saber escuchar lugar prioritario entre los requisitos indispensables para una psicoterapia intensiva. Su propia experiencia corroboraba su principio. De ella se cuenta una anécdota —tal vez un tanto hiperbólica— altamente ilustrativa. Casi inmediatamente después de su llegada a los Estados Unidos como refugiada, tuvo que acceder a otorgar una entrevista a un rico americano que, conocedor de la reputación internacional de la distinguida psiquiatra, solicitó insistentemente sus servicios. Cuando algunos años más tarde la doctora Fromm-Reichmann patrocinaba un fondo benéfico, recibió de ese hombre un generoso donativo, agradecido por lo mucho que había recibido durante aquel encuentro. Lo sorprendente es que en tal ocasión ella apenas sabía una palabra de inglés. Desconocía la lengua, pero evidentemente dominaba el arte de escuchar.

En la capacidad de escuchar se incluye la necesidad de no mostrar sorpresa por nada de lo que se oye. Cualquier gesto de asombro al oír la confesión de dudas serias o de graves pecados produce automáticamente un retraimiento por parte de quien confiesa. Se siente juzgado y condenado antes de haber acabado de exponer su caso, lo que prácticamente significa el final de la entrevista. El consejero, por el contrario, debe animar con su comprensión —sin forzar indiscretamente —a que la confesión sea lo más completa posible. Toda confesión tiene efectos liberadores; descarga la tensión emocional de quien la hace y facilita el diálogo constructivo.

Los problemas deben considerarse en toda su contextura

Nunca puede analizarse un hecho aisladamente; es necesario buscar su correlación con otros hechos. Los problemas hay que examinarlos en toda su amplitud y profundidad, penetrando a ser posible hasta la raíz de las causas. Aun cuando se trate de problemas espirituales, no puede perderse de vista la problemática humana, amplia y revesada, que suele acompañarlos.

Conviene recordar lo expuesto en el capítulo anterior sobre la estructura de la personalidad y especialmente el papel importantísimo que el inconsciente desempeña en la determinación de la conducta. Muchos trastornos psíquicos, con sus correspondientes repercusiones espirituales, se deben a traumas cuyo recuerdo ha desaparecido de la memoria consciente para hundirse en la zona inconsciente, desde la cual no han cesado de originar conflictos.

No sería del todo bíblico identificarnos plenamente con el aforismo *tout comprendre c'est tout pardonner,* pero una comprensión profunda de la naturaleza humana, de las motivaciones que subyacen bajo la conducta y de las circunstancias que rodean a una persona, nos capacitan para simpatizar, requisito indispensable para una cura de almas eficaz. Lógicamente, el consejero cristiano no puede aprobar lo erróneo o pecaminoso. Por el contrario, debe señalarlo en el momento oportuno, pero de tal modo que la otra persona vea en él claramente el propósito de auxiliarla, no el de condenarla.

Evítense fórmulas simples para resolver problemas

La razón de esta norma es que ningún problema es sencillo cuando mueve a la persona que se enfrenta con él a buscar orientación y ayuda. Y si los problemas son complejos las soluciones no pueden ser simples.

Algunos asesores cristianos se dirigen al hermano que se halla en dificultades serias con expresiones parecidas a éstas: «Eso te acontece a causa de tu poca fe», «No obtienes la victoria, porque no quieres realmente», «Confía en el Señor y todo se resolverá», «La oración cambia las cosas». Independientemente de lo que pueda haber de cierto en semejantes afirmaciones, es evidente que las situaciones difíciles no se resuelven con frases estereotipadas que, además, no siempre son escogidas adecuadamente. Tampoco es correcto hacer de la oración un talismán que todo lo resuelva. La oración es importante, pero en muchos casos se necesita algo más: abrir nuevas perspectivas mediante una orientación sabia basada en la Palabra de Dios.

La orientación no es manipulación

Fácilmente, aunque sea de modo inconsciente, el pastor puede caer en la tentación de aprovechar la influencia de sus contactos personales con fines ilícitos. Hay deseos buenos en sí que resultan reprobables cuando se convierten en el fin primordial.

No es ningún mal, por ejemplo, que un pastor, al hablar con un inconverso envuelto en problemas, vea en él un potencial miembro de la iglesia; pero si el móvil predominante que le impulsa a relacionarse con él es el de aumentar el número de miembros de su congregación, está degradando el ministerio de la cura de almas. La misma degradación se produce si, al ayudar espiritualmente al hermano débil, lo que contempla en primer plano es el mayor rendimiento de tal persona en la iglesia. La atención pastoral no debe realizarse nunca con sentido funcional, especulativo, por más que se trate de especulación religiosa. El individuo no debe ser atendido con miras a incrementar el número o el prestigio de la colectividad eclesial. Debe ser un fin en sí mismo. Podemos afirmar con Bonhoeffer que «en la vida las personas son más importantes que cualquier otra cosa»[94]. La relación pastoral con ellas ha de tener un solo fin: coadyuvar a la resolución de sus problemas y a la plena realización de su personalidad en todos los órdenes, lo cual, naturalmente, incluye en primer término la plenitud de su integración cristiana.

En la labor que se lleva a cabo con objeto de lograr tal fin, es deber moral del consejero respetar la personalidad y la libertad de cada persona y abstenerse rigurosamente de cualquier tipo de manipulación. Tal

---

[94] *Letters and papers from prison*, Fontana, p. 129.

vez podríamos parafrasear unas palabras de Jesús y decir: «No os afanéis por vuestra iglesia, cómo habéis de dirigirla, cómo habéis de estimular a sus miembros para que sean activos, qué técnicas habéis de enseñarles para que testifiquen más productivamente. ¿No es la vida más que la organización, y el espíritu más que los sistemas? Buscad primeramente al hombre y su bienestar espiritual y todas las demás cosas os serán añadidas».

EL PROCESO DE LA ORIENTACIÓN PASTORAL

Cuando el problema de una persona no es grave una sola entrevista puede ser suficiente para descubrir el camino de la solución. En situaciones más complicadas, una conversación será insuficiente y deberá pensarse en una serie de sesiones. Pero tanto en un caso como en otro conviene tener en cuenta las fases de la labor de asesoramiento.

Fase preparatoria

La persona que se acerca al pastor bajo el peso de una carga moral suele estar nerviosa en los primeros momentos de la entrevista. Fácilmente puede sentirse atenazada por sentimientos de ansiedad o de culpa. En según qué situaciones puede incluso tener el sentimiento de que una barrera de hostilidad le separa de su interlocutor. Estos primeros minutos pueden ser realmente embarazosos. De la habilidad del consejero depende en gran parte que pronto se produzca la distensión. Para ello es aconsejable que él mismo se encuentre relajado, en actitud afable y de simpatía y que inicie el contacto con algunas preguntas fáciles sobre la salud, la familia, el trabajo, etc., del visitante (o visitado, según los casos), siempre que esos temas, naturalmente, no sean la causa del conflicto.

A continuación, puede ser útil invitar a la persona a quien se atiende a que se sienta con toda libertad para hablar francamente y asegurarle que cuanto exponga será considerado estrictamente confidencial. Si se trata de alguien abrumado por una falta grave, debe el consejero hacer patente su comprensión subrayando el hecho de que todos somos humanos y estamos expuestos a las peores caídas, que la comunión de los santos es comunión de pecadores.

Una vez que se ha logrado una atmósfera de tranquilidad y confianza, puede pasarse a la segunda parte de la entrevista.

Fase informativa

En este período, el consejero ha de escuchar atentamente a la persona entrevistada, la cual le irá exponiendo su situación. No conviene interrumpirla. Solo en el caso de que se extendiera excesivamente en detalles triviales podría conducírsela con mucho tacto a los puntos importantes de la cuestión.

Con suma discreción convendrá a veces guiar la conversación de modo que aparezcan los antecedentes del problema, así como las experiencias que pudieran tener alguna relación con el mismo y aportar algún dato para su solución.

La exposición que la persona en conflicto hace puede y debiera ser auténtica *catarsis*, es decir, una reacción de liberación provocada por la evocación de una emoción reprimida que perturba el equilibrio psíquico. Esta purga emocional puede dar lugar a una intensa agitación de los sentimientos, que en determinados casos produce explosión de llanto. El consejero debe permitir este desahogo; un intento de consolación mal dirigido puede ser contraproducente. Más bien ha de reconocer lo natural y saludable de tal reacción. Pero al mismo tiempo habrá de expresar un sentimiento sincero de aceptación y aliento.

A medida que el consejero va recibiendo la información hará de ésta objeto de intensa reflexión. Cuando cree que tiene suficientes datos y vea caminos de solución estará en condiciones de iniciar la tercera fase.

Fase orientativa

El problema debe ser presentado en su perspectiva cristiana. Se ayudará a la persona por él afectada a ver con claridad las causas, lo que frecuentemente significa más de la mitad de la solución.

Se procurará, asimismo, mostrar qué aspectos de un problema pueden resolverse y cuáles pueden, tal vez, continuar insolubles; en qué casos está indicada la acción de la fe y cuándo una resignación constructiva. Hay, por ejemplo, formas de conducta que pueden y deben ser modificadas. Pero hay rasgos congénitos de temperamento que no se pueden desarraigar. Intentarlo sería someter a una persona a exigencias superiores a sus posibilidades y ajenas al propósito de Dios. Insistir en ellas es exponer a tal persona a una peligrosa experiencia de frustración.

Algunos alegan que el poder del Espíritu Santo en el cristiano no tiene límites y que, por consiguiente, no debe haber defecto que no sucumba a la acción de la gracia. Olvidan estos creyentes que no siempre es voluntad de Dios acabar en sus hijos con todo tipo de debilidades; a veces permite que subsistan precisamente para que resalte su poder, no el nuestro (II Cor. 12:9). Hay anomalías psíquicas que pueden acompañar al cristiano más fiel toda su vida. Su solución total y definitiva sería un milagro tan grande como cualquiera de las curaciones físicas obradas por Jesús durante su ministerio. Y no siempre entra en los planes de Dios realizar tal milagro. Francis Schaeffer expresa esta verdad con gran precisión cuando escribe: «La Biblia presenta muy claramente la posibilidad de los milagros, y en nuestra experiencia hemos visto milagros, milagros en los que Dios irrumpió en la historia y en un momento dado sanó física y psíquicamente de modo total. Pero debemos señalar que la Biblia en primer lugar y la experiencia después nos enseñan que Dios obra así algunas veces, pero otras veces no. Y esto no siempre es cuestión de fe»[95].

Llegado el momento de encarar la solución, el consejero debe abstenerse de presentarla autoritariamente como una imposición ineludible. Es mejor que sea la propia persona la que, convencida de cuál es el camino a seguir, haga su propia decisión.

No menos importante es prevenirla contra la posibilidad de que tal camino no sea llano ni fácil. Puede producirse una liberación total de modo inmediato en algunos casos; pero lo más frecuente es que la consecución de resultados positivos exija nuevas luchas en las que posiblemente no siempre se obtendrá la victoria. Cualquier posible retroceso no tiene que ser causa de desaliento, sino más bien un acicate para proseguir el esfuerzo, dejando lo que queda atrás y extendiéndose a lo que está delante.

Fase estimulante

Es la parte final de la entrevista (o serie de entrevistas). Debe tener un carácter inspirador. Ha de contribuir a robustecer la confianza en Dios y en sus promesas. Aquí el uso de textos apropiados de la Escritura —a cuya luz ya se habrá examinado el problema— es esencial.

Los últimos momentos, por regla general, deben ser dedicados a la oración. Puede orar el consejero por la persona entrevistada; pero es

---

[95] *True Spirituality*, Hodder and Stoughton, p. 162.

mejor si oran ambos. El resultado suele ser una sensación de descarga y alivio, de paz inefable en la persona antes atormentada.

Un efusivo apretón de manos en el momento de la despedida puede ser el sello de una gran experiencia en la que dos personas, en comunión —divina y humana—, han sido hondamente enriquecidas.

ESCOLLOS A SORTEAR

La labor del pastor como consejero es una de las más fascinantes, pero tiene dificultades peculiares que el ministro ha de superar. Nos referimos a las más comunes.

Implicaciones emocionales

Es frecuente que en la relación entre consejero y «paciente» surja el problema de la *proyección*. Este fenómeno se da cuando se transfieren a otra persona —en este caso el pastor— los propios sentimientos. «En lugar de decir "lo odio", uno puede decir "me odia"; o en lugar de decir "mi conciencia me perturba", puede decir "él me molesta"»[96].

«En virtud de su función ministerial el pastor está situado en una posición de conflicto simbólico. En su artículo "El Ministro y la Congregación: un estudio de la ambivalencia", Rosenzweig señala que el ministro es una figura de autoridad paternal representativa de Dios. Como tal, es objeto de la ambivalencia universal hacia la autoridad del padre. Por un lado, veneración y respeto; por otro, resentimiento, rebelión y hostilidad»[97].

El pastor que conozca este mecanismo psicológico de defensa no se sentirá excesivamente inquieto ante las actitudes poco amigables de algunas de las personas a las que debe atender. Si lo ignora, fácilmente reaccionará con fuertes sentimientos negativos, lo que malogrará sus posibilidades de comunión y comunicación efectivas.

Por otro lado, el pastor mismo puede igualmente ser sujeto de proyección en una acción inconsciente de «contratransferencia» producida por sus temores o sus impulsos. No es raro encontrar ministros del Evangelio que por todas partes ven adversarios, grupos de oposición, maquinaciones para combatirlo, etc. Otros se sienten cohibidos en la cura de almas al descubrir en sí mismos agresividad, represiones

---

[96] Calvin S. Hall, *op. cit.*, 100.
[97] E. Mansell Pattison, *Baker's Dict. of Practical Theol.*, p. 200.

conflictivas o tendencias afectivas de carácter dudoso. Sus propios problemas psíquicos pueden perjudicar su obra de consejeros. En tales casos, es recomendable buscar el asesoramiento de persona competente, a la par que se presenta a Dios la dificultad en busca de los recursos sobrehumanos de la gracia.

También debe el consejero prevenirse contra una *identificación incontrolada*. Tiene que «llorar con los que lloran» y acercarse a ellos con simpatía; ha de penetrar en su situación y compartirla de modo real. Pero no hasta el punto de que sus emociones debiliten su capacidad para ser un ayudador idóneo.

Excesiva dependencia

La atención y ayuda que el pastor dispensa a una persona puede llevar a ésta a una dependencia exagerada de aquel. Si esto sucede, tratará de consultarle aun en las cuestiones más nimias y no se atreverá a tomar sus propias decisiones sin contar con su beneplácito. Tal relación no es saludable y el pastor ha de corregirla, pues forma parte de su misión guiar a sus hermanos a una madurez que les permita sostenerse y avanzar por sí solos, sin el apoyo constante de un asesor.

Diálogo con personas de diferente sexo

El ministro cristiano no puede dejar de ser afable y compasivo; pero al mismo tiempo ha de mantenerse en guardia contra los riesgos inherentes a su propia sexualidad. Se precisa tino y comedimiento al tratar de ayudar a mujeres afligidas, frustradas o hipersensibles. En cualquier caso, el pastor debe mantenerse por encima de toda intrincación.

Ansiedad por los resultados

Es lógico que al consejero le preocupe el fruto de su trabajo. Pero no hasta el punto de juzgar el valor de su ministerio por lo visible y lo inmediato de los efectos. Según testimonio de especialistas en psicoanálisis, por lo menos el 33 % del número total de pacientes que reciben asistencia psiquiátrica no experimentan ninguna mejoría. Como hemos visto, muchos de los problemas espirituales están entrelazados con trastornos psíquicos. No debe extrañarnos que aquellos persistan sin que llegue a alcanzarse nunca una completa solución.

Cuando esto acontezca, el pastor hallará aliento —y podrá impartirlo— en la esperanza cristiana que apunta a la gloriosa liberación final (Rom. 8:21-25).

CUESTIONARIO

1. *¿Cómo debe interpretarse la frase «el pastor como consejero ha de olvidarse de que es predicador»?*

2. *¿Cuáles son, a su juicio, las condiciones más importantes en que ha de desarrollarse una conversación en la práctica de la cura de almas?*

3. *¿En qué debe consistir la fase orientativa de la entrevista?*

4. *¿Qué problemas plantea la «proyección» en la relación consejero-entrevistado?*

5. *Refiera un caso en el que usted actuó de consejero y analice lo que considera sus aciertos y sus errores a la luz de lo estudiado.*

Capítulo XIX
Problemas de fe

Con este capítulo iniciamos el estudio de una serie de problemas que frecuentemente son planteados al pastor en la cura de almas. No son los únicos importantes. Sin embargo, los que vamos a considerar no solo son de los más comunes, sino que constituyen la raíz de muchos otros.

Por su naturaleza intrínsecamente religiosa, empezamos con los relativos a la fe, los cuales pueden inquietar a creyentes y a no creyentes. Parte de lo que vamos a exponer puede tener aplicación a estos últimos; pero al tratar la cuestión en su conjunto tendremos en mente de modo especial a la persona creyente.

La fe es de importancia capital no solo desde el punto de vista teológico; lo es también en el plano existencial. «Por la fe estáis firmes», escribió Pablo (II Cor. 1:24). Por la fe, Pedro anduvo sobre las aguas; y cuando el temor debilitó su confianza, empezó a hundirse (Mt. 14:28-30). A causa de la fe, pudo escribirse el monumental capítulo 11 de la carta a los Hebreos. Por la fe, el cristiano logra su victoria sobre el mundo (I Jn. 5:4). La fe le impulsa a las mayores empresas, a las renuncias, al sacrificio gozoso, al tesón perseverante. Con razón Tolstoi la situaba entre las fuerzas por las cuales viven los hombres.

Pero aun la fe más robusta suele tener sus horas de crisis. Según William James, «nada hay más común en las páginas de la biografía religiosa que la sucesión alternativa de períodos de fe vigorosa y de fe en dificultades»[98].

Cuando la fe flaquea, sobreviene un debilitamiento espiritual general, lo que expone al creyente a frustraciones, lo incapacita para una acción vigorosa y, a la larga, lo coloca al borde de la apostasía. Urge, pues, ayudar a quien se halla en tal situación.

---

[98] William James, *Varieties of religious experience*, The Fontana Libr., p. 80

Como en todos los casos de cura de almas, el pastor debe actuar con simpatía y comprensión. El Señor atendió solícito al clamor de un hombre que se debatía entre la fe y la incredulidad (Mc. 9:14-27). Cuando Simón Pedro se hundía en el lago de Genezaret, antes de aludir a la duda de su discípulo, Jesús, «extendiendo la mano, asió de él» (Mt. 14:31). Es de valor decisivo que la persona cuya fe vive horas de conflicto sienta el calor y la fuerza liberadora de la mano pastoral.

Para facilitar su estudio, clasificaremos los problemas de fe según las causas que más a menudo los originan.

PROBLEMAS INTELECTUALES

Contrariamente a lo que algunos piensan, no siempre una fe en conflicto es consecuencia de algún pecado. Con frecuencia, la dificultad es originada por la reflexión —más o menos influenciada por corrientes filosóficas o por la experiencia personal— sobre los grandes temas de la revelación bíblica. No siempre es fácil asimilar de inmediato y honradamente todo lo que la Escritura nos declara acerca de la naturaleza de Dios, de su soberanía, de la Trinidad, de la persona de Cristo, de la caída humana, de la expiación del pecado, de la acción del Espíritu Santo, de la paradoja experimental en la fe del creyente —*simul justus et peccator* (justo y pecador al mismo tiempo), como decía Lutero— de las glorias y miserias de la Iglesia, de la escatología, etc.

La persona que piensa tiene un largo camino que recorrer antes y después de su conversión a Cristo. Y el camino en algunos puntos es abrupto, a veces doloroso. En cualquier caso, la misión del pastor no es reprochar los tropiezos, los detenimientos e incluso los retrocesos momentáneos de quien transita por él, sino acompañar, guiar y alentar para que el caminante llegue a buen fin.

La meta es la «plena certidumbre de fe» (Rom. 8:38, 39; I Tes. 1:5; Heb. 10:22). Pero aun los creyentes que la alcanzan no están completamente a cubierto de dudas. Hay personas cuya estructura mental, esencialmente analítica y racionalista, mantiene abiertos interrogantes en la periferia de la más sólida certidumbre. En su caso especialmente, como alguien ha dicho, la duda acompaña a la fe del mismo modo que la sombra al cuerpo. Pero las preguntas aún no contestadas, las dificultades teológicas no plenamente resueltas, no tienen efectos debilitantes en el creyente de fe madura, quien puede seguir afirmando: «Yo sé a quién he creído y estoy seguro de que es poderoso para guardar mi depósito para aquel día» (II Tim. 1:12).

Para ayudar al cristiano de fe vacilante, el pastor debe exponerle adecuadamente la naturaleza y el fundamento de la fe. No es ésta un salto irracional, como pensaba Kierkegaard. Ni es una actitud pragmática decidida por iniciativa propia. Es la respuesta del hombre a la Palabra de Dios (Rom. 10:17). Esta Palabra nos interpela y nos llama en un plano diferente, superior al de la mera convicción racional —cierto— o al del mero sentimentalismo. Es la voz del Espíritu de Dios que habla a nuestro espíritu por encima de toda especulación metafísica. Pero nos habla en Cristo, el Cristo histórico, ahora glorificado, el Cristo de la Escritura. La Palabra en El encarnada llega a nosotros a través de la revelación bíblica, fuente segura de conocimiento de los hechos salvíficos de Dios y guía segura para su interpretación. Cristo sanciona la autoridad de las Escrituras y las Escrituras dan testimonio de Cristo (Jn. 5:39). Sobre esta trabazón maravillosa se apoya nuestra fe.

La fe cristiana no puede ser probada mediante demostraciones reservadas exclusivamente al campo de las matemáticas, pero estriba sobre un fundamento de hechos, no de ideas, suficientemente firme para cualquier persona seria, por exigente que sea intelectualmente. La encarnación, la muerte y la resurrección de Cristo, al igual que sus enseñanzas, son atestiguadas por hombres que convivieron con El y que en la defensa de su testimonio arriesgaron o dieron sus propias vidas. En cuanto a la fidedignidad de sus escritos, las conclusiones de la crítica histórico-literaria son positivamente decisivas[99]. Cuando el cristiano descansa sobre tal fundamento, su fe se mantendrá a pesar de todas las dificultades, aunque deberá renovarse constantemente por la acción vivificadora de la Palabra.

Un auxilio valioso para quienes dudan sinceramente por motivos intelectuales puede ser la lectura de libros de apologética cristiana bien seleccionados. El pastor debiera conocerlos para poder recomendarlos[100].

---

[99] Recomendamos la obra del profesor F. F. Bruce ¿Son fidedignos los libros del Nuevo Testamento?

[100] En la actualidad son especialmente recomendables obras como Cristianismo básico, de John R. Stott, las de Francis Schaeffer, y de C. S. Lewis o Carl F. Henry para quienes pueden leer inglés.

PROBLEMAS MORALES

No todos los conflictos de fe tienen una causa intelectual. A menudo se deben a cuestiones de índole moral. No importa que la persona que los vive trate de ocultar la verdadera identidad del problema bajo la apariencia de dificultad doctrinal. Muchas objeciones al Evangelio tienen sus raíces no en la mente sino en la conducta. Ilustrativa de este hecho es la experiencia de Félix, el gobernador romano ante el cual hubo de comparecer Pablo (Hec. 24:24-26).

Como hemos visto en el punto anterior, la fe se nutre de la Palabra en comunión con Dios. Pero el pecado interrumpe esa comunión y nos empuja a la región de las tinieblas (I Jn. 1:6). Aquí se abre un abismo entre la apariencia y la realidad; y la fe, inevitablemente, entra en crisis. Como atinadamente afirmara Bonhoeffer, «solo el creyente obedece y solo el obediente cree»[101].

Pero cometería un error fatal el pastor que se limitara únicamente a hacer una exposición de los principios éticos que deben regir la vida humana. De este modo arrastraría a la persona moralmente enredada al terreno de la ley, del que Cristo vino a liberarnos. No basta decir al caído, aunque sea con acentos transidos de emoción: «¡Debes levantarte!» Eso se lo ha dicho antes él mismo docenas de veces. Tampoco tendrá mayor efecto extenderse en discursos sobre las consecuencias del pecado; ya las ha previsto —y muy claramente— el que se ha deslizado, sin que ello le diera fuerzas para reaccionar. Generalmente, la persona envuelta en conflictos morales se siente impotente para desprenderse de los lazos que la atan. Lo único que puede resolver su situación es que alguien la ayude a deshacer las ligaduras, a encontrar el camino de la confesión, del diálogo, de la reparación, de la aceptación, de un nuevo principio de vida.

Una vez resuelto victoriosamente el conflicto, la fe volverá a brillar y actuar con toda su fuerza dinámica en el creyente.

PROBLEMAS ESPIRITUALES

No pocos creyentes llegan a momentos de perplejidad porque en el curso de su desarrollo hacia la madurez cristiana han tenido experiencias que han acabado por desconcertarlos. Tales experiencias, por lo

---

[101] *El precio de la gracia*, Edic. Sígueme, p. 46.

general, se deben a una falta de visión y equilibrio bíblicos. Son muy variadas, pero las más corrientes se engloban en lo que podríamos denominar *proceso del optimismo al pesimismo*. Citaremos sus causas más importantes con algunas consideraciones teológicas que apuntan a la solución.

Carencia de solidez bíblica

Suele acontecer que la persona convertida a Cristo se ve al principio inflamada por un fuego de entusiasmo. Ha descubierto todo un mundo nuevo, maravilloso. Pero no siempre se mueve y avanza en ese mundo con correcta orientación. A menos que desde el primer momento alimente su fe mediante el estudio sistemático de la Escritura, probablemente caerá en la parcialidad; sentirá predilección por unos textos bíblicos determinados y descuidará muchos otros, lo que le impedirá contemplar en su conjunto la perspectiva de la revelación; enfatizará unos puntos doctrinales, quizá secundarios, y omitirá otros fundamentales. Esto siempre es peligroso; no solo porque deja al creyente más expuesto a ser llevado de acá para allá por todo viento de doctrina (Ef. 4:14), sino porque tarde o temprano le enfrentará con vivencias turbadoras para las que carecerá de explicación. Le falta la luz de la totalidad, armoniosa y equilibrada, de la Palabra de Dios.

Oraciones ardientes no contestadas, fracasos y humillaciones, pruebas que al creyente se le antojan excesivamente duras, decepciones ante ejemplos poco edificantes de otros cristianos, reaparición de tendencias percaminosas que creía enterradas para siempre y otras experiencias análogas lo confunden gravemente. La superficialidad le ha impedido ahondar en lo que la Biblia enseña sobre la soberanía y la providencia de Dios, la doble naturaleza del creyente, los recursos inagotables de la gracia u otros grandes temas relacionados con el proceso experimental de la salvación. Y fácilmente pasa de la euforia a la depresión espiritual con el consiguiente debilitamiento de su fe.

Predominio de los sentimientos

También es frecuente, sobre todo en personas temperamentalmente predispuestas, que los sentimientos constituyan el elemento preponderante de la fe. Muchos ven el prototipo del cristiano en quien habla, ora y testifica apasionadamente o da muestras sensacionales de lo que consideran carismas del Espíritu.

Los sentimientos son inseparables de nuestra personalidad y tienen un lugar importante en nuestra experiencia cristiana. No es bíblica la devaluación de las emociones que se observa en nuestros días. Pero éstas no deben nunca ocupar el primer lugar, que solo corresponde a la Palabra recibida por fe en sumisión inteligente y voluntaria al Señor.

Se caracterizan los sentimientos por su inestabilidad. La fe que se apoya en ellos es igualmente inestable y los acompaña en todos sus altibajos. Esa fe únicamente medra en ambientes de excitación emocional o de estímulos psicológicos, por lo que languidece gravemente cuando se ve privada de ellos. La tragedia espiritual es muy difícil de evitar cuando la espiritualidad depende de una atmósfera o de un tipo determinado de experiencia más que de la comunión personal con Cristo. Es la tragedia acarreada por una forma sutil de idolatría demasiado extendida, por desgracia, en algunos sectores evangélicos. Descubrirla y contribuir a desarraigarla es otra de las responsabilidades pastorales.

En el caso que nos ocupa, no debiera el consejero espiritual sugerir una renuncia a los sentimientos, sino la necesidad de someterlos al control de una mente iluminada por la Palabra de Dios.

Perfeccionismo

El cristiano se sabe llamado a ser santo, a crecer en la gracia, a perfeccionar la santificación en el temor de Dios (I Ped. 1:15; II Ped. 3:18; Rom. 6:6-14; II Cor. 7:1). Y, por supuesto, su vida debiera experimentar un constante desarrollo en su transformación a la imagen de Jesucristo (Rom. 8:29; II Cor. 3:18). Pero son muchos los creyentes que tienen ideas erróneas sobre la santificación.

Algunos viven en la paz de su autoaprobación, producto de la superficialidad. Con una mentalidad legalista, semejante a la del joven rico del evangelio, viven tranquilos —demasiado tranquilos— porque «cumplen» sus deberes cristianos. En su conducta no hay pecados escandalosos; mantienen la costumbre de leer la Biblia y orar diariamente; asisten con regularidad a los cultos, testifican, etc. Pero no han llegado a percatarse de la verdadera naturaleza del pecado, profundamente enraizado en todo ser humano aun después de la conversión, ni de sus manifestaciones sutiles. Tampoco han llegado a comprender que la esencia del verdadero cristianismo no es el mero cumplimiento de unos preceptos, sino la identificación personal con Cristo en una experiencia de rendición, de comunión y de servicio inspirado en la gratitud (II Cor. 5:14, 15; Gál. 2:20; Fil. 3:4-11). Los creyentes de este tipo fácilmente pueden seguir indefinidamente en su estado de propia complacencia. Pero si de algún modo sus ojos son abiertos y descubren su verdadero estado espiritual, pueden pasar por un momento de abatimiento, de auténtica crisis. Recuérdese la experiencia de Pedro después de la pesca milagrosa (Luc. 5:8). En momentos así, la orientación pastoral puede constituir una bendición inestimable.

Otros creyentes sufren a causa de un problema diametralmente opuesto al anterior. Desde el principio de su vida cristiana han tenido ansias profundas de una perfección que al principio veían gozosos al alcance de la mano, pero que nunca llegan a alcanzar. Dados a la introversión, se examinan a sí mismos continuamente y se sienten torturados no solo por el descubrimiento de nuevas manifestaciones de pecado, sino por múltiples escrúpulos de conciencia o por ideas obsesivas de culpabilidad que les roban la paz y la capacidad de ocuparse fructíferamente en alguna forma de servicio cristiano. De nuevo, el optimismo inicial se ha trocado en decepción.

Puede tener esta experiencia causas de tipo neurótico, pero también puede ser consecuencia de un concepto erróneo de la santificación o incluso de actitudes en el fondo opuestas a la voluntad y a la gloria de Dios.

En la práctica, muchos creyentes confunden inconscientemente la santificación con la glorificación. Olvidan que la primera es un proceso, una carrera cuya meta está más allá de los límites de nuestra vida en la tierra. Nuestra salvación en su plenitud, nuestra total liberación, todavía no es objeto de experiencia sino de esperanza. No solo «la creación gime a una y a una está con dolores de parto hasta ahora... también nosotros mismos, que tenemos las primicias del Espíritu, nosotros también gemimos en nuestro interior, esperando la adopción, la redención de nuestro cuerpo» y nuestra transformación a semejanza de Cristo (Rom. 8:20-25. Comp. Fil. 3:20, 21; I Jn. 3:12).

Por otro lado, conviene asegurarnos que en nuestros anhelos de perfección no se oculta paradójicamente un elemento pecaminoso. En nuestra aspiración a ser esmejantes a nuestro Padre celestial puede haber una actitud inspirada por la más refinada carnalidad. Podemos desear ser santos, como Dios es santo, no pensando tanto en la gloria que esto reporta a su nombre como en nuestra propia gloria, en la satisfacción que suele producirnos cualquier clase de encumbramiento, incluso el espiritual. Fue precisamente la sugerencia satánica de «ser como Dios» la que hizo caer a Eva.

En cualquier caso, es importante que el creyente comprenda el carácter transitorio e imperfecto de nuestra experiencia cristiana en el mundo. Como bien aconseja Francis Schaeffer, «antes de que Cristo vuelva, no debemos insistir en "o la perfección o nada", pues, de hacerlo así, acabaremos en "nada"»[102].

El que, según el plan de Dios, la perfección no sea alcanzada por sus hijos en este mundo nos es altamente beneficioso. Solo una conciencia constante de nuestra pecaminosidad y de nuestra debilidad nos permiten valorar las riquezas inmensas de la gracia de Dios, recurso supremo del cristiano en todo el proceso de su salvación. En esas riquezas halla el redimido consuelo y perdón cuando cae y estímulo para seguir adelante cuando se ha levantado. Para él la gracia no es un pasaporte para cruzar a su antojo, libre y alternativamente, la frontera entre el reino de Cristo y el de la potestad de las tinieblas del que un día salió (Col. 1:13). Es el secreto dinámico que hace efectiva su salvación en una evolución maravillosa que, según propósito eterno de Dios, va de la elección en Cristo a la glorificación por vía de una providencia sabia y amorosa, de un llamamiento eficaz y de una justificación perfecta, definitiva (Rom. 8:28-30).

Lo expuesto en este capítulo subraya, una vez más, la necesidad de que el pastor conozca con la mayor profundidad posible no solo la naturaleza humana y sus problemas, sino también la Palabra de Dios, depósito de respuestas y soluciones que deberán usarse bajo la dirección del Espíritu Santo.

CUESTIONARIO

1. *¿Cómo influye la intensidad de la fe en la vida espiritual del creyente?*

2. *¿Es posible una fe vigorosa con dudas? Concrete la respuesta y razónela.*

3. *¿Cómo trataría usted a una persona con problemas de fe de tipo intelectual?*

4. *Exponga un caso en el que se haya observado el paso de un creyente «del optimismo al pesimismo». Analícelo e indique el modo de tratarlo.*

---

[102] *Op. cit.*, p. 164.

Capítulo XX
Sentimientos de culpa

Por más que algunos psicólogos se empeñen en eliminar la idea de culpa, causa —según ellos— de perturbaciones psíquicas, el hecho es que innumerables seres humanos se ven atormentados por sentimientos de culpabilidad.

Tales sentimientos son prácticamente tan universales como el miedo, el hambre o el amor[103].

El optimismo y el pesimismo han ido sucediéndose a lo largo de la historia en la apreciación de la condición moral del hombre y su responsabilidad. Hoy parece predominar un sentimiento acusatorio. El doctor Sarano ha titulado nuestra época «el siglo de la mala conciencia», y Jean Guitton ha escrito: «Hacia 1880, los resultados de un análisis moral podía haberse resumido en el siguiente aforismo: aun los culpables son inocentes. En 1945 sería necesario invertir los términos: aun los inocentes son culpables... Vivimos en la era de los jueces»[104].

La amplitud de este problema obliga al pastor a prestarle atención, a examinar sus manifestaciones, descubrir sus causas y proveer la dirección que ayude a resolverlo.

CONCEPTO DE CULPA

El doctor Paul Tournier, en el capítulo VII de su magnífica obra *Vraie ou Fausse Culpabilité* (Culpa verdadera o ficticia)[105], hace un resumen

---

[103] Medard Boss, *Lebensangst, Schuldgefühle und psychotherapeutische Befreiung*, 1962, p. 13.

[104] *La philosophie de la culpabilité*, Psyche, París, abril-mayo, 1948, p. 542.

[105] Existe una versión inglesa de este libro con el título *Guilt and Grace*, Hodder and Stoughton, Ltd.

de las opiniones de eminentes psicólogos que exponemos sucintamente a continuación.

Según Freud, los sentimientos de culpa son el resultado de presiones sociales. Nacen en la mente del niño cuando sus padres le riñen, y no son otra cosa que el temor a perder el amor de los padres, los cuales, de pronto, se le han vuelto hostiles.

Para Adler, el sentimiento de culpa surge cuando el individuo se niega a aceptar su inferioridad. Para Jung, cuando se rehúsa la aceptación plena de uno mismo.

Especial mención hace de Odier, quien distingue entre culpa «funcional» y culpa de «valores». La primera es consecuencia de una sugestión social, del temor a tabúes o a perder el amor de otros. La segunda es la conciencia genuina de que se ha transgredido una norma auténtica; es el juicio libre que el hombre hace de sí mismo bajo la acción de una convicción moral.

Tournier reconoce lo que de válido puede haber en estas opiniones, pero subraya la cautela con que deben analizarse los sentimientos de culpa, ya que su naturaleza a menudo es mixta. Cita a Martin Buber en su petición de que la psicoterapia reconozca la existencia de la «culpa genuina» en compañía de la culpa «neurótica» o «irreal». Por otro lado, a ojos de Buber, la culpa genuina siempre gira en torno a alguna violación de relaciones humanas, constituye una ruptura en la relación Yo-Tú. Es una culpa relativa a otros.

Consciente de lo incompleto de estos conceptos, se refiere Tournier a las escuelas psicológicas de Maeder y Rank, las cuales han añadido una nueva dimensión: la culpa en relación con Dios. La referencia a Dios ilumina el problema notablemente; partiendo de ella, la «culpa ficticia» es la que resulta de los juicios y sugerencias de los hombres. «Culpa verdadera» es la que se produce como resultado del juicio divino.

Esta apretada recopilación de lo escrito por Paul Tournier nos sitúa ante el concepto bíblico de la culpa, inseparable del de pecado. Existe la culpa cuando el hombre desacata la autoridad de Dios y comete transgresión de cualquiera de los mandamientos revelados en su Palabra (I Jn. 3:4). La violación puede afectar al propio trangresor o a sus semejantes, pero en el fondo siempre concierne a Dios (Sal. 51:4). En cualquiera de estos casos, el sentimiento de culpa tiene un fundamento tan real como triste y solo puede eliminarse a la luz de la obra expiatoria de Jesucristo. Pero antes de ocuparnos de la solución del problema nos detendremos en algunas otras aclaraciones.

Sentimiento de culpa y conciencia

Es evidente la relación existente entre ambos. El sentimiento de culpa se produce cuando la conciencia hace oír su voz condenatoria. Pero la conciencia —en su sentido moral, no psicológico— no es un juez infalible. No tiene una existencia objetiva, inalterable, casi personal, como algunos han llegado a suponer. Es más bien la capacidad que el hombre tiene para discernir entre el bien y el mal, y tal discernimiento varía grandemente según la configuración moral de la sociedad en que vive, de acuerdo con sus usos y costumbres. Los antiguos espartanos no parecían tener remordimientos de conciencia cuando despeñaban desde el Taigeto a los niños que nacían deformados o visiblemente débiles. Tampoco hay evidencias de que los aborígenes de Formosa tuvieran el menor conflicto moral cuando imponían la «caza de cabelleras» como prueba de hombría indispensable para poder contraer matrimonio. Ni parece probable que, por consideraciones éticas, los antropófagos hayan tenido jamás problemas digestivos después de haber engullido carne humana.

Sin embargo, los problemas de conciencia se han dado en todos los pueblos y en todos los tiempos. En toda sociedad, independientemente del carácter de su normativa moral, ha habido acciones que se han tenido por buenas y formas de conducta que se han condenado. Y, a pesar de las aberraciones a que muchas veces se ha llegado, en el fondo ha subsistido el principio de justicia como factor determinante de la conducta y, por consiguiente, como eje de la conciencia. Quizá lo más interesante es observar que, como señala C. S. Lewis, todo ser humano se percata de dos hechos fundamentales: que debe vivir de acuerdo con unos imperativos morales y que vive por debajo de ellos, pues no llega a cumplirlos[106]. De aquí la universalidad de los sentimientos de culpa, así como del concepto bíblico de condenación (Rom. 2:14 y ss.).

En el caso del cristiano, la conciencia es iluminada por la revelación bíblica, lo que la hace por un lado más sensible y por otro más equilibrada. En realidad, el juez del cristiano no es su conciencia, sino Dios mismo a través de su Palabra. Toda contravención de sus preceptos —y

---

[106] *Mere Christianity,* Fontana Books, p. 19.

solo eso— es pecado. Cualquier otro motivo de remordimiento interior es causa de «culpa ficticia».

Aunque parezca sorprendente, hay en nuestras iglesias creyentes con sentimientos de culpa creados no por la Palabra de Dios, sino por sistemas tradicionales de «moralidad» o «espiritualidad» de corte humano. Falla el concepto mismo de moral cristiana, pues no se percibe su verdadera naturaleza: obediencia a Cristo por la dinámica del amor. En palabras de F. F. Bruce, «en la Biblia, la Teología es gracia y la Etica gratitud». Pero este principio fundamental se ha perdido de vista y la vida cristiana se ha convertido para muchos en un nuevo legalismo. La calidad de la fe no se muestra tanto por la sinceridad y el amor auténtico, sino por la aceptación de unas formas de expresar la piedad en las que sobresalen múltiples prohibiciones con resabios victorianos. No es extraño que muchos, fuera de las iglesias, piensen como el joven que menciona el doctor Bovet: «La religión es lo que a un hombre no le está permitido hacer»[107]. Nos atrevemos a asegurar que muchos sentimientos de culpa ficticia desaparecerían si las iglesias llegaran a librarse de todos los «tabúes» que, sin base bíblica, se han introducido en ellas.

Conciencia hipersensible o neurótica

Aun entre creyentes conocedores de la Biblia, puede darse el sentimiento de culpa debido a una apreciación desorbitada de ciertos hechos que, sin ser realmente pecado, se consideran como tal. «Una conciencia afinada y despierta —escribe Reinhold Ruthe— es buena; una conciencia superafinada es morbosa. El neurótico se agita con una conciencia hipersensible. No hay nada, por insignificante que sea, que no se someta a la crítica de la conciencia. Se pone el sello del pecado sobre cosas que nada tienen que ver con el pecado. Se reacciona ante pequeñas faltas u omisiones con duros autorreproches. El arrepentimiento raya en el propio tormento»[108].

Tal hipersensibilidad moral puede ser un síntoma de verdadera neurosis, en cuyo caso debería tratarse con la debida orientación psiquiátrica. Puede manifestarse, no obstante, en personas relativamente normales, pero excesivamente introspectivas, que no cesan de

---

[107] Citado por P Tournier, *Guilt and Grace*, p. 119.
[108] *Seelsorge*, Brockhaus, p. 141.

examinarse a sí mismas. Refiriéndose a ellas, afirma el doctor Martin Lloyd-Jones que «tienden a estar siempre analizando lo que hacen y preocupándose por los posibles efectos de sus acciones, olfateando siempre la senda de su conducta, siempre llenas de una pesadumbre vana... Es obvio el peligro de que tales personas caigan en la morbosidad»[109].

Detrás de esta forma de comportamiento, en la zona del inconsciente puede ocultarse un impulso refinado de propia afirmación, de ensalzamiento por encima de los demás. «Cuanto más severos son consigo mismos, tanto más juzgarán a otros; cuanto más pulcros, más críticos hacia sus semejantes»[110].

Sea cual sea la causa de una conciencia hipersensible, siempre deberá el consejero obrar con tacto y amor en su tarea de guiar a la persona afectada a una comprensión clara tanto de sus exageraciones como de las auténticas demandas de Dios.

Pecado y enfermedad

Al usar estos dos términos pisamos terreno resbaladizo. En opinión de algunos, toda conducta no ajustada a la rectitud moral es pecado, y de él es plenamente responsable quien lo comete. A juicio de otros, el pecado no existe. Cualquier desviación moral es de carácter patológico. No hay pecadores; solo hay enfermos. El comportamiento humano está determinado de modo absoluto por infinidad de factores condicionantes. Es, pues, absurdo cargar sobre el individuo una responsabilidad que no corresponde a su verdadera naturaleza[111].

Es necesario admitir la complejidad que existe en la conducta de todo ser humano, en la que no caben posturas absolutas de «blanco o negro». No debemos caer en posiciones extremas, ni en la de un moralismo dogmático ni en la de un determinismo a ultranza. Hemos de establecer la diferencia entre pecado y enfermedad. «Desde el punto de vista moral, la diferencia estriba en que el pecado se origina en la voluntad del hombre, el cual es, por consiguiente, responsable; mientras que la enfermedad moral brota de fuerzas ajenas a la voluntad y sobre

---

[109] *Spiritual depression*, Eerdmans, p. 17.
[110] R. Ruthe, *op. cit.*, 141.
[111] Sobre esta cuestión, véase el cap. XI del libro *Técnica psicoanalítica y fe religiosa*, del doctor Paul Tournier.

las cuales el hombre tiene escaso dominio, si es que algún dominio tiene... Esta es a grandes rasgos la diferencia principal. Mas es difícil mantenerla en todos los casos, porque se pasa del uno a la otra en un claroscuro, a ambos lados del cual hay zonas limítrofes disputadas»[112].

Hay conducta inmoral que es resultado de anomalías psíquicas. Sirva como ejemplo la reincidencia en el robo por parte del cleptómano. En otros casos puede ser debida a la acción de fuerzas alojadas en el inconsciente, originadas en experiencias vividas en los primeros años de la infancia, cuando aún no existía sentido de responsabilidad. Puede también suceder que la perversión moral sea consecuencia de un hábito creado a fuerza de repetir actos degradantes. Tal es el caso del alcohólico. Cuando ya se ha convertido en víctima del alcoholismo apenas se le puede hacer responsable de sus reiteradas caídas en la embriaguez, si bien pudo ser responsable en sus primeros pasos hacia el hábito esclavizante. Lo mismo puede decirse del drogadicto.

Atención especial merece el caso del convertido al Evangelio con un gran lastre de hábitos pecaminosos. Cabe esperar un cambio profundo obrado por el Espíritu de Dios. La historia de la Iglesia abunda en ejemplos de transformaciones maravillosas (Agustín de Hipona, Juan Bunyan, etc.). Pero también se ha visto en la experiencia de creyentes sinceros que, transcurrido algún tiempo después de su conversión, rebrotaron con fuerza alarmante los impulsos de viejos hábitos. Pueden producirse recaídas y, aun si éstas no llegan a consumarse, no por eso es menos inquietante el conflicto interior. Posiblemente la razón es que, del mismo modo que algunas enfermedades físicas dejan secuelas crónicas, así hay experiencias que dejan huella con una influencia que perdura a lo largo de toda la vida en la tierra. De hecho, con mayor o menor intensidad, todo creyente vive esa lucha entre la carne —que sobrevive en él— y el Espíritu, pues la tiranía del pecado no se manifiesta únicamente en los extravíos de tipo sensual, sino también en el dominio que sobre nosotros pueden tener pecados como el orgullo, la envidia o el resentimiento.

Por supuesto, no todos los pecados tienen los mismos factores atenuantes. Muchos se cometen deliberadamente, con buenas posibilidades de evitarlos. Aun en este terreno de lo que podríamos denominar pecados voluntarios, debe tenerse en cuenta lo que de condicionante

---

[112] Thomas H. Hughes, *La psicología de la predicación y la obra pastoral*, La Aurora, p. 178.

hay en la vida de una persona. Pero, por otro lado, nunca debe anularse su responsabilidad moral, lo que acabaría con toda posibilidad de resolver sus problemas. Solo los enajenados mentales son totalmente irresponsables. Como sugiere T. H. Hughes, «a veces será necesario hablar claro y mantener en alto las grandes realidades morales, sin condenar, pero sin condonar o excusar el pecado»[113].

Reacciones inadecuadas producidas por el sentimiento de culpa

Destaquemos las más frecuentes:

Autodefensa

Hay una tendencia innata en el ser humano a rehuir la culpa, ya que ésta significa deterioro del prestigio. Cualquier acusación, exterior o interior, provoca un impulso de autojustificación. Puede parecer contradictorio que en la misma persona coexistan el sentimiento de culpa y el empeño o en negar la culpa, pero esto es lo que sucede a menudo.

Uno de los mecanismos de autodefensa más comunes es la *racionalización*, mediante la cual una persona trata de convencerse a sí misma de que lo que hizo era lo justo y lo correcto. El que roba puede alegar como justificante su necesidad en contraste con la suntuosidad y el derroche por parte de su víctima. Esta «lógica privada», como la denomina Adler, trata de imponerse a fin de salvaguardar el sentimiento de propia dignidad, indispensable para no hundirse uno ante sí mismo y ante los demás. Pero, por supuesto, esta reacción es un autoengaño que raras veces prospera, por lo que el sentimiento de culpa subsiste.

Otro mecanismo de autodefensa es el de la *inculpación*, por el que se descarga la culpa sobre otras personas o sobre determinadas circunstancias. Esta reacción es tan antigua como el hombre. Adán atribuyó la responsabilidad de su caída a la mujer que Dios le había dado, y Eva, a la serpiente que la había tentado. Pero la inculpación es tan inefectiva como la racionalización cuando se trata de eliminar un sentimiento de culpa propia. Adán y Eva corrieron a esconderse cuando, después de su pecado, se apercibieron de la presencia de Dios, cosa que no habrían hecho si de veras hubiesen estado convencidos de su inocencia.

---

[113] *Op. cit.*, p. 182.

Agresividad

Es una forma activa de autodefensa. En la inmensa mayoría de los casos, la agresividad tiene su raíz en experiencias de frustración. La culpa surge de una frustración moral, de un fracaso humillante en el comportamiento ético, y cuando otros métodos para tranquilizar la conciencia resultan inoperantes, se produce una reacción de ira contra los demás, especialmente contra aquellos que parecen moralmente superiores.

Esta fue la reacción de Caín. Y la de muchas otras personas, incluidos algunos creyentes, que no han entendido en la práctica el tratamiento bíblico del pecado. Muchas de las tensiones existentes en las relaciones humanas, aun dentro de la esfera eclesial, se deben a la hostilidad causada por sentimientos de culpa no resueltos.

Autocondena

Esta reacción puede obedecer a la convicción ineludible de haber obrado injustamente. El sentimiento de culpa en este caso va acompañado de vergüenza, de menosprecio y severo reproche hacia uno mismo, a la par que busca medios de autoexpiación. Quien se cree culpable no se siente satisfecho hasta que de algún modo cree haber «pagado» el mal que ha cometido. Esto explica el arraigo de formas diversas de sufrimiento o sacrificio en casi todas las religiones desde tiempos remotos. Aun la persona irreligiosa, consciente o inconscientemente, siente la necesidad de alguna forma de padecimiento como retribución a sus delitos. Dostoievski ha expuesto este hecho en algunas de sus obras con un dramatismo estremecedor[114].

A tal punto llega a veces este sentimiento de necesidad de autoexpiación que origina trastornos dolorosos de la más diversa índole. «Numerosas enfermedades, tanto físicas como nerviosas, incluso accidentes, o frustraciones en la vida social o profesional, se revelan a través del psicoanálisis como intentos inconscientes de expiación de la culpa. Es una forma de castigo que el paciente se inflige a sí mismo y que continúa repitiéndose indefinidamente con una especie de fatalidad inexorable»[115].

Pero puede acontecer también que la autocondena no sea sino una forma sutil de autodefensa. Existe un reconocimiento de culpa que es

---

[114] Las experiencias de Raskólnikov en *Crimen y castigo* o de Mitia en *Los hermanos Karamazov*, por ejemplo.

[115] P. Tournier, *Guilt and Grace*, p. 175.

la corrupción del arrepentimiento. La persona que se declara culpable y muestra dolor por la falta cometida despierta, por lo general, una honda simpatía en los demás. «Para hacerse amar, puede una persona coquetear con sus pecados; inconscientemente, por supuesto. Se humilla para ser ensalzada; se muestra dócil, se acusa a sí misma y da la impresión de que empieza una nueva vida. Pero lo que en el fondo ha entrado en juego es un autoengaño asombroso... La escenificación dramática de los sentimientos de culpa tranquiliza la conciencia»[116]. El consejero debe estar prevenido contra este ardid. Aceptarlo sería dejar sin solución real el problema que nos ocupa.

Compensación

El culpable —o quien cree serlo— no ve modo satisfactorio de justificar sus faltas o imputar su responsabilidad a otros. Tampoco se deja arrastrar por su intranquilidad interior a acciones agresivas, lo que aumentaría su carga de culpa o de autocastigo. Simplemente trata de compensar el mal hecho con obras nobles. Solo Dios sabe cuántas iniciativas filantrópicas no ocultan este sentimiento. No deja de ser un recurso imaginativo de la mente que contempla a Dios poniendo en un platillo de la balanza de su justicia los pecados de los hombres y en el otro sus obras meritorias. Todo es cuestión de que este pese más que aquel.

El pastor sabe bien cuán absurda es esta idea desde el punto de vista teológico, pero debe contar con que son muchos los que inconscientemente se aferran a ella.

EL ÚNICO REMEDIO

Lo primero que el consejero ha de hacer es descubrir si los sentimientos de culpa son auténticos o ficticios. En este último caso, ayudará con paciencia a la persona consultante a comprender lo infundado de su ansiedad. Lo mismo hará cuando claramente se vea que en vez de pecado hay enfermedad. Pero cuando se encuentre con casos de verdadera culpa, orientará conforme a las enseñanzas bíblicas relativas al pecado y la redención.

He aquí los puntos básicos de tal orientación:

---

[116] R. Ruthe, *Op. cit.*, p. 149.

Reconocimiento del pecado

Sin menguar un ápice la simpatía hacia el paciente espiritual, sin regatear esfuerzos en el reconocimiento de posibles condicionamientos, el pastor ha de guiar la conversación de modo que el pecado aparezca con toda su fealdad. Jamás puede decir «blanco» o «gris» si Dios ha dicho «negro». La rectitud moral no es un capricho de Dios; es un imrerativo. Es el único camino para alcanzar la plena realización humana. Darse al pecado es deshumanizarse. Y hundirse, lejos de Dios, en una existencia trágica. El mayor daño que se puede hacer a una persona es decirle: «¡Paz, paz!» cuando no hay paz (Jer. 6:14), cuando le sobran motivos para no tenerla. Ninguna enfermedad seria se cura tratando de aminorar su gravedad. Cada uno debe reconocer su responsabilidad moral.

Pero conviene, al mismo tiempo, hacer notar la universalidad de la culpa (Rom. 3:9-23; I Jn. 1:8, 10). Cualesquiera que sean las acotaciones críticas que se hagan al texto de Juan 8:1-11, el episodio que en él se relata refleja impresionantemente la culpabilidad de todos los seres humanos. Aun los santos deben recordar constantemente que son compañeros en la gracia porque habían sido —y en cierto modo siguen siendo— compañeros en el pecado.

Confianza en las promesas divinas de perdón

Abundan en toda la Escritura. Para citar solo algunas, recordemos textos tan preciosos como Is. 1:18; 55:7; Jer. 31:34; Ez. 33:11; Luc. 1:77; Mt. 9:2-6; Hec. 10:43; I Jn. 1:9.

El perdón otorgado por Jesús a la mujer adúltera y su constante acercamiento a pecadores de todas clases son expresión del amor perdonador de Dios.

En el perdón divino, a la misericordia se une la justicia. Ese perdón se basa en la obra expiatoria de Cristo (Rom. 3:24-26; I Jn. 1:7; 2:1,2), la cual excluye totalmente cualquier intento de autoexpiación. La sangre de Cristo purifica realmente la conciencia (Heb. 9:14), de modo que el creyente pueda verse completamente liberado de todo remordimiento. La más monumental exposición que de la gracia de Dios se conoce la hallamos en los primeros ocho capítulos de la carta a los Romanos. Empieza con las más negras tenebrosidades del pecado que hace de todos los hombres reos ante Dios, pero concluye con un cántico de salvación gloriosa. Es el canto inspirado por el triunfo de un Dios decidido a redimir al hombre de la culpa y de la tiranía del pecado y acabar con cualquier forma de condenación, todo ello en virtud de la obra del gran Mediador: Jesucristo. «¿Quién acusará a los escogidos de Dios? Dios es el que justifica. ¿Quién condenará? Cristo es el que murió; más aún, el que también resucitó, el que además está a la diestra de Dios, el que también intercede por nosotros» (Rom. 8:33, 34).

La persona que comprende el alcance de estos hechos y los acepta mediante la fe, a menos que padezca de neurosis obsesiva, se sentirá liberada. No tendrá necesidad de racionalizar su culpa, ni de proyectarla sobre otros, ni de obstinarse en expiarla de algún modo, ni de compensarla. La reconoce objetivamente; acepta su responsabilidad. Pero sabe que la gracia de Dios excede a todo pecado. Y descansa. Gozoso, hace suya la exclamación paradójica de Agustín de Hipona: *¡Felix culpa!* Con los más grandes santos de la Iglesia, «se siente pesimista respecto a sí mismo, pero optimista en cuanto a Dios»[117].

Confesión

Según la enseñanza bíblica, debe hacerse directamente a Dios, como la hizo David después de su doble pecado (Sal. 32:5), pues solo Dios puede borrar la culpa.

Sin embargo, es también recomendable la confesión al hermano (Sant. 5:16). La versión española de Reina-Valera correspondiente a este versículo puede hacer pensar que se refiere a ofensas personales; pero el término original, *paraptómata*, tiene un significado más amplio. Literalmente expresa la idea de caída *(ptoma)* al lado de *(para),* cerca de algo o de alguien. Los mejores lingüistas ven en esta palabra un sinónimo de *hamartía*, el vocablo que generalmente se usa en el Nuevo Testamento para referirse al pecado. Por eso es preferible la versión de la Biblia de Jerusalén: «Confesaos mutuamente vuestros pecados».

Esta práctica nada tiene que ver con la confesión auricular católica, en la que el sacerdote se arroga —aunque sea por delegación— la facultad de perdonar pecados. El perdón, ciertamente, es prerrogativa divina. Y es suficiente la confesión hecha a Dios a solas. Sin embargo, hay en la confesión a otra persona una virtud terapéutica indiscutible. En no pocos casos, produce una sensación más real de descarga, de liberación. Psicológicamente es una gran ayuda para que se llegue a sentir la realidad del perdón. En esta cuestión, frecuentemente no basta

---

[117] P. Tournier, *op. cit.,* p. 160.

saber; conviene también sentir. No olvidemos que lo más torturante de la culpa es precisamente el sentimiento que produce.

Por supuesto, no todas las personas están capacitadas para escuchar una confesión. Les falta madurez y discreción. Pero si el que confiesa su pecado a Dios encuentra asimismo alguien que pueda escucharle con amor y sabiduría, hará bien en abrirle su corazón, referirle la experiencia de su caída y después escuchar, de labios del consejero, la absolución que con toda autoridad brota de la Palabra de Dios. El beneficio de tal confesión a menudo excede a lo imaginable.

Lógicamente, este tipo de confesión no solo es aconsejable, sino que se impone cuando el pecado se ha cometido contra una persona determinada. En tal caso, es a ésta a quien debe también darse cuenta del desliz y a quien se debe pedir perdón.

Reparación de la falta cuando sea posible

Solo así se muestra la autenticidad del arrepentimiento. Este no consiste en un mero sentimiento de pesar por el mal cometido. Lo que se puede corregir debe ser corregido. Si hay algo que devolver, se devuelve. Así obró Zaqueo. Si hay algo que romper, se rompe. Si, por el contrario, hay algo que recomponer, se recompone. Si queda alguna herida por curar, hay que aplicarse a curarla.

Unicamente de este modo puede tener lugar un nuevo comienzo, esencia de todo arrepentimiento genuino y consecuencia de toda confesión sincera.

Renuncia al pecado

El mismo que dijo a la adúltera: «Ni yo te condeno», añadió: «Vete y no peques más» (Jn. 8:11). El que con Cristo ha muerto al pecado, no puede seguir viviendo habitualmente en él (Rom. 6:2-4).

La actitud de repudio del pecado por parte del creyente no equivale a imposibilidad de nuevos lapsos. Esto debe recordarlo el consejero a quien ha experimentado la acción liberadora de Cristo. Puede haber recaídas que exigirán nuevo arrepentimiento, nueva confesión, nuevo principio por la fe en el Mediador eterno (I Jn. 2:1,2). Pero si prevalece la confianza en la gracia de Dios, ya no habrá lugar para prolongados sentimientos torturadores engendrados por remordimientos de conciencia. La vida cristiana todavía no será perfecta, pero será una vida sana y apacible.

CUESTIONARIO

1. *¿Qué diferencia existe entre la culpa verdadera y la ficticia.*

2. *Explique por qué la conciencia no siempre es guía infalible en lo que se refiere a normas de conducta.*

3. *¿Cuáles son las características de una conciencia neurótica?*

4. *El hombre ¿es moralmente libre o es, por el contrario, esclavo de un determinismo absoluto? ¿Hasta qué punto?*

5. *Exponga un caso práctico de reacciones inadecuadas producidas en una persona por el sentimiento de culpa.*

6. *Según la enseñanza bíblica, ¿cuál es el tratamiento adecuado para liberar a una persona de sus sentimientos de culpa verdadera?*

Capítulo XXI
Experiencias de tribulación

El sufrimiento es común a todos los seres humanos. Mientras no se consume la obra redentora de Dios, «la creación entera gime» (Rom. 8:19-23). Padecimientos físicos y morales ensombrecen con frecuencia la vida de las personas entre las cuales vive el ministro del Evangelio, lo que exige de él una labor consolante. Quizá nunca podremos explicar satisfactoriamente el misterio del sufrimiento, pero siempre podremos acercarnos a los que lloran para llorar con ellos y animarlos.

El texto más clásico sobre esta faceta del ministerio es II Cor. 1:3-7. Aquí Pablo y sus colegas aparecen como protagonistas en un doble sentido: como beneficiarios del consuelo divino en sus propias tribulaciones y como instrumentos para confortar a otros atribulados. El verbo, *parakaleo*, literalmente significa «llamar para estar al lado» de alguien; pero la idea predominante es la de consolar, animar, fortalecer, El nombre, *parakletos*, se aplica al Espíritu Santo (Jn. 14:16, 17, 26; 15:26; 16:7). El ministro viene a ser, pues, un colaborador del Espíritu de Dios. Como tal, se sitúa junto al afligido para impartirle la ayuda que necesita. Su acción, por consiguiente, será tanto más eficaz cuanto más lleno esté del Espíritu.

Por otro lado, teniendo en cuenta que el Espíritu Santo realiza su obra por medio de la Palabra de Dios, es necesario que el consolador humano use adecuadamente esa misma Palabra. Es esencial que conozca lo que ella enseña sobre el dolor.

EL SUFRIMIENTO A LA LUZ DE LA ESCRITURA

La revelación divina no aclara todos los enigmas relativos a la existencia del mal. Pero nos muestra las diversas facetas del sufrimiento.

Evidentemente este es considerado como una intrusión en el orden original de la creación. Constituye una de las consecuencias del pecado (Gén. 3:16-19). Muchas veces es el resultado natural de una mala conducta» la cosecha del pecado (Os. 8:7; Gál. 6:8). Otras» la acción disciplinaria de Dios, quien paternalmente trata de corregir a su pueblo (Prov. 3:12; Heb. 12:5-11). En algunos casos, tiene carácter de prueba destinada al fortalecimiento de la fe y a la maduración del carácter cristiano (I Ped. 1:5-7; Rom. 5:3-5). Ningún seguidor de Cristo habría de sorprenderse del embate de tribulaciones en su vida (Jn. 16:33; I Ped. 4:12), más bien debiera gozarse. Aun las mayores adversidades están bajo el control de Dios (Job. 1:12; 2:6; Am. 3:6; I Cor. 10:13) y todo es dirigido para nuestro eterno enriquecimiento moral conforme al propósito divino (Rom. 8:18, 28; II Cor. 4:17; Sant. 1:12).

Pero lo más impresionante del testimonio bíblico es que Dios mismo ha penetrado en la esfera del sufrimiento (Is. 63:9). Lo hizo objetivamente en la persona de su Hijo encarnado, el Siervo doliente en su humillación hasta la muerte de cruz (Is. 53:3-12; Fil. 2:7, 8). De modo maravilloso, mediante su propia experiencia de aflicción inigualable, dignificó el sufrimiento. Ahora, para sus seguidores, es un grandísimo honor beber de su copa (Mt. 20:23) y participar de algún modo de sus padecimientos (Rom. 8:17; Fil. 3:10; Col. 1:24).

Estos datos bíblicos, debidamente aplicados al atribulado» pueden convertirse en el más suave de los bálsamos y en luz que disipe muchas tinieblas.

Son múltiples las causas de sufrimiento: pérdidas sensibles, decepciones amargas, fracasos, problemas profesionales, heridas sentimentales, etc. Ante la imposibilidad de examinar por separado cada una de ellas, nos limitaremos a tres de las más frecuentes:

Temores y ansiedades

T. H. Hughes cita al eminente psiquiatra Ernest Jones, quien en una carta le exponía la opinión de que no hay en el mundo «necesidad mayor que la liberación de la tiranía del temor»[118].

El temor normal es un elemento saludable. Nos estimula para reaccionar frente a los peligros que nos acechan constantemente e incluso para prevenirlos. Es un factor creativo que nos mueve a pensar,

---

[118] *Op. cit.*, p. 195.

trabajar y luchar con objeto de lograr situaciones en las que nos sintamos más o menos seguros. Pero fácilmente puede adquirir el temor proporciones desmesuradas y entonces se convierte en ansiedad, a veces en terror.

Este mal se ha acentuado enormemente en los últimos tiempos. Los problemas económicos se hacen cada día más complejos y difíciles. La inflación, las crisis, el aumento de necesidades creadas por la vida moderna, las dificultades relativas a la vivienda, educación de los hijos, salubridad, etc., constituyen una preocupación obsesionante para infinidad de familias. Si a todo ello añadimos los temores conocidos en todas las épocas —temor a la soledad, a dejar de ser amados, a la deslealtad, a la desgracia imprevista, a la enfermedad, a la muerte— comprenderemos cuán fácilmente puede caerse en la ansiedad.

Los efectos del temor desproporcionado siempre son deplorables. La ansiedad o produce amilanamiento o genera agresividad. En todos los casos turba la paz espiritual. En algunos, puede ser causa de serios trastornos psíquicos: depresión, ideas obsesivas, fobias u otras formas de psicosis[119].

¿Cómo puede ayudar el pastor a la persona dominada por la angustia del temor? Cuando la ansiedad no es de tipo patológico, las promesas de la Palabra de Dios son de eficacia incomparable. Puede el ministro hacer reflexiones sobre lo infundado de muchos temores; puede recordar a la persona acongojada que el noventa por ciento de nuestros sufrimientos se deben al temor de desgracias que nunca llegan a acontecer. Pero el remedio más activo no radica en la lógica humana, sino en la fidelidad de nuestro Padre amoroso. Textos como Mat. 6:25-34; Rom. 8:28, 32; Fil. 4:6, 7, 19, han devuelto la confianza y la paz a millones de personas. La experiencia del creyente en el pasado le hace exclamar: «Hasta aquí me ayudó el Señor» (I Sam. 7:12). Ha podido ver el «oportuno socorro» (Heb. 4:16) aun en los momentos más difíciles. Y esa experiencia robustece su esperanza en cuanto al futuro: «Nada me faltará» (Sal. 23:1). Lo importante, pues, es que alguien le recuerde atinadamente lo que Dios dice y hace en favor de su pueblo.

---

[119] Recomendamos la lectura del capítulo XI de la obra *La salud de la personalidad*, por Leslie D. Weatherhead, Edit. «La Aurora».

Enfermedad

Casi a diario se enfrenta el pastor con ese tipo de tribulación. Ante ella debe actuar con tanta presteza como simpatía, sobre todo cuando la enfermedad es de cierta importancia. El enfermo suele tener sentimientos de soledad e impotencia; fácilmente cae en la ansiedad ante posibles consecuencias irreparables de su dolencia. En tal estado, la visita pastoral puede ser para él una bendición inestimable.

Tal visita debiera contribuir a crear en tomo al paciente una atmósfera de santo optimismo. Por supuesto, el pastor no ha de caer en extravagancias humorísticas impropias de la situación, pero tampoco debe aparecer como si estuviese anticipando un funeral. Un rostro, una actitud y una conversación que irradian serenidad y confianza ejercen una influencia saludable sobre el enfermo.

No es posible dar normas para lograr efectos positivos en las visitas a enfermos, pero hemos de destacar tres puntos que comúnmente son de gran importancia:

1) *La necesidad de desvanecer errores*

Algunos enfermos se atormentan pensando que su dolencia es debida a algún pecado, lo que en muchísimos casos puede no ser verdad.

Es cierto, como han podido comprobar los especialistas en medicina psicosomática, que el estado espiritual influye poderosamente en el organismo físico. Ulceras de estómago, disfunciones gastrointestinales, vértigos, algunas formas diversas de parálisis y de trastornos cardíacos o respiratorios pueden tener causas psíquicas o morales, tales como la frustración, el miedo, la ansiedad, un resentimiento intenso, fuertes sentimientos de culpa, etc. Pero sería ir demasiado lejos afirmar que toda enfermedad es consecuencia de algún pecado. Esta era la teoría errónea de los amigos de Job que Dios mismo refutó. Como hemos apuntado al referimos al sufrimiento en general, Dios puede tener propósitos muy positivos al permitir el quebrantamiento de nuestra salud o de nuestra integridad física.

Otro pensamiento que ha turbado a más de un cristiano es que su dolencia se debe a su escasa fe. Una confianza plena en el poder de Dios —se piensa— obraría indefectiblemente la curación. A veces esta inquietud se ha hecho colectiva. Creyentes en mayor o menor número se han reunido para orar por el hermano doliente compartiendo la convicción de que, bajo la acción de una fe suficientemente robusta, el milagro se operará con toda seguridad. La experiencia de la decepción vivida cuando tal tipo de oración queda sin respuesta ha creado más de un serio problema espiritual. Pero ¿tenemos base bíblica suficientemente sólida para abrigar una certidumbre absoluta respecto a la curación en todos los casos? Hemos de admitir que, del mismo modo que la ansiedad, el odio o el sentimiento de culpa influyen desfavorablemente en la salud física, así la confianza plena en Dios facilita la curación de una enfermedad. Pero no hasta el punto de que siempre haya de ser un factor decisivo. Dios puede obrar —y obra— maravillas de sanidad; pero su soberanía está por encima de nuestra fe.

Es muy importante que el enfermo tenga tranquilidad de espíritu. A ello contribuirá el que alguien le ayude a disipar todo error respecto a causas espirituales de su dolencia. Un ejemplo que aclara lo que llevamos dicho al respecto nos lo ofrece Timoteo. No hay ni una sola indicación en el Nuevo Testamento que nos lleve a atribuir sus «frecuentes enfermedades» (I Tim. 5:23) a pecados especiales en su conducta o a falta de fe.

2) *La necesidad de fomentar la sumisión*

Dios es nuestro Padre amante. El sabe todas las cosas. Todo lo puede. Su providencia es eminentemente benéfica (Rom. 8:28). Aun los cabellos de nuestra cabeza están todos contados (Mt. 10:30) y ni uno solo cae al suelo sin su consentimiento. Pero no siempre entra en sus planes obrar liberaciones espectaculares. Muchas veces es propósito suyo mantenernos en estados de debilidad, de aparente derrota, que pueden acabar con la misma muerte. Pero siempre se manifiesta la gloria de su poder. En unos casos, a través de la restauración; en otros, dando fuerzas para sufrir o morir. A esa acción soberana de Dios, la fe debe responder con actitud de sumisión. Lo que Dios haga siempre será lo mejor para cada uno de sus hijos. La fe tiene dos vertientes (recuérdese Heb. 11:29-35a en contraste con 11:35b-38): una bañada en luz; la otra envuelta en sombras; pero ambas son igualmente gloriosas.

El enfermo que entienda esta gran verdad bíblica y se la apropie descansará interiormente. No insistirá excesivamente en sus peticiones de curación. Más bien orará diciendo, como su Salvador: «¡Hágase, Padre, tu voluntad!»

3) *La oportunidad de reflexionar sobre la vida*

Cuando la enfermedad postra en el lecho a una persona, ésta suele ocuparse en multitud de reflexiones. Está en condiciones óptimas para darse cuenta de sus limitaciones, de su debilidad, de la facilidad con que puede ser arrancado de su trabajo habitual, de su círculo de amistades, de sus diversiones, de su hogar. Puede comprender que sobre las mayores aspiraciones pende siempre una espada de Damocles. Más o menos intensamente asoma la idea de la muerte. Ahora todo aparece en una nueva perspectiva. De modo inevitable surge en la mente de muchos pacientes una serie de interrogantes: ¿Han valido la pena todos los esfuerzos encaminados a alcanzar metas temporales? ¿Ha sido correcto el orden de prioridades establecido en la vida? ¿No han sido pura mezquindad de espíritu las ambiciones, las envidias, los resentimientos? ¿No ha sido una gran pérdida la poca importancia otorgada a los valores espirituales?

El pastor, sin caer nunca en el juicio condenatorio, hará bien en guiar al enfermo a través de estas reflexiones para que, si Dios lo sana, dé una nueva orientación a su vida más en consonancia con el propósito de su Señor.

4) *Observaciones generales sobre visitas a enfermos*

La duración de las mismas debe determinarse según el estado del paciente. Nunca debe ser larga. La persona enferma no está, por lo general, en condiciones de sostener una conversación prolongada. El esfuerzo físico y mental la perjudica. Solo a medida que vaya recuperándose, podrán los diálogos ser más extensos y profundos. En los casos graves, la visita debe limitarse a unos breves minutos. Si el pastor permanece más tiempo, debería hacerlo con los familiares, retirado a cierta distancia del enfermo, a ser posible en otra habitación. No debe olvidarse que la familia del paciente necesita generalmente casi tanta atención pastoral como el paciente mismo.

Salvo excepciones, que apenas llegan a darse, la lectura o recitación de textos adecuados de la Escritura y la oración no deben omitirse al visitar a un creyente. En la visita a personas inconversas, deberá actuarse según las circunstancias aconsejen. Que el pastor ore estrechando entre sus manos la del enfermo puede tener efectos altamente confortantes; sin embargo, no aconsejaríamos esta práctica para todos los casos. La intuición, la sensibilidad y la discreción guiarán al pastor en esta cuestión como en tantas otras.

Mención especial merece el dilema planteado por enfermedades incurables. ¿Debe darse a conocer al paciente su verdadera situación? La mayoría de médicos y familiares se resisten a ello por los serios efectos contraproducentes que puede tener en el enfermo. Probablemente más de una vez la prudencia del silencio es recomendable. Pero también son muchos los casos en que un enfrentamiento con la realidad por parte del paciente es aconsejable. Huelga decir que el anuncio fatal debe ser hecho con una gran dosis de sabiduría y con todo el apoyo espiritual de la Palabra de Dios.

Muchos enfermos desahuciados han preferido no ser engañados y no solo se han sobrepuesto al golpe inevitable, sino que su conocimiento de la realidad les ha permitido tomar decisiones finales sobre cuestiones de gran trascendencia que, de otro modo, habrían significado grandes problemas para los supervivientes, especialmente para sus familiares. Ocultar a todo enfermo lo clínicamente inevitable es, en cierto modo, atentar contra la gracia de Dios que tantas maravillas ha obrado en lechos de moribundos. Infinidad de testimonios inspiradores no se habrían escrito jamás si todos los creyentes hubiesen muerto sin saber que se morían. Sin un conocimiento de la realidad, probablemente muchas personas convertidas en los últimos días de su vida habrían muerto impenitentes[120]. Se trata, pues, de un problema con implicaciones pastorales muy serias, por lo que el ministro deberá buscar la dirección de Dios para obrar como más convenga.

Otro caso delicado es el de enfermedades infecciosas. ¿Debe o no debe el pastor visitar a las personas que las padecen? Su responsabilidad se extiende no solo a los enfermos, sino también a los sanos, a quienes podría contagiar. Creemos que en este caso su deber es doble. No puede excusarse de visitar al enfermo, pero ha de tomar todas las medidas profilácticas señaladas por los médicos.

Muerte

El fallecimiento de una persona es uno de los acontecimientos que demandan la presencia del ministro cristiano cuando el difunto o alguno de sus deudos se incluyen en el círculo de su ministerio. Su influencia en tal ocasión puede dejar una huella de simpatía imborrable. Lo hondo

---

[120] Este hecho indiscutible no excluye lo dudoso de muchas conversiones a última hora.

de tal huella depende de la comprensión que el pastor tenga del hecho en sí de la muerte y del amor con que se acerque a los que lloran la partida del ser querido.

En pocos casos se acepta la muerte del familiar amado como una liberación casi deseada. Esto puede suceder en casos extremos de enfermos ancianos, incurables, que sufren y hacen sufrir a quienes les rodean. Pero normalmente la muerte cae sobre las familias como un zarpazo atroz, desgarrador.

Existe en algunos cristianos cierta tendencia a minimizar el horror a la muerte. Llevan más allá de lo humano y lo cristiano la diferencia que ante tal suceso debe haber entre creyentes y no creyentes. Creen que la esperanza cristiana debiera capacitar a todo hijo de Dios para reaccionar ante el fallecimiento del padre, la madre, el hijo, el hermano, como lo haría ante la ausencia temporal del mismo ser con motivo de un viaje. Olvidan, al parecer, que es en la Biblia donde se nos presenta a la muerte como «la reina de los terrores» (Job 18:14), que Jesús se conmovió profundamente y lloró ante la tumba de Lázaro y que los cristianos de Jerusalén hicieron «gran lamentación» con motivo de la lapidación de Esteban (Hec. 8:2).

Muy acertadamente escribe Vernon Grounds acerca de la muerte: «Es una pérdida irreparable (al menos desde la perspectiva de la existencia en este mundo), la destrucción de una relación significativa, un sentimiento de vacío interior, un colapso de planes, un marchitamiento de esperanzas, y a veces una reestructuración de la vida cuando no quedan fuerzas ni ganas para la tarea... En muchos casos es un horror no mitigado, una tragedia que perfora el caparazón de una familiaridad profesional. En todos los casos, si se acepta el punto de vista bíblico, la muerte es una anormalidad horrenda, una perversión grotesca de un orden creado por Dios, como una rasgadura violenta de lo que debiera ser un tejido sin costura. El pastor debiera ser consciente de esto, no morbosamente, pero sí enfáticamente»[121].

Solo cuando nos percatamos de la magnitud trágica de la muerte, de su horror y de su parentesco con el pecado, estamos en condiciones de apreciar la excelencia de la gracia de Dios que en Cristo nos da el triunfo de la vida eterna. No se trata de minimizar la repulsión y el dolor causados por la muerte, sino de magnificar a Aquel que «sacó a luz

---

[121] Baker's, *Dict. of Practical Theol.*, p. 227.

la vida y la inmortalidad por el Evangelio» (II Tim. 1:10), lo que para el creyente constituye una fuente de consolación inefable.

Debe el pastor, sin embargo, ser comprensivo cuando una persona, a pesar de su fe, reacciona negativamente ante la pérdida de un ser amado. El gran predicador Joseph Parker, famoso por su ministerio en el «City Temple» de Londres, quien jamás había conocido la duda, llegó al borde del ateísmo a raíz del fallecimiento de su esposa. Una experiencia semejante tuvo C. S. Lewis, el gran pensador cristiano convertido del agnosticismo. Estos profundos abatimientos no duran, por lo general, indefinidamente. Lo importante es que la persona así abatida sienta el calor de un corazón amigo, la presencia pastoral que aun sin palabras ayude a recuperar la serenidad y la confianza en Dios.

En cuanto al *funeral,* conviene subrayar algunas observaciones. Es una ocasión solemne, sumamente propicia para que el pastor proclame las verdades gloriosas del Evangelio, la palabra de Aquel que dijo: «Yo soy la Resurrección y la Vida; el que cree en mí, aunque muera, vivirá» (Jn. 11:25).

La predicación no debe ser un panegírico del difunto, pero tampoco puede ser impersonal. Algunos datos biográficos, determinados rasgos del carácter o de la vida del fallecido —si era cristiano, por supuesto— pueden y deben ser incluidos con sobriedad en la plática, siempre que la atención principal de quienes escuchan sea fijada en el Creador más que en la criatura, en el Redentor más que en el redimido.

Tampoco debieran faltar palabras de consolación y aliento para los familiares y de reflexión, de admonición, de discreto llamamiento incluso, para los inconversos que a veces en gran número asisten a un culto fúnebre. Cuídese, no obstante, que —como sucede en algunos lugares— el funeral no se convierta en un culto de evangelización casi idéntico a cualquiera de los cultos evangelísticos normales de una iglesia. No se pierda de vista en ningún momento la ocasión especial; no se olvide ni al fallecido ni a los deudos. Bien está que en estas ocasiones, a través del predicador, hable el evangelista; pero es aún más importante que hable el pastor. Además, la experiencia ha demostrado que el impacto espiritual en las personas ajenas a la iglesia es mayor cuando el culto mortuorio es lo que debe ser que cuando se usa como pretexto para el fin casi único de evangelizar, y ello con escasa o nula sensibilidad.

La labor pastoral no siempre concluye con el funeral. La muerte puede haber deteriorado grandemente las estructuras de la vida familiar. Puede afectar a la actividad profesional. Y nada digamos de la herida moral abierta en el corazón de los que siguen viviendo. La depresión» el tedio, la indiferencia hacia todo, la falta de coraje para reemprender la vida en una nueva etapa, las ganas de unirse al fallecido, hacen fácilmente presa en el ánimo de quien ha perdido a un ser entrañable. En estos casos, el pastor es llamado no solo a consolar sino a aportar su contribución de guía con objeto de reorientar y fortalecer las vidas traumatizadas por el golpe de la muerte[122].

Sin lugar a dudas, las experiencias que el pastor recordará con satisfacción más profunda serán aquellas en que Dios le usó para consolar y ayudar a sus hermanos en horas de aflicción.

CUESTIONARIO

1. *¿Qué nos enseña la Biblia acerca del sufrimiento?*

2. *Analícese la ansiedad de Jacob en Génesis 32 y detállense especialmente sus causas y el modo como el patriarca la superó.*

3. *¿Qué bendiciones espirituales puede reportar la enfermedad física?*

4. *Mencione alguno de los conceptos erróneos o de las actitudes impropias que el pastor puede tener ante el hecho de la muerte.*

5. *Haga una crítica —positiva o negativa— de alguno de los cultos a que usted ha asistido con motivo del fallecimiento de un hermano en la fe.*

---

[122] Recomendamos encarecidamente la lectura del libro *Cuando me golpeó la muerte*, por Joseph Bayly, Edit. Caribe, 1974.

Capítulo XXII
Problemas conyugales

Aunque generalmente ocultas en la intimidad del matrimonio, dificultades más o menos graves amenazan la armonía conyugal de innumerables parejas.

Las situaciones conflictivas en la esfera matrimonial tienen repercusiones serias tanto en el orden espiritual como en el social. Un hombre —o una mujer— que no vive en buena relación con su cónyuge difícilmente podrá mantener una auténtica comunión con Dios. Como consecuencia, fácilmente caerá en la amargura o en el resentimiento, circunstancias propicias para toda suerte de crisis o deslices. Por otro lado, la tensión afectará a las relaciones con sus hijos, con sus compañeros, con la Iglesia. Incontables actitudes irascibles, de oposición sistemática, de intolerancia, de crítica negativa han tenido su origen en conflictos matrimoniales sin resolver.

La intervención del pastor en estos problemas está, pues, justificada, aunque es difícil. Pocas personas se deciden a solicitarla por temor al menoscabo de su prestigio. Prefieren aparentar un matrimonio normal, aunque estén llegando al borde del divorcio interior. Cualquier insinuación que se les haga respecto a posibles dificultades es cortada secamente o desviada con finura. Más de una vez hallará el pastor bloqueada la vía del consejo a matrimonios de su congregación. Sin embargo, en los casos en que la dificultad es tan grave como notoria, deberá decidirse a intervenir, superando con la máxima delicadeza toda barrera que los cónyuges trataran de oponer.

Señalamos a continuación lo que todo consejero matrimonial cristiano debe tener en cuenta en su actuación.

CONCEPTO BÍBLICO DEL MATRIMONIO

Es esencial no olvidarlo ni desfigurarlo bajo la influencia de una ética de situación. Las normas morales de la sociedad permisiva en que vivimos se vuelven cada vez menos rígidas; pierden su carácter absoluto y tienden a adaptarse más a los impulsos primarios del ser humano que a principios permanentes. El concepto de amor se ha prostituido Se identifica a menudo con la cópula sexual en un plano que en poco o nada se diferencia de la misma práctica entre irracionales. Se mira con lenidad creciente cualquier extravío sexual. Las relaciones preo extramatrimoniales, la promiscuidad y el divorcio casi se consideran normales y en muchos casos aconsejables. La homosexualidad es defendida abiertamente. Todo puede ser lícito y conveniente si contribuye a acabar con las represiones sexuales, causa —según algunos— de múltiples desequilibrios psíquicos.

Las legislaciones de los países más «civilizados» están siendo objeto de revisión con objeto de autorizar aun las mayores aberraciones. Con el pretexto de contribuir a una mayor liberación humana, lo que se hace es vestir con ropaje legal la relajación moral de la sociedad. Es una rendición formal ante las fuerzas de la bestialidad degradada que domina al hombre.

En los países menos desarrollados culturalmente no existe demasiada preocupación por las modificaciones legislativas, pero en la práctica se observa el mismo relajamiento. Envueltas en ese ambiente, las iglesias a menudo se enfrentan con problemas semejantes a los de la iglesia de Corinto, cuya licencia moral heredada del paganismo hubo de combatir Pablo duramente.

La actual situación del mundo exige del ministro cristiano una exposición clara de la enseñanza bíblica sobre la sexualidad. A través de la predicación, de conferencias o de cursillos de orientación prematrimonial —que pueden ampliarse a matrimonios—, debe proveerse la instrucción necesaria.

Destaquemos esquemáticamente los puntos más sobresalientes.

La sexualidad es inherente a la naturaleza humana

Lo es en virtud del propósito original de Dios. Gén. 1:27 es un texto clave. En él se nos presentan al hombre y la mujer, juntos, como la expresión plena, sublime, de la humanidad, en contraposición a todas las corrupciones introducidas posteriormente por el hombre mismo.

Es elocuente el comentario de Emil Brunner sobre este versículo: «¡Declaración doble, inmensa en su sencillez lapidaria!... Con ella, desaparece todo un universo de mitos y de especulaciones gnósticas, de cinismo y de ascetismo, de culto al sexo y de miedo a la sexualidad»[123].

En el relato complementario de la creación del hombre (Gén. 2) hallamos datos de gran importancia sobre la naturaleza de la sexualidad humana, muy superior a la de los demás animales. Aquí aparece el elemento de comunión de los sexos en su sentido más elevado, como correspondía a un ser hecho a imagen de Dios. La sexualidad en el hombre no estaría determinada simplemente por un instinto fisiológico, sino por un conjunto de afinidades profundas, tanto físicas como intelectuales, morales y espirituales.

El matrimonio, provisión divina

En Gén. 2 aparece el hombre en su gran soledad; rodeado de seres vivientes en un mundo maravilloso, pero sin que ninguno de ellos pudiera suplir su necesidad. Solo cuando Dios le proporciona la «ayuda idónea», descubre lo sublime de la sexualidad de que Dios le había dotado.

La mujer era parte de sí mismo, «hueso de sus huesos y carne de su carne» (v. 23), su «gloria» (I Cor. 11:7). Aunque dos seres distintos, vendrían a constituir una unidad misteriosa, inefable (Gén. 2:24).

En este acoplamiento total de hombre y mujer se basa el triple principio que posteriormente había de configurar el matrimonio según el plan de Dios:

a) «Deja el hombre a su padre y a su madre» (Biblia de Jesuralén). El matrimonio implica el desgajamiento de una situación familiar previa, imprescindible para que pueda efectuarse adecuadamente, sin problemas, la unión matrimonial.

b) «Se une a su mujer». Se trata de un acto libre, determinado no por voluntades ajenas sino por propia decisión. El verbo en el original hebreo significa adherirse, pegarse fuertemente. Es la misma palabra que hallamos en Génesis 34:3 para expresar la experiencia de Siquem con Dina. El relato en su totalidad es por demás significativo. Primeramente, Siquem se deja llevar por la fuerza bruta de su pulsión sexual y comete un acto de violación. Su acción queda dentro de los límites de

---

[123] *L'homme dans la contradiction*, cit. por Henri Blocher en su artículo «La sexualité dans la Bible», *Perspectives Reformées*, 1975, núm. 4.

la animalidad repugnante. Hubo cópula física, pero nada más. En cambio, cuando después se siente atraído hacia Dina por un amor intenso, que hablaba «al corazón de ella», cuando en su vivencia sexual entran en juego no solo su cuerpo sino toda su capacidad afectiva y una voluntad seria de amar, de unirse totalmente a la mujer escogida, tiene una experiencia que, con todas sus imperfecciones, refleja la verdadera naturaleza de la unión conyugal.

c) «*Se hacen una sola carne*». Esta realidad trasciende lo meramente físico. Incluye los sentimientos más intensos de ternura y devoción en un acto de mutua entrega sin reservas.

Según el ideal bíblico, en el abrazo conyugal hay mucho más que el contacto de dos cuerpos; hay una fusión de dos personalidades en su totalidad. De este modo, el acto sexual viene a ser como un sacramento a nivel humano por el que marido y mujer se infunden recíprocamente la plenitud de su ser. En el espíritu de esa comunión, desarrollarán juntos las restantes actividades de su vida y el matrimonio alcanzará la solidez monógama e indisoluble que Dios ha querido darle (Mt. 19:4-6). Fuera de ese plano, el matrimonio se torna vulnerable, frágil; queda expuesto a mil riesgos. Y se degrada. «La cópula sin comunión es fornicación»[124].

La corrupción del matrimonio

Desgraciadamente, el pecado trastocó el orden de la creación y el matrimonio, originalmente fuente de realización y plenitud humana, se ha convertido en infinidad de casos en causa de frustración y conflicto.

Desde el momento mismo de la primera transgresión, se inicia un cambio en la relación entre hombre y mujer. La comunión de amor se trueca en una forma de despotismo que hace del hombre señor de la mujer (Gén. 3:16). La monogamia es sucedida por la bigamia (Gén. 4:19). La familia es invadida por un espíritu de violencia (Gén. 4:23, 24). La belleza original del matrimonio desaparece para dar lugar a la fealdad de matrimonios mixtos en los que la concupiscencia de la carne era el único vínculo de unión (Gén. 6:1, 2). Este embrutecimiento de la raza provoca el juicio del diluvio.

La historia posterior del mundo está plagada de fornicaciones, adulterios, incesto, poligamia, concubinato, homosexualidad. Al orden original de la creación ha sucedido el desorden introducido por el pecado.

---

[124] Ethelbert Stauffer, *Kittel's Theol. Dict. of the N. T.*, vol. I, p. 650.

El caos sexual tiende a acentuarse a causa de la laxitud moral prevaleciente en nuestro tiempo. Y seríamos unos ilusos si pensáramos que los miembros de las iglesias cristianas están completamente a salvo de su influjo.

La redención del matrimonio

Cuando Jesús, dialogando con los fariseos, reivindicó el orden original del matrimonio, sus propios discípulos se sorprendieron y reaccionaron negativamente (Mt. 19:1-11). «Si así es la condición del hombre con su mujer, no conviene casarse» (v. 10). Con toda franqueza estaban expresando la imposibilidad de que el hombre, esclavo del pecado, viva conforme a la voluntad de Dios en la esfera conyugal. La respuesta de Jesús es iluminadora (v. 11). La capacidad para vivir de acuerdo con el plan divino, es dada por Dios mismo (Mt. 19:11). Forma parte de su obra amplísima de redención. Dios no solo quiere salvar nuestra alma, sino nuestra vida. Su plan es rescatarnos de todas nuestras servidumbres. Ello incluye su deseo de redimir el matrimonio de toda degradación o frustración y restaurarlo, a pesar de las imperfecciones, a su orden original.

En las cartas apostólicas se amplía esta perspectiva. Los redimidos, que han entrado en una nueva relación con Dios, han de vivir en relaciones nuevas con sus semejantes. La renovación ha de manifestarse especialmente en el matrimonio, que ha de estar presidido por un amor semejante al de Cristo (Ef. 5:25-33), por el respeto mutuo, la cordura, la delicadeza y la espiritualidad cristiana (I Ped. 3:1-7).

Ante esta nueva perspectiva abierta por la Palabra de Dios, ningún creyente debiera pensar que su matrimonio, deteriorado por problemas hondos, no tiene arreglo. Para el Espíritu de Dios, en su acción renovadora, no existen imposibles.

Sin embargo, caeríamos en una excesiva ingenuidad si pensáramos que la mera presentación de la verdad bíblica puede resolver todos los problemas. Es necesario aplicarla según las diversas situaciones y las causas que las han motivado.

CAUSAS FRECUENTES DE CONFLICTOS CONYUGALES

Sin tratar de ser exhaustivos, enumeraremos algunas de las más corrientes:

Ignorancia en cuanto a la verdadera naturaleza del matrimonio

Suele pensarse en él como el estado en el que va a encontrarse una felicidad maravillosa. Pero esa felicidad no se «encuentra»; se hace a base de prolongados años de esfuerzo, de abnegación, de comprensión, respeto y amor recíproco. Antes de emprender el camino —y una vez que la pareja se encuentra ya en él— es imprescindible un mínimo de realismo y madurez. Ni ella debe ver en él el príncipe soñado en su adolescencia, ni él en ella el hada encantadora que va a convertir en dicha todo cuanto ilumine con su presencia. Ambos cónyuges son humanos, lo que implica un cúmulo de defectos y debilidades que deben ir superándose en un afán constante de seguir adelante juntos.

Retraso en la evolución de la adolescencia a la madurez

Caracteriza a la adolescencia un proceso de ruptura, de desvinculación, tendente a la autonomía y la autoafirmación. Se manifiesta este proceso particularmente en relación con los padres. Pero cuando el joven ha logrado su emancipación ha de entender que debe usar su libertad dignamente. Tratar de retener su independencia en el matrimonio —lo que suele engendrar actitudes tiránicas— es sellar de antemano su destrucción.

Cuando Pablo, en su carta a los Efesios, establece un símil entre Cristo y el esposo, presenta al Señor no como a tal, sino más bien como siervo que se da hasta el supremo sacrificio por amor a la Iglesia. Marido y mujer deben aprender en la práctica la gloriosa servidumbre del amor.

Falta de afinidades básicas

No es necesario que marido y mujer tengan el mismo temperamento. Esto más bien puede resultar negativo. Cargas de electricidad del mismo signo se repelen, y algo análogo suele suceder en el matrimonio.

Una pareja en la que ambos tengan, por ejemplo, un carácter dominante o sean fácilmente irritables vivirá en un estado de tensión casi constante. Es mucho más fácil que los esposos se complementen si son distintos temperamentalmente.

Lo importante, casi decisivo, es que entre ambos existan afinidades básicas, puntos de vista y sentimientos comunes en cuanto a cuestiones fundamentales: vida espiritual, sensibilidad, vocación profesional, intereses culturales, concepto de la vida sexual, de la educación de los hijos, del trabajo, del dinero, de la amistad, de la hospitalidad, de las diversiones, etc. Cuanto mayor sea el número y el grado de estas afinidades, tanto mayor será el número de posibilidades de lograr un matrimonio armonioso y feliz. Si, por el contrario, esas afinidades faltan, el matrimonio difícilmente sobrepasará los límites de una simple coexistencia, pacífica en el mejor de los casos, pero opaca, insulsa.

Influencia perniciosa de los padres

No es sin motivo el que en el plan divino se incluya la norma de que el hombre deje a su padre y a su madre. Para las madres, sobre todo, resulta difícil aceptar la emancipación total del hijo. Las más dominantes pretenden mantener su autoridad sobre este e imponer sus criterios en el nuevo hogar que él ha formado. La colisión con la nuera es prácticamente inevitable. En estos casos, el hijo y esposo se ve cogido entre dos fuegos. Por hábil que sea, las tensiones en su matrimonio irán en aumento.

Lo que se dice respecto al esposo y sus padres tiene igualmente aplicación a la mujer. En cualquiera de los casos, cuando las pugnas arrecian, se impone un distanciamiento de los padres, sin que tal distanciamiento haya de significar enemistad.

Ignorancia o desajustes sexuales

Resulta muy elevado el porcentaje de matrimonios seriamente deteriorados por este motivo. Es deplorable que tantas parejas vayan al altar nupcial sin la menor orientación relativa al factor sexual y su enorme importancia en la sana convivencia conyugal.

Unas veces la falta está en el marido. Porque desconoce o porque hace caso omiso de las diferencias entre hombre y mujer en el juego erótico con sus diversas fases que culminan en el orgasmo, actúa buscando tan solo su propia satisfacción, dejando las más de las veces a la esposa en la más completa insatisfacción. Esta experiencia, si se repite con frecuencia, puede conducir a la mujer a una actitud más o menos consciente de repulsión hacia el acto sexual, sobre todo si llega al convencimiento de que ella se ha convertido en un mero objeto de placer para su marido, quien vive este momento de la relación matrimonial en un plano meramente físico, sin la aportación de toda la riqueza de sentimientos, delicadeza y ternura que tal experiencia exige.

Otras veces, la causa del problema radica en la mujer. La pasividad es consustancial con la naturaleza femenina; pero a menudo se convierte en resistencia que adquiere las más diversas formas. En la conciencia de muchas mujeres subyace un gran estrato de prejuicios opuestos al coito. Esto sucede especialmente en países de tradición católico-romana, donde, hasta hace poco, el ayuntamiento carnal en el matrimonio era considerado por muchas mujeres como una impureza tolerada. Esos prejuicios subsisten en muchas mujeres convertidas al Evangelio que no han llegado a asimilar la enseñanza bíblica relativa al sexo y al matrimonio. ¡Ignorancia fatal!

Diferente es el caso de la mujer frígida, cuya condición se debe no a prejuicios morales o religiosos sino a causas orgánicas o funcionales. Esta anomalía debe ser tratada por un ginecólogo.

Dado el hecho de que los impulsos sexuales —sobre todo en el hombre— tienen una fuerza enorme, es imprescindible que la pareja llegue a un acoplamiento sexual satisfactorio. Lo contrario es abrir de par en par la puerta a peligrosas tensiones y tentaciones.

También debiera completarse el asesoramiento pastoral con el del médico para fijar un criterio relativo al control de la natalidad o paternidad responsable. Muchas veces la desarmonía sexual en el matrimonio se debe al temor cerval que la esposa tiene a un nuevo embarazo. A este hecho pueden sumarse otros factores que hacen a menudo aconsejable una limitación en el número de hijos, cosa perfectamente lícita desde el punto de vista cristiano siempre que no se actúe por móviles egoístas. Es difícil entender que sea voluntad de Dios un nacimiento ilimitado de hijos en los casos en que la multiplicación de la prole ponga en peligro el compañerismo armonioso de los esposos, lo que al fin de cuentas ocupa el primer lugar en los propósitos de Dios respecto al matrimonio.

Falta de comunicación

La comunión exige comunicación. La falta de ésta origina situaciones deplorables en más de un cincuenta por ciento de matrimonios.

Debe tenerse en cuenta, no obstante, que la comunicación no es sinónimo de locuacidad. Hay personas que hablan mucho y no dicen nada. Pueden conversar durante horas sobre trivialidades o sobre terceras personas, pero sin hacer la menor declaración acerca de sus pensamientos íntimos, de sus sentimientos, anhelos, inquietudes, errores o pecados, etc. El esposo o la esposa —o ambos— nunca llega a tener suficiente confianza en su cónyuge para abrirse a él plenamente.

Se piensa que desvelar la propia interioridad es poner al descubierto defectos que pueden perjudicar más que beneficiar las buenas relaciones.

Sin duda, la comunicación a nivel profundo tiene sus problemas. Entraña el temor a la reacción de la otra persona, sobre todo si ésta es hipersensible o iracunda. Un sentimiento de inferioridad puede hacer temer la «derrota» en la discusión del problema. Preocupa seriamente la posible pérdida de prestigio como consecuencia de la confesión de faltas y pecados, la decepción que puede sufrir el otro cónyuge y su distanciamiento íntimo.

A estos inconvenientes puede añadirse: a) La dificultad que muchas personas tienen para escuchar, para comprender, para colocarse en el lugar del otro y penetrar en los conflictos y circunstancias que pueden haber determinado su comportamiento. b) Los rasgos temperamentales que a muchas personas inducen al retraimiento más que a la comunicación, c) El convencimiento —equivocado— de que todo esfuerzo de comunicación es inútil. Las frustraciones acumuladas a lo largo de años se ven como un muro infranqueable.

A pesar de todo, la comunicación sin reservas debe practicarse con perseverancia; no rehusando los temas de fricción o controversia, pero controlando los sentimientos de modo positivo; atacando el problema, no a la persona; esforzándonos en comprender con el mismo empeño que ponemos para ser comprendidos; aceptando la posibilidad de que estemos equivocados y estando dispuestos a reconocer nuestros yerros; desterrando las frases hirientes; perdonando y olvidando el pasado, sin tratar de resucitar muertos; orando el uno por el otro, individualmente y juntos. Hay «espíritus» —léase actitudes, temores, resentimientos, etc.— que solo son echados por la dinámica de una fe que recurre a Dios en oración (Mc. 9:29).

El libro del Cantar de los Cantares es una bella ilustración de cuanto llevamos dicho sobre la comunicación en el matrimonio. La estructura del poema es esencialmente una sucesión de diálogos, entre los que sobresalen los de los dos grandes protagonistas: el esposo y su amada. En sus relaciones, no todo es ardor romántico, no todo es perfección. También hay egoísmo, negligencia, frustración, distanciamiento (5:2-8). Pero se reanuda el contacto con un diálogo renovado y así el amor se robustece hasta hacerse «fuerte como la muerte»; se inflama hasta convertirse en llama que «las muchas aguas no podrán apagar» (8:6, 7). Lo que pudo haber acabado en una dramática separación concluye con el triunfo de un amor que supo hallar los cauces de la comunicación.

La experiencia en muchos otros casos ha demostrado lo inescapable del dilema: comunicarse o perecer[125].

LA ACTUACIÓN DEL PASTOR EN LOS PROBLEMAS MATRIMONIALES

Además de las normas generales anotadas al tratar de la entrevista en la cura de almas, ténganse en cuenta las siguientes:

Préstese atención a los momentos críticos del matrimonio
En este punto es difícil generalizar. Las tensiones graves pueden aparecer en cualquier momento. Sin embargo, pueden señalarse fases del matrimonio en que las crisis se presentan con mayor frecuencia.

La primera corresponde al primer año. Son más bien excepcionales las parejas cuya luna de miel dura más de un mes. La convivencia íntima pone al descubierto rasgos de carácter, modos de ser y reaccionar, que antes de la boda habían pasado inadvertidos. El proceso de acoplamiento es más bien un continuo enfrentamiento, lo que, lógicamente, a menos que predomine la sensatez, hace peligrar la buena armonía.

Superada la primera fase crítica, suele aparecer una segunda entre los cuatro y los ocho años después de casados. Los hijos —el caso más normal— acaparan la atención, el tiempo y el cariño de la madre, de tal modo que paulatinamente el esposo se ve privado de la parte que le corresponde. Por otro lado, es la época en que el hombre suele hallarse absorbido por sus afanes profesionales, lo cual le lleva a recortar más y más el tiempo que debiera dedicar a su familia.

A menudo hay en esta doble experiencia una relación de causa a efecto. Si tales hechos no se descubren y corrigen a tiempo, cada uno de los cónyuges irá encerrándose cada vez más en su mundo particular y distanciándose del otro. Al final, ambos acabarán en la más completa soledad. Los riesgos de esta situación saltan a la vista del menos inteligente.

El tercer período crítico es el climatérico, tanto en el hombre como en la mujer. A los cambios físicos que se inician alrededor de los

---

[125] Recomendamos al respecto la obra de Paul Tournier, *La armonía conyugal*, «La Aurora».

cuarenta y cinco años (esta edad es más bien convencional y puede variar considerablemente) se unen otros de carácter psíquico. A esta altura de la vida, cuando ya se vislumbra el inicio del declive, se han recibido muchos golpes, han surgido muchos problemas —no siempre resueltos—, se han marchitado muchas ilusiones, no todas las reflexiones han tenido efectos positivos, suelen hacerse más hondas y frecuentes las depresiones.

Todas estas circunstancias pueden poner a prueba una vez más la estabilidad del matrimonio. Muchas parejas que sortearon con mayor o menor fortuna los escollos de las fases críticas anteriores, han estado a punto de naufragar —o han naufragado— en esta época de la vida. La crisis del climaterio tiene muchos puntos de semejanza con la de la adolescencia. Destacan sobre todo la inestabilidad emocional en un momento en que precisamente los sentimientos se hacen más intensos. Y si los esposos no se asen fuertemente para atravesar este período más unidos que nunca, se exponen a experiencisa tan amargas como destructivas.

Debe abstenerse rigurosamente de la parcialidad

Llegado el momento en que el pastor ha de intervenir, generalmente convendrá que —por lo menos al principio— tenga entrevistas con cada uno de los cónyuges por separado. Por supuesto, cada uno expondrá los hechos a su manera, haciendo recaer sobre el otro la totalidad o la mayor parte de la culpa, y se esforzará por ganarse la simpatía del pastor y, a ser posible, lograr que se ponga de su lado.

Esto último precisamente es lo que un buen consejero jamás debe hacer. No solo tiene que oír a las dos partes antes de formular un juicio, sino que en todo momento ha de simpatizar con ambas y ha de hacer cuanto esté a su alcance por que ambas reciban el apoyo que necesitan. No significa esto que puede dar la razón a los dos en todo o que deba aprobar lo reprobable. Pero, aun dentro de la más estricta justicia, su papel no es el de juez, sino el de mediador; su misión no es la de condenar a uno y absolver al otro, sino la de coadyuvar al bien de ambos. Además, sucede que nunca se da el caso en que una de las partes es totalmente inocente mientras que la otra es totalmente culpable. Cada una debe ser guiada a descubrir su parte de responsabilidad en el conflicto, a pensar en sus deberes más que en sus derechos, a confesar sus faltas y disponerse a recorrer humildemente el camino de la reconciliación.

Cuando los contactos individuales con cada uno de los cónyuges avanzan por buen camino y se ve en ambos reconocimiento de culpa propia y buena disposición para la reconciliación, puede haber llegado el momento de que el pastor inicie conversaciones con los dos juntos. Su tarea de consejero no puede darse por terminada mientras no se llegue al momento en que los cónyuges oran —y quizá lloren— juntos sellando así la renovación de su amor.

En el diálogo, enfatícense los puntos de la enseñanza bíblica que más convengan a cada caso

En general, ha de admitirse lo devastador del pecado en las relaciones humanas, incluidas las conyugales, y la incapacidad moral del ser humano, aunque sea creyente, para reparar por sí mismo un matrimonio cuarteado. Pero, sobre ese fondo negativo, debe proyectarse la luz de las promesas de Dios a favor de quienes se someten a la acción de su Espíritu Santo. El fruto del Espíritu es «amor (el amor maravilloso descrito en I Cor. 13), gozo, paz, paciencia, benignidad, bondad, fidelidad, mansedumbre, dominio propio» (Gál. 5:22, 23). Contra tales virtudes, no hay obra de la carne que prevalezca. De ellas brotan la comprensión, el perdón generoso aun para los pecados u ofensas más graves, la capacidad para reemprender el camino de la esperanza. El Dios que hace nuevas todas las cosas puede hacer surgir —lo ha hecho muchas veces— de entre las ruinas de un matrimonio deshecho el edificio de un matrimonio nuevo con posibilidades insospechadas de mutua satisfacción.

No debiera, sin embargo, fomentarse la esperanza de que el «nuevo» matrimonio va a ser la encarnación de una felicidad completa, exenta para siempre de nuevos roces. La obra de Dios en nuestra santificación resulta incompleta en cualquier esfera mientras estamos en el mundo. No entra en el propósito divino librarnos totalmente de nuestros defectos y limitaciones en tanto no llega el día de Cristo. No es lógico, por tanto, esperar más en lo que concierne a la santificación y transformación del matrimonio. Después de la reparación, pueden subsistir algunas de las causas de problemas ya reseñadas (factores temperamentales, ausencia de afinidades básicas, etc.); pero habrá una nueva comprensión de las dificultades y, sobre todo, una nueva actitud que, si no las elimina de modo total, hará posible su superación. Cabe, incluso, la posibilidad de retrocesos temporales. El progreso raras veces es rectilíneo; más bien suele ser zigzagueante, pero no deja de ser progreso.

Quizá la pareja nunca alcanzará el ciento por ciento en la realización del ideal perfecto del matrimonio, pero si consigue un ochenta, un sesenta o un cincuenta, después de haber estado a veinte, a diez o a cero, lo ganado no será en modo alguno despreciable. Lo conseguido consolidará la unión matrimonial y facilitará el avance de marido y mujer hacia el plano espiritual en que todas las situaciones temporales se contemplan y se viven a la luz de la eternidad (I Cor. 7:29-31).

CUESTIONARIO

1. *¿Cuándo debe el pastor intervenir en problemas conyugales?*

2. *¿Qué hechos o circunstancias influyen más a menudo en el deterioro del matrimonio?*

3. *¿Cuáles son los factores determinantes de un matrimonio estable y armonioso a la luz del Evangelio?*

4. *Comente la importancia de la comunicación para el buen desarrollo de las relaciones conyugales.*

5. *¿Cuáles suelen ser las épocas más críticas del matrimonio?*

Capítulo XXIII
La problemática de la juventud

Objeto especial de la atención pastoral debe ser la juventud. Los jóvenes son básica y potencialmente la futura iglesia. Algunos de ellos ya pertenecen como miembros a una congregación y constituyen en ella un elemento valioso; son, pues, una promesa y una realidad.

Pero al mismo tiempo suelen plantear problemas importantes. De aquí que dediquemos a éstos un capítulo especial. Ignorarlos podría tener consecuencias fatales. Este ha sido el error de muchos adultos, incluidos muchos padres, quienes han llegado al más completo divorcio en relación con la juventud. Incapaces de comprenderla, se dedican a criticarla. Sin deseos de esforzarse en ayudarla, la rechazan. El problema generacional no solo perturba la paz de muchas familias, sino también la de no pocas iglesias.

CARACTERÍSTICAS DE LA JUVENTUD

Usamos el término «juventud» en un sentido amplio, incluyendo y dando lugar preferente a la adolescencia.

Su rasgo más notable es el desarrollo en todos los órdenes: físico, mental y social. Sin embargo, este desarrollo va siempre acompañado de desequilibrios más o menos pronunciados, de reacciones contradictorias y desconcertantes.

Es uno de los períodos más difíciles de la vida. El adolescente se ve envuelto en un torbellino violento. Nada más contraproducente que el intento por parte de padres o educadores de minimizar la crisis o de intentar «salvar» al joven mediante la imposición de una disciplina inadecuada y unas presiones que en él se traducen en represiones perjudiciales.

Muchos «buenos chicos», piadosos incluso, durante el período de la pubertad responden muy satisfactoriamente a lo que los padres, la iglesia y la sociedad en general desea de ellos. Cuando esto es resultado de una formación sólida bien recibida durante la infancia y desarrollada en la adolescencia, tal comportamiento puede considerarse sano y normal. Cuando es consecuencia únicamente del temor al rechazamiento, se produce un sometimiento externo a las normas imperantes en el medio ambiente que rodea al joven, pero simultáneamente surge en su interior un sentimiento de hostilidad. En cualquier momento puede sobrevenir la ruptura del joven con el mundo en que ha vivido para adentrarse en un mundo nuevo que se le antoja más auténtico y prometedor. No es, por consiguiente, una acción autoritaria lo que el joven necesita, sino comprensión y amor. Esto le ayudará, mucho más que todas las imposiciones, a sortear los escollos que se le presentan en esta parte del periplo de su vida.

Para llevar a cabo un trabajo pastoral positivo es imprescindible un conocimiento mínimo del adolescente.

Consideremos sus características más destacadas:

Afán de autoafirmación

Siente un fuerte impulso a desasirse de los lazos que durante la infancia lo han mantenido dependiente de otros, especialmente de los padres. El niño ha descubierto el mundo exterior; el adolescente descubre ahora su mundo interior; se descubre a sí mismo con los filones misteriosos, pero fascinantes, de su personalidad.

Como consecuencia, el joven empieza a pensar por sí mismo. Ya no acepta ciegamente lo que se le ha enseñado.

Se vuelve radical en el sentido etimológico de la palabra, es decir, trata de llegar a la raíz de todas las cuestiones. Busca y espera respuesta a todas sus preguntas; no entiende que pueda haber límites al conocimiento racional de cuanto se refiere al universo, al hombre, a su existencia, a Dios, a la eternidad.

En su proceso de autodescubrimiento y autoafirmación, el joven observa con mirada crítica a quienes le rodean, particularmente a sus padres, maestros y superiores. Descubre sus defectos, sus inconsistencias, a menudo su hipocresía. Este descubrimiento le hace sentirse superior; él es, por lo menos, más sincero.

En algunos casos, el joven choca abiertamente con sus mayores, se rebela. No puede admitir ni sus ideas ni sus normas de conducta. La actitud contestataria de la juventud no es característica exclusiva de nuestro tiempo. Ha existido siempre, aunque en nuestros días se manifiesta más libremente.

Por supuesto, gran parte de este radicalismo se desvanece al final del tránsito, cuando el joven ha alcanzado ya cierta madurez, a veces para caer en un conservadurismo más acentuado que el de la generación anterior. Testimonio elocuente de este fenómeno nos lo ofrecen los nuevos burgueses de los Estados Unidos de América, quienes en sus años mozos se habían propuesto no dejar títere con cabeza en la sociedad en la que habían vivido y crecido[126].

Inseguridad

Paradójicamente, el adolescente, que tanto se esfuerza por afirmar su personalidad, se siente inseguro. Ante él se abre un mundo apasionante, pero complicado, erizado de problemas que desafían su capacidad. Por ello, con las ansias de autodeterminación propias de la pubertad, se mezcla el temor a las equivocaciones.

Por otro lado, al espíritu crítico se une el anhelo intenso de ser aceptado. Simultáneamente se rechaza el mundo de los adultos y se busca un lugar entre ellos. Consciente o inconscientemente se aspira a ser reconocido y admitido por ellos.

Cuando el joven encuentra buenos guías adultos que le tienden una mano amiga, su incorporación a la sociedad adulta se efectúa paulatinamente sin traumas. Si, por el contrario, tropieza con actitudes de menosprecio que hieren su amor propio, tratará de compensar su inseguridad con la compañía de amigos de su edad. Se entregará con entusiasmo al «grupo» y las características de este determinarán en gran parte su comportamiento. Seguirá una línea de conducta recta si el grupo está animado por ideales nobles. Se extraviará si en el grupo prevalecen tendencias aviesas. La influencia de buenos amigos ha sido tan benéfica en la vida de muchos jóvenes como nociva la de amigos tarados. La adolescencia es la edad más propicia para los grandes comienzos, tanto en el campo del bien como en el del mal. En este período se han iniciado grandes experiencias religiosas, pero también carreras de perdición. El adolescente es el más expuesto a los peligros del alcohol, de las drogas, de las aventuras sexuales, de la delincuencia.

---

[126] Véase *Los caminos de la juventud hoy*, por Francis Schaeffer, Edic. Ev. Europeas, pp. 19-21.

Gran sensibilidad

Todo produce en el joven gran impresión: un viaje, un encuentro importante, la lectura de un libro, una proeza, una desgracia. Con la misma sensibilidad detecta y se deja impresionar por lo justo, lo bello y lo noble que por lo injusto, lo repulsivo y lo ruin que el mundo puede ofrecer a sus ojos.

Por regla general, a menos que se haya producido una corrupción temprana, el adolescente reacciona positivamente ante la verdad, la rectitud, el amor, y negativamente ante cualquier forma de injusticia o vileza. Su espíritu es campo abonado para la semilla de ideales nobles[127].

Esta característica facilita la experiencia religiosa de la conversión y la plena dedicación al servicio de Cristo. Cuando tal experiencia se produce, suele tener una intensidad superior a la que tendría si se produjera años más tarde.

También, por lo general, son más intensos los problemas morales. Le preocupan especialmente los conflictos de conciencia originados por las pulsiones sexuales. La masturbación, por ejemplo, le tortura terriblemente. El perjuicio espiritual que la falta de orientación puede acarrear al joven debe impulsar al pastor a proporcionar la oportuna ayuda.

Idealismo entusiasta

Al joven, normalmente, no le interesan demasiado las cosas en sí. A diferencia de la mayoría de adultos, no se siente cautivado por el dinero, la comodidad o las posiciones estables, a menos que sucumba a la artificialidad creada por la sociedad de consumo. En cambio, le atraen fuertemente los grandes ideales, que pueden ser culturales, deportivos, artísticos, políticos o religiosos.

Cuando el joven, movido por su idealismo, abraza una causa, se dedica a ella con todo su ser, sin regatear energías ni tiempo. Muchos líderes políticos se han percatado de este valor de la juventud y hacen todo lo posible por ganársela. En ella encuentran más que una esperanza para el futuro; hallan inmediatamente elementos de acción de primera calidad que usan —a menudo sin demasiados escrúpulos— para la realización de sus fines.

---

[127] Con esto no queremos dar a entender que el joven no tenga las propensiones pecaminosas inherentes a todo ser humano, sino simplemente que se encuentra en condiciones más propicias para optar por el bien.

Si el joven es ganado por Cristo, en El descubrirá los ideales más completos y sublimes y fácilmente consagrará a ellos su vitalidad juvenil. Responsabilidad de los cristianos adultos es no malograr esa dedicación con ejemplos poco edificantes, con un talante de cristianismo apoltronado e inoperante. La iglesia, en su conjunto, debe poseer una espiritualidad sana, pletórica de vida, en la que los jóvenes puedan encontrar campo adecuado para la realización de sus ideales cristianos. Esto les librará de la tentación de buscar lo que anhelan en otros medios ajenos a la iglesia, más espirituales aparentemente, pero más expuestos a la superficialidad, al sensacionalismo y, a la larga, a la frustración.

En cuanto al idealismo y al entusiasmo de la juventud debemos añadir una observación. Esas características no siempre se mantienen de modo estable y constante. No se olvide lo dicho anteriormente sobre los desequilibrios y la inseguridad del adolescente, lo que influye en la intensidad de sus emociones y lo fluctuante de su actuación. A pesar de ello, sus posibilidades son inestimables. Vale la pena confiar en él. Lo más probable es que vaya superando sus baches y afianzándose en sus loables aspiraciones.

DIFICULTADES PROPIAS DE LA JUVENTUD

Las características que acabamos de mencionar presentan al joven una serie de obstáculos no fáciles de superar:

El problema de la comunicación

Esta dificultad, como vimos en el capítulo anterior, no es exclusiva de los jóvenes; muchos adultos se enfrentan igualmente con ella. Pero en el caso del joven suele resultar más dolorosa e implica mayores riesgos. Durante los años de la infancia no han existido apenas barreras en la relación con los padres; mas ahora, de pronto, el adolescente se siente solo. Los padres, por incompetencia o por negligencia, no le comprenden; por consiguiente, no pueden ayudarle a resolver sus dificultades. Interiormente vive distanciado de ellos. Pero la soledad se le hace irresistible y busca otras personas con quienes pueda comunicarse. Generalmente las encuentra —como señalamos más arriba —en amigos de su edad. No insistimos en los riesgos que esto comporta cuando el círculo de sus amistades es poco edificante. Pero sí es importante reiterar la magnífica oportunidad que la necesidad de comunicación en el joven presenta a padres y pastores para ayudarle haciéndose sus amigos, dignos de las más íntimas confidencias.

La orientación de la vida

El joven vive mirando ávidamente al futuro: al final de sus estudios, a su situación profesional, a su matrimonio, etc. Se da cuenta de la trascendencia de las decisiones que habrá de tomar, para las cuales no acaba de sentirse autosuficiente. De las resoluciones que tome depende en gran parte todo el curso posterior de su vida. Esto, lógicamente, le preocupa, por lo cual agradecerá cualquier observación o consejo sabio que le guíe.

Los conflictos sexuales

Este es uno de los problemas más intensos, y también uno de los más complejos, por cuanto afecta a la totalidad de la personalidad. El desarrollo sexual no es un fenómeno meramente fisiológico; afecta profundamente a la psique del adolescente en un largo proceso de maduración.

Las dificultades han aumentado en nuestra época, cuando se multiplican los factores de excitación erótica. La publicidad en revistas y televisión, las modas y costumbres, la relajación moral, consecuencia de conceptos éticos disolventes, todo allana el camino a la pornografía y al libertinaje sexual. El joven, sobre todo en las grandes ciudades, es objeto de un bombardeo casi constante que tiende a destruir toda resistencia moral y provocar una rendición ante el eros más vulgar.

La amplitud de esta cuestión nos impide tratarla aquí con detalle; pero todo pastor debe poseer un mínimo de información sobre esta problemática y orientar adecuadamente a los jóvenes de su congregación. Afortunadamente, hoy existen libros muy recomendables a tal fin. Incluímos algunos títulos en la parte bibliográfica correspondiente a este capítulo y al anterior.

Las relaciones familiares

Indirectamente, hemos aludido ya a ellas. La ignorancia de los padres respecto a los problemas de la adolescencia, un excesivo paternalismo, un concepto erróneo de la autoridad y una conducta inconsecuente, alejan irremediablemente a muchos hijos en el período de su pubertad.

Pero este alejamiento produce una fuerte tensión en el muchacho (o muchacha). No ha dejado de amar a sus padres. No quiere perderles el respeto. El distanciamiento le duele en lo más hondo, pero no puede evitarlo. De la lucha entre el amor y la incompatibilidad surgen muchas de las depresiones que el joven experimenta.

Problemas espirituales

Son prácticamente los mismos que expusimos en el capítulo XIX y que resumimos brevemente

a) Problemas de tipo intelectual. Confrontación de la fe con razonamientos propios o con ideas y conceptos hallados en lecturas y conversaciones con otras personas.

b) De tipo moral. Necesidad de interpretar y aplicar las enseñanzas bíblicas de modo práctico en las diferentes situaciones de la vida.

c) De tipo experimental. Cómo vivir auténticamente lo que se sabe teóricamente.

d) De tipo social. Cómo reaccionar ante la influencia del medio ambiente en que el joven vive (colegio, universidad, oficina, taller, etc.). Se necesita gran sabiduría para discernir entre la verdad y el error, entre el bien y el mal, y mucha valentía para navegar contra la corriente. Por eso el joven, a menudo, vacila.

No hay que olvidar que esta problemática espiritual es especialmente aguda cuando se trata de jóvenes que crecieron en un hogar cristiano. Lo más frecuente es que durante su infancia hayan aceptado sin dificultad toda la enseñanza religiosa recibida en casa y en la iglesia. Pero el espíritu crítico de la adolescencia no perdona a la «segunda generación». El joven tiene que revisar a fondo su fe, sus fundamentos y motivos, al igual que sus derivaciones prácticas. La fe infantil debe evolucionar hasta llegar a ser una fe madura. En este proceso pueden sobrevenir momentos de crisis que a quien los vive parecen alarmantes, pues lo empujan al borde de la incredulidad. En muchos casos, sin embargo, puede tratarse simplemente —aunque dolorosamente— de una crisis vivificante. Son muy luminosas las palabras de Leon Tolstoi dirigidas a un joven: «Cuando te venga la idea de que es falso todo lo que (en la infancia) habías creído acerca de Dios, y pienses que no hay Dios, no te asustes por eso. A todos les pasa lo mismo. Pero no pienses que tu incredulidad proviene de que no hay Dios. Si no crees ya en el Dios en el que habías creído antes, esto se debe a que en tu fe había algo que no estaba en regla, y debes esforzarte por comprender mejor eso a que llamas Dios. Cuando un salvaje deja de creer en su dios de madera, no quiere decir que no haya Dios, sino que no es de madera»[128].

CÓMO TRATAR A LOS JÓVENES

Sobre la base del conocimiento de las características y problemas de los jóvenes, quien trabaja entre ellos debiera tener en cuenta algunas recomendaciones De su puesta en práctica dependen las posibilidades de éxito en el intento de ayudarles.

Deben reconocerse los valores positivos de la juventud

Es puro prejuicio ver en los jóvenes únicamente aspectos negativos sin descubrir el enorme potencial que en todos los órdenes encierran. Una actitud excesivamente crítica por parte de los adultos generalmente revela, más que los defectos de los jóvenes, las propias limitaciones de los mayores.

La comprensión y la simpatía tienen valor decisivo

Las actitudes juveniles resultan frecuentemente irritantes para los mayores. No pocas veces rayan en la insolencia o caen de lleno en ella. Pero estas actitudes suelen ser resultado de los conflictos interiores que atormentan al joven. El consejero avisado se esforzará por encajar las provocaciones. Calará hondo por debajo de las actitudes superficiales, se esforzará por comprender cuanto preocupa a esa alma y procurará mantener un diálogo constructivo.

Huelga decir que deben desterrarse totalmente los reproches sarcásticos, las ironías o las actitudes de superioridad. Nada hay que aleje más a un joven de las personas mayores como el hecho de que se resalte su inexperiencia en contraste con la presupuesta madurez de un adulto. La mejor manera de cortar toda vía de comunicación efectiva con un adolescente es decirle: «¡Eres todavía un chiquillo!» o lindezas por el estilo.

Los razonamientos deben prevalecer sobre las imposiciones

Hay líderes de iglesias que, al igual que muchos padres, pugnan por imponer sus criterios, normas y costumbres a los jóvenes sin darles razones válidas para que los acepten. Con alguna frecuencia, las posturas

---

[128] Michael Pfliegler, *op. cit.,* p. 245.

316

tradicionales carecen de base sólida, incluso de apoyo bíblico; pero se defienden celosamente. Se pretende obligar a los jóvenes a que las den por buenas y se sometan a una pretendida autoridad incuestionable. Este modo de actuar solo puede producir dos resultados: o el alejamiento del joven o la asfixia de unas inquietudes que pueden tener no poco de sano y renovador. En este último caso, la sumisión del joven no es un triunfo, sino un fracaso empobrecedor.

Este problema puede ser especialmente delicado en las iglesias cuyos dirigentes se distinguen por una mente estrecha, por su formación deficiente, su afincamiento en posiciones estáticas y su incapacidad para revisar constantemente, a la luz de la Palabra de Dios, sus conceptos y actitudes respecto a las situaciones complejas que se suceden aceleradamente en el mundo de nuestros días. Los líderes con responsabilidad pastoral que rehúyen las cuestiones planteadas al joven por su desarrollo cultural y anatematizan toda duda intelectual cual si se tratara de un engendro diabólico, están anulándose a sí mismos en su capacidad de guías de la juventud.

Por otro lado, se observa que los jóvenes tienen oídos abiertos y predisposición favorable para la persona que, respetando su personalidad y sus ideas —aunque sean equivocadas—, dialoga con ellos serenamente y con razones serias.

El joven ha de ser guiado a las grandes decisiones espirituales

Está en la edad más adecuada para una conversión fecunda, para rendirse plenamente a Cristo y para establecer un orden cristiano de prioridades que rija su vida.

Al tratar este punto, hemos de subrayar el peligro de «forzar» decisiones. Todo apresuramiento, coacción o impulso no guiado por el Espíritu puede tener efectos deplorables. Por el contrario, una presentación seria, amplia, de las grandes verdades del Evangelio puede causar un impacto realmente decisivo. El enfoque cristiano de la problemática humana y sus soluciones suelen cautivar al joven. Y aún más cautivado se siente por la persona misma de Cristo y por el ideal magnífico de un auténtico discipulado.

Los jóvenes deben ser usados

Por supuesto, en la medida de sus posibilidades. Hay responsabilidades que pueden aceptar. A poco estímulo que reciban, cumplirán las tareas que se les encomienden con una dedicación que en muchos casos superará a la de personas mayores.

Téngase en cuenta, no obstante, que usar a un joven no equivale a manipularlo. La manipulación, como vimos en el capítulo XVIII, siempre es impropia del ministro cristiano, pues si en todos los casos significa un abuso, este resulta mucho más reprobable cuando es un joven —generalmente más propenso a la confianza, a la sinceridad y a la nobleza de miras— el objeto de la manipulación. Evitado este peligro, el joven guiado a ocuparse en deternimadas actividades en el marco de la iglesia, estará en condiciones de resolver más fácilmente muchos de sus problemas y efectuar más felizmente su difícil tránsito a la madurez.

La acción que se desprende de las anteriores recomendaciones debe ser iluminada en todo momento por una finalidad: que el joven alcance el plano de una fe viva en Dios y de obediencia a su voz (Sal. 119:9, 105; 37:6; Prov. 3:5, 6).

● ●

CUESTIONARIO

1. *¿Qué efectos suele tener en el comportamiento del joven su afán de autoafirmación?*

2. *¿Qué repercusiones espirituales tiene su gran sensibilidad?*

3. *¿Cuáles son los problemas con que suele enfrentarse el joven nacido y criado en un hogar cristiano?*

4. *¿Qué responsabilidad tiene la iglesia respecto al joven?*

5. *¿Cuáles son los principales errores cometidos por los mayores en su trato con los adolescentes?*

6. *¿Qué debe encontrar el joven en un pastor?*

● ●

Capítulo XXIV
Problemas en relación con la iglesia

Otro motivo frecuente de preocupación pastoral —el último que vamos a considerar— es la serie de dificultades que a menudo surgen en la relación del creyente con la iglesia local a la cual pertenece. Las experiencias en este terreno suelen tener mucho de enojoso y deprimente. Revelan la gran dosis de carnalidad que subsiste en muchos miembros de iglesia y pone a prueba la paciencia del ministro. Escogemos las tres más comunes. A la exposición de cada una uniremos un análisis de las causas y su tratamiento.

APATÍA

Se manifiesta en la resistencia a aceptar responsabilidades, en la superficialidad de la comunión fraternal y en lo irregular de la asistencia a los cultos. En los casos extremos, la desvinculación con la iglesia llega a ser prácticamente total.

En el fondo, existe un enfriamiento espiritual, por más que la persona que se halla en tal situación insista en que sus relaciones con Dios son normales y que el problema solo afecta a su relación con la iglesia. Si nos atuviéramos a datos estadísticos, observaríamos que son excepciones rarísimas los creyentes que, al margen de la comunión con sus hermanos, mantienen una vida espiritual intensa. Y en estos casos excepcionales se produce una inconsecuencia, un autoengaño, pues nadie puede tener verdadera comunión con Dios si no la tiene con quienes, como él, son hijos del mismo Padre (I Jn. 2:9-11; 3:11-18; 4:7-11, 20, 21; 5:1, 2).

Causas

a) *Problemas de fe.* Para no incurrir en repeticiones, remitimos al lector al capítulo XIX.

b) *Negligencia en el cultivo de la piedad personal.* El descuido de la lectura de la Biblia y la oración, de la adoración (individual y comunitaria), del servicio cristiano según los dones recibidos del Señor, de la comunión de los santos o de cualquier otro medio de crecimiento espiritual, conduce indefectiblemente al enfriamiento, a la pérdida del primer amor, a la indiferencia, zonas muy próximas a la frontera de la apostasía.

c) *Influencia del mundo.* Una excesiva preocupación por las cosas temporales impide fructificar espiritualmente, como nos enseña la parábola del sembrador (Mt. 13:22). El amor al mundo y el amor al Padre son incompatibles (I Jn. 2:15).

La participación en —o mera adhesión mental a— los errores, idolatrías, inmoralidades y vanagloria del mundo tienen semejantes efectos perniciosos. Recuérdense los cargos formulados por el Señor contra las iglesias de Pérgamo, Tiatira, Sardis y Laodicea (Apoc. 2 y 3).

El triste ejemplo de Demas (II Tim. 4:10) debiera ser un semáforo en rojo que cerrara al cristiano su avance hacia la deslealtad. Pero, desgraciadamente, el ex-colaborador de Pablo ha tenido siempre imitadores.

d) *Excesiva atención a las faltas ajenas.* No pocos miembros de nuestras congregaciones se escandalizan a la menor falta que descubren en otros creyentes. Desean —casi exigen— una perfección de la que ellos mismos están muy lejos. En algunos casos, la conducta de determinados hermanos no tiene, ciertamente, nada de edificante; es una piedra de tropiezo. Cristo mismo lo previó y subrayó solemnemente las implicaciones de un comportamiento escandaloso (Mt. 18:6-9). Otras veces la reacción de disgusto se debe más a un exceso de sensibilidad o a una proyección de los propios defectos por parte de la persona afectada que a las faltas en sí de los demás. En cualquier caso, el tropiezo se debe a desplazamiento del apoyo de la fe. Se mira a los hombres más que a Jesús. Se confunde al Redentor perfecto con los redimidos imperfectos.

e) *Decepciones en el trato recibido.* No faltan los miembros que esperan siempre ser colmados de atenciones. Todo el mundo debe saludarlos e interesarse por ellos. Consideran que la iglesia debe reconocer su valía, aunque a menudo ésta es muy escasa, y llamarlos a ocupar puestos de responsabilidad. Pero sucede a veces que sus esperanzas y anhelos dejan de cumplirse, unas veces por omisión involuntaria de los demás; otras, porque su actuación resulta poco atrayente o porque sus dones no están a la altura de lo que apetecen. Entonces sobreviene el despecho carnal, el enfado, el volverse indiferentemente de espaldas a la iglesia. Se ha perdido de vista que el ensalzamiento, en último término, viene de Dios (I Ped. 5:6).

f) *Problemas íntimos no resueltos.* Pueden ser personales o familiares; de índole psíquica, moral o social. Si revisten importancia, minan el vigor espiritual, crean sentimientos de culpa y conducen al retraimiento en toda forma de actividad e incluso, a veces, en la asistencia a los cultos. La convivencia y la colaboración con los demás creyentes produce una sensación de hipocresía, de que se está representando un papel para el que uno carece del mínimo de dignidad, y se opta por el aislamiento, con todos sus peligros inherentes de defección total.

Tratamiento

Vendrá determinado en cada caso por las causas del problema. Cada situación exigirá un enfoque distinto del asesoramiento espiritual. Pero en términos generales puede destacarse la conveniencia de mostrar al creyente apático su gran responsabilidad delante de Dios. La carta de los Hebreos abunda en material apropiado para la exhortación en tales casos. Sus admoniciones (Heb. 2:1-4; 4:1-13; 6:4-12; 10:23-39; 12:1-29) son probablemente las más solemnes de toda la Biblia.

Convendrá, asimismo, descubrir el egocentrismo que casi siempre se oculta en las actitudes de desapego respecto a la iglesia. Con excepción de la primera y la última de las causas mencionadas en el punto anterior (problemas íntimos de fe o debidos a conflictos interiores), todas las demás muestran la influencia nefasta que la soberanía de un yo carnal ejerce sobre el comportamiento. El creyente debe reconocer su pecado, confesarlo y apartarse de él y renovar su lealtad a Aquel con quien dice haber muerto y resucitado. La identificación del cristiano con su Salvador no debe limitarse a un mero postulado teológico; ha de manifestarse en la práctica. Quien de veras se apropia las palabras de Gálatas 2:20, a semejanza de Cristo, ha de amar a su iglesia y se ha de entregar por ella, a pesar de todos sus defectos (Ef. 5:25).

Cuando las dificultades se deben a problemas íntimos —a los que ya nos hemos referido— convendrá, lógicamente, buscarles una solución. Una vez lograda, todo lo demás se resolverá sin demasiado esfuerzo.

El uso atinado de la Escritura es, como en todos los casos de orientación pastoral, de la máxima importancia. El pastor seleccionará los textos más adecuados con el convencimiento de que la eficacia de la Palabra de Dios (Heb. 4:12, 13) excede a la de cualquier razonamiento humano.

DISCORDIAS ENTRE LOS MIEMBROS

Abundan más de lo que sería de esperar entre cristianos. Suelen tener su origen en lo que se considera una ofensa, contra la que generalmente se reacciona con el distanciamiento o con una abierta animosidad. Si estos problemas de relación proliferan entre los miembros de una iglesia, ésta se verá en graves dificultades para cumplir la misión que el Señor le ha encomendado. Crecen las tensiones en su seno y se crea una atmósfera enervante que amenaza paralizar incluso a los espíritus más animosos.

Puede darse esta situación aun entre cristianos activos y fieles en muchos aspectos. Las disensiones entre Evodia y Sintique en la iglesia de Filipos (Fil. 4:2) son una triste ilustración de este hecho.

Causas

Resultan prácticamente innumerables, por lo que una vez más nos referimos a los factores más comunes.

a) *Falta de madurez cristiana.* La carnalidad a la que alude Pablo en su primera carta a los Corintios se identifica con el infantilismo espiritual (I Cor. 3:1) y no solo fue causa de la escisión de la iglesia en facciones, sino que dio pábulo a los litigios más vergonzosos (I Cor. 6:1-8).

En el fondo puede haber —y a menudo hay— graves defectos de educación a nivel humano, amplias zonas del carácter no santificadas o simplemente una falta de desarrollo de la personalidad, lo que una y otra vez da lugar a reacciones primarias. Multitud de personas adultas se comportan toda su vida como niños mayores.

Estos hechos pueden explicar una conducta carnal, pero no la justifican. El Evangelio no está destinado únicamente a transformar nuestras perspectivas eternas. Ha de cambiar nuestra vida en la tierra. Es precisamente en un contexto de pleitos y disensiones existentes en la iglesia de Corinto donde hallamos la gran declaración de Pablo: «Esto erais algunos; mas ya habéis sido lavados, ya habéis sido santificados, ya habéis sido justificados en el nombre del Señor Jesús y por el Espíritu de nuestro Dios» (I Cor. 6:11).

b) *Amistades mal cimentadas.* No siempre la amistad entre cristianos es una amistad cristiana, basada en los principios y exigencias de la comunión espiritual. Es más bien el resultado de afinidades humanas, sin ningún ingrediente piadoso. Por eso, cuando por un motivo u otro se producen fricciones, falta el aglutinante por excelencia: el amor cristiano que cubre faltas y restaña heridas. Consecuencia final es que la amistad se trueca en enemistad.

c) *Falta de delicadeza.* Con demasiada frecuencia se confunde la fraternidad cristiana con una familiaridad de mal gusto, chabacana, irrespetuosa. Ello produce un distanciamiento entre personas sensibles y aquellas que no lo son. Es una lástima que no siempre la fe se manifiesta a través de un amor decoroso y benigno (I Cor. 13:4, 4).

d) *Falta de lealtad.* La murmuración, la divulgación de intimidades, la ingratitud, el trato desconsiderado u ofensivo y otras acciones semejantes crean resentimientos muy difíciles de eliminar.

e) *Roces temperamentales.* Así como hay personas que, por su idiosincrasia, crean a su alrededor una atmósfera de concordia, las hay que son causa de malestar y disensión.

Conviene en tales casos tomar en consideración los factores ajenos a la voluntad de la persona «difícil» que influyen en su conducta. Pero la comprensión no elimina todos los problemas de relación por parte de tal persona con sus hermanos y el mal que de ellos se deriva turba igualmente la paz de la iglesia.

f) *Cuestiones económicas o laborales.* Con relativa frecuencia se da el caso de conflicto fraternal por motivos pecuniarios. Un préstamo recibido del hermano en un momento de apuro y no devuelto en el tiempo previsto sin causa justificada; un desacuerdo serio en la gestión de una empresa en común; un abuso en transacciones comerciales entre hermanos en la fe; una actuación injusta por parte del patrono o del empleado, cuando ambos son miembros de la iglesia, han destruido muchas relaciones de comunión cristiana y han cargado la atmósfera de disensión en la iglesia. Recuérdese una vez más I Corintios 6:1-8.

En todos los casos, sean cuales sean las causas, la dificultad se agrava cuando hay una excesiva dosis de amor propio, pues este impide el reconocimiento y la confesión de errores o faltas. Cuando se pretende vencer más que cumplir la voluntad de Dios, hay pocas posibilidades de que cualquier problema de disensión se resuelva.

Cómo actuar

Surgida la disensión, una de las cuestiones a decidir es quién debe dar el primer paso para la reconciliación. Según el Nuevo Testamento, cualquiera de las dos partes —ofensora u ofendida— tiene el deber moral de aproximarse a la otra con objeto de restablecer la buena relación entre ambas (Mt. 5:23, 24; 18:15-17).

El segundo texto de Mateo (18:15-17) es valiosísimo por lo concreto de los pasos a dar[129]. En primer lugar, debe procederse al diálogo en privado, no a airear la ofensa en presencia de terceras personas. Cuando este primer contacto se efectúa con espíritu cristiano, es suficiente en la mayoría de casos para resolver el problema. La humildad y el amor suelen triunfar aun en las situaciones más enconadas.

Si la primera iniciativa fracasa, debe repetirse en presencia de testigos. Esta norma está en consonancia con la prescripción veterotestamentaria de Deuteronomio 17:6 y 19:15.

Cuando el segundo paso resulta igualmente infructuoso, la cuestión debe ser planteada a la iglesia local, la cual decidirá en conformidad con las prerrogativas disciplinarias que le han sido otorgadas por el Señor mismo (v. 18). Trataremos este punto con más amplitud en el capítulo siguiente.

En el proceso de reparación de brechas en la comunión entre hermanos, deben los líderes de la iglesia guiar a los miembros en conflicto a actitudes positivas, consecuentes con los grandes privilegios y responsabilidades de todo hijo de Dios. Nunca es más grande un creyente que cuando se humilla, reconoce sus propias faltas, se sitúa en lugar del ofensor para comprenderle y está dispuesto a perdonar movido por el amor de Cristo hacia nosotros, que tanto nos compromete. La petición del Padrenuestro en demanda de perdón y la parábola de los dos deudores (Mt. 18:23-35) obligan seriamente a todo cristiano.

---

[129] Las palabras «contra ti» *(eis se)* del vers. 15 no aparecen en algunos manuscritos, entre ellos el Sinaítico y el Vaticano; pero, sin duda, interpretan el sentido del pasaje. Comp. 18:21.

Otros textos bíblicos orientadores al respecto, entre muchos más, son: Rom. 12:18, 19; I Cor. 13 (especialmente los vs. 4 y 5); Gál. 5:13-15; 6:1, 2; Ef. 4:26, 27, 31, 32; 5:1, 2; Fil. 2:1-5; Col. 3:12-14; I Ped. 5:5-7.

BANDOS Y GRUPOS DE OPOSICIÓN

Son tan antiguos como la propia iglesia cristiana. Recuérdese a los judaizantes en no pocas iglesias apostólicas y las facciones existentes en la de Corinto.

Conviene, no obstante, que frente a este problema el pastor ejercite toda su capacidad de discernimiento. Movimientos espirituales grandemente bendecidos y usados por Dios tuvieron su origen en núcleos de disidentes cuyo propósito era mantener la pureza doctrinal y moral de la iglesia en conformidad con el Evangelio. Los reformadores, y posteriormente los iniciadores de las iglesias libres, fueron considerados herejes perturbadores de la paz eclesial por los dignatarios religiosos de su tiempo. No debe perderse de vista que la Iglesia debe mantenerse *semper reformanda* y que todo ministro de Cristo ha de perseverar a la escucha de lo que, a través de la Palabra, «el Espíritu dice a las iglesias». Habrá posiblemente casos en que las voces de oposición merezcan ser atendidas, ya que cualquier actitud de intransigencia sería desafortunada. Pero otras veces —las más, probablemente— el pastor tendrá que arrostrar, prudente pero decididamente, la acción de banderías diversas que, sin provecho alguno, amenazan la armonía y prosperidad de la iglesia.

Etiología del problema

a) *Causas doctrinales.* La historia eclesiástica nos enseña que nunca han faltado falsos maestros. Se dio ese hecho ya en días de los apóstoles, quienes debieron contender enérgicamente contra judaizantes, racionalistas, ascetas, pregnósticos o simples palabreros promotores de disputas y contiendas (Hec. 15; carta a los Gálatas; I Cor. 15:12 y II Tim. 2:17, 18; cartas a los Colosenses y I de Juan, etc.). Posteriormente, herejías de toda laya han ido introduciéndose en las diversas ramas de la teología cristiana.

Dos factores han contribuido especialmente a este mal: a) La influencia de las corrientes filosóficas de cada época; a) El arrumbamiento o simple descuido de determinadas verdades bíblicas, lo que ha producido reacciones pendulares que han conducido a extremos anti-bíblicos. Tales factores deben ser tomados en consideración cuando se enjuicia una postura doctrinal errónea o exagerada, a la que solo cabe oponer la posición equilibrada de quien ha asimilado adecuadamente «todo el consejo de Dios».

b) *Morales o de costumbres.* Puede surgir la oposición en una iglesia como resultado de determinadas normas éticas que se ponen en entredicho o de la diversidad en la interpretación de la libertad cristiana.

He aquí algunos ejemplos: postura ante la ética de situación, actitud ante el divorcio o ante la celebración de matrimonios mixtos, enfoque de las responsabilidades político-sociales del cristiano y de la Iglesia, lugar de la mujer en la vida de la congregación (uso del velo, posibilidad de orar o hablar en público), prescripciones relativas a indumentaria, diversiones, bebida, fumar, etc.

En estas cuestiones, no siempre es fácil distinguir lo bíblico de lo tradicional, lo normativo con carácter perenne y lo circunstancial, lo intangible y lo que debe cambiar en función de la evolución de costumbres o circunstancias en cada lugar. Pero lo cierto es que en numerosas iglesias se da lugar a serias tensiones y a la formación de grupos antagónicos.

c) *Cuestiones de gobierno eclesiástico.* Dado que nadie es infalible o perfecto, debe admitirse la posibilidad de que quienes dirigen la iglesia cometan errores o tengan deslices. En la iglesia de Jerusalén, algo funcionó mal en la diaconía en favor de las viudas (Hec. 6). La murmuración nunca es noble, pero en este caso espoleó a los apóstoles para resolver una situación que podía hacerse peligrosa. Una crítica constructiva puede ser el mejor remedio para corregir lo que deba ser corregido en la actuación de los guías.

Pero no siempre la acción crítica se limita a cauces nobles, positivos. A menudo se forman grupos de oposición sistemática contrarios a cuanto hacen —esté bien o mal— pastor, ancianos, diáconos o juntas de los diversos departamentos de la iglesia.

d) *Diferencias mentales.* Por estructura intelectual, por el tipo de educación recibida o por temperamento, en toda colectividad humana suele haber dos grupos: el de los progresistas y el de los integristas, el de los renovadores y el de los conservadores, el de los tolerantes y el de los intransigentes. Cuando estas diferencias conducen a la polarización de actitudes en una iglesia, ésta fácilmente se escinde.

e) **Problemas personales.** Pueden ser íntimos, individuales, con una proyección deplorable en la relación del miembro con la iglesia o sus dirigentes. Lo expuesto en el apartado f) sobre las causas de la apatía puede aplicarse igualmente en este caso. Algunos creyentes se han caracterizado por sus habituales intervenciones díscolas en reuniones administrativas de iglesia. G. Fingermann refiere el caso del miembro de un grupo juvenil que había pedido la palabra, pero, antes de que hablara, otro se le adelantó exclamando: «¡Pido la palabra en contra!», sin saber siquiera lo que el primero iba a decir[130]. Examinado a fondo su comportamiento, casi siempre se ha descubierto que tales personas tenían serios problemas conyugales o laborales, que sufrían de resentimientos profundos o que eran víctimas de alguna gran frustración.

A veces se juntan varios miembros con problemas de ese tipo y, sin darse apenas cuenta de ello, constituyen un grupo de oposición.

Acción pastoral

Cuando se trata de cuestiones doctrinales, morales o de gobierno de la iglesia, conviene dialogar con mente abierta a la luz de la Palabra de Dios.

En los puntos básicos, sobre los que descansa la integridad del Evangelio, no caben concesiones de ningún género. La oposición debe ser rechazada con santa energía (Gál. 1:9; II Jn. 9-11).

Si se trata de puntos no fundamentales, pero sí suficientemente claros desde el punto de vista bíblico, deben ser asimismo mantenidos en conformidad con la Escritura. En ningún caso debe sacrificarse la verdad en aras de conveniencias circunstanciales con objeto de soslayar problemas. Ningún ministro del Evangelio está autorizado para maniobrar maquiavélicamente en el gobierno de la iglesia en menoscabo de la autoridad permanente de la Palabra.

Pero hay casos en los que una postura tolerante y elástica puede ser la más recomendable. Esta postura casi se impone ante cuestiones susceptibles de más de una interpretación seria de la Escritura. Cristianos igualmente fieles y amantes de la Palabra de Dios sustentan opiniones muy diversas en torno a determinados puntos teológicos. Si esas divergencias se mantienen dentro de la ortodoxia evangélica, debiera prevalecer por parte de todos un espíritu de libertad y respeto mutuo.

---

[130] *Conducción de grupos y de masas,* Edit. El Ateneo, p. 124.

Puede suceder, sin embargo, que alguien haga de tales puntos caballos de batalla con espíritu sectario y trate de imponer por todos los medios sus opiniones a los demás, o que tilde de infieles a la Verdad a cuantos no se adhieren a su credo. Esta agresividad, carente de amor y respeto a las opiniones ajenas, puede constituir un serio peligro para la comunión y la paz entre los creyentes, y en tal caso deberán tomarse las medidas adecuadas a fin de salvaguardar la unidad de la iglesia, siempre indispensable para un testimonio eficaz.

En estas situaciones, una de las soluciones más aconsejables es que los miembros disidentes se adhieran a otras iglesias más afines doctrinalmente o que formen una nueva de acuerdo con sus convicciones. Todo cristiano debe ser fiel a su conciencia, pero no tiene ningún derecho a fomentar la división en una iglesia que en las cuestiones básicas se mantiene fiel a la Escritura.

Cuando los bandos y la oposición surgen por motivos personales, la firmeza y el tacto deben combinarse en dosis pariguales. A menudo los componentes del grupo opositor solo tienen un factor aglutinante: su resentimiento contra alguien o contra algo y su espíritu de contradicción. Transcurrido algún tiempo, suelen surgir diferencias importantes entre ellos y el grupo se debilita o desaparece.

Según la situación concreta de cada caso, debe actuarse de un modo u otro. Unas veces convendrá hacer uso de una gran paciencia y abstenerse de medidas drásticas, lo que no significa pasividad o renuncia a un diálogo encaminado a solucionar el problema. En términos generales, la precipitación no es aconsejable. Sin embargo, puede suceder también que una prolongación de las dificultades las haga cada vez más peligrosas y más insuperables. En situaciones así, la acción reflexiva pero sin demora puede ser el único medio de solución (I Cor. 5:3-5, 13).

En el capítulo siguiente nos extenderemos más ampliamente sobre la disciplina. Pero ya ahora adelantamos que, en este terreno, inseparable de los problemas eclesiales, la acción pastoral debe estar presidida por un espíritu de afable cordura (II Tim. 2:24-26).

• •

CUESTIONARIO

1. *¿Cuáles son las causas de la tibieza espiritual y cómo debe tratarse este problema?*

2. *¿Cómo deben resolverse las discordias entre hermanos? Apoye la respuesta en textos bíblicos adecuados.*

3. *¿Cuándo los grupos de oposición son pecado en una iglesia? ¿Y cuándo son saludables?*

4. *¿Cuál debe ser la actuación pastoral en cada uno de los casos mencionados en la pregunta anterior?*

• •

Capítulo XXV
La disciplina

En el planteamiento de los diferentes problemas que se presentan en la cura de almas, el pastor no solo tiene que actuar como médico espiritual; ha de ser, asimismo, un educador. Esa es la razón por la que dedicamos un capítulo al tema de la disciplina.

SIGNIFICADO BÍBLICO DEL TÉRMINO

En la mente de muchas personas priva la acepción secundaria de la palabra «disciplinar»: azotar por castigo. Predomina la idea de acción severa en retribución de una conducta incorrecta. Pero «disciplina», en español como en latín, tiene el mismo significado primario: enseñanza o educación de una persona. Idéntico sentido tiene el término hebreo *musar* (Dt. 8:5) o el griego *paideía* (Hec. 7:22; 22:3; Rom. 2:20; Ef. 6:4; II Tim. 2:25; 3:16; Tit. 2:12).

La enseñanza efectiva implica la comunicación de unas verdades y, en el orden espiritual, la transformación del carácter del creyente a semejanza de su Señor. Para ello es preciso impartir unos conocimientos, exhortar, amonestar, estimular, etc. Sin embargo, toda actividad pedagógica exige firmeza, rigor y a veces acción correctiva. Por eso, en el Antiguo Testamento de modo especial, pero también en el Nuevo, los términos *musar* y *paideía* respectivamente expresan la idea de castigo (Lev. 26:28; Sal. 6:1; 94:12; Heb. 12:6, 7, 10; Ap. 3:19). No debe, sin embargo, interpretarse tal castigo en un sentido estrictamente punitivo o —menos aún— expiatorio. A la luz del Nuevo Testamento, resulta clarísimo que Cristo pagó por todos nuestros pecados, que «ninguna condenación hay para los que están en Cristo Jesús» (Rom. 8:1) y que la santa ira de Dios no va a recaer sobre aquellos a quienes él mismo ha justificado (Rom. 8:33). Pero cada redimido es un hijo de Dios, a la par que un discípulo del Hijo por excelencia, en cuya escuela debe ser educado. Cuando fracasen otros medios educativos, Dios usará el azote, no para castigar, sino para corregir, no como expresión de ira, sino de amor paternal. Esta es la gran lección expuesta magistralmente en Hebreos 12:5-11. Agustín de Hipona la expresó con gran acierto: *Melius est cum severitate diligere quam cum lenitate decipere* (mejor es amar con severidad que engañar con lenidad).

A la acción educativa de Dios en su sentido más amplio ha de responder el creyente con una actitud de autodisciplina, renunciando al error y al pecado y renovando siempre su dedicación a Dios y a la justicia (Rom. 6:11-13, 19) con todas las fuerzas de su ser (I Cor. 9:25-27). Pero cuando el miembro de una iglesia, faltando a sus deberes morales, vive desordenadamente, la iglesia debe intervenir para llevar a efecto la oportuna corrección.

LA ACCIÓN DISCIPLINARIA DE LA IGLESIA

Según lo expuesto en el punto anterior, la Iglesia «disciplina», es decir, instruye, enseña, cada vez que de algún modo se guía a sus miembros a vivir conforme al propósito de Dios. La predicación o la enseñanza en público y la exhortación o la admonición en privado deben contribuir a cumplir su misión educativa. Pero tiene que incluirse en la disciplina la acción encaminada a enmendar el comportamiento anticristiano de cualquier miembro.

Esta función correctiva tiene un doble fin: el propio beneficio del creyente que la origina y la salvaguardia del prestigio moral de la iglesia. Este segundo aspecto no puede desestimarse. En las iglesias apostólicas, tuvo gran relieve. «Para su propia afirmación y defensa, la Iglesia primitiva tuvo que ejercer una disciplina estricta. Su bienestar y su propia vida dependía de la supresión de las perversiones y de la expulsión de quienes persistían en pecados escandalosos. En algunos casos la tolerancia habría significado infidelidad a Cristo y degradación de la comunidad. El deber de mantener una disciplina adecuada fue una de las tareas más difíciles y más importantes con que tuvo que enfrentarse la iglesia antigua»[131].

---

[131] H. Cariss J. Sidnell, *Hastings 'Dict. of the apostolic church*, I, p. 303.

Esta actuación, con antecedentes enraizados en el Antiguo Testamento, fue sancionada por el Señor de modo que no deja a lugar a dudas (Mt. 18:15-17) y establecida en las primeras iglesias cristianas. Atención especial merece la energía con que Pablo se esforzó para que se llevara a la práctica (I Cor. 5).

Algunas intervenciones de tipo disciplinario pueden y deben ser efectuadas privadamente. Aunque a juicio de buenos comentaristas el sentido de Mateo 18:15 aconseja la retención de «contra ti»[132], la supresión de estas dos palabras en muchos manuscritos antiguos permite una aplicación más amplia de la pauta marcada por Jesús (Comp. Sant. 5:16) y abre el camino para que cualquier creyente, y especialmente quien ocupa una posición de mayor responsabilidad en la iglesia, se dirija al hermano que ha pecado y le amoneste con miras a su restauración espiritual.

Cuando la amonestación en privado no produce efecto, ni siquiera en un segundo intento con uno o dos testigos, el asunto debe ser llevado a la iglesia, a la que corresponde la decisión disciplinaria final.

Los datos del Nuevo Testamento nos permiten establecer los principios que deben observarse en una iglesia cristiana cuando ha de resolver el problema planteado por pecados graves.

a) Prácticamente en todos los casos, aun en los más extremos, debe buscarse el arrepentimiento del pecador y su rehabilitación espiritual (II Cor. 2:5-11; II Tim. 2:25, 26).

b) En ninguna circunstancia deben litigar los miembros de una iglesia ante un tribunal civil. En último término, sus conflictos han de ser juzgados y decididos en el seno de la propia congregación (I Cor. 6).

c) Las decisiones relativas a disciplina no son prerrogativa exclusiva de los dirigentes de la iglesia. La excomunión debe ser decidida por la iglesia, no por el pastor o por el consejo de la misma (I Cor. 5:4).

d) Las medidas disciplinarias han de ser guiadas por el Espíritu Santo e inspiradas en la Palabra de Cristo, y deben adoptarse con el elevado sentido de responsabilidad que exige actuar «en nombre y con el poder» del Señor (I Cor. 5:4).

e) Han de estar presididas, asimismo, por un espíritu firme, al mismo tiempo lleno de comprensión, mansedumbre y solidaridad (Gál. 6:1, 2) y con una constante disposición al perdón tan pronto como

---

[132] Véase pág. 128, nota al pie.

se vean signos de arrepentimiento (II Cor. 2:5-11, en especial los vs. 7 y 10).

La aceptación de estas directrices librará tanto de una excesiva laxitud como de una rigurosidad exagerada, males ambos que han perjudicado gravemente a muchas iglesias a lo largo de los siglos.

LA EXCOMUNIÓN

Constituye la medida extrema de la disciplina por la que un miembro es excluido de la comunión de la iglesia.

Tiene sus precedentes en el antiguo Israel, en el que los contaminados y los transgresores de los grandes mandamientos de la Ley eran excluidos de la comunidad; en unos casos, temporalmente; en otros, los más graves, de modo definitivo mediante la muerte. Así se preservaba o restauraba la santidad de la nación (Lev. 13:46; Núm. 5:2, 3; 12:14, 15; 16; Esd. 7:26; 10:8; Neh. 13:23-25). En la época postexílica, la excomunión era practicada por las autoridades de la sinagoga con efectos civiles tanto como religiosos (Jn. 9:22; 12:42; 16:2).

La Iglesia cristiana, en conformidad con las enseñanzas de su Maestro (Mat. 18:18), retuvo la excomunión en el orden espiritual. El castigo físico nunca entró en la mente de los primeros cristianos. Y si alguna vez se producía enfermedad o muerte de carácter disciplinario (I Cor. 11:30), la acción correspondía a Dios, no a la comunidad eclesial (Comp. Hec. 5:1-10).

El ejemplo más claro de excomunión en el Nuevo Testamento lo hallamos en el caso del incestuoso de Corinto, cuya referencia bíblica (I Cor. 5) hemos anotado ya varias veces. La salud moral y el testimonio público de la iglesia estaban gravemente amenazados. Además no se trataba de un desliz seguido de arrepentimiento y abandono del pecado, sino de una conducta escandalosa mantenida con la complicidad de una tolerancia mal entendida por parte de la iglesia. El mal debía cortarse de raíz (v. 13). Pero incluso en este caso insólito, la finalidad última de la excomunión, como hemos observado en los principios bíblicos de la disciplina, era la salvación del transgresor (v. 5)[133].

---

[133] «Entregar a Satanás» es una expresión oscura para nosotros. Vuelve a repetirse en I Tim. 1:20. Objeto de interpretaciones diversas, parece indicar que fuera de la iglesia se encuentra la esfera de Satanás (Ef. 2:12; Col. 1:13, etc.), donde el excomulgado es objeto especial de los ataques del maligno sobre su «carne», posiblemente mediante

Hay referencias a otros casos de disciplina en el Nuevo Testamento, bien que no se nos presentan con la misma profusión de detalles. Aunque probablemente no de modo exhaustivo, nos indican las causas principales de excomunión en las iglesias apostólicas:

a) *Pecados graves de inmoralidad* (I Cor. 5). La degradación sexual de los paganos debía contrarrestarse enérgicamente en las congregaciones cristianas si no se quería correr el riesgo de que un poco de levadura leudara toda la masa. No es menor el peligro en nuestros días.

b) *Enseñanza errónea* (Gál. 1:8; I Tim. 1:20). Sobre todo cuando atenta contra los fundamentos doctrinales de la fe, ya que la modificación de éstos puede significar que una iglesia cristiana deje de serlo.

c) *Contravención descarada de las prescripciones apostólicas* (II Tes. 3:14). No es seguro, sin embargo, que en este caso Pablo pensara en una excomunión total, sino más bien en un retraimiento por parte de los hermanos en relación con el «desordenado». Así parece confirmarlo el versículo 15.

d) *Espíritu faccioso provocador de divisiones* (Tito 3:10). El caso que en este texto se contempla es el del hombre hereje *(hairetikós),* es decir, el que se adhiere a unas ideas sectarias y promueve escisiones. Ya antes Pablo había colocado la herejía *(haíresis)* entre las obras de la carne junto a las contiendas y las disensiones (Gál. 5:20) y había mostrado la estrecha relación entre aquélla y el cisma (I Cor. 11:18, 19). La *haíresis,* por sus perniciosos elementos doctrinales y sus efectos divisorios, es una amenaza a la integridad de la iglesia.

Es verdad que la recomendación de Pablo resulta ambigua. ¿Qué significa «desechar» al *hairetikós*? El verbo griego *paraiteomai* tiene gran diversidad de acepciones: pedir a alguien que se acerque, obtener algo mediante súplica, excusarse, apartar, separar, rehuir, evitar. Esta variedad de significados impone cautela antes de identificar la norma paulina con la excomunión. Sin embargo, la naturaleza del problema de la «herejía» cismática limita el número de acepciones plausibles. Quien la practica debe ser evitado o separado. Pero, dada la pertinacia de tal tipo de personas, parece que la única manera de evitarlas es su separación o exclusión. En tal caso, la iglesia no hace sino confirmar la auto-condenación del miembro (Tit. 3:11). Por otro lado, la lenidad respecto

---

enfermedades u otros sufrimientos. Pero son precisamente estos sufrimientos los que pueden provocar el arrepentimiento salvador.

a este problema puede ser fatal. Como bien señala Schlier, «si la Iglesia accede a la *haíreseis,* ella misma se convertirá en *haíresis*»[134].

En cuanto a la duración de la excomunión, nada se indica en el Nuevo Testamento. El principio básico es que el excomulgado ha de ser readmitido a la comunión de la iglesia cuando evidencia arrepentimiento y se aparta de la causa de su exclusión.

En algunos casos, sobre todo cuando ha habido escándalo público, si el arrepentimiento se produce inmediatamente o poco después de haber cometido la falta, puede ser aconsejable mantener alguna medida de disciplina (en algunas iglesias, la privación de participar de la Santa Cena) durante un tiempo prudencial. Ello contribuye a salvaguardar, en parte al menos, el crédito moral de la iglesia ante el exterior. Pero no todas las iglesias comparten esta práctica. Algunas estiman que si el arrepentimiento del excomulgado es reconocido y aceptado, debe desaparecer toda medida disciplinaria. Hay razones en pro y en contra de las dos posturas. Lo más aconsejable puede ser que la iglesia actúe según las circunstancias especiales de cada caso.

Para concluir, conviene recalcar la necesidad de que cualquier forma de disciplina, desde la admonición hasta la excomunión, se lleve a cabo con amor, con oración y con un deseo profundo de que el hermano disciplinado sea integrado a una vida cristiana normal. Es triste que a veces se defienda apasionadamente —farisaicamente quizá— la justicia sin el menor vestigio de misericordia. Parece buscarse más la retribución que la restauración. En este quehacer del ministerio, como en todos, debiera haber en nosotros «el sentir que hubo en Cristo Jesús»[135]. Y el santo temor expresado por Pablo: «El que piensa estar firme, mire que no caiga» (I Cor. 10:12).

●●●

CUESTIONARIO

1. *¿Qué relación existe entre la disciplina en el sentido bíblico y la cura de almas?*

2. *¿Por qué es necesaria la disciplina correctiva en la iglesia?*

---

[134] Kittel's *Theol. Dict. of the NT,* vol. I, 183.

[135] Alguien ha sugerido acertadamente que aun las palabras de Mt. 18:17 debieran ser objeto de una cuidada exégesis. En la práctica suelen interpretarse en el sentido de que el excomulgado debe ser rechazado despectivamente. Es como un gentil o como un publicano. Pero ¿cómo trató Jesús a esta clase de personas?

3. *Exponga los fundamentos bíblicos de tal tipo de disciplina.*

4. *¿Qué significado y qué alcance tiene la excomunión en el Nuevo Testamento?*

5. *¿En qué casos se aplica?*

•••

Sección B
El pastor como dirigente

Sección B
El pastor como dirigente

Las responsabilidades de un pastor no se limitan a la cura de almas. Además de atender individualmente a los miembros según sus particulares necesidades, ha de prestar atención a las actividades colectivas de la iglesia. En este aspecto, se espera que su ministerio provea una aportación decisiva en la dirección, organización y administración de la comunidad eclesial.

Con la autoridad propia de sus funciones, y en conformidad con las directrices de la Escritura, debe ejercitar sus dotes de líder para descubrir y cultivar dones, estimular a sus hermanos para el trabajo cristiano y orientar las diversas formas de adoración, testimonio y servicio de modo que la iglesia alcance el máximo rendimiento espiritual.

Esta tarea no es fácil. Exigirá una buena dosis de imaginación, celo, energía, paciencia y fe. No siempre es apoyada por la congregación con la comprensión y la colaboración debidas. Muchas veces hay que trabajar superando los obstáculos de prejuicios, indiferencia u oposición. Pero no pueden regatearse esfuerzos. Una iglesia bien dirigida es, por lo general, una iglesia próspera en la que el ministro hallará cumplida compensación a cualquier sinsabor de su liderazgo.

Capítulo XXVI
La autoridad pastoral

Es inconcebible la acción eficaz de un dirigente si este carece de determinadas potestades. Pero es cierto igualmente que dicha acción puede malograrse si se tiene un concepto erróneo de la autoridad o se abusa de ella. Las dos posibilidades se han convertido a menudo en tristes realidades, según nos muestra la historia de muchas iglesias locales. Por tal razón, antes de extendernos en consideraciones sobre la dirección de una iglesia, conviene que procedamos a un breve estudio de la autoridad, tal como aparece en el Nuevo Testamento.

CONCEPTO DE AUTORIDAD

Los diccionarios definen el término con varias acepciones. Una de las más adecuadas al sentido bíblico es la dada en primer lugar por el *Oxford Dictionary* (Concise): «Poder, derecho a exigir obediencia».

La palabra más usada en el Nuevo Testamento es *exousía* (del verbo *exesti*, ser legal). Originalmente tenía el significado de permiso o libertad para hacer algo; pero su sentido evolucionó hacia el derecho de ejercer funciones de poder o de gobierno, la facultad de una persona para dar órdenes que otros deben cumplir[136].

La autoridad así entendida ha venido a ser un imperativo en toda sociedad humana. La anarquía, dada la naturaleza caída del hombre, conduce indefectiblemente al caos. Sin embargo, para que la autoridad resulte benéfica, debe estar cimentada en principios de verdad y de justicia. Si faltan éstos, la autoridad se corrompe y da lugar a las mayores calamidades sociales.

---

[136] W. E. Vine, *Expository Dictionary of N. T. Words*, vol. I, página 89.

Desde el punto de vista cristiano, toda autoridad —en su sentido más amplio— procede de Dios (Rom. 13:1). La *exousía* de Dios equivale a su poder, su libertad, su soberanía sobre todo el universo. En última instancia, todo responde al propósito de su voluntad (Ef. 1:11). Las esferas de autoridad humanas o satánicas no escapan a su control (Jn. 19:10, 11; Hec. 26:18; Col. 1:13). Si esto es así en los ámbitos que le son hostiles, mucho más ha de serlo en su pueblo redimido.

LA AUTORIDAD EN LA IGLESIA

Partiendo de Dios, de modo escalonado, nos muestra el Nuevo Testamento las autoridades que, con carácter permanente, absoluto, han de ser reconocidas por la iglesia de todos los tiempos. De su acatamiento depende la validez de la autoridad del ministro del Evangelio.

1) *La autoridad de Jesucristo.* Es inherente a su identidad divina en igualdad con el Padre (Jn. 5:19 y ss.) y confirmada en su condición de Mediador perfecto. Por eso, al final de su estancia física en la tierra, declara: «Toda potestad *(exousia)* me es dada en el cielo y en la tierra» (Mt. 28:18).

Jesucristo enseña con autoridad (Mt. 7:29; Mc. 1:22; Lc. 4:32); ejerce dominio sobre los malos espíritus (Mc. 1:26; Lc. 4:36); tiene facultad de perdonar pecados (Mt. 9:6, 8; Mc. 2:10; Lc. 5:24); posee autoridad en cuanto concierne a la salvación del hombre (Jn. 17:2; Mt. 10:32; 11:28-30). Exaltado a la diestra del Padre «sobre todo principado, autoridad, poder y señorío», ha sido constituido Cabeza suprema de la Iglesia (Ef. 1:21, 22). Ello explica que la Iglesia le invoque preferentemente, y con toda propiedad, con el título de «Señor». A Él, solo a Él, debe su lealtad.

2) *La autoridad del Espíritu Santo.* El es el único Vicario de Cristo dado a la Iglesia. Como sustituto suyo, enseña y guía a los discípulos al conocimiento de la verdad (Jn. 14:26; 16:13) con todas sus implicaciones prácticas (Hec. 15:28). Su acción iluminadora, no la habilidad de los predicadores, es el secreto de la comprensión y la aceptación del Evangelio (I Cor. 2; I Tes. 1:5). La autoridad del Espíritu obliga a la Iglesia —y a las iglesias— a mantenerse a la escucha de su voz (Ap. 2:7, 11, 17, 29; 3:6, 13, 22) y a los pastores al cumplimiento de su misión (Hec. 20:28).

3) *La autoridad de los apóstoles.* De las autoridades intrínsecamente divinas, pasamos a las humanas. Por sí mismos, no fueron los

apóstoles ni más sabios, ni más santos, ni más fuertes que el resto de la Iglesia cristiana. Pero recibieron una autoridad especial por delegación del Señor. Habrían de actuar como sus representantes (Mt. 10:1, 40). Por sus funciones únicas, serían considerados fundamento de la Iglesia (Ef. 2:20; Ap. 21:14). Especialmente guiados por el Espíritu Santo, en cumplimiento de la promesa de Jesús (Jn. 14:26; 16:13), darían expresión y transmitirían con toda autoridad la sana «doctrina» del Evangelio (I Tim. 1:10; 4:6) y su enseñanza sería preceptiva en todas las iglesias (I Cor. 11:2; II Tes. 2:15; 3:6, 7). Su predicación lleva el sello inconfundible de una autoridad divina; no es palabra de hombres, sino de Dios (I Tes. 2:13), y sus escritos son equiparados a la Escritura del Antiguo Testamento (II Ped. 3:16). Lo que los apóstoles habían aprendido de Jesús fue enriquecido por el ministerio del Espíritu Santo, por lo que la tradición apostólica se convirtió en elemento válido de revelación. «Aquello que se había recibido del Jesús terrenal y fue transmitido por los apóstoles fue al mismo tiempo convalidado por el Señor exaltado, mediante su Espíritu, en los apóstoles, de modo que revelación y tradición apostólica no son sino dos caras de una misma moneda»[137].

Esta autoridad de los apóstoles fue única, intransferible. No se ha perpetuado a través de sucesores, como pretende la Iglesia Católica Romana, sino por medio de sus escritos contenidos en el Nuevo Testamento. Esto nos lleva a otro plano de autoridad.

4) *La autoridad de la Sagrada Escritura.* Al desaparecer los apóstoles, ¿a quién o a qué se volvería la Iglesia para determinar todo lo concerniente a su fe y conducta? La autoridad de Jesucristo y del Espíritu Santo, ¿no quedarían al albur del subjetivismo de cada creyente?

El catolicismo romano ha encontrado solución al problema en la tradición[138] y el magisterio de la Iglesia. Algunos teólogos protestantes liberales, siguiendo la línea de Sabatier, han abogado por una autoridad de la conciencia y de la razón. Pero la verdad es que solo la Escritura, bajo la dirección del Espíritu Santo, constituye la única autoridad para la guía doctrinal y moral de la Iglesia. Solo a través de sus páginas podemos conocer el testimonio profético y apostólico. Solo en el sacro

---

[137] F. F. Bruce, *Tradition old and new,* The Paternoster Press, p. 32. Véase también el valioso trabajo de José Grau en los caps. II y III de su obra *El fundamento apostólico.*

[138] No en la tradición apostólica a la que hemos aludido antes, sino en la tradición surgida y propagada con posterioridad al período apostólico.

depósito de la Biblia podemos hallar lo que de su revelación ha querido Dios hacer llegar a los hombres. La Escritura posee autoridad, una autoridad suprema, porque nos lleva fidedignamente al conocimiento de Dios, de su Hijo Jesucristo y de su Espíritu, a cuya autoridad —como hemos visto— tiene que someterse el pueblo cristiano.

Es por esta razón por lo que la Escritura prima sobre la Iglesia y no viceversa. No es la Iglesia la que autentifica la Escritura, sino ésta la que autentifica a aquélla. La Iglesia no puede añadir a los escritos canónicos, ni puede enseñar nada que esté en contradicción con sus enseñanzas. Como decía Lutero, «la Iglesia no puede crear artículos de fe; solo puede reconocerlos y confesarlos como un esclavo lo hace con el sello de su Señor»[139].

Estas aseveraciones, que más de un lector considerará correctivamente saludables para los católico-romanos, son importantes también para las iglesias protestantes, en las que demasiado a menudo formas diversas de tradición o interpretación bíblica han privado por encima de la auténtica enseñanza bíblica. La fe y la conducta de no pocos creyentes evangélicos son configuradas en algunos puntos más por posturas tradicionales que por la Palabra de Dios. La autoridad de ésta, en la práctica, resulta inferior a la de la mentalidad y las costumbres de la iglesia local[140].

LA AUTORIDAD DE LOS PASTORES

Es inseparable del ministerio. Una iglesia, integrada siempre por seres humanos, no se diferencia demasiado en algunos aspectos de otras sociedades humanas. Quienes en ella asumen mayor responsabilidad han de tener algún tipo de autoridad; de lo contrario, su trabajo es poco menos que irrealizable.

Origen de esta autoridad

No radica en una posición jerárquica; o en una investidura decidida por una congregación, sino en el propósito de Dios que llama a sus ministros, los envía y los usa —al modo de los antiguos profetas— conforme a su plan (Jer. 1:10; 17-19; Am. 7:4, 15; Mc. 3:13-15; Hec. 20:24; Gál.

---

[139] Cit. por John Bright, *The authority of the O.T.*, SCM Press, p. 34.
[140] Recomendamos la magnífica «Introducción» de la obra ya mencionada de F. F. Bruce, *Tradition old and new*.

1:15-17). No procede, por tanto, la autoridad del pastor ni de la función ministerial en sí ni del llamamiento o reconocimiento de la iglesia local, sino de la vocación de Dios, a cuya autoridad suprema pastor e iglesia deben sometimiento.

Su naturaleza

No se basa en los dones naturales o espirituales que el pastor pueda tener: conocimiento, elocuencia, personalidad fascinadora, energía, fervor, celo, etc. La autoridad de un ministro del Evangelio le es otorgada por su Señor. Es la propia de un representante de Dios. Por ello solo es lícita cuando el pastor actúa manteniéndose obediente a Dios, fiel en todo a su Palabra. Ningún ministro puede, arropado en las prerrogativas de su cargo, predicar, enseñar o inducir a la iglesia a obrar de modo contrario a la Escritura. Tal comportamiento lo descalificaría automáticamente e invalidaría sus facultades directivas.

Cuando la autoridad se ejerce con la dignidad y fidelidad que le son inherentes, los guías de la iglesia son acreedores al reconocimiento, la estima, el apoyo y la obediencia (I Tes. 5:12, 13; Gál. 6:6; Heb. 13:7, 17). Algunas iglesias han visto empobrecida su vida espiritual y desprestigiado su testimonio por haber tenido en poco a sus pastores. Es un gran mal la tiranía del líder, pero no lo es menor la del pueblo.

La Iglesia debe conservar siempre su identidad; debe ser una comunidad de hombres y mujeres redimidos por Jesucristo, santificados por el Espíritu, guiados por la Palabra para reconocer y honrar los dones que, comunitariamente, les son concedidos. Entre esos dones, como vimos al principio de esta obra, están los ministros del Evangelio.

Su finalidad

Claramente se establece en el Nuevo Testamento que la autoridad ministerial no tiene otro objeto que la edificación de la iglesia (II Cor. 10:8; 13:10; Ef. 4:12). Por consiguiente, cualquier inclinación a usarla para satisfacer ansias de vanagloria o de dominio sobre la congregación es un pecado de perfidia.

La finalidad de la autoridad ministerial establece de por sí unos límites que jamás debieran ser traspasados. Desgraciadamente, lo que Pablo evitó siempre, el uso de la autoridad para destrucción, es la torpeza cometida por algunos pastores. Ejemplo de tristísimo recuerdo lo hallamos en Diótrefes (III Jn. 9, 10), el gran dictador que trataba de manejar autárquicamente la Iglesia conforme a su antojo carnal y por los medios más reprobables. Ningún ministro puede hacer de la Iglesia campo de su señorío personal. Ni puede imponerle arbitrariamente las decisiones dictadas por su particular criterio, no siempre iluminado por el Espíritu Santo.

El abuso de autoridad se presenta a veces de modo colectivo. Afecta al conjunto de los dirigentes de la comunidad cristiana. En contraposición con una democracia poco bíblica, puede caerse en una «oligocracia» (gobierno en manos de unos pocos) poco espiritual en la que predomina el afán de mando. Demasiadas iglesias se han visto perjudicadas por esta forma de gobierno. El mal ha aumentado cuando los líderes han sido personas poco formadas, cerradas, intolerantes, esclavas de un sentimiento de autosuficiencia o semiinfalibilidad, y se ha agravado si tales personas han ocupado su posición en la Iglesia con carácter vitalicio.

No se olvide, por otro lado, que en las iglesias novotestamentarias, el conjunto de la congregación tenía una participación decisiva en las cuestiones más importantes (Hec. 6:3-5; I Cor. 5:4, 5). En una comunidad evangélica, los miembros no van a la iglesia; son Iglesia. Toda distinción poco cuidada entre clero y laicado es peligrosa.

Para que el propósito de la autoridad pastoral —la edificación de la Iglesia— se cumpla, los guías tienen que mantenerse en contacto estrecho con el Señor de la Iglesia, atentos a su Palabra y sensibles a la dirección del Espíritu Santo, en actitud humilde y de servicio, no de señorío, recordando las palabras de Jesús que encontramos en Lucas 9:35 y 22:24-26.

También es importante que las funciones de gobierno se lleven a cabo con participación de miembros espiritualmente dotados para ello. De aquí que en las iglesias que tienen un solo pastor este sea asistido en sus funciones de dirección por un consejo de ancianos o de diáconos. En la medida en que estos hombres hacen aportaciones valiosas —mediante sugerencias, iniciativas, consejos, críticas y una acción responsable— y no son meros peones o figuras de adorno en torno al pastor, el gobierno de la iglesia se robustece. Siempre es conveniente que la autoridad pastoral sea una autoridad compartida.

Igualmente recomendable es que los dirigentes de una iglesia vivan en contacto con los restantes miembros de la misma. El diálogo se hace necesario no solo para instruir y orientar, sino para recoger con mente abierta las opiniones, sentimientos o inquietudes de los hermanos respecto a la vida congregacional. No todas las opiniones ni todos los juicios serán aceptables; pero en muchas ocasiones un oído abierto a la voz de los miembros puede hacer mucho más eficaz la labor de dirección. Recordemos la sensatez de los apóstoles ante las quejas provocadas por la desatención de que eran objeto las viudas griegas en la iglesia de Jerusalén (Hec. 6:1-7). Es interesante, tal vez, notar el contenido del versículo 7. ¿Habría alguna relación entre la solución del problema eclesiástico y la formidable expansión de la iglesia?

Como síntesis de este capítulo, citamos las palabras del centurión que, con las naturales diferencias, debiera apropiarse todo pastor: «Porque también yo, que soy un subalterno, tengo soldados a mis órdenes y digo a este: "Vete", y va; y a otro: "Ven", y viene; y a mi siervo: "Haz esto", y lo hace» (Mt. 8:9). La autoridad del ministro es auténtica y eficaz en la medida en que él mismo está sometido a la cuádruple autoridad, antes expuesta, que rige la Iglesia de Jesucristo.

● ●

CUESTIONARIO

1. *Detalle algunos de los conceptos erróneos de autoridad.*

2. *¿Quién ejerce la autoridad en la iglesia de Jesucristo?*

3. *¿En qué consiste la autoridad de los pastores?*

4. *¿Cuál es su fundamento?*

5. *¿Cómo debe ejercerse?*

● ●

Capítulo XXVII
La organización en la iglesia

Una iglesia no es una organización, sino un organismo vivo. Lo que importa es su vida, no su estructuración. Esta es la opinión de algunos que miran con reservas cualquier ordenación meticulosa de la comunidad cristiana. Y hasta cierto punto tienen razón.

Sin embargo, toda forma de vida, por rudimentaria que sea, muestra un orden maravilloso; no existe la vida sin organización. En cualquier ser vivo se observa una adaptación de sus partes y una coordinación de funciones que permiten la realización de su finalidad vital. Este fenómeno, que en los organismos vegetales o animales se presenta individualmente de forma natural, se observa también en agrupaciones colectivas (abejas, hormigas, etc.) donde instintivamente se establece una organización que regula su actividad.

La humanidad no habría salido del paleolítico si no hubiese ido perfeccionando sus formas de organización. Ninguna empresa humana habría prosperado sin un mínimo de orden social. Los objetivos de una colectividad no se alcanzan fácilmente por la iniciativa aislada, incoherente, de los individuos que la componen. Ha de orientarse y coordinarse del modo más eficaz posible. Y la iglesia no escapa a los principios que rigen el desarrollo de los grupos humanos. Admitamos el hecho de que una iglesia, por bien organizada que esté, si carece de vida espiritual, es una iglesia difunta. Pero también es cierto que una iglesia viva desorganizada está expuesta a problemas que pueden anular o mermar sensiblemente su vitalidad. La organización no sustituye a la vida, pero es indispensable a su mejor desarrollo.

En Israel no fueron suficientes la fe y el arrojo de Moisés para conducir al pueblo. Fue necesaria una organización sensata y minuciosa (Ex. 18:13-27; Deut. 1:9-18; Núm. 1-4). Llama igualmente la atención el esmero con que David planeó la construcción del templo y el servicio del culto (I Crón. 22:2-26:32).

En el período postexílico, la sinagoga —centro de la vida religiosa judía— realizaba funciones más simples, pero estaba asimismo organizada, y fue precisamente su estructura orgánica la que, al parecer, sirvió de pauta para la organización de las primeras iglesias cristianas.

En las iglesias del primer siglo, la acción del Espíritu y el ejercicio de sus dones no estaban reñidos con sanas formas de gobierno y organización. Los apóstoles fueron un elemento importantísimo de cohesión, orden y dirección. Al frente de las iglesias que iban surgiendo como fruto de la labor apostólica, se constituían ancianos (Hec. 14:23). Las necesidades de orden temporal o administrativo se suplieron, con habilidad organizativa santificada, mediante el diaconado (Hec. 6:1-6). La obra entre las mujeres hizo, sin duda, patente la necesidad de diaconisas (Rom. 16:1). Las anomalías en la celebración del culto observadas en algunos lugares impusieron unas normas para que «con decoro y orden» (I Cor. 14:40) se lograse la edificación espiritual.

Lo expuesto es suficiente para que el pastor se percate de la importancia de la organización en la iglesia y de la necesidad de dedicar a ella toda su habilidad de líder. Deplorablemente, más de un ministro ha fracasado en este terreno. Hay hombres de Dios, excelentes predicadores, buenos maestros y consejeros magníficos, que carecen de iniciativa y visión en cuanto a organización se refiere. Jowett se refiere al predicador como «hombre de negocios». Aludiendo a la parábola del mercader (Mt. 13:45), afirma: «Nuestro Maestro ordena, asimila y santifica los instintos y aptitudes empresariales en el ministerio del Reino. Los talentos y facultades usados en los asuntos del mundo han de ser usados en los intereses de los negocios del Padre. Los "hijos de este mundo" no han de ser más sagaces que "los hijos de luz"»[141].

Por supuesto, no es posible presentar patrones de organización. Lo que en una iglesia puede resultar excelente puede ser en otra causa de fracaso. El organizador ha de tener siempre en cuenta los múltiples factores que intervienen en la vida de una iglesia: su origen, su tradición, el número de miembros, su nivel cultural y social, su idiosincrasia, el tipo y la calidad de los dones espirituales existentes, etc. Las iglesias denominacionales suelen tener ya sistemas de organización más o

---

[141] *Op. cit.*, p. 214.

menos comunes. Pero no siempre tales sistemas son los más adecuados, precisamente porque no se ajustan a los factores mencionados.

Sin propugnar reformas —y menos rupturas— que pudieran resultar contraproducentes, y sin entrar en la cuestión de formas de gobierno (episcopal, presbiteriana o congregacional), señalamos a continuación, sucintamente, algunos puntos básicos que pueden servir de orientación en todos los casos.

FACTORES DETERMINANTES DE LA ORGANIZACIÓN

Por vía negativa, deben excluirse todos aquellos que tienden a convertir la «máquina» organizacional en un fin en vez de un medio. No tiene sentido, por ejemplo, empeñarse en tener un consejo de ancianos compuesto por siete miembros si en la iglesia solo hay dos hermanos idóneos para tal ministerio, o elevar el número de clases de la escuela dominical a diez si únicamente hay maestros para un máximo de cinco, o mantener una junta de jóvenes si solamente se cuenta con adultos, o multiplicar innecesariamente el número de juntas y comisiones. Lo que otras congregaciones tienen o hacen, aun dentro de la propia denominación, no debiera ser nunca molde rígido al que someter las estructuras de cada iglesia local. Uno de los secretos de la buena organización es la libertad combinada con la imaginación y la agilidad.

Como factores orientativos de cualquier tipo de organización podemos mencionar los siguientes:

Los objetivos de la iglesia

Es imposible realizar una obra efectiva si no se tiene una idea clara de las metas a alcanzar. «Se admite generalmente que el éxito de una empresa (sea privada o pública) depende de los objetivos, de los principios y de las prácticas que se fijan los hombres que la controlan y dirigen»[142].

En la iglesia, los objetivos fundamentales no son fijados por sus dirigentes; han sido previamente determinados por Dios mismo. Pueden resumirse en cuatro:

a) *Adoración.* El pueblo de Dios es una comunidad de redimidos. De sus fieles se espera un sentimiento de gratitud que los mueva a una

---

[142] Dick Carlson, *La dirección moderna*, Ed. Deusto, p. 15.

alabanza gozosa, sincera, inspirada en la verdad que Dios les ha dado a conocer y en la nueva vida que, por su Espíritu, han recibido. Por eso la Iglesia, a semejanza del antiguo Israel, se siente llamada a adorar. El culto a su Señor se ha considerado siempre uno de sus objetivos (Jn. 4:23, 24; Hec. 2:42, 47; Fil. 3:3-Biblia de Jerusalén).

b) *Edificación.* El crecimiento espiritual de cada creyente y de la iglesia en su conjunto es otra de las finalidades de la actividad eclesial. Frecuentemente se compara la Iglesia en el Nuevo Testamento a una casa o templo en construcción (I Cor. 3:9-10; Ef. 2:20-22; I Pedr. 2:5). El Constructor por excelencia es Cristo (Mt. 16:18). Debe observarse que los textos antes citados de Efesios y I Pedro están en voz pasiva. Pero la iglesia no desempeña en esta edificación el papel inerte, totalmente pasivo, de simple material. Tiene una parte activa en la edificación (I Cor. 3:10; 14:4; Ef. 4:12; I Tes. 5:11; Jud. 20). Es edificada y edificadora al mismo tiempo.

Esta obra implica la predicación, la enseñanza, la cura de almas y la comunión fraternal, todo lo cual ha de ser igualmente considerado como fines de la iglesia.

c) *Evangelización.* Se haría interminable la lista de referencias bíblicas que destacan esta responsabilidad del pueblo cristiano. La gran misión de la Iglesia es proclamar el Evangelio, dar testimonio de Jesucristo. Todo cristiano es llamado a convertirse en embajador de Cristo que, después de anunciar fielmente la buena nueva, diga a los hombres: «Reconciliaos con Dios» (II Cor. 5:20).

d) *Servicio.* Finalidad de la iglesia es también el servicio, la *diakonía.* La fe no se expresa únicamente a través de una proclamación oral de la Palabra de Dios. La fe hace que la Palabra se encarne en los creyentes. «Obra por el amor» (Gál. 5:6). Es, por consiguiente, misión de toda la iglesia atender a las necesidades de todo tipo que descubra en su seno, entre sus miembros, o a su alrededor (Hec. 4:35; 11:29, 30; Rom. 12:13, II Cor. 8 y 9; Gál. 6:9, 10; I Jn. 3:16, 17, entre muchos otros).

Hacia la consecución de los objetivos mencionados dirige el Espíritu Santo a la Iglesia. Muchas veces se alcanzan de modo espontáneo cuando los creyentes tienen una vida espiritual exuberante, aun sin haber tenido grandes preocupaciones por la organización de su actividad. Sin embargo, y aun a riesgo de parecer excesivamente reiterativos, debemos recalcar que la vida —incluida la espiritual— tiende de por sí a ordenarse en estructuras orgánicas de algún tipo. Como en las iglesias apostólicas, el proceso de realización de los fines asignados a la Iglesia también hoy impone unas formas, más o menos elaboradas, de organización.

Las necesidades

No es suficiente tener una visión clara de los objetivos a lograr. Tan pronto como nos disponemos a alcanzarlos, tropezamos con problemas y menesteres de toda índole.

Ya hemos visto algunas de las necesidades de las iglesias apostólicas en su origen (dirección, orden en el servicio y en el culto, etc.), de las que surgieron los cuerpos de ancianos y de diáconos y normas que regulaban la adoración y el testimonio. Parece que nunca se dio un solo paso en el camino de la organización que no respondiera a una necesidad, y este precedente debiera tenerse muy en cuenta en toda acción organizativa eclesiástica. También en la iglesia tendría que aplicarse el principio de que la función crea el órgano y no a la inversa. Nada debiera hacerse por mero prurito organizador.

En iglesias poco numerosas, la organización puede y debe ser simple. Los diversos trabajos pueden efectuarse sin demasiadas complicaciones estructurales. Pero a medida que la iglesia crece, sus funciones, orientadas siempre a la consecución de los objetivos antes señalados, exigirán una mayor organización. Además de un consejo de ancianos[143], resultará conveniente coordinar las diferentes actividades mediante juntas, comisiones o simplemente personas responsables que dirijan y participen en las labores a realizar (escuela dominical, actividades de jóvenes, de señoras, de matrimonios, coro, literatura, equipos de evangelización, sostenimiento de puntos de misión, grupos de comunión y estudio bíblico, diaconía, etc.). Surgida la necesidad, los líderes de la iglesia deberán buscar el medio más apropiado para suplirla de modo efectivo, lo que a menudo aconsejará una ampliación o reforma de la organización.

Recursos

En la base de toda organización, además de una visión clara de los objetivos y de las necesidades, es preciso conocer los recursos de que se dispone para suplir éstas. Es axiomático que toda empresa humana es

---

[143] En muchas iglesias, los diáconos asumen funciones propias de los ancianos en colaboración con el pastor.

irrealizable si se carece de los medios indispensables para llevarla a cabo. El Señor mismo llamó la atención de los discípulos sobre esta verdad (Lc. 14:28-30).

El principio apuntado concierne primordialmente a los recursos personales. Antes de que los líderes de una iglesia decidan un plan concreto de organización y acción, han de ver si cuentan con las personas idóneas necesarias para realizar lo proyectado. Lo contrario lleva, por lo general, al fracaso.

Invitar a predicar a quien no está dotado para ello, dar responsabilidades de enseñanza a quien antes no ha aprendido o decisiones análogas son defectos graves que debieran desterrarse lo antes posible de nuestras congregaciones. No bastan el fervor y la buena fe para paliar la incompetencia con que se llevan a cabo muchas actividades, tanto espirituales como administrativas, en gran número de iglesias.

Quizás alguien alegará que los dones del Espíritu Santo pueden suplir las deficiencias humanas. Pero, como vimos al estudiar los requisitos del ministro, lo normal es que no haya discordancia entre los carismas espirituales y los dones naturales de capacidad intelectual y carácter, dones que, por otro lado, han de cultivarse hasta alcanzar su necesario desarrollo. Ni la Biblia ni la experiencia nos proporcionan base para esperar que el Espíritu Santo use a personas ineptas o negligentes.

Lo que sí debe hacerse es mantener siempre los ojos abiertos y buscar la dirección de Dios a fin de descubrir las personas y los dones que, debidamente cultivados, vengan a ser el material humano indispensable para llevar a cabo los planes de acción de la iglesia.

Al examinar los recursos humanos, tan importante casi como la capacidad es el factor tiempo. Hay personas bien dotadas que serían utilísimas en trabajos diversos de la iglesia, pero que están totalmente absorbidas por sus ocupaciones seculares. Valdrá la pena instalarlas a que reconsideren el orden de prioridades en su vida. Sería una bendición para ellos y para la iglesia que dedicasen más horas a los negocios celestiales, aunque ello les exigiera sacrificios. Pero si no pueden o no quieren tomar esa decisión, debe prescindirse de su colaboración, pues ésta solo sería nominal y, por ende, inefectiva.

Paralelamente al estudio de los recursos humanos, los líderes de la congregación deben considerar sus recursos materiales. Hay programas de actividad cuya realización exige dispendios, a veces cuantiosos (sostenimiento total o parcial de ministros, adquisición o alquiler de lugares de culto y su mantenimiento, literatura, materiales audiovisuales, recreativos, publicidad, etc.). Lógicamente no debe proyectarse nada que rebase las posibilidades económicas de la iglesia.

Objeto de la organización

La finalidad de toda organización es utilizar y coordinar los diversos recursos, humanos y materiales, con miras a conseguir un fin propuesto.

En lo que respecta a la iglesia, el texto de Efesios 4:12 es realmente iluminador. El ministerio cristiano tiene —como vimos— un propósito: el *perfeccionamiento* de los santos para la obra del ministerio de la iglesia, para la edificación del cuerpo de Cristo. El término *katartizo* (traducido por «perfeccionar» en la versión española de Reina Valera) tiene gran riqueza de matices. Significaba reparar o remendar (Mat. 4:21), completar (I Tes. 3:10) y también adecuar, ordenar, disponer, ajustar. Todas las acepciones del verbo tienen su aplicación en la iglesia. Las roturas que en ella se producen a causa del pecado deben ser reparadas. También debe completarse lo que aún es parcial e imperfecto. Pero es el tercer significado el que mejor cuadra con el contexto. El conjunto de los miembros con sus dones respectivos, debe ser coordinado para que la iglesia cumpla el propósito de Dios. Solo así «todo el cuerpo recibe trabazón y cohesión por medio de toda clase de junturas que llevan la nutrición según la actividad propia de cada una de las partes, realizando así el crecimiento del cuerpo para su edificación en el amor» (Ef. 4:16). No podría hacerse una descripción más depurada de lo que debe ser la organización en una iglesia cristiana.

En lenguaje profano, Gregorio Fingermann no hace sino aplicar un principio semejante para que una empresa cualquiera se convierta en un ente productivo: «Esto solo puede conseguirse mediante una conducción inteligente que sepa organizar (la empresa) de tal modo que cada una de las secciones se integren en un todo y cooperen para el mismo objetivo»[144].

Los departamentos de una iglesia nunca deben ser compartimentos estancos. Los responsables de las diferentes actividades nunca pueden actuar por su propia cuenta independientemente de los demás y del conjunto. Todos los dones y valores, todas las iniciativas, todos los trabajos, deben efectuarse con la misma armonía con que operan los

---

[144] *Conducción de grupos y de masas*, Edit. «El Ateneo», p. 205.

múltiples miembros y órganos del cuerpo. Lograr esto es la gran finalidad de la organización.

CUESTIONARIO

1. *¿Es necesaria la organización en una entidad como la iglesia, de naturaleza eminentemente espiritual? ¿Por qué?*

2. *¿Son de algún modo aplicables a la iglesia cristiana los antecedentes de organización que hallamos en el Antiguo Testamento? Explique cómo.*

3. *¿Qué criterios básicos deben regir la organización de una iglesia local?*

4. *¿Cuál debe ser la relación entre organización y «dones»?*

Capítulo XXVIII
La función directiva

A la vista de los objetivos a lograr, de las necesidades a suplir y de los recursos disponibles, la coordinación de éstos exige la determinación de estructuras adecuadas y una acción eficaz.

ESTRUCTURACIÓN

¿Cuántos departamentos o secciones debe tener la iglesia para desarrollar satisfactoriamente sus actividades? ¿Cuál es su objetivo? ¿Cuáles deben ser sus órganos rectores? ¿Cómo deben configurarse? ¿Cuáles van a ser sus facultades? ¿Cómo van a constituirse? ¿Por cuánto tiempo? ¿Por qué normas han de regirse?

En las iglesias pequeñas, como ya dijimos, la organización puede ser muy simple; pero a medida que la iglesia crece se irá haciendo necesaria una estructuración más compleja. En este caso es aconsejable la elaboración de un *organigrama* en el que de manera sinóptica aparezcan claramente todos los elementos de la estructura.

En la página siguiente damos un ejemplo que, con las modificaciones pertinentes, podría adaptarse en una iglesia medianamente numerosa.

Conviene añadir que el organigrama debe ser complementado con la exposición clara y precisa —preferentemente por escrito— de las funciones, responsabilidades y formas de actuación de cada consejo, junta, comisión o persona encargadas de un trabajo.

Cada uno de los elementos estructurales consignados en el ejemplo de organigrama merecería ser estudiado por separado; pero ello escapa a nuestras posibilidades de espacio. Además, varios de ellos pueden ser inexistentes en iglesias poco numerosas. Por ello renunciamos

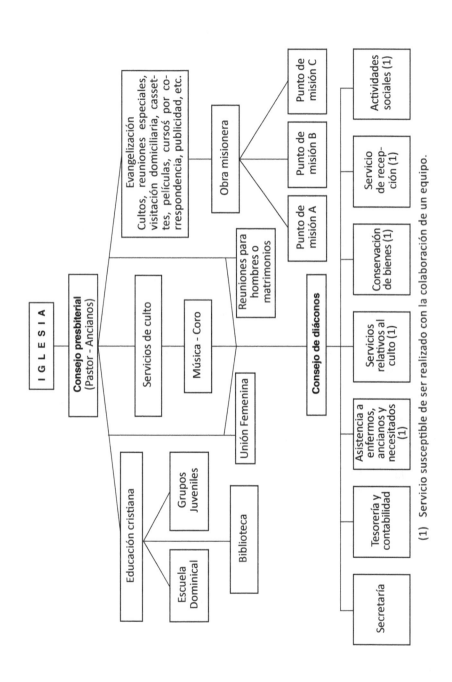

I G L E S I A

Consejo presbiteral
(Pastor - Ancianos)

Educación cristiana
- Escuela Dominical
- Grupos Juveniles
- Biblioteca

Unión Femenina

Servicios de culto

Música - Coro

Reuniones para hombres o matrimonios

Evangelización
Cultos, reuniones especiales, visitación domiciliaria, cassettes, películas, cursoś por correspondencia, publicidad, etc.

Obra misionera
- Punto de misión A
- Punto de misión B
- Punto de misión C

Consejo de diáconos

Secretaría

Tesorería y contabilidad

Asistencia a enfermos, ancianos y necesitados (1)

Servicios relativos al culto (1)

Conservación de bienes (1)

Servicio de recepción (1)

Actividades sociales (1)

(1) Servicio susceptible de ser realizado con la colaboración de un equipo.

a la explicación detallada. Sin embargo, creemos conveniente destacar las funciones propias de algunos de esos elementos, no porque sean los más importantes, sino porque son imprescindibles para asegurar un buen orden administrativo aun en las iglesias más pequeñas. Nos referimos a las funciones burocráticas de secretaría y tesorería.

Es responsabilidad del *secretario*:

— Llevar con la debida escrupulosidad el libro de actas de las asambleas administrativas (y otro del consejo de la iglesia si también fuese secretario del mismo).

— Mantener al día el libro registro de miembros, anotando en él con toda puntualidad los datos pertinentes, tales como los relativos a su filiación completa, fecha de ingreso en la iglesia y —si la hubiere— de baja por traslado, defunción o excomunión.

— Atender a la correspondencia de la iglesia que no sea estrictamente de carácter pastoral.

Toda esta documentación debe ser asimismo custodiada por el secretario con celo y seguridad.

Funciones del *tesorero:*

— Responsabilizarse y custodiar con las máximas garantías los fondos de la iglesia.

Es recomendable depositar dichos fondos en un banco o caja de ahorros abriendo una cuenta a nombre del tesorero y de uno o más miembros del consejo de la iglesia designados por este.

— Efectuar los pagos acordados por el consejo de la iglesia.

— Anotar en el libro de caja todas las entradas y salidas que se produzcan.

Cuando el volumen o complejidad de las cuentas lo hace aconsejable, puede el tesorero ser asistido por un contable.

Un principio elemental de prudencia aconseja que en el momento de contar las ofrendas el tesorero sea asistido como mínimo por dos diáconos.

Una línea similar de cautela aconseja que el pastor se abstenga de asumir responsabilidades propias del tesorero. El manejo de dinero, salvo en casos muy especiales (Hec. 11:29, 30), fácilmente puede comprometer su ministerio.

Pero el hecho de que el pastor no intervenga directamente en las funciones de tesorería —al igual que en las de secretaría— no significa que haya de mantenerse totalmente al margen de las mismas. Más bien debe inspeccionarlas discretamente y, cuando sea necesario, orientar a los responsables del trabajo burocrático.

ACCIÓN DIRECTIVA

No basta una estructuración atinada de la iglesia. Es necesario que los diferentes elementos de la estructura funcionen satisfactoriamente. Para ello tanto el consejo de la iglesia como los responsables de las diferentes actividades han de seguir los principios directivos fundamentales:

Planificación

Es vital reconocer que una iglesia cristiana es, sobre todo, una comunidad espiritual y que la dirección del Espíritu debe prevalecer sobre toda estrategia humana (Hec. 16:6-10). Pero esto no excluye la planificación. Pablo, siempre sensible a la guía del Señor, dedicó buena parte de su tiempo a trazar planes (Rom. 1:13; 15:22-28; II Cor. 1:15, 16).

En ninguna empresa humana se trabaja improvisadamente. Es preciso «anticipar los objetivos deseados y los problemas, así como las soluciones. Planificar es dar cuerpo al pensamiento, a los sueños y propósitos de tal forma que se lleguen a localizar, identificar y escalonar los actos y los resultados que conducirán a nuestros objetivos. Es elaborar los proyectos cuyo trazado nos proponemos seguir. Es administrar el empleo de nuestro tiempo, de nuestros recursos y de nuestro esfuerzo con el fin de realizar lo que queremos hacer»[145].

Conviene, no obstante, tener en cuenta que los proyectos deben ser mesurados, en consonancia con las posibilidades de realización. La megalomanía a la hora de planificar se convierte generalmente en fracaso a la hora de ejecutar.

La planificación es posible en todas las actividades de la iglesia. Tal vez la predicación es la única que debe mantenerse en un plano de mayor autonomía, libertad y espontaneidad, aunque la experiencia ha demostrado que series especiales de sermones sobre temas o textos bíblicos previamente determinados pueden ser también un gran acierto. Todas las restantes formas de trabajo aconsejan —más bien exigen— la elaboración de un plan, el cual resultará tanto más eficaz cuanto más minuciosamente se prepare.

---

[145] Dick Carlson, op. cit., p. 39.

La concreción de los planes es de máxima importancia. Muchos proyectos fracasan por su ambigüedad. Después de perfilar claramente los propósitos a lograr, deben precisarse con la misma claridad las líneas de acción, las personas que han de participar en ella, las responsabilidades de cada una, sus posibilidades en cuanto a tiempo, el material de que dispone y el modo de usarlo, etc. El descuido o defecto en cualquier parte de la planificación puede hacer fracasar el conjunto de la misma.

Delegación de funciones

En cierto modo, este aspecto de la labor directiva queda incluido en la planificación, pero le damos un lugar propio por su especial relieve.

Ningún pastor puede hacer todo el trabajo de una iglesia. Ni siquiera un buen consejo de ancianos o de diáconos es capaz de lograrlo. El responsable principal de una sección de la iglesia tampoco es suficiente para realizar todo lo que la buena marcha de la misma exige. Esta realidad obliga a una delegación escalonada de funciones y responsabilidades. «Donde no existe delegación todo funciona lentamente y llega a la paralización» (D. Prime). Moody decía que prefería poner mil hombres a trabajar que hacer él mismo el trabajo de mil hombres.

Evidentemente, todo acto de delegación implica un riesgo. Es posible que la persona a quien se encomienda una función no sea tan competente como el pastor o dirigente que delega, aunque esto no siempre sea así. Pero en cualquier caso, la delegación es insoslayable. Negarse a ella es atarse a obligaciones secundarias, a veces triviales, que impiden al dirigente cumplir eficientemente su misión primordial. El ejemplo ya mencionado de Moisés (Ex. 18:13-27) y el de los apóstoles ante el problema de las viudas en la iglesia de Jerusalén (Hec. 6:1-6) son ilustraciones decisivas al respecto.

No debe, sin embargo, procederse precipitadamente a la hora de delegar. No pueden otorgarse responsabilidades a quienes carecen de un mínimo de cualidades para llevar a cabo la tarea que se les encomienda. Cualquiera que sea el tipo de actividad que se desarrolla en la iglesia, es imprescindible que quien la realice reúna por lo menos los siguientes requisitos: a) Fe reconocida y buen testimonio cristiano, b) Sentido de responsabilidad, al que debe unirse el celo y la perseverancia, c) Capacidad, aunque solo sea potencial, para la obra que se le ha de asignar. Los ejemplos mencionados de Moisés y los apóstoles confirman la necesidad de sumo cuidado en el momento de seleccionar colaboradores. Atención especial merecen los textos de Exodo 18:21 y Hechos 6:3.

Respecto a la delegación de funciones, hay un punto que no debemos omitir. Es el relativo a su *delimitación*. No solo conviene precisar lo que cada uno debe hacer, lo que ya de por sí fija los límites de su actividad; debe concretarse igualmente el límite temporal de su responsabilidad.

Con las debidas excepciones, no son recomendables los cargos vitalicios. Pueden quedar incluidos en esas excepciones —aunque no necesariamente— los pastores o ancianos. Pero la experiencia hace aconsejable que los hermanos designados para cualquier otra responsabilidad lo sean para un período de tiempo determinado: de uno a cinco (como máximo) años. Transcurrido ese período, debe existir la posibilidad de remoción.

Salvo casos más bien raros, la permanencia en un puesto de trabajo agota las ideas y a menudo es causa de debilitamiento en la obra que debe realizarse. Por otro lado, en el transcurso del tiempo, suelen ir surgiendo nuevos valores, hermanos bien dotados para efectuar un relevo del que puede derivarse un mayor beneficio para la iglesia.

Si al final del tiempo prefijado, se estima que una persona sigue en buenas condiciones de servicio y que es preferible que continúe en su puesto, no hay razón para que obligatoriamente deba cesar. De no ser así, conviene que sea sustituida. Pero el cambio no resultará nunca embarazoso si ya estaba previsto como algo normal.

Más difícil es el caso en que se hace necesario el relevo a causa de la ineficacia o negligencia de quien aceptó una responsabilidad y no cumple su deber. Este problema exige mucha delicadeza. Lo ideal es hacer todo lo posible por que tal hermano reaccione positivamente. Es deber pastoral alentarle y ayudarle a fin de que, superadas sus dificultades, efectúe satisfactoriamente su labor. Pero cuando la reacción siga siendo negativa, sin esperanzas de enmienda, indudablemente se tendrá que proceder del modo más cristiano posible a la sustitución del colaborador inservible. Quizá el fracaso se ha debido a que el trabajo no correspondía a los dones de la persona, en cuyo caso un traspaso a otro campo de actividad cristiana puede ser una solución. Conviene, no obstante, asegurarse dentro de lo posible, de que en ese nuevo campo no va a repetirse la experiencia anterior.

Adiestramiento

Las personas escogidas para efectuar una labor determinada pueden carecer de la formación que fuera de desear para una actuación eficiente. Por tal motivo, deben buscarse todos los medios posibles para su mejor capacitación. El Señor dedicó la mayor parte del tiempo de su ministerio a instruir sólidamente a los apóstoles.

Creyentes que empiezan a predicar, maestros de escuela dominical, visitadores, responsables de departamentos o grupos, precisan, por lo general, de perfeccionamiento en sus actividades respectivas. De aquí la necesidad de clases sistemáticas o cursillos especiales de adiestramiento a cargo de personas suficientemente competentes de la propia iglesia o de fuera.

En la instrucción deben combinarse la parte teórica con la práctica. Y no debe olvidarse la necesidad de paciencia. Los maestros no se hacen en un día. Jesús necesitó años para formar a los apóstoles y aún al final de su aprendizaje revelaron no pocos defectos. Esperar la perfección es aspirar a lo imposible. No obstante, nadie debiera dar definitivamente por buena la mediocridad. La obra más gloriosa del mundo merece la más escrupulosa capacitación.

Control

No pocos planes magníficamente elaborados, iniciados con entusiasmo y por personas capaces y con medios y métodos de gran calidad, han fracasado en su realización. Una de las causas más frecuentes de esta experiencia ha sido la falta de inspección o control por parte de los órganos rectores superiores.

Fácilmente en el curso de toda gestión aparecen factores que la entorpecen y hasta pueden llegar a hacerla nula en sus resultados. La pérdida de la visión de los objetivos, la desviación de las directrices trazadas en la planificación, la negligencia, el desánimo o la inconstancia de las personas responsables de una actividad suelen ser causas, entre otras, de que nunca se lleguen a alcanzar los objetivos deseados.

Citando una vez más a Jowett, «pienso que sería útil, aunque sorprendente y quizás humillante, que se designara ocasionalmente una comisión de vigilancia que examinara concienzudamente los libros de actas de la iglesia con objeto de exhumar todas las resoluciones que, habiendo llegado a nacer, nunca se desarrollaron, y todas las que —por alguna causa desafortunada— fueron olvidadas y murieron por inanición o negligencia. El informe de tal comisión proporcionaría materia para una reunión sumamente importante y significativa... Sería una reunión sombría y melancólica. Sería como pasar una hora en un cementerio. Pero estoy seguro de que la experiencia no sería sin provecho...»[146].

Es imprescindible que quienes tienen la máxima responsabilidad de dirección se mantengan vigilantes y atentos a cualquier defecto en los diversos trabajos que se efectúan y tomen con tacto las medidas oportunas para subsanarlo.

Coordinación

Aunque sea volver a lo expuesto sobre el objeto de la organización, hemos de enfatizar la importancia de la coordinación, ahora como parte de la acción directiva.

Es posible que algunas personas trabajen bien en un departamento de la iglesia y que, sin embargo, la marcha del mismo sea insatisfactoria. También puede acontecer que algunos departamentos de la iglesia funcionen bien aisladamente, pero que los objetivos globales de la iglesia no se alcancen. En cualquiera de los casos, la razón puede radicar en una excesiva autonomía de personas o departamentos, o bien en perjudiciales roces entre sí. El resultado siempre es una merma en el rendimeinto de la actividad de conjunto. En tales situaciones, los dirigentes situados en la cúspide de la estructura deben actuar con objeto de resolver los problemas y mantener la cohesión y armonía indispensables para una acción robusta de la totalidad del cuerpo que es la iglesia.

Revisión

Periódicamente —por lo menos una vez al año— debe procederse a una revisión de todo el trabajo efectuado. Con la máxima objetividad posible deben examinarse los resultados y ver hasta qué punto se han alcanzado las metas propuestas al principio del período, considerar tanto los éxitos como los errores y defectos y determinar las causas.

Un estudio de este tipo ha de completarse con unas conclusiones. Lógicamente se mantendrá cuanto a juicio de los dirigentes haya sido positivo y ofrezca perspectivas de seguir siéndolo y se corregirá o suprimirá todo aquello que se estime negativo. En algunos casos, bastará con estimular y dar nuevo impulso a la acción de cada persona o de

---

[146] *Op. cit.,* pp. 233, 234.

cada departamento. En otros, tal vez será necesario modificar la estructura o la planificación, perfeccionar el adiestramiento, incrementar el control o prestar mayor atención a la coordinación. Toda experiencia del pasado ha de ser una contribución de primer orden para determinar la acción directiva de cara al futuro.

CUESTIONARIO

1. *¿Qué funciones administrativas considera indispensables en una iglesia, aunque ésta sea pequeña?*

2. *¿Cuáles son los elementos esenciales de la acción directiva?*

3. *Exponga las ventajas más importantes de la delegación de funciones.*

4. *¿Por qué es necesaria la función directiva de control?*

Capítulo XXIX
Las relaciones humanas en la gestión directiva

Ellas son las que ponen de relieve la capacidad de un dirigente. En pocas empresas —mucho menos en una iglesia— tiene éxito el «dictador». A la larga es imposible gobernar eficientemente usando medidas impuestas por un poder absoluto. Tampoco se puede caer en el extremo opuesto, en el principio fisiocrático de *laissez faire* (dejad hacer) aplicado radicalmente, de modo que toda actividad se deje a la iniciativa privada de cada persona. Entre esos dos extremos, el líder ha de moverse con tanta energía como tacto y delicadeza.

Estas cualidades deben ser aún más notables en la dirección de una iglesia, donde no caben recursos ajenos a su naturaleza. En una empresa industrial o comercial, los estímulos de posibles ascensos con las consiguientes mejoras económicas juegan un papel importante en la relación dirigentedirigido. La posibilidad de sanciones de tipo diverso es otra baza en manos de un gerente. Pero en una iglesia no hay más estímulos que los puramente espirituales ni más coerción que la de la propia conciencia moral de cada uno. Por tal motivo, resulta más difícil conducir una iglesia que una sociedad mercantil y se exige de sus líderes el cumplimiento de las condiciones esenciales de toda buena dirección compatibles con el carácter del ministerio cristiano. De hecho, esas condiciones son las decisivas en cualquier clase de acción directiva.

Las resumimos a continuación.

CONOCIMIENTO DE LOS SERES HUMANOS

Será bueno recordar aquí lo dicho en el capítulo XVI acerca de la primera característica del pastor, su conocimiento de la grey, y aplicarlo de modo especial a cuantos miembros se han de relacionar con él para efectuar el trabajo de la iglesia.

El dirigente ha de conocer a sus colaboradores, a cada uno de los componentes del consejo, junta, comisión o equipo que deba presidir. Debe estudiar el temperamento, las reacciones, las actitudes de cada uno, así como las consecuencias que se derivan de estos factores en las relaciones entre ellos y en la acción del conjunto. No transcurrirá mucho tiempo sin que descubra sus diferencias y afinidades. Casi en todos los grupos se encuentra la persona dinámica, entusiasta, aportadora de sugerencias. Se halla igualmente la persona menos impulsiva, pero fácil, abierta, comprensiva, excesivamente dócil, carente de capacidad crítica y de iniciativas propias; o la persona rígida, inflexible en sus ideas, prácticamente incapaz de colaborar cuando las decisiones no se ajustan a su particular criterio. Solo teniendo en cuenta el hecho de la diversidad podrá el dirigente orientar su trabajo hacia una labor de conjunto en la que prevalezca la unidad.

No es menos importante recordar la complejidad de cada persona, a la que nos hemos referido en páginas anteriores, con sus contradicciones. En el mismo individuo pueden concurrir simultáneamente el afecto y la antipatía, el respeto y el resentimiento, el deseo de una mayor aproximación y la tendencia al distanciamiento, el espíritu de colaboración y el de oposición.

Las variaciones que suelen producirse en el comportamiento humano también han de ser tomadas en consideración. Fingermann, refiriéndose a un estudio de Joussain sobre el dinamismo de los grupos, observa «la facilidad con que (los grupos humanos) pasan de un estado de exaltación e impulsividad a otro de apatía e indolencia y viceversa», y llega a la conclusión de que esta alternancia es normal, determinada por la *ley del ritmo*[147]. No debe, pues, el dirigente sentirse demasiado impresionado ni por las manifestaciones de euforia ni por los momentos bajos de depresión de aquellos con quienes ha de laborar. Procurará, no obstante, tener presente la mencionada ley para no exigir sobreesfuerzos que provoquen a su tiempo un excesivo agotamiento.

ATENCIÓN A LA PERSONA

Muchas empresas se ven envueltas en serios problemas porque sus gerentes no han valorado suficientemente el elemento humano de los

---

[147] G. Fingermann, *op. cit.*, 143.

trabajadores. Cada productor es considerado como una pieza en el mecanismo de la organización; lo único que se valora en él es su rendimiento. Esto puede suceder también en la iglesia, con lo que se anula el espíritu eminentemente pastoral que debe presidir toda acción rectora.

Existen dos conceptos de grupo, a los que corresponden dos formas de relación, que debemos distinguir. En alemán se expresan con gran precisión al usar los términos *Gesellschaft* y *Gemeinschaft*, que podríamos traducir aproximadamente por *sociedad* y *comunidad*. En la primera predominan los intereses de la entidad, mientras que en la segunda se valora preferentemente la posibilidad de que cada miembro disfrute de una comunión y una solidaridad con los restantes miembros que le sean una fuente de satisfacción. Pues bien, la iglesia ha de ser —más que cualquier otra asociación humana— una comunidad, una auténtica manifestación de la *koinonía* del Nuevo Testamento.

La organización cumplirá más plenamente sus fines si las personas que han de ejecutar un trabajo determinado se sienten respetadas, amadas y atendidas. Por eso el pastor o cualquier dirigente en la iglesia tiene que preocuparse de quienes laboran bajo su dirección y prestar atención a sus problemas, sus inquietudes, sus crisis, al igual que a sus experiencias de gozo, sus anhelos, sus realizaciones.

RECONOCIMIENTO DE SUS NECESIDADES SOCIALES

De hecho, la comunidad solo se logra plenamente cuando los miembros ven satisfechas una serie de necesidades básicas de tipo social. Louis Debarge menciona las siguientes: acción, integración, información, participación, estima, sostén y comunicación[148]. Creemos que el sentido de cada una es tan claro que huelga extendernos en más amplias consideraciones. Sin embargo, el líder hará bien en meditar detenidamente en cada una de esas necesidades y ver hasta qué punto su actuación contribuye a que sean suplidas.

CAPACIDAD INTEGRADORA

El pastor, o quien asume funciones de dirección de cualquier tipo, ha de desarrollar su labor con personas diversas, como hemos visto. No

---

[148] *Psicología y Pastoral*, Herder, p. 132 y ss.

solo los temperamentos de tales personas difieren entre sí. También suele haber discrepancias en las ideas y en las actitudes, las cuales actúan con fuerza centrífuga entre los componentes del grupo. Para contrarrestarla se precisa de un poder centrípeto, de convergencia, que los mantenga cohesionados. Es el poder que debe distinguir a la persona situada en la cúspide de la dirección. Su intervención catalizadora hará que se resuelvan pugnas, se combinen puntos de vista distintos y se obtenga como resultado final una unidad de acción.

Sin negarse a sí mismo, sin despojarse de sus propias ideas, debe renunciar a imponerlas a toda costa e incluso ha de situarse por encima de ellas. Con sincero respeto hacia las opiniones ajenas, se esforzará por ver todo lo que de positivo puede haber en las diferentes posiciones de los demás, aun lo aprovechable de lo negativo —que también puede haberlo— con objeto de aglutinar criterios y llegar a conclusiones que merezcan el beneplácito unánime de todos. El buen dirigente es experto en la dialéctica hegeliana; del enfrentamiento entre la tesis y la antítesis, hace surgir la síntesis. Naturalmente, solo cuando ello es posible.

El capítulo 15 de los Hechos de los Apóstoles nos ofrece la ilustración práctica más perfecta de una difícil acción integradora.

CAPACIDAD ESTIMULADORA

Los seres humanos —los cristianos incluidos— no gustan de ser empujados por la fuerza. Responden más fácilmente de modo positivo cuando son atraídos por un objetivo de su agrado. Las imposiciones casi siempre provocan resistencia. Los estímulos incrementan la diligencia y el entusiasmo indispensable para la consecución de un propósito importante. Especial eficacia tienen los móviles que proporcionan a un hombre la sensación de que es creador de algo importante, de que así su persona adquiere mayor realce y su vida un significado más digno.

En este terreno, los dirigentes de la iglesia cuentan con los alicientes más maravillosos. No pueden ofrecer ventajas materiales, pero sí lo que Dios mismo ofrece: los goces de una vida sublime, creadora, realmente digna de ser vivida, que además cuenta con promesas de alcance eterno (Mt. 19:27-29). ¿Puede haber empresa terrena que proporcione mayores alicientes que los «negocios» de nuestro Padre celestial? ¿Hay recompensa mayor que el gozo de saberse usado por Dios en la gran obra del Evangelio para la salvación —en su sentido más amplio— de otros seres humanos y para la extensión del Reino de los Cielos en la tierra?

Si, bajo la dirección del Espíritu Santo, los líderes de una iglesia logran prender esos estímulos del corazón de sus hermanos, éstos realizarán cualquier sacrificio para cumplir la misión que se les encomiende.

La gloriosa motivación del Evangelio fue la fuerza que indujo a los primeros cristianos —con desprecio de sus intereses temporales y de sus propias vidas— a ser testigos de Cristo hasta lo último de la tierra.

CAPACIDAD PARA ACEPTAR SUGERENCIAS Y CRÍTICAS

No todas las personas situadas en posiciones de gobierno tienen esa virtud. Su hipersensibilidad y su amor propio les impide oír, directa o indirectamente, cuanto no se ajusta al esquema de sus propias ideas. Irritante en extremo les resulta toda forma de crítica, tras la cual ven siempre animosidad personal.

Tal tipo de reacción descalifica a un líder. Nadie es tan sabio, ni hace todas las cosas de modo tan perfecto, que no tenga necesidad de las sugerencias o de las observaciones críticas de otros. El dirigente auténtico no solo las escucha con entereza, sino con gratitud. Las opiniones ajenas —atinadas o erróneas— siempre pueden contribuir a enriquecer las nuestras propias, a rectificarlas o a confirmarlas.

Aunque no todas las sugerencias pueden ser aceptadas, el dirigente aplaudirá tantas como pueda y las incorporará, con las modificaciones que convengan, en el desarrollo de su gestión. Una sugerencia aceptada estimula y atrae a quien la hace; una sugerencia secamente rechazada desanima y aleja. En el primer caso, se facilita la dirección; en el segundo, se entorpece.

En los casos en que la crítica revela sin lugar a dudas una actitud de oposición irrazonable, inspirada en motivos poco nobles, el dirigente tiene que mantener su estabilidad emocional, sobre todo en presencia de otros, y actuar con serenidad. En el momento oportuno procurará un contacto personal con el opositor a fin de resolver el problema. Si el resultado es negativo, continuará manteniendo su dominio propio con paciencia y espíritu de oración. Solo en casos extremos debería pensarse en soluciones radicales que —por supuesto— deberían ser tomadas con el consenso de los máximos responsables de la iglesia.

En resumen: la clave decisiva para lograr relaciones fructíferas en la dirección de la iglesia es el fruto del Espíritu Santo (Gál. 5:22, 23).

Y solo el poder del mismo Espíritu, con su acción vivificadora, puede hacer de toda estructura, de toda organización y de toda gestión rectora medios para hacer más eficaz el desarrollo de la vida de la iglesia, evitando así que se convierta en maquinaria pesada, fría, muerta.

CUESTIONARIO

1. *¿Por qué son especialmente importantes las relaciones humanas en la dirección de una iglesia?*

2. *¿Qué debe hacer el dirigente ante la diversidad de las personas con las que ha de trabajar?*

3. *¿Cómo ha de reaccionar ante la «ley del ritmo» en sus diferentes manifestaciones entre sus colaboradores?*

4. *Debe atenderse a la persona si quiere lograrse de ella un buen trabajo. Amplíe razonadamente este principio.*

5. *¿Cuáles deben ser las características principales del dirigente?*

Capítulo XXX
Reuniones administrativas

Prácticamente todas las iglesias locales, sea cual sea la denominación a que pertenezcan, tienen reuniones más o menos periódicas para tratar los asuntos relativos a la vida de la congregación y sus actividades. Asimismo, el consejo de la iglesia y las diferentes juntas celebran sus propias sesiones a fin de estudiar, discutir y decidir cuantas cuestiones sean de su competencia. Tanto en un caso como en otro, el pastor —o quien actúe de presidente— ha de aportar su capacidad directiva para que tales reuniones se desarrollen con orden y efectividad.

REUNIONES DE IGLESIA

Su objeto

Puede variar según la forma de gobierno. La finalidad de algunas asambleas administrativas es casi exclusivamente informativa. Así sucede casi siempre en las iglesias en que sus consejos respectivos tienen amplias facultades de decisión, si bien las resoluciones más importantes de sus guías suelen ser sometidas a ratificación de la asamblea. En otros casos, las perrogativas del consejo de iglesia son más limitadas y las cuestiones más importantes son discutidas y decididas por el pleno de la congregación, aunque ésta, por regla general, trabaja sobre una base previamente preparada por el consejo.

Tanto la información como la discusión —si procede— y las decisiones finales pueden estar motivadas por los asuntos más diversos. Los más frecuentes, especialmente en las iglesias de tipo congregacional, son los concernientes a la situación y desarrollo espiritual, al estado económico, a proyectos especiales, gastos extraordinarios, casos de disciplina, admisión de nuevos miembros, elección de pastor, ancianos, diáconos u otros oficiales designados para asumir otras responsabilidades especiales.

Su importancia

Son muchos los miembros de la iglesia que subestiman las asambleas administrativas. Con una apreciación errónea de lo que la vida de la iglesia significa, opinan que lo único valioso para ellos es el culto. La bendición espiritual que de él reciben justifica su asistencia y participación en él. En cuanto a las reuniones administrativas, no tienen el menor interés. Opinan que su presencia es innecesaria. Tienen plena confianza en quienes dirigen la iglesia y lo que ellos y los demás hermanos presentes decidan lo darán por bueno. Después es frecuente oírles hacer comentarios poco edificantes que revelan su desconocimiento de lo tratado en la asamblea o criticar desconsideradamente lo que en ella se dijo y se acordó.

Pero, consideraciones negativas aparte, la importancia de las sesiones administrativas se desprende de la naturaleza de la iglesia y su ministerio. No puede establecerse una dicotomía —que sería funesta— entre lo espiritual y lo administrativo. En la iglesia, todo —incluido lo material— tiene un carácter sagrado. Todo contribuye al sostenimiento y extensión de la obra de Dios. Solo la incomprensión o la indiferencia pueden mantener a un miembro ausente de su congregación en el momento en que ésta examina su situación y toma sus decisiones.

El pastor debe enfatizar estos hechos una y otra vez con objeto de evitar que se debilite en los creyentes el sentido de solidaridad y responsabilidad comunitaria.

Su preparación

Las reuniones administrativas pueden ser ordinarias o extraordinarias, según se celebren en fechas y con un orden del día previstos o, por el contrario, sean motivadas por asuntos imprevistos y urgentes.

Tanto en un caso como en el otro, la reunión debe ser formalmente convocada y anunciada, por lo menos, en el culto más concurrido del domingo anterior a la asamblea. Para las reuniones ordinarias es conveniente hacer la convocatoria con un mínimo de dos semanas de antelación, señalando el día y la hora de la sesión, así como el orden del día correspondiente.

Por supuesto, cualquier asunto que deba ser presentado a la consideración de la asamblea, tiene que haber sido previamente estudiado a fondo por el consejo de la iglesia[149]. De modo especial el presidente (normalmente el pastor) ha de estar bien informado y en condiciones de razonar las propuestas o recomendaciones que el consejo tuviera que presentar, así como de responder a las preguntas que se le pudieran hacer. Muchas reuniones administrativas han resultado pesadas, difíciles, a veces desastrosas, por haber faltado la preparación indispensable.

Su desarrollo

Es aconsejable que un breve período devocional preceda a la parte propiamente administrativa.

A continuación debe darse lectura al acta correspondiente a la asamblea anterior, después de lo cual habrá lugar para que, si procede, se hagan las enmiendas oportunas.

Seguidamente puede informarse de los estados de cuentas de la iglesia, sobre los que debe recabarse la aprobación de la misma previa la respuesta a cualquier pregunta que en relación con los mismos se pudiera hacer a la presidencia.

Parte importante de una sesión de negocios puede ser la información relativa a las actividades de la iglesia, a sus planes de acción, a sus problemas y necesidades. En tal información debiera privar siempre la objetividad exenta de triunfalismos.

Además es recomendable dar lugar a que la asamblea se manifieste y haga sus observaciones sobre lo expuesto.

Después de la información, deben presentarse uno tras otro los asuntos enumerados en el orden del día. A la presentación de cada uno hecha por la presidencia, seguirán las intervenciones de los miembros para expresar su opinión. La discusión, si la hay, debe ser dirigida con serenidad, elasticidad y firmeza combinadas, de acuerdo con las normas parlamentarias generalmente reconocidas como básicas e imprescindibles para el buen orden[150]. Aquí la habilidad del presi-

---

[149] Los nuevos asuntos que pudieran surgir en el curso de una asamblea no deben, por lo general, discutirse en la misma sesión; suele ser preferible tomar nota de ellos para su estudio y posible exposición en una reunión ulterior.

[150] Son famosas las reglas de orden de Robert (*Robert's rules of order*). Pero puede ser suficiente que un pastor conozca tan solo las reglas más elementales. Es adecuado

dente es decisiva para evitar que la reunión se prolongue más de lo estrictamente necesario, caiga en el tedio o se agite peligrosamente.

Oídas todas las intervenciones, si procede tomar una decisión, el presidente debe disponer la votación de acuerdo con las normas establecidas por la propia iglesia. Se presupone que la minoría acatará noblemente la decisión de la mayoría.

Las sesiones ordinarias suelen acabar con un período dedicado a ruegos y preguntas o exhortaciones.

De todo lo tratado y acordado, el secretario levantará acta que se presentará para su aprobación en la asamblea siguiente.

REUNIONES DE JUNTA

Son las celebradas por el consejo de la iglesia o por cualquiera de las juntas que dirigen sus diversos departamentos.

Fundamentalmente no difieren de las reuniones administrativas de iglesia sino en su carácter más restringido, tanto por el número de miembros que participan en ellas como por la autoridad con que toman sus decisiones, ya que las más trascendentales suelen (en muchas iglesias deben) ser sometidas al pleno de una asamblea.

Pero las funciones propias de esos órganos rectores confieren a sus reuniones una capital importancia. Tales órganos son —en el aspecto humano— los motores de la iglesia. Los miembros que los componen, aun individualmente, deben ser propulsores de sus actividades diversas. Pero es en su actuación conjunta donde radica la mayor fuerza de su gestión. Ello hace imprescindible la celebración de reuniones periódicas en las que se estudia cuanto afecta a la iglesia (o al departamento

---

el resumen que hace Alejandro Treviño en su libro *El predicador*: «*a*) Presentar los asuntos por medio de proposiciones verbales o escritas, *b*) Discutir solo las proposiciones secundadas, *c*) No admitir nueva proposición mientras la primera esté en pie, con excepción de la que se haga para reformarla, aplazarla o referirla a una comisión para su estudio. Suele también admitirse la de levantar la sesión. Estas proposiciones no se discuten. Se ponen a votación tan pronto como son secundadas, *d*) Cada miembro tiene derecho de hablar solo dos veces sobre el mismo asunto. Se requiere el consentimiento de la iglesia para concederle de nuevo el uso de la palabra. *e*) No permitir que se introduzcan asuntos ajenos al que está a discusión. *f*) Toda proposición debe explicarse bien antes de tomar la votación. *g*) La votación se toma primero por la afirmativa y en seguida por la negativa. *h*) Los asuntos se deciden y terminan por el voto de la mayoría... Generalmente el presidente no vota sino cuando su voto sirve para decidir un empate o cuando la votación se hace por papeleta» (Pp. 93, 94).

correspondiente) y se toman las resoluciones que se estiman más convenientes. Si en tales reuniones prevalecen el amor a Cristo y a los hermanos, el celo por la extensión del Evangelio, el entusiasmo, la abnegación y el espíritu de unidad, la iglesia prosperará. Si, por el contrario, se desarrollan en un clima de rutina, tibieza, desánimo o con espíritu de rivalidad, lo más probable es que la iglesia decaiga y quede sumida en un estado de enervamiento espiritual.

Aquí una vez más tenemos que destacar la necesidad primordialísima de la presidencia suprema del Espíritu Santo, sin la que todos los esfuerzos humanos resultan estériles. No se pierda de vista que en Él se encuentra el origen de toda fuerza auténticamente motriz que impulsa a la Iglesia. Pero, como ya vimos, su presencia y presidencia no excluyen el orden; más bien lo exigen.

Es por esta razón por lo que ninguna sesión de consejo (o junta) debiera tener lugar sin una preparación y dirección concienzudas. También estas reuniones han de ser convocadas y preparadas adecuadamente; deben desarrollarse de acuerdo con un orden del día que, con las variantes que procedan, siga una línea semejante a la expuesta para las reuniones de iglesia. También tienen que observarse —aunque quizá con menos rigurosidad— las reglas parlamentarias y ha de registrarse lo tratado y acordado en un libro de actas.

El buen proceso de la reunión depende en gran parte de la disposición física, mental y espiritual de quienes participan en ella. Ello hace aconsejable atenerse a algunas recomendaciones:

De carácter físico

Evítense los lugares con luz insuficiente y sin ventilación. En estas circunstancias, la mente se embota fácilmente y pierde gran parte de su capacidad.

— Procúrese no prolongar la reunión cuando se observan síntomas evidentes de cansancio. Es más aconsejable levantar la sesión para continuarla otro día a la mayor brevedad posible.

— Utilícense asientos cómodos (no necesariamente lujosos). La incomodidad prolongada ejerce una influencia irritante sobre los nervios, factor peligroso en momentos de discusión. La disposición de los asientos alrededor de una mesa —y aun sin ella, pero en forma más o menos rectangular o circular— facilita el diálogo.

De carácter espiritual

Indudablemente son de mayor entidad que las de tipo físico. Es decisivo que los miembros de junta participen en sus sesiones con una predisposición adecuada. Si llegan a la reunión agobiados por las preocupaciones del día, por conflictos laborales, familiares o personales, su aportación será muy probablemente pobre, defectuosa o incluso irrazonablemente negativa tanto en sus palabras como en sus actitudes. De aquí la conveniencia de dedicar la primera parte de la reunión a prepararse todos espiritualmente mediante la lectura de un texto de la Palabra de Dios, un breve comentario sobre el mismo y un período de oración. Un miembro del consejo de una iglesia evangélica libre de Suiza refería hace tiempo al autor cómo la introducción de esta práctica había transformado las reuniones de tal consejo haciéndolas mucho más ágiles y armoniosas.

No podemos concluir este capítulo sin mencionar el ideal a que debiera aspirarse en toda reunión en la que se delibera y toman decisiones que afectan a la vida y misión de una congregación cristiana. Ese ideal lo hallamos en el magnífico ejemplo registrado en Hechos 15. Por espinosas que fuesen las cuestiones debatidas, al final siempre debería poder decirse: «Ha parecido bien al Espíritu Santo y a nosotros...» (Hec. 15:28). Esta identificación entre Espíritu e Iglesia en días apostólicos libró a la cristiandad de un desastre a la par que le dio un mayor impulso misionero. Y puede obrar maravillas semejantes en las iglesias de nuestros días.

• •

CUESTIONARIO

1. *Mencione algunos de los antecedentes novotestamentarios de las reuniones administrativas de iglesia.*

2. *¿Cómo deben prepararse tales reuniones?*

3. *Detalle las normas que considere básicas para el buen desarrollo de una asamblea administrativa.*

4. *¿Cuál debería ser la predisposición espiritual de cuantos participan en una sesión sobre problemas o necesidades de la iglesia?*

• •

Capítulo XXXI
La dirección del culto

Las funciones directivas del pastor, trascendiendo toda acción administrativa, hallan su más alta esfera en las actividades cúlticas. El pastor no es solamente director de una santa empresa; es también prepósito de una comunidad de adoradores. Esta faceta del quehacer ministerial es una de las más radiantes, pero al mismo tiempo una de las más exigentes.

Se espera que cada culto depare a cuantos participan en él una experiencia de auténtico encuentro con Dios. Puede ser el culto fuente inefable de gozo, de adoración, de conocimiento esclarecedor, de reflexiones fecundas —aunque a menudo dolorosas—, de desahogo espiritual, de consuelo, de estímulo. Puede ser, asimismo, una hora de conflicto, de tensiones tremendas, un punto de encrucijadas en que se tomen las decisiones más trascendentales.

Los resultados dependen de muchos factores. Mientras la iglesia está congregada, actúa Dios por medio de su Espíritu y de su Palabra; pero también están en acción fuerzas malignas que nos incitan de continuo a la incredulidad, a la duda, a la indiferencia o al autoengaño. Y también interviene el ministro. Por supuesto, la responsabilidad final del resultado en cada persona recae sobre ella misma. Pero no es cosa de poca monta la parte que el dirigente tiene en el fruto o en la esterilidad del culto.

Lo que acabamos de decir no se refiere únicamente a la predicación, sino a todas y cada una de las partes del servicio religioso. Muchos buenos sermones han sido malogrados por la irreverencia, o por la pobrísima calidad del resto del culto. De aquí la conveniencia de algunas líneas orientativas sobre el modo de conducirlo.

OBSERVACIONES GENERALES

Desde el primer momento, todo ha de contribuir a crear una atmósfera espiritual propicia a la comunión con Dios. Sea cual sea el lugar en que la iglesia se congrega, un templo impresionante o una sencilla sala, ya antes de que el culto empiece tendría que respirarse reverencia y espíritu de oración. A tal efecto es imprescindible la educación de los miembros de la iglesia.

Dentro de la gran diversidad que puede haber — y que hay según las diferentes tradiciones eclesiásticas—, deberían mantenerse en todo culto unas constantes equilibradas de solemnidad, orden, sencillez, naturalidad y calor de vida espiritual.

No es recomendable la introducción de elementos jocosos, a pesar de lo populares y atractivos que resultan en algunos lugares. Pero igualmente debe huirse de una seriedad mal entendida que dé a todos los cultos aspecto de funeral. Un gozo serio y una seriedad gozosa debieran presidir toda reunión en la que se adora a Dios y se escucha su Palabra.

Un defecto que debe evitarse es la rutina, pues influye negativamente en la temperatura espiritual. Este mal es tan frecuente en iglesias con liturgia minuciosamente elaborada como en las de tipo libre, donde predomina la espontaneidad. También en muchas de estas últimas es fácil prever el orden invariable que va a seguirse y las frases estereotipadas que, monótonamente, van a servir de introducción a cada una de las partes del servicio.

Tanto los cultos con liturgia como los que carecen de ella han de ser preparados cuidadosamente. Ha de evitarse a toda costa que caigan en la servidumbre de usanzas tediosas o en la de una improvisación fruto de la negligencia. Sería intolerable que un predicador ocupara el púlpito sin llevar, aunque solo fuese mentalmente, un bosquejo de su sermón. Igualmente injustificable es que el pastor —o la persona que le sustituya— dé principio a un culto sin haber pensado atentamente y decidido el modo de presentar cada uno de los elementos que forman parte del acto cúltico o se incorporan a él.

Posiblemente ni la imaginación más exuberante logrará una diversidad tal que haga de cada culto una novedad. Tampoco es necesario. Un servicio religioso no tiene como finalidad exhibir el talento imaginativo de quien lo dirige, sino glorificar a Dios y ser medio de bendición a quienes participan en él; su naturaleza y fines imponen unos límites; pero dentro de ellos, vale la pena buscar un mínimo de variedad.

Aún más decisivo que la diversidad y la meticulosidad con que se ha preparado la totalidad del culto es el espíritu con que se dirige. Ese espíritu debe revelar unción de lo alto desde los momentos iniciales, lo que únicamente se logra si antes se ha pasado un tiempo de comunión con Dios. Aquí no valen sucedáneos de factura humana. Ni el entusiasmo, ni las formas de solemnidad piadosa, ni la entonación —todo lo cual está expuesto al artificio— pueden sustituir lo que realmente da dignidad y valor a la conducción de un culto: el sentimiento de que se está en la presencia de Dios. Esto origina inevitablemente una tensión, aunque frecuentemente y de modo paradójico vaya acompañada de una sensación de paz. Es la tensión que produce un elevado sentido de responsabilidad. Y no es fácil comprender que un pastor llegue a verse libre de ella, por más años que lleve en el ministerio.

PARTES DEL CULTO

De acuerdo con lo señalado anteriormente, puede ser preferible no encadenarse adoptando un orden determinado. La libertad cristiana también debe tener acceso al santuario. Pero cualquiera que sea la disposición de las partes del culto, cada una debe alcanzar la maxima calidad espiritual. Nos referiremos brevemente a las más comunes.

El canto

Desde tiempos remotos, los cánticos han ocupado un lugar destacado en la adoración a Dios. En Israel, muchos de los salmos eran cantados total o parcialmente por el pueblo. En las iglesias apostólicas, el canto era normal (I Cor. 14:15; Col. 3:16)[151] y siguió siéndolo en siglos posteriores. Lutero lo usó como elemento valiosísimo para impulsar la Reforma. Algo análogo hizo Calvino para la edificación de las iglesias reformadas, aunque dando preferencia a los salmos del Antiguo Testamento como contenido. Himnos inmortales resonaban en las reuniones de los grandes avivamientos. Y todavía hoy, para muchos creyentes, el himnario es

---

[151] Al parecer, algunos de los grandes textos del Nuevo Testamento eran himnos mediante los cuales la Iglesia expresaba puntos fundamentales de su fe. Por ejemplo, Fil. 2:6-11; I Tim. 3:16; II Tim. 2:11-13, etc.

el libro más querido después de la Biblia. ¡Lástima que tanto en España como en Hispanoamérica la mayoría de los himnos sea aún excesivamente pobre, tanto desde el punto de vista poético como desde el musical!

La selección de cánticos ha de efectuarse según el tema de la predicación, en tomo al cual debiera girar todo el culto. Esta observación es de particular importancia en lo que concierne al himno que haya de cantarse después del sermón.

En las iglesias que tienen coro, nunca este debiera suplan tar a la congregación en su privilegio de cantar sus alabanzas a Dios. Por otro lado, la participación del coro o el canto de solos, dúos, cuartetos, etc., debiera ser un medio más para la inspiración espiritual de los oyentes, jamás una exhibición vanidosa de arte musical.

La lectura bíblica

Puede haber más de una. Cuando, además de la porción bíblica sobre la cual se va a predicar, se escoge otro texto adicional, este debiera estar en consonancia con aquélla.

Es esencial que se lea con la máxima corrección. Defectos en la pronunciación, en la entonación, en los énfasis o en las pausas influyen siempre desfavorablemente. Por el contrario, una lectura en la que se ponen a contribución no solo los órganos fonéticos, sino la inteligencia y los sentimientos, una lectura en la que se hace vivir el contenido del texto, puede ser tan cautivadora como el más elocuente de los sermones.

La oración

En las iglesias en que se ora espontáneamente, no debería confundirse la espontaneidad con la ausencia total de ideas en el momento de empezar la oración. Si no quiere caer en tópicos trillados y en innumerables frases de molde, que van repitiéndose domingo tras domingo hasta la saciedad, el pastor debe pensar con antelación en los puntos básicos de sus oraciones públicas. Infinidad de veces tendrá la experiencia de que, mientras ora, le vienen ideas, sentimientos y motivos de plegaria imprevistos. La acción del Espíritu Santo puede introducir en la oración tantos elementos nuevos como en la predicación, sin que ello excluya tanto en un caso como en otro la conveniencia de una preparación previa.

Sin duda, el primer requisito de la oración en público es la sinceridad. Debe brotar de un corazón que siente lo que los labios dicen. No ora el pastor en nombre propio; lo hace dando expresión —hasta donde esto es humanamente posible— al sentir de la congregación, aunque al mismo tiempo la guíe tanto en la alabanza como en la confesión, las súplicas y la intercesión.

El contenido estará inspirado en los grandes temas de la Biblia: la majestad de Dios, lo maravilloso de sus obras, las riquezas inescrutables de su gracia, su fidelidad, sus promesas, la persona y la obra de Jesucristo, la acción del Espíritu Santo, la vida cristiana con sus bendiciones y sus problemas, el pecado que hemos de confesar, la esperanza del triunfo final de la gracia, las glorias de la escatología cristiana y muchos más.

Factores determinantes del contenido de la oración deben hallarse también en las circunstancias especiales que pueden concurrir en muchos casos y que afectan vivamente a la iglesia: sus proyectos, sus logros, sus necesidades, sus debilidades y pecados, su necesidad de constante renovación para responder dignamente a la vocación divina. Ocasionalmente los problemas de la ciudad, del propio país, de otros países o del mundo entero tendrán igualmente cabida en la oración del culto.

Por lo que respecta a la voz, hemos de enfatizar la naturalidad como factor que no debe descuidarse. Resulta incomprensible —a veces ridículo— que una persona use al hablar con Dios un tono diferente del que normalmente usa al hablar con sus semejantes. Hay que evitar tanto la entonación «catedralicia» como la «tribunicia». Ni voces excesivamente solemnes o quejumbrosas ni clamores desmesuradamente fogosos o estridentes. Al igual que la predicación, la oración tiene que distinguirse por la llaneza en sus formas de expresión. Su grandeza radica en el contenido y en el espíritu que la inspira.

El sermón

En las iglesias evangélicas, la predicación es la parte más prominente del culto. Esta práctica concuerda con lo que sabemos de las iglesias apostólicas, en las que la comunicación del mensaje de Dios ocupaba un lugar de primacía (I Cor. 14:1-4). Este especial relieve de la predicación ha sido, sin duda, la causa de que muchas iglesias protestantes hayan dado al púlpito un lugar central en sus templos.

Sin menoscabar la entidad de las otras partes, es lógico que el sermón sea considerado como el tuétano del culto. Siempre lo que Dios nos diga a través de la exposición de su Palabra será más importante que lo que nosotros podamos decirle a El mediante nuestros cantos y oraciones.

No vamos a entrar en consideraciones sobre la predicación en sí, pues ello nos llevaría a la repetición de ideas, principios y observaciones que el lector encontró ya en el primer volumen de esta obra. Nos limitaremos únicamente a recordar y recalcar que el sermón, a diferencia de la lección dada en una clase o de una conferencia, es un mensaje que tiene por objeto enfrentar al oyente con Dios y moverle a una respuesta a su Palabra.

La ofrenda

Muchas iglesias dedican una parte del culto a recoger las ofrendas de sus miembros destinadas a su propio sostenimiento económico o a otros fines propios de una comunidad cristiana, como puede ser el apoyo a causas misioneras o filantrópicas.

No existen motivos suficientemente poderosos para renunciar a esta práctica, ni siquiera la presencia en el culto de personas no creyentes. Pero es conveniente destacar su carácter, eminentemente espiritual en el fondo. La ofrenda no es solo un testimonio de solidaridad. Es el reconocimiento por parte del creyente de que todo lo que somos y poseemos procede de Dios. Es una manifestación de gratitud a Dios y de dedicación a la causa del Evangelio. Por todo ello, tiene honrosa cabida en el culto.

Los anuncios

Es costumbre bastante generalizada dedicar unos minutos a anuncios diversos. Esta es tal vez una de las partes que más se deben cuidar. De lo contrario, se produce una ruptura del hilo espiritual del culto. Es innegable que muchos de los anuncios que se hacen desde el púlpito, por su naturaleza o por sus detalles, constituyen un elemento extraño y, por consiguiente, de efectos disruptivos. Esta es la razón por la. que algunas iglesias han optado por suprimirlos totalmente insertándolos en el boletín informativo que se distribuye a la salida.

Hay, sin embargo, hechos, acontecimientos, actividades, proyectos que, por su entidad, conviene presentar con ocasión del culto. En este caso, los anuncios fácilmente pueden adquirir un matiz de estímulo o edificación que los eleva casi a la altura del canto, la oración o la predicación.

Si la iglesia no edita boletín dominical, pueden fijarse por escrito en lugar bien visible aquellos anuncios, notas y observaciones que estén menos en consonancia con el carácter del culto.

En cuanto al momento que ha de dedicarse a la información, cada pastor escogerá el que estime más adecuado; pero la experiencia aconseja que nunca sea la parte final. Después de la predicación, nada tendría que distraer la mente de quienes la han escuchado. Las reflexiones, a menudo serias y profundas, originadas por la exposición de la Palabra de Dios, no debieran ser interrumpidas por otros elementos de tipo inferior. La última impresión con que salga una persona del culto debiera ser siempre la dejada por el mensaje de la Palabra y la oración.

CULTOS ESPECIALES

Además de los cultos normales celebrados cada domingo (y en muchas iglesias el de oración otro día de la semana), toda iglesia tiene con mayor o menor frecuencia servicios de carácter especial, tales como los de bautismo, cena del Señor, bodas, entierros, conmemoraciones, etc.

La diversidad teológica y de formas de las diferentes iglesias nos impide sugerir modos de dirigir tales servicios. Pero creemos importante añadir algunas observaciones suplementarias a las generales expuestas anteriormente.

a) *Debe tenerse muy en cuenta el motivo y las circunstancias particulares del culto.* El autor recuerda la concentración de varios centenares de personas —en su mayoría miembros de varias iglesias— reunidas en el campo para pasar un día de confraternidad cristiana. Había de culminar la jornada con un culto al aire libre. El entusiasmo del canto en los momentos iniciales hacía prever una hora grande. Pero el predicador, sin prestar la menor atención al marco ambiental en que el culto se celebraba, se limitó a predicar un breve sermón sobre la providencia de Dios que en el servicio normal de cualquier iglesia habría sido medianamente aceptable, pero que en aquella ocasión dejó fría y vacía a la multitud.

En algunos cultos nupciales, apenas se menciona el significado cristiano del matrimonio, sus bendiciones y sus deberes. Se pierde de vista a la pareja que va a casarse y se piensa casi exclusivamente en las muchas personas nuevas a las que se quiere inyectar una dosis masiva de «Evangelio para inconversos».

Algo semejante sucede a veces con motivo de un funeral, como apuntamos en el capítulo XXI. No negamos la necesidad de tener en cuenta la presencia de inconversos en cualquier culto especial y el deber de exponer la Palabra de Dios de modo que pueda producir impacto en ellos. Pero esto se logra a menudo de modo mucho más efectivo si con naturalidad y un mínimo de profundidad se presentan las grandes enseñanzas de la Biblia relativas al motivo especial del culto.

b) *Lo imprescindible de una preparación meticulosa* en los casos en que sea necesaria.

Piénsese, por ejemplo, en un culto de bautismos en una iglesia en la que esta ordenanza del Señor se practica por inmersión. Hay multitud de detalles que han de estar debidamente previstos si no se quiere que el culto resulte desordenado y hasta irrisible. La provisión adecuada de túnicas tupidas, la instrucción de los que han de ser bautizados en cuanto al momento y la forma en que han de ser sumergidos, la cantidad y la temperatura del agua, la determinación de la persona —o personas— que han de acompañar a la que ha de ser bautizada hasta el bautisterio y después cuando salga de él, etc. Cualquier preparativo debe estar concluido por lo menos quince minutos antes de que dé comienzo el culto.

Análoga meticulosidad debe observarse respecto a las partes de un culto nupcial. En tal tipo de servicio suele darse importancia a la ornamentación floral. Es recomendable que ésta no resulte extravagante y mucho menos discriminatoria en comparación con otras bodas celebradas en la misma iglesia.

De gran importancia para el buen desarrollo de la ceremonia de enlace es que previamente el pastor —quien, sin duda, habrá orientado a los contrayentes antes de la boda en los puntos más importantes de las relaciones matrimoniales— les instruya también en cuanto a los pormenores del acto ceremonial.

c) *Ningún culto especial debe dejar de ser un culto.* En ningún caso debe permitirse que este se convierta en un acto social en el que unas personas determinadas ocupen el lugar más destacado. El centro y la máxima relevancia corresponden a Dios y a El debe tributarse la suprema gloria.

De todo lugar en que se celebra un acto de adoración y exposición de la palabra debieran poder decir cuantos asisten a él: «Es casa de Dios y puerta del cielo» (Gén. 28:17).

• •

CUESTIONARIO

1. *Señale las razones por las cuales todo culto debe prepararse y desarrollarse con el máximo esmero.*

2. *Haga un análisis crítico de los cultos de alguna de las iglesias que usted conoce.*

3. *¿Qué requisitos, en su opinión, deben reunir los himnos que se cantan en un culto?*

4. *¿Cuáles han de ser las características de un culto considerado en su conjunto?*

• •

Capítulo XXXII
La iglesia local y la evangelización

Tres aspectos esenciales de la vida de la iglesia: la evangelización, la enseñanza y la comunión, constituyen otros tantos campos en los que el pastor —bajo la suprema guía del Espíritu Santo— ha de desarrollar funciones directivas.

La interrelación de esas tres manifestaciones de vida eclesial no debe perderse de vista. Se dan simultáneamente y se complementan entre sí, hasta el punto de que cualquier defecto en una de ellas repercute indefectiblemente en las demás. Sin embargo, a fines didácticos, vamos a separarlas.

Por lo que concierne a la evangelización y la enseñanza, consideradas desde el punto de vista bíblico-teológico, remitimos al lector al capítulo I. Cuanto exponemos en este y en el siguiente se refiere más bien a sus facetas prácticas.

RESPONSABILIDAD DE LA IGLESIA EN LA EVANGELIZACIÓN

Reiteremos lo señalado al principio de esta obra. La tarea de anunciar el Evangelio no es exclusiva de los ministros. Está encomendada a todo el pueblo de Dios. Todo cristiano es llamado a ser un testigo de Cristo. Toda iglesia local ha de sentir una honda preocupación por la salvación de los inconversos. Como bien decía Campbell Morgan, «una iglesia evangélica es necesariamente evangelística». Lo es en razón de la orden recibida por la Iglesia de labios de su Señor (Mt. 28:18-20).

Lo es, asimismo, por el imperativo de una fuerza espiritual. Cuando el amor de Cristo nos constriñe, nos convertimos en sus embajadores (II Cor. 5:14, 15, 20). «No podemos dejar de decir lo que hemos visto y oído» (Hec. 4:20). Esta fue la energía generada por el Espíritu Santo a partir de Pentecostés que induciría a los discípulos a anunciar el Evangelio en todas partes, a pesar de todos los riesgos (Hec. 8:4).

De aquí que toda iglesia sana es una iglesia que evangeliza. De un modo u otro, todas sus actividades rezumarán testimonio de Cristo ante el mundo; desprenderán el «olor de su conocimiento» (II Cor. 2:14). Esto no depende tanto de unos planes o de unos métodos —aunque éstos tengan también su lugar, como veremos—, sino de la intensidad de vida espiritual de sus miembros. Cuando se vive en la plenitud del Espíritu Santo, la evangelización en una u otra forma es inevitable.

Lo que acabamos de exponer ha de tenerse muy presente para no caer en el error de aislar la evangelización desgajándola del conjunto de la vida de la iglesia, con lo que fácilmente puede dejar de ser acción nacida del Espíritu para convertirse en obra de la «carne». Michael Green expresó este peligro muy objetivamente en el Congreso Internacional sobre Evangelización celebrado en Lausana en 1974: «No se puede aislar la predicación de la Buena Nueva sin destruirla. No se puede seguir siendo fiel al Nuevo Testamento y decir: "La evangelización es primordial; la comunión, la adoración y el servicio son completamente distintos y no tienen nada que ver con ella." No tenemos ninguna libertad para separar lo que Dios ha juntado. Somos llamados a ser la iglesia tanto como a proclamar la Buena Nueva. Las dos cosas están indisolublemente unidas. Cuando la adoración, la enseñanza, la oración, la comunión de la iglesia primitiva de Jerusalén eran ardorosas fue precisamente cuando Dios aumentaba diariamente el número de sus componentes»[152].

Otro peligro del que toda iglesia debe huir es la valoración del trabajo evangelístico por los resultados, pues tal valoración nos impele a lograr «conversiones» sea como sea, incluidas técnicas contrarias a los fundamentos bíblicos de la evangelización.

Somos responsables de la fidelidad con que cumplimos la gran comisión de Cristo a su Iglesia, pero no de los logros. El fruto cosechado por Pablo en Atenas no fue demasiado alentador (Hec. 17:32-34). Por supuesto, la ausencia de resultados debe movernos a examinarnos a nosotros mismos y tratar de descubrir posibles defectos o pecados con actitud humilde de arrepentimiento. Pero mantenernos en la idea de que siempre que evangelizamos ha de haber una respuesta positiva

---

[152] *Let the earth hear his voice,* p. 175.

al Evangelio por parte de los inconversos es ir más allá de lo que el Nuevo Testamento nos enseña. Tal error suele producir uno de estos dos defectos: o desánimo o activismo desenfrenado.

En el fondo, puede ocultarse un espíritu triunfalista, un afán de vanagloria, una debilidad ante aureolas estadísticas que nos lleva a aquilatar el valor del ministerio evangelístico por el número de «decisiones» que se consiguen mediante él. Cuando tal cosa sucede, no hemos caído en un error; hemos caído en un pecado que hemos de confesar y al que debemos renunciar.

Sorteados los escollos de una evangelización inconexa o excesivamente preocupada por sus logros, podemos pensar en los diferentes modos de hacerla más efectiva.

METODOLOGÍA DE LA EVANGELIZACIÓN

El aforismo de que Dios no usa métodos sino personas contiene mucho de verdad. El Nuevo Testamento poco o nada nos dice de técnicas evangelísticas. La evangelización se llevaba a cabo de modo natural porque los creyentes vivían realmente en un plano sobrenatural. Como declaró Richard C. Halverson en el Congreso Mundial sobre Evangelización celebrado en Berlín en 1966, «la evangelización nunca pareció en el Nuevo Testamento ser una cuestión inquietante. Es decir, no hallamos a los apóstoles apremiando, exhortando, reprendiendo, planeando u organizando programas evangelísticos. En la iglesia apostólica, la evangelización era algo que se daba por descontado y funcionaba sin técnicas o programas especiales. La evangelización simplemente acontecía. Fluía sin esfuerzo de la comunidad de creyentes a semejanza de la luz que irradia el sol; era automática, espontánea, constante, contagiosa»[153]. Y, a renglón seguido, cita Halverson palabras no menos significativas de Roland Allen: «Lo que hallamos en el Nuevo Testamento no es un llamamiento ansioso a los cristianos para que extiendan el Evangelio, sino notas dispersas aquí y allá que sugieren cómo el Evangelio se iba difundiendo... Por espacio de siglos, la iglesia cristiana prosiguió su expansión por su propia gracia inherente y produjo incesantemente misioneros sin ninguna exhortación directa».

Al hablar de métodos, hemos de insistir en sus peligros, sobre todo el de mecanizar una actividad eminentemente espiritual y aplicar

---

[153] *One race, one Gospel, one task*, p. 343.

procedimientos comerciales que no siempre encajan con la verdadera dinámica de la evangelización, sino que más bien la pervierten. Pero los riesgos no han de excluir el estudio y el uso de medios que puedan facilitar la comunicación del Evangelio. Pablo revela una estrategia misionera y un método de trabajo al escoger las grandes ciudades como centros de su actividad y las sinagogas como vía de penetración con el mensaje de Cristo.

Hay un sinfín de métodos que, bajo la dirección del Espíritu Santo, pueden resultar eficaces en la evangelización.

Pero su aplicación debe efectuarse teniendo en cuenta algunos principios generales:

a) Todo método debe seleccionarse y adaptarse según el entorno cultural, social y de costumbres de cada lugar.

b) No debe adoptarse ningún método que, por diferentes motivos, no pueda utilizarse con un mínimo de recursos que hagan probable su efectividad.

c) Ningún método debe ser considerado como el único que asegure grandes resultados en todos los casos.

d) Técnicas evangelísticas excesivamente simplificadas resultan defectuosas al tratar de comunicar la gran riqueza espiritual del Evangelio a los seres humanos, tan complejos y diversos entre sí.

e) Si el mensaje evangelístico ha de ser cristocéntrico, el método de evangelización debe ser eclesiocéntrico. La evangelización no tiene como objetivo único la salvación de los pecadores, sino su integración en la Iglesia, cuerpo de Cristo, lo que lleva aparejada su incorporación a una iglesia local. En el Nuevo Testamento, la evangelización parte de las iglesias y su fruto es recogido en ellas. En algunos casos, los organismos evangelísticos paraeclesiásticos pueden ser una ayuda a las iglesias, pero en otros pueden contribuir a su debilitamiento. Solo en la medida en que los métodos contribuyen a consolidar la posición novotestamentaria de la Iglesia son válidos. Citando a Howard A. Snyder, diremos que «la Iglesia es el agente de Dios en la evangelización. Hablar de obra evangelizadora sin relacionarla con la Iglesia es perder la perspectiva bíblica y desarrollar una evangelización incompleta»[154].

---

[154] *Let the earth hear his voice*, p. 327.

MEDIOS DE LA IGLESIA PARA LA EVANGELIZACIÓN

El uso de los grandes medios de comunicación, como la radio, la televisión o la prensa están en la mayoría de los casos fuera de las posibilidades de una iglesia local, aunque puede ésta participar colaborando con otras iglesias o entidades que, al sumar recursos humanos y económicos, están en condiciones de utilizar dichos medios. Pero hay otros caminos abiertos a cualquier iglesia, por pequeña que sea. A ellos vamos a referirnos en particular.

Los cultos

Para las personas no creyentes que asisten a una iglesia y llegan a convertirse, los cultos pueden ser en la mayoría de los casos el factor más importante de su experiencia religiosa. La Palabra de Dios llega a ellas a través de la predicación directa con una fuerza que raramente se alcanza por otros medios.

Este resultado no se produce únicamente mediante los tradicionales cultos «de evangelización». Algunas iglesias carecen de ellos y no por ello dejan de ver fruto abundante de conversiones. Nada objetable hay en los cultos netamente evangelísticos, en los que toda la predicación se centra en la necesidad espiritual del pecador, en la obra redentora de Cristo y en las exigencias divinas del arrepentimiento y la fe en Él como único camino de salvación, al final de los cuales se hace una invitación a los inconversos para que se rindan a Jesucristo.

Pero a menudo se ha observado que tal tipo de predicación resulta demasiado parcial. No presenta toda la perspectiva bíblica de la salvación. Tiende a abaratar el Evangelio; enfatizando sus ofertas, se silencian sus demandas; se agranda tanto la figura del Salvador que no llega a verse la del Señor. De este modo se consiguen conversiones fáciles, pero superficiales, en muchos casos espurias.

Cuando, en cambio, se predica en cultos no estrictamente evangelísticos, es más fácil ir exponiendo «todo el consejo de Dios», lo que a la larga contribuye mucho más eficazmente a que la experiencia de conversión sea más sólida. No pocas personas han recibido las influencias más decisivas para convertirse a Cristo en cultos de «edificación» e incluso en reuniones de oración. Juan Wesley no se convirtió por la fuerza de un gran sermón dirigido a almas perdidas, sino por la piedad inspiradora de los hermanos moravos con quienes entró en contacto.

La Palabra de Dios, toda la Palabra, es «viva y eficaz» (Heb. 4:12). Cuando se predica fielmente, nunca vuelve a Dios vacía (Is. 55:11). Por eso, como señala J. I. Packer con aguda visión, «es una equivocación suponer que los sermones evangelísticos son una clase especial de sermones con estilo peculiar propio; los sermones evangelísticos son simplemente sermones bíblicos, la clase de sermones que inevitablemente se predican si se predica la Biblia bíblicamente... Toda la Escritura, de un modo u otro, da testimonio de Cristo, y todos los temas bíblicos están relacionados con El. Por consiguiente, todo verdadero sermón anunciará de alguna manera a Cristo, por lo que será más o menos directamente evangelístico. Algunos sermones, por supuesto, tendrán más que otros la finalidad concreta y exclusiva de convertir a los pecadores. Pero no se puede presentar al Señor Jesucristo como la Biblia lo presenta, como la respuesta de Dios a todos los problemas en la relación del pecador con El, sin que tal presentación sea siempre evangelística... Si en nuestras iglesias se piensa en reuniones y sermones «evangelísticos» como algo especial, diferente de lo normal, ello constituye un veredicto condenatorio contra nuestros cultos normales del domingo»[155].

Nos permitimos añadir que las posibilidades evangelísticas en este terreno aumentan cuando la predicación es expositiva, especialmente si las exposiciones cubren total o parcialmente los diferentes libros de la Biblia.

Campañas especiales de evangelización

Lo expresado en el punto anterior no invalida la posibilidad y conveniencia de esfuerzos evangelísticos especiales. Una iglesia —o conjunto de iglesias— hará bien en organizar cultos extraordinarios en su templo o reuniones en salones públicos a fin de atraer a un mayor número de personas a escuchar el Evangelio.

Esta acción exige una preparación meticulosa. No solo deben seleccionarse cuidadosamente los temas de los sermones o conferencias y los oradores. Es imprescindible promover interés entre los creyentes para que oren por la campaña y colaboren en el trabajo de invitar a personas alejadas de la iglesia. Deben usarse con la máxima eficiencia

---

[155] *Evangelism and the sovereignty of God*, pp. 54, 55.

los medios de publicidad disponibles. El canto, coral y congregacional, ha de alcanzar la máxima calidad. Es necesario escoger y adiestrar a un número suficiente de creyentes que puedan establecer contacto personal con los visitantes. Y no puede descuidarse la atención debida a cuantas personas llegan a interesarse en el Evangelio, o incluso a convertirse, durante la campaña. Es imprescindible mantenerse en comunicación con ellas con objeto de ayudarlas en su desarrollo espiritual. La labor de riego posterior a una campaña de evangelización es tan importante como la de siembra durante la misma.

En cuanto a la campaña en sí, conviene llevarla a cabo con el máximo vigor y ambición espiritual, pero rehuyendo la tentación varias veces apuntada de dejarse obsesionar por los resultados.

La predicación debe ser bíblicamente sustanciosa, ha de responder a la necesidad más profunda del ser humano y ha de contener una invitación. Pero ésta ha de ser hecha con dignidad, sin insistencias que traspasen los límites del respeto a una libre decisión, sin coacciones psicológicas impropias de la fe en la acción del Espíritu Santo. Forzar o acelerar un proceso de conversión es tan irracional como hacer caer a palos la fruta de un árbol. La experiencia ha mostrado en demasiados casos lo fatal de presiones desmesuradas para lograr la conversión. Cuando se consigue una «decisión», una profesión de fe, totalmente inmadura, ésta es generalmente seguida de una reacción negativa, muchas veces de un alejamiento total y definitivo del Evangelio.

Una vez más hemos de recalcar que los inconvenientes no deben llevarnos a repudiar un método. Los abusos observados en algunas campañas no son motivo para suprimirlas, sino para perfeccionarlas.

Grupos de estudio bíblico

Este sistema está extendiéndose ampliamente por todo el mundo. La razón es que muchas personas reacias a asistir a los cultos de una iglesia aceptan más fácilmente la invitación a una pequeña reunión de carácter íntimo celebrada en una casa particular.

Existen precedentes novotestamentarios valiosos para este tipo de evangelización. Cristo mismo, Pedro, Pablo y los demás apóstoles llevaron a cabo un gran ministerio evangelístico «por las casas» (Mt. 9:10-13; Lc. 19:5-10; Hc. 2:46; 10:23-48; 13:7-12; etc.). En nuestros días simplemente asistimos al redescubrimiento del valor de este método de extender el Evangelio.

Esta actividad, como su nombre indica, debe tener como centro la Biblia. Pero, a diferencia de un culto, en el grupo no se predica. Se estudia la Escritura con la participación de todos los que asisten, creyentes e inconversos. En un ambiente de libertad y espontaneidad, cada uno puede expresar no solo sus opiniones, sino también sus inquietudes, problemas o necesidades espirituales. Y si al estudio bíblico se une —debe unirse— el interés humano de los creyentes hacia los participantes del grupo que aún no lo son, el fruto espiritual es prácticamente seguro.

Una gran ventaja de este método es que permite la colaboración de muchos miembros de la iglesia que posiblemente no se sentirían capacitados para otras formas de evangelización.

Peligro que debe evitarse a toda costa es que las reuniones del grupo degeneren en meras tertulias sobre temas ajenos a la Biblia o que abran portillo a excesivas franquezas, a críticas malsanas, a comentarios que se conviertan en piedras de tropiezo para las mismas personas a quienes se quiere ganar para Cristo.

Otro riesgo radica en la posibilidad de que el grupo, cuanto más satisfaga a sus componentes, más los exponga a hacer de él algo demasiado importante. Los creyentes pueden sentirse más atraídos hacia él que hacia la iglesia, donde necesariamente la comunión espiritual no puede ser tan íntima con todos. Esto, lógicamente puede ocasionar problemas. Para obviar este inconveniente, puede ser aconsejable variar periódicamente la composición de los grupos y mantener contacto estrecho entre los dirigentes de los mismos y los líderes de la iglesia.

Volveremos a esta cuestión en el capítulo sobre «Comunión y servicio».

Uso de literatura

Constituye un medio duradero de comunicación del Evangelio, de alcance amplísimo e incalculable. Debidamente aprochado puede llegar a ser uno de los vehículos más eficaces para llevar el mensaje de Cristo al mundo. Así lo confirman las estadísticas. T. E. Lloyd, Secretario de la «Africa Inland Mission», asegura que la literatura cristiana ocupa hoy el número uno absoluto en las prioridades de la planificación misionera. Y el gran misionero de la América Latina, Kenneth Strachan, declaró: «El ochenta y cinco por ciento de todos los latinos ganados para Cristo se han convertido como resultado de un libro cristiano, de un periódico, de un folleto, de una Biblia, por los que llegaron a la convicción de pecado»[156]. Estos datos han venido a confirmar lo que casi proféticamente intuyó Lutero cuando hace cuatro siglos exclamó: «¡Debemos lanzar contra el diablo el tintero del impresor!»

La distribución de literatura evangélica se lleva a cabo por la mayoría de miembros de nuestras iglesias en sus contactos personales. Regalan ejemplares del Nuevo Testamento, evangelios o folletos por su propia iniciativa, lo cual es magnífico. Pero existe otro campo no siempre suficientemente explotado. Es el de la venta de Biblias (o porciones bíblicas) y libros evangélicos en puestos especiales de la ciudad o mediante visita domiciliaria. La venta siempre será algo aleatorio, pero el ofrecimiento del libro permite un contacto personal que puede ser en muchos casos el principio de resultados muy positivos.

Todo pastor haría bien en estimular a los miembros de su iglesia que considerase idóneos para dedicarse a este tipo de trabajo. Pero al mismo tiempo habría de guiarlos en la selección del material. Uno de los grandes defectos que se observan en muchos países es la pobre calidad, tanto en contenido como en presentación, de gran parte de los libros y folletos que se distribuyen. La corrección de este defecto es indispensable para que el uso de la literatura sea realmente eficaz.

La obra personal

Este método es tan antiguo como el Evangelio mismo. El Señor lo practicó a menudo de modo admirable. Sus contactos con la samaritana, con Nicodemo o Zaqueo son otras tantas lecciones magistrales sobre el arte de comunicar la buena nueva mediante el diálogo a nivel individual. La expansión de la iglesia primitiva tuvo como secreto el testimonio de los cristianos en cualquier lugar en que se encontraran (Hec. 8:4). Todavía hoy la evangelización personal excede en eficacia a cualquier otro sistema.

Algunos creyentes parecen naturalmente dotados para este tipo de trabajó y lo realizan atinadamente sin el menor esfuerzo. Otros, por el contrario, encuentran sumamente difícil establecer contactos personales y orientar una conversación hacia el Evangelio. Esta dificultad, que suele ser la de la mayoría de miembros de una iglesia, hace recomendable que el pastor o alguna otra persona idónea instruya a los creyentes

---

[156] Citados por Jack McAlister en su trabajo sobre *Literature and evangelism*, presentado en el Congreso Mundial de Berlín, *One race, one Gospel, one task*, p. 515.

mediante clases especiales en lo tocante a los principios de la evangelización personal (naturaleza, contenido, modo de practicarla, etc.).

En la actualidad existen numerosos libros sobre este tema. No todos son igualmente valiosos. Algunos adolecen de excesiva simplicidad; otros son poco prácticos. Quizá lo más aconsejable es que el propio pastor recoja material de diversas fuentes y dé su propia orientación según las características ambientales, religiosas y humanas de las personas a las cuales se desea evangelizar.

Otros medios valiosos al alcance de una iglesia para la difusión del Evangelio pueden ser la proyección de películas, los cultos al aire libre, los contactos personales mediante encuestas, las visitas a hospitales, la visitación domiciliaria y muchos más. La selección de tales medios, así como la instrucción de los creyentes que, según sus respectivos dones, hayan de utilizarlos, pueden contribuir grandemente a una acción evangelizadora sumamente fructífera.

En conclusión: bajo la dirección del Espíritu, a la luz de la Palabra, el pastor debe orientar y estimular a la iglesia de modo que sus miembros puedan hallar modos adecuados de comunicar eficazmente el mensaje de Jesucristo, origen y objeto de su fe.

CUESTIONARIO

1. *¿Por qué una iglesia evangélica ha de ser evangelizadora?*

2. *¿Cuál es el secreto de una evangelización eficaz?*

3. *A la luz del Nuevo Testamento, ¿qué lugar deben ocupar los métodos en la evangelización?*

4. *¿Qué principios básicos deben tenerse en cuenta en la selección de métodos evangelísticos?*

5. *Exponga el valor de cualquier culto (aunque no sea estrictamente de evangelización) como contribución de primer orden a la acción evangelizadora de la iglesia.*

6. *En su experiencia personal, ¿en el uso de qué métodos ha visto resultados más positivos y estables?*

Capítulo XXXIII
La enseñanza

La evangelización y la enseñanza, como vimos en el capítulo I, son inseparables. Así aparecen en la gran comisión (Mt. 28:19, 20). Así las entendió Pablo (II Tim. 1:11). Y así las vio la Iglesia cristiana de los primeros siglos, en la que tanta importancia adquirió la catequesis. La razón es que el fruto de la evangelización se malogra si no va acompañado y seguido de la instrucción. No basta con que la semilla sembrada llegue a germinar; la planta nacida necesita un cultivo esmerado para que se desarrolle plenamente.

La educación, sin embargo, no es tarea fácil, ni en el plano secular ni en el religioso. Sus normas no están dictadas, como antiguamente se creía, únicamente por el sentido común y un caudal más o menos rico de experiencias. La pedagogía se apoya en principios de carácter científico que no se pueden ignorar. Y el pastor, como dirigente de la labor educativa en la iglesia, debe conocerlos —al menos los más fundamentales— y aplicarlos.

En este terreno, también debe contarse en primer lugar con la presencia y la acción docente del Espíritu Santo (Jn. 14:26). Sin su intervención, sería imposible la verdadera educación cristiana, ya que el propósito de ésta no es simplemente impartir unos conocimientos, sino convertir en el creyente la verdad en vida. La auténtica formación bíblica se manifiesta a través de una doble transformación, la del corazón y la de la conducta, no a través de un credo ortodoxamente expresado. Y tal transformación solo puede efectuarla el Espíritu de Dios.

Pero, como hemos observado en otras esferas, la acción del Espíritu Santo no anula la humana. Y en lo que concierne a la enseñanza, tanto el ministro como la iglesia deben extremar su diligencia para hacerla lo más eficaz posible.

ALCANCE DE LA INSTRUCCIÓN CRISTIANA

Ampliando lo expuesto, hemos de enfatizar el carácter eminentemente práctico de la enseñanza en la iglesia. Toda actividad docente ha de estar orientada hacia la totalidad de la persona, de modo integral. Ha de llegar a la mente de aquellos a quienes se enseña, pero también a la zona de sus sentimientos y a la de la voluntad, pues la meta final es la conformación de la vida según el patrón moral establecido por Dios en su Palabra.

La *gnosis* del Nuevo Testamento es más que mero conocimiento intelectual; en la mayoría de los casos significa o implica un conocimiento experimental. Así, conocer a Dios es mucho más que tener una idea correcta de su persona y de sus atributos; es tener una relación personal con El que afecta el modo de vivir. Enfáticamente declara Juan refiriéndose a Cristo: «En esto sabemos que le conocemos, si guardamos sus mandamientos. El que dice: Yo le conozco, y no guarda sus mandamientos, el tal es mentiroso y la verdad no está en él» (I Jn. 2:3, 4).

La enseñanza de la fe cristiana exige, indudablemente, impartir el conocimiento de la Sagrada Escritura. Todo cristiano debiera estar familiarizado con la historia bíblica, con sus personajes y sus hechos más notables, con las lecciones que de ellos se desprenden, con los mensajes de los profetas, con los cánticos de los salmistas, con los grandes mandamientos de Dios, con sus promesas, con las orientaciones éticas de los libros sapienciales. Debiera conocer, sobre todo, el Nuevo Testamento y sus grandes enseñanzas, con una visión clara tanto de la perspectiva histórica como de la doctrinal.

Pero tales conocimientos no han de quedar alojados en la mente. Están destinados a despertar sentimientos. Dios quiere usarlos para producir arrepentimiento, fe, amor, gozo, paz, sentido de responsabilidad. Y aun esto es insuficiente. El conocimiento bíblico no ha de detenerse en el campo de las emociones. Ha de invadir victoriosamente el de la acción. Al primer triunfo de la conversión deben seguir muchos más en el proceso de la santificación, durante el cual el creyente ha de ir siendo transformado a la imagen moral de Jesús. Lo que de la Biblia se aprende ha de configurar la conducta en todos los ámbitos: en el hogar, en la escuela o la universidad, en el taller o la oficina, en el vecindario, en la calle, en la ciudad, en el país.

No siempre es fácil determinar la actitud o el comportamiento cristianos frente a algunos problemas morales. ¿Cuál debe ser la actitud del creyente ante la eutanasia, por ejemplo, o la adición a las drogas, la mentira profesional, etc.? ¿Qué debe opinar sobre el servicio militar o sobre la guerra? ¿Qué posición debe adoptar ante cuestiones de carácter político o social? Es triste que muchos cristianos, ante tales problemas, divagan confusos sin saber ni qué hacer ni siquiera qué pensar.

Es verdad que la Biblia no contiene una respuesta para cada una de las preguntas que la evolución del mundo pueda plantear. Pero sus principios, absolutos y válidos para todos los tiempos, pueden iluminar siempre el camino del creyente y capacitarle para andar rectamente a lo largo de su vida. Es indispensable, no obstante, que estos principios se apliquen adecuadamente. A ello debe aspirar la enseñanza impartida en la iglesia.

CLAVE DE LA ENSEÑANZA EFICAZ

La especial naturaleza de la enseñanza religiosa y lo trascendental de sus fines no excluye la aplicación de principios y normas didácticas que hoy se consideran imprescindibles en todas las ramas de la docencia.

Ante la imposibilidad de exponer, aunque fuera de manera resumida, los fundamentos de una sana pedagogía, nos limitaremos a destacar lo que ha venido a constituir el centro de la filosofía de la educación: la relación entre maestro y alumno y el papel que cada uno desempeña en el proceso de enseñar-aprender.

El concepto del maestro como sujeto activo único, que relega al alumno al de mero recipiente pasivo de unos conocimientos, está prácticamente descartado. Tomás de Aquino, anticipándose a John Dewey, ya descubrió la necesidad de que el alumno participara activamente en el aprendizaje. Comparaba la función del maestro a la del médico. Del mismo modo que este no sana al enfermo, sino que simplemente facilita la recuperación del organismo que se cura a sí mismo, así el enseñador facilita —no sustituye— la actividad propia del alumno en el proceso instructivo.

Lowell E. Brown y B. Reed observan al respecto que Jesús, el Maestro por antonomasia, ya puso en práctica este principio. No solo instruía a sus discípulos mediante la palabra; exigía de ellos la acción. Aunque los apóstoles estaban aún lejos de haberlo aprendido todo, pronto fueron enviados por el Señor a predicar. Los milagros obrados por El eran en el fondo otro método de enseñanza y en varias ocasiones (multiplicación de los panes y los peces, transformación del agua en vino, la acción de andar sobre las aguas del lago) hizo participar en ellos a quienes le rodeaban[157].

Los mismos autores perfilan con gran acierto las funciones de maestro y alumno que resumimos:

Funciones del maestro

a) *Guiar*. Como si se tratase de escalar una montaña, el maestro no se limita a dar explicaciones acerca de cómo efectuar la ascensión, sino que, previo un mínimo de instrucciones, se pone en marcha y dirige a los alumnos hacia la cima.

b) *Estimular*. Para ello formulará preguntas y sugerirá actividades, por medio de las cuales el alumno realizará su propio trabajo de aprendizaje, Lo más fascinante en nuestra vida es aquello que descubrimos por nosotros mismos.

c) *Cuidar.* Para enseñar de modo efectivo, el maestro ha de establecer una relación a nivel personal con sus alumnos. Ha de convertirse en amigo de ellos. Y en su dedicación debe ser un ejemplo tanto como un comunicador de la verdad de Dios.

Funciones del alumno

a) *Recibe* las instrucciones que le permiten avanzar en su propia actividad cognoscitiva.

b) *Explora.* El alumno necesita oportunidades para efectuar su propia investigación en la materia que se estudia.

c) *Descubre.* Es el resultado de una exploración adecuada.

d) *Se apropia lo descubierto y asume una responsabilidad.* Esto es de especial importancia en lo que se refiere al conocimiento religioso. La verdad descubierta debe tener una aplicación en el modo de vivir.

Podemos añadir que solo en la medida en que se realizan todas estas funciones, el maestro realmente enseña y el alumno aprende.

En la práctica, lo expuesto significa que los alumnos han de disponer de material de investigación y de campo de acción. Tratándose de instrucción bíblica, es vital que la iglesia provea libros y material adecuado, así como oportunidades de trabajo.

---

[157] *Your Sunday School can grow,* G/L Publications, p. 15.

ACTIVIDADES EDUCATIVAS EN LA IGLESIA

Pueden ser muy diversas y deben complementarse entre sí. Señalamos las más importantes.

El contacto personal

Richard Baxter dedica una tercera parte de su inmortal obra, *The Reformed Pastor,* a esta forma de instrucción. Puede ser, sin duda, la más efectiva, pues tiene a su favor ventajas insuperables. Permite conocer la posición de la persona con quien se habla, su nivel de comprensión de la Palabra de Dios, el punto a que ha llegado en la aplicación práctica de sus enseñanzas, sus anhelos, sus problemas. Hace posible, asimismo, que tal persona haga preguntas y pida todas las aclaraciones necesarias.

Por otro lado, la instrucción personal se efectúa en un plano que facilita una relación humana viva. A través de ella no se obtiene únicamente instrucción; se recibe comprensión, simpatía, estímulo.

A menudo, lo que no se logra mediante ninguna otra forma de enseñanza, se consigue a través del diálogo íntimo.

La predicación

Es una fuente valiosísima de formación cristiana, máxime si es de carácter expositivo. Adolece de un defecto: la participación del oyente se limita exclusivamente a escuchar, lo cual reduce considerablemente sus posibilidades de aprender, según se desprende de lo indicado en el punto anterior. Sin embargo la predicación tiene una gran ventaja: llega a la inmensa mayoría de los miembros de una iglesia, cosa que no se consigue por otros medios. Además, ofrece la posibilidad de exponer la verdad bíblica en toda la amplitud de sus vertientes: histórica, doctrinal, moral y existencial. La predicación sistemática sólida y variada a lo largo de los años puede convertir el púlpito en una auténtica cátedra desde la cual la congregación reciba enseñanza bíblica de primerísima calidad.

La escuela dominical

Sería difícil encontrar una iglesia evangélica sin tal escuela. La obra iniciada por Roberto Raikes en Gloucester hace dos siglos evolucionó hasta venir a ser el brazo derecho de innumerables iglesias locales en la enseñanza religiosa, especialmente entre los niños. En algunos países, sobre todo en los Estados Unidos, las escuelas dominicales han adquirido una importancia asombrosa. En sus clases, y en cifras elevadísimas, niños y adultos adquieren una esmerada formación religiosa.

Desgraciadamente, no puede decirse lo mismo de todos los lugares en que funciona una escuela dominical. Unas veces por carencia de recursos, otras por falta de visión, la labor de este vital departamento de la iglesia se ha desarrollado en condiciones de incompetencia sumamente deplorables. Señoras ya entradas en años, con escasa formación bíblica y nula capacitación pedagógica, actuando como maestras; clases excesivamente numerosas con niños de todas las edades; aulas exiguas y sin ventilación; mobiliario incómodo; falta de material adecuado y otros factores negativos convierten más de una escuela dominical en mera guardería infantil de la más pobre calidad.

Debemos reconocer que no todas las iglesias están en condiciones de suplir satisfactoriamente todas sus necesidades. Pero la importancia de la enseñanza exige que a ésta se le dé un lugar preferente. Por tal motivo, deberían corregirse los defectos anteriormente apuntados.

En toda escuela dominical es imperativo:

a) Establecer un sistema graduado de clases según las diferentes edades, incluidos jóvenes y adultos.

b) Formar adecuadamente a los maestros mediante cursillos especiales.

c) Aprovechar las salas o habitaciones disponibles destinadas a aulas, adaptarlas y equiparlas con miras a la enseñanza.

d) Organizar la labor docente.

e) Proveer el material necesario para el maestro (diccionarios bíblicos, concordancias, comentarios, atlas bíblico, tratados de pedagogía y de psicología, en especial los relativos a la edad correspondiente, etc.), para el alumno (revista —si la hay—, cuaderno de trabajo, cuaderno de dibujo, láminas, etc.) y para el uso durante la clase (mapas de pared, franelógrafo, diapositivas, filminas, trabajos manuales).

f) Determinar el horario de clases más apropiado. Este debe decidirse con la máxima elasticidad, de acuerdo con las circunstancias de cada iglesia. En algunos lugares es posible tener todas las clases a una hora diferente de la del culto. En otros, las clases para niños se dan a la misma hora. En tal caso, si la instrucción bíblica sistemática ha de alcanzar a toda la congregación, es necesario buscar otra hora para jóvenes y adultos el domingo mismo u otro día de la semana. El adjetivo «dominical» de la escuela de la iglesia no debe tener un carácter absoluto. Lo importante de la enseñanza no es que se imparta en domingo precisamente, sino que esté al alcance del mayor número posible de personas, aunque ello obligue a trasladar la clase a otro día de la semana.

Clases especiales

Tienen una finalidad más limitada que cualquiera de las ofrecidas a los miembros de la iglesia en general, pues responden a una necesidad específica.

Mencionamos algunos ejemplos:

a) *Clases para nuevos convertidos*. Son muy recomendables. Los recién nacidos espiritualmente necesitan ser instruidos de inmediato tanto en las doctrinas fundamentales como en los aspectos prácticos de la vida cristiana. También necesitan el calor que proporciona el contacto estrecho con otros hermanos. Ambas necesidades pueden ser suplidas en una clase exclusiva para ellos.

b) *Clases para líderes*. Están destinadas a cuantos desean ampliar su formación con objeto de servir en esferas de mayor responsabilidad: predicación, enseñanza, cura de almas, etc.

c) *Clases para actividades especiales*, como pueden ser evangelización personal, la obra de distribución de literatura, el ministerio de visitación, el trabajo entre los jóvenes, etc.

d) *Campamentos*. Deparan oportunidades magníficas de intensa actividad educativa. En un marco de aislamiento que favorece la concentración mental y espiritual, por espacio de dos semanas aproximadamente, pueden realizarse estudios bíblicos y tenerse charlas o coloquios sobre temas determinados.

Como elementos formativos, se añaden el contacto personal más íntimo entre el enseñador y los participantes en el campamento, la convivencia estrecha de todos y los trabajos en los que inevitablemente todos tienen que colaborar. Los problemas y roces que a menudo surgen de estas circunstancias también son, en el fondo, un factor educativo.

e) *Retiros y conferencias*. La vida moderna, con la reducción de la semana laboral y sus posibilidades crecientes de movilidad, permiten con relativa facilidad la celebración de conferencias o retiros de uno o dos días de duración en lugares adecuados. Tienen muchas de las características de un campamento, aunque reducidas por ser reducido el tiempo de que se dispone.

Tales retiros son especialmente aconsejables para grupos con características particulares: dirigentes de la iglesia, enseñadores, matrimonios de edades determinadas, jóvenes, etc.

La temática de tales encuentros conviene que esté centrada en cuestiones concretas de máximo interés para la vida espiritual y el trabajo de los participantes.

PLANIFICACIÓN Y COORDINACIÓN DE LA ENSEÑANZA

El pastor ha de contemplar el campo de la docencia en la iglesia en todas sus dimensiones. Ha de ver todas las necesidades y, a la vista de ellas, ha de estudiar con sus colaboradores el mejor modo de suplirlas. Ello exige planificación y coordinación. La predicación, las lecciones de la escuela dominical, los estudios en grupos juveniles y las clases especiales, retiros, campamentos, etc. deben ser como ramas de un mismo árbol, cuyo fruto es la formación cristiana integral de los miembros de la iglesia y de sus hijos.

Solo así se evitan lagunas y repeticiones. Casos se han dado en que la enseñanza en los diferentes departamentos de una iglesia, por su inconexión, ha girado en torno a partes muy limitadas de la Biblia con omisión de libros enteros del Antiguo y del Nuevo Testamento importantísimos. Igualmente se han descuidado doctrinas o cuestiones morales de no menor importancia. Por el contrario, ha sucedido también que los mismos alumnos, en diferentes secciones, han estudiado los viajes del apóstol Pablo —por ejemplo— tres veces consecutivas en el espacio de seis meses.

La coordinación es absolutamente indispensable cuando la instrucción es dada a las mismas personas por diferentes enseñadores. En tal caso, éstos habrían de ir más allá de una planificación coordinada de las lecciones y lograr una auténtica comunión entre sí que hiciera más fecunda su labor en torno al alumno, quien es al fin de cuentas el centro de la actividad docente. La enseñanza bien dirigida es el mejor medio para que se cumpla el propósito apostólico que debiera animar a todo ministro del Evangelio: «presentar perfecto en Cristo Jesús a todo hombre» (Col. 1:28).

El pastor, en su función de educador y director de educadores, tiene responsabilidades tan grandes como sus oportunidades y como el premio que la Palabra de Dios le promete (Dan. 12:3).

CUESTIONARIO

1. *¿En qué consiste la enseñanza religiosa que debe impartirse en la iglesia?*

2. *¿Por qué es importante la participación activa del alumno en el proceso de aprendizaje?*

3. *¿Cuáles son las funciones esenciales del maestro?*

4. *Analice críticamente la labor de enseñanza en alguna de las iglesias que usted conoce.*

Capítulo XXXIV
Comunión y servicio

El cuadro que la primera iglesia cristiana nos presenta en el libro de los Hechos no puede ser más sugestivo. Llenos del Espíritu Santo, los discípulos evangelizan. Como resultado, miles de personas nacen a una vida nueva mediante la fe en Jesucristo. La nueva comunidad es alimentada por «la doctrina de los apóstoles» y crece al calor de una comunión maravillosa (Hec. 2:41, 42) que impulsa el testimonio y el servicio. Esa comunión sigue siendo indispensable para el sano funcionamiento espiritual de toda la iglesia.

SIGNIFICADO DE LA COMUNIÓN EN EL NUEVO TESTAMENTO

La palabra del original griego, *koinonía,* significa participación o compañerismo, aunque entre los griegos se usaba especialmente cuando quería expresarse una relación interior entre dos o más personas. La amistad era su expresión suprema.

En el Nuevo Testamento la hallamos en Lucas 5:10 para indicar una asociación de tipo laboral. Pero generalmente hace referencia a la relación del cristiano con Dios —o con Cristo— y a la de los creyentes entre sí. Entre Cristo y el hombre se establece una comunión de naturaleza humana por la encarnación (Heb. 2:14). Entre el creyente y Dios se crea una comunión de naturaleza divina por la fe en sus promesas (II Ped. 1:4).

El cristiano queda así unido a su Señor, de cuya humillación y exaltación es hecho participante (Fil. 3:10; I Ped. 4:13; comp. Rom. 8:17). La cruz es incorporada a su experiencia personal (Gál. 2:20). Con Cristo se entrega, obediente al Padre, en servicio a favor de los demás (I Jn. 3:16). La unión con Cristo debe regir todas sus relaciones. Este es el punto de partida de la comunión eficaz con nuestros hermanos (Jn. 15:12:13).

Complemento de esta verdad lo hallamos en la enseñanza de Pablo sobre la Cena del Señor, testimonio de nuestra identificación con Cristo que nos obliga a una lealtad sin compromisos y a un reconocimiento abnegado de la unidad del cuerpo de Cristo (I Cor. 10:16 y ss.).

Esta unidad del cuerpo del Señor, la Iglesia, es la base de la comunión de los creyentes entre sí. La participación de unos mismos beneficios y responsabilidades en Cristo establece un vínculo sagrado de amor. La comunión con Dios no puede existir sin la comunión con sus hijos (I Jn. 1:3). Exige rectitud de vida, andar «en luz» (I Jn. 1:7), lo que incluye un amor sincero hacia todos los hermanos (I Jn. 2:9, 10; 3:14-18; 4:7-11).

Vemos aspectos prácticos de tal amor no solo en el desprendimiento material de los primeros cristianos (Hec. 2:44, 45), sino en una relación espiritual de mutuo estímulo y edificación (Col. 3:16; Heb. 3:13; 10:23) y de desahogo espiritual mediante la confesión de los unos a los otros (Sant. 5:16). Fue, sin duda, este santo compañerismo lo que convirtió a las iglesias cristianas, a pesar de todos sus defectos, en centros de simpatía, de comunicación gozosa. El poder de atracción de la comunión cristiana ganó a muchos paganos para Cristo y los que permanecían lejos se veían obligados a exclamar: «¡Mirad cómo se aman!»

ELEMENTOS DE LA COMUNIÓN

El análisis del tema a la luz de lo expuesto nos permite descubrir los factores primordiales de la comunión cristiana:

Conciencia corporativa

Dios salva a cada ser humano individualmente, pero no para vivir su salvación de modo aislado. Nuestra unión con Cristo nos hace miembros de su cuerpo, la Iglesia. Nuestra responsabilidad no concierne únicamente a nuestra relación con El; tiene que ver también con todos sus redimidos. «Somos miembros los unos de los otros» (Rom. 12:5). Ningún cristiano consciente del propósito divino puede desentenderse de sus hermanos en la fe (I Cor. 12:21). No puede jamás hacer suya la pregunta de Caín (Gén. 4:9b). Ha de gozarse con los que se gozan y llorar con los que lloran (Rom. 12:15). «Ninguno de nosotros vive para sí y ninguno muere para sí» (Rom. 14:7). La voluntad de Dios respecto al Cuerpo de Cristo es que «los miembros todos se preocupen los unos por los otros» (I Cor. 12:25).

Esta conciencia debe tener una proyección amplísima; la comunión cristiana debe extenderse a todos los creyentes. Cualquier forma de discriminación es pecado. Como alguien ha dicho, la iglesia no es una segregación sino una congregación. Indudablemente, es más fácil relacionarnos con otros cuando median determinadas afinidades; pero la fraternidad cristiana debiera ser tan inclusiva como la gracia de Dios, quien no hace acepción de personas (Hec. 10:34).

Comunicación

Lo dicho en el capítulo XXII sobre la comunicación en el matrimonio tiene, en términos generales, aplicación a las relaciones fraternales en la iglesia. Todo creyente debiera poder hallar entre sus hermanos personas que merecieran su confianza para hacerles partícipes de su mundo interior, por pobre y oscuro que este sea.

La base de una comunicación efectiva radica en el amor, que acepta al otro tal como es, con todas sus imperfecciones, y en la humildad, que confiesa las propias faltas despojada de una excesiva autoestimación. Hay debilidades, problemas y fracasos que deben exteriorizarse si la comunión ha de ser medio de ayuda mutua. Nada nos perjudica —y perjudica a los demás— tanto como el empeño en aparecer siempre como hombres o mujeres en los que todo es digno de alabanza. Lawrence O. Richards, comentando el texto de II Corintios 1:3-7, afirma que nuestra capacidad para ministrar consuelo y ayuda a otros depende de nuestra propia experiencia de dificultad. «De algún modo —dice— ser humano y estar sujeto a todas las presiones de la existencia humana es básico para estar en condiciones de ayudar espiritualmente a otros... Es trágico creer que para cumplir ese ministerio necesitamos haber «llegado» espiritualmente, que hemos de ser cristianos «victoriosos». Ninguno de nosotros ha llegado. Todos estamos sujetos a la soledad, a frustraciones, a fracasos, a la desesperación. Todo esto, tanto como la paz y el gozo del Evangelio, forma parte de nuestro patrimonio. Cuando pugnamos por ocultar a los demás nuestra humanidad construimos muros en vez de puentes»[158].

Por demás es decir que este tipo de comunicación exige un clima de confianza mutua y de lealtad. La persona que divulga lo que le ha sido

---

[158] *The new face for the church,* Zondervan Publ. House, p. 159.

dicho en la intimidad y hace de dominio público lo que tenía carácter confidencial está dinamitando los puentes de la comunicación, con lo que arruina la comunión.

Ayuda mutua

El solo hecho de que una persona pueda establecer una vía de comunicación auténtica con otras ya es en sí una gran asistencia. Sus efectos liberadores son muchas veces maravillosos. El intercambio de conocimientos espirituales, sentimientos y testimonios de experiencias personales es hondamente inspirador. Provee consuelo y estímulo para proseguir con esperanza gozosa la carrera cristiana.

Pero el auxilio fraternal debe manifestarse también materialmente, como ya hemos observado. La comunidad de bienes en la primera iglesia cristiana (Hec. 2:44-47; 4:32-37) y las ofrendas recogidas en diversas iglesias en favor de los hermanos pobres de Judea (Hec. 11:27-30) y Jerusalén (Rom. 15:26; II Cor. 8 y 9) atestiguan el espíritu de amor que presidía la comunión de aquellos creyentes. Ese amor velaba por el bienestar de la persona en su totalidad. No se separaba lo espiritual de lo material, lo eterno de lo temporal, el alma del cuerpo. El propósito integral de la redención por parte de Dios (I Tes. 5:23) hallaba correspondencia y expresión en los aspectos varios de la fraternidad en Cristo.

La Iglesia hoy tiene que recobrar lo que de esos tres elementos de la comunión cristiana ha perdido.

NECESIDAD DE LA COMUNIÓN

El ser humano es sociable por naturaleza. Nuestra personalidad no puede desarrollarse sin el contacto con otras personas. Cuanto más estrecho es ese contacto tanto más enriquecedor resulta. Pero la sociedad de nuestro tiempo se deshumaniza más y más. Con más medios para suplir sus necesidades materiales y proporcionarse placer, las personas, en gran mayoría, se sienten mucho más solas porque las relaciones humanas son cada día más impersonales.

La iglesia debiera ser un refugio para quienes viven abrumados por su soledad, inconversos o creyentes. Pero esto solo es factible cuando entre los miembros hay una comunión genuina, cuando el amor de Dios brilla a través del amor de sus hijos y cada uno se siente querido y aceptado, a pesar de su carga de defectos.

Por otro lado, la comunión cristiana es indispensable para el crecimiento espiritual. La enseñanza, con todos sus valores, por eficaz que sea, no puede resolver todos los problemas que a menudo preocupan a una persona a menos que vaya acompañada de una intercomunicación franca a nivel profundo.

En iglesias grandes —y también en muchas pequeñas— la comunión verdadera resulta difícil. Los contactos de los miembros entre sí se limitan a unas palabras de saludo después del culto o a algunas conversaciones superficiales. Esto, de por sí, es hermoso y hace bien; pero es insuficiente. Aun quienes tienen mayor relación por pertenecer a una junta, a una comisión o a un grupo de trabajo, aparte de la discusión de los asuntos en que se ocupan, poco o nada dialogan sobre lo que para cada uno es de supremo interés: sus inquietudes, sus conflictos o sus alegrías personales, tanto de carácter espiritual como temporal. Nada digamos de aquellos que, por no estar encuadrados en ningún grupo especial, viven paradójicamente aislados en medio de la comunidad; son grandes solitarios en la familia de la fe. Por lo general, su desarrollo espiritual es defectuoso.

Deber de los dirigentes de la iglesia es evitar que abunde ese tipo de experiencia. Pero ¿puede hacerse algo para impedirlo? ¿Acaso está a su alcance la producción de una comunión en la que todos los miembros participen con tanta intensidad como profundidad?

CÓMO FOMENTAR LA COMUNIÓN EN LA IGLESIA

Es evidente que la comunión cristiana solo florece como resultado de la fe que obra por el amor. Si falta esta fe dinámica, no puede haber ni amor a Dios ni amor a los hermanos, y sin amor toda comunión digna del concepto novotestamentario es imposible. De la manera que la evangelización se lleva a cabo de modo espontáneo cuando el creyente está lleno del Espíritu y de la Palabra, así sucede con la comunión. No hay programa ni técnica que pueda producir lo que es privativo de la vida espiritual abundante.

No obstante, algo puede hacerse para encauzar las ansias de confraternidad que generalmente hay en toda iglesia. Para ello es necesario:

Estimular la comunión mediante la enseñanza

A través de la predicación, de conferencias, de conversaciones privadas o en grupos, debe instruirse a los creyentes en lo tocante a sus relaciones mutuas. Es imprescindible que entiendan la naturaleza de la comunión, su necesidad y sus requisitos.

Promoverla adecuadamente

A tal efecto, puede recomendarse el cultivo de amistades cristianas entre los miembros de la iglesia que permitan una comunión espiritual de cierta profundidad. Esto resultará más fácil al principio si se intenta con personas afines. A menudo, tales amistades surgen de modo natural. Pero es indispensable que en cualquier caso no se nutra de las afinidades humanas sino de la comunicación espiritual. De lo contrario, cada uno de los amigos seguirá sintiéndose abrumadoramente solo ante sus problemas espirituales, en el fondo los más serios e inquietantes.

Puede ser asimismo aconsejable que tales amistades, en su inicio, unan a las personas de dos en dos. El doctor Hans Bürki, en su libro *Zweierschaft* (Emparejamiento), recomienda esta comunión de dos. Sin embargo, aparte del matrimonio, puede tener sus inconvenientes. A menos que se viva con miras a hacerla productiva en todos los órdenes y ampliarla en el seno de la comunidad cristiana, fácilmente se convertirá en un diminuto círculo estéril, con posibilidades de degenerar en pecaminoso.

Lo ideal es que se formen núcleos no muy numerosos en los que los creyentes tengan oportunidad de vivir más intensamente la experiencia de la comunión.

Este tipo de núcleos se origina a veces espontáneamente entre personas ocupadas en la misma actividad de la iglesia. Pero, como hicimos notar, no siempre la actividad genera comunión; a menudo es causa de fricción. En los grupos de trabajo es importante que sus componentes estén unidos no solo por la labor que realizan juntos, sino por un intercambio de experiencias y sentimientos personales que afectan hondamente a cada uno de ellos.

La importancia creciente que el movimiento de núcleos está adquiriendo en muchas partes del mundo nos obliga a dedicarles un punto aparte.

GRUPOS DE ESTUDIO BÍBLICO Y COMUNIÓN

Contrariamente a lo que algunos puedan suponer, no son una novedad. Tienen antecedentes en los grupos apostólicos y en las reuniones que los primeros cristianos tenían en las casas (Hec. 1:13, 14; 2:46; Rom. 16:5; I Cor. 16:19; Col. 4:15; Film. 2).

Uno de los factores que más contribuyeron al éxito de la obra de Juan Wesley fue la organización de «clases» o grupos que no excedían de quince participantes. En ellas se recibía instrucción y fuerte apoyo moral, pero al mismo tiempo se animaba a los presentes a referir sus experiencias. Además de las clases, había subgrupos más pequeños denominados *bands,* compuestos por no más de cuatro personas, las cuales se reunían semanalmente en un ambiente de comunión más íntima que les permitía exponer y discutir sus problemas espirituales, incluidos sus pecados y tentaciones.

George Whitefield, contemporáneo de Wesley, escribía a sus convertidos: «Hermanos... digámonos llana y libremente lo que Dios ha hecho en nuestras almas; para hacer eso, como otros lo han hecho, lo mejor es formar pequeños grupos de cuatro o cinco personas y tener una reunión una vez por semana para contaros lo que tengáis en vuestros corazones, para que podáis orar y confortaros unos a otros según sea la necesidad. Nadie, excepto quien las ha experimentado, puede hablar de las ventajas inexplicables de tal unión y comunión de almas... Nadie —pienso yo— que de verdad ame su alma y a su hermano como a sí mismo podrá avergonzarse de abrir su corazón para tener consejo, reproche, admonición u oraciones según la ocasión lo demande. Una persona sincera lo estimará como una de las más grandes bendiciones»[159].

Esta orientación de la comunión cristiana fue una gran bendición para muchos en una época en que los nuevos sistemas de vida impuestos por la industrialización deterioraban seriamente las relaciones humanas. La situación en nuestro tiempo es todavía peor. De aquí el entusiasmo que aun en el mundo secular se siente por los pequeños grupos, los cuales, en opinión del eminente psicólogo Carl R. Rogers, son «el fenómeno social de mayor expansión» en los Estados Unidos, sin duda porque «ayudan a abrirse camino a través de la alienación y la deshumanización de nuestra cultura»[160]. En muchos otros países se observa el mismo fenómeno, especialmente en el campo religioso. Ello explica la proliferación de las comunidades de base dentro de la Iglesia

---

[159] Cit. por John Stott en *One people: laymen and clergy in God's Church,* Inter-Varsity Press, p. 88.

[160] Cit. por Robert C. Leslie en *Sharing groups in the church,* Abingdon Press, p. 19.

Católica y de numerosos grupos, diversos en su enfoque, en el campo protestante.

Entre estos últimos, los más positivos son los de estudio bíblico. Otros, más influenciados por una dinámica de grupos en los que la psicología desplaza a la Biblia, pueden crear más problemas que los que solucionan. En ellos se sigue, más o menos, la técnica del *sensitivity training* (entrenamiento de la sensibilidad) a base de la autoacusación y la crítica recíproca, que frecuentemente resulta hiriente en extremo.

Más bibliocéntricos son los *sharing groups* (grupos de participación), en los que se da gran importancia a la comunicación de sentimientos. Algunos de ellos parecen ceñirse más a determinados patrones psicológicos que a una línea más libre y espontánea de respuesta a la Palabra de Dios, y con facilidad pueden provocar un tipo morboso de introspección. Sin embargo, bien dirigidos, han sido de ayuda a muchas personas.

El análisis de las experiencias acumuladas en este campo parece aconsejar reuniones de grupos, compuestos por un número no superior a doce personas cada uno, en los que se estudie la Escritura con espíritu abierto y se dé oportunidad no solo para exponer opiniones sobre el texto bíblico, sino también —y sobre todo— para la aplicación práctica del texto en la vida de los participantes. Cada uno de éstos ha de hacerse dos preguntas: «¿Qué dice, qué significa la porción leída?» Y «¿Qué me dice a mí?»

En respuesta a la última pregunta, los componentes del grupo deben sentirse con libertad para presentar sus problemas morales o espirituales, sus dudas, sus derrotas, lo mismo que sus experiencias más positivas. Es básico que nadie haga alardes de triunfalismo, que no se muestre espiritualmente superior a los demás o que sus intervenciones entrañen un juicio condenatorio respecto a otro u otros de los presentes, lo cual siempre produce efectos de cohibición y distanciamiento.

Las necesidades y preocupaciones de cualquier tipo que inquietan a un miembro debieran ser compartidas por los demás en oración y, a ser posible, de modo práctico.

Toda la actividad de estos grupos debiera ser regida por la naturalidad, la libertad, la autenticidad, la simpatía, la aceptación mutua en amor, el respeto y la máxima discreción. Cuando prevalecen estas características, los grupos contribuyen de modo eficaz a la instrucción cristiana y hacen más viva y eminentemente provechosa la comunión fraternal.

Mencionados los beneficios que los grupos pueden reportar, es saludable aludir también a sus posibles *inconvenientes*. Los guías de una iglesia han de estar atentos a ellos y tratar de remediarlos.

Los componentes de un grupo, en cuyo seno llegan a tener una notable experiencia positiva, con facilidad menosprecian, más o menos inconscientemente, al resto de la iglesia y sus actividades; fuera de su pequeño círculo solo ven superficialidad y falta de autenticidad. La tentación al orgullo espiritual, a la falta de comprensión y caridad es en tales casos muy fuerte. A poco que se caiga en ella, el grupo puede convertirse en semillero de murmuraciones y discordias dentro de la iglesia.

También existe el riesgo —como adelantamos en el capítulo sobre evangelización— de que cada grupo se convierta en una capillita, que sus miembros vivan en y para él con tal intensidad que pierdan su interés por cualquier otra actividad fuera del mismo en el marco más amplio de la iglesia a la que pertenecen, lo que revela una ausencia total de conciencia corporativa.

Otras veces sucede que se apodera del grupo un gran ardor «proselitista». Se intenta ganar a toda costa, a veces con grandes presiones, a otros creyentes para que se unan a ellos o formen nuevos grupos, aun sin la seguridad de que éstos puedan tener un guía adecuado. Pero hay personas que nunca se integrarán en un círculo en el que, aun equivocadamente, puedan ver un atentado a su intimidad personal. Prejuzgar sobre la base de este hecho la sinceridad y la piedad de tales personas es crear tensiones conflictivas.

Las dificultades apuntadas muestran el imperativo de velar para que los grupos, medio de comunión, no se conviertan en elementos de anticomunión. Insistimos en lo aconsejable de tales núcleos, pero también en la necesidad de que al frente de ellos haya siempre personas maduras, bien formadas y leales a la iglesia. Si no puede disponerse de tales personas, es preferible no iniciar experimentos de resultados inciertos. En este caso, lo más recomendable es que los guías de la iglesia formen unos grupos iniciales en los que ellos mismos participen juntamente con los líderes futuros de nuevos grupos, los cuales recibirán así una formación práctica. Y si el plan, por diversas circunstancias, resulta inviable o presenta pocas posibilidades de realización satisfactoria, es preferible aplazar su puesta en práctica y orar para que Dios lo haga factible.

Además, debe tenerse en cuenta que, aunque el ideal es que todos los miembros de una iglesia puedan estar incluidos en alguna esfera satisfactoria de comunión, sería una utopía esperar que todos lleguen a esa inclusión, pues no todos están interesados en ella. «Intentar organizar toda una iglesia en pequeños grupos de participación pasa por alto este hecho importante y condena el programa al fracaso antes de que dé comienzo. Los mejores grupos no son organizados; más bien son promovidos»[161].

EL SERVICIO, FRUTO DE LA COMUNIÓN

Ni el cristiano, ni el grupo, ni la iglesia pueden vivir solo para sí mismos. La *koinonía* del Nuevo Testamento va acompañada de la *diakonía*. La comunión fomenta el servicio. En él radica lo esencial del ministerio de la iglesia.

El servicio puede tener dos formas: testimonio y acción. Los primeros cristianos, fortalecidos por la comunión que tenían entre sí, llenos del Espíritu Santo, se convirtieron en testigos de Jesucristo que no cesaban de proclamar la buena nueva. Y no se limitaron a hablar. Sus obras hablaban tan elocuentemente como sus palabras. Impulsados por el amor, afrontaron toda suerte de necesidades con abnegación admirable. Todos se sentían solidarios de todos. Los bienes eran repartidos «según la necesidad de cada uno» (Hec. 2:45), con lo que por primera y única vez se realizaba la aspiración suprema del más puro comunismo. Esta experiencia constituía la interpretación práctica de Romanos 12:5, y, aunque no haya de repetirse al pie de la letra en todos los casos, el espíritu que la inspiró habría de revivir en la Iglesia de hoy.

Asimismo, el servicio cristiano tiene dos esferas: la interior y la exterior, la iglesia y el mundo. El principio de Gálatas 6:10 es lógico. La caridad y el servicio deben empezar por la propia casa de Dios, pero la iglesia jamás ha de convertirse en un *ghetto*. Ha de proyectarse hacia fuera. Ha de encarnar el amor de Dios hacia el mundo entero. Es bíblico que el pueblo de Dios dé prioridad a la evangelización, pero ésta no puede desvincularse de una honda preocupación por los males que afligen a la humanidad. En esto Jesús nos ha dejado un ejemplo sin parangón (Mat. 4:23; 9:35, 36; Luc. 4:16-21; Hec. 10:38).

La Historia de la Iglesia nos ofrece páginas brillantes en las que la acción misionera aparece unida a la promoción de la justicia, del socorro a los menesterosos, de la cultura, del bienestar humano en general.

---

[161] Robert C. Leslie, *op. cit.*, p. 47.

Es alentador que, tras casi un siglo de indiferencia social, la Iglesia esté recobrando en nuestros días el sentido de su responsabilidad como sal de la tierra y luz del mundo. Así se puso de relieve en el «Pacto de Lausana» aprobado en el Congreso Internacional sobre Evangelización en 1974, del que entresacamos las siguientes líneas: «Damos expresión a nuestro arrepentimiento por nuestra negligencia y por haber considerado que la evangelización y la preocupación social se excluyen mutuamente. Aunque la reconciliación con el hombre no es reconciliación con Dios, ni es la acción social evangelización, ni la liberación política es salvación, afirmamos, sin embargo, que la evangelización y el compromiso sociopolítico forman parte de nuestro deber cristiano»[162].

En la esfera de la iglesia local debería enfatizarse la inseparabilidad de comunión y servicio, incluido el que ha de prestarse directa o indirectamente a la comunidad social en que se halla inserta y ante la cual testifica. No es difícil percatarse de las necesidades existentes en torno a la iglesia que equivalen a oportunidades diacónicas: familias atribuladas, enfermos, ancianos, matrimonios rotos o en trance de disolución, personas desplazadas por la migración envueltas en problemas de adaptación, jóvenes sin calor de vida familiar, pobres, analfabetos, etc. Si los cristianos hoy tuviéramos ojos y corazón más sensibles a estas situaciones dramáticas y actuáramos con la compasión que caracterizó a nuestro Señor (Mt. 14:14), la influencia de la iglesia produciría maravillas análogas a las que se vieron en los tiempos apostólicos.

El pastor con visión descubrirá en esta perspectiva posibilidades insospechadas para la efectividad de su ministerio.

●●

CUESTIONARIO

1. *¿Qué manifestaciones tuvo la comunión cristiana en la iglesia primitiva?*

2. *¿Por qué la comunión fraternal es un imperativo?*

3. *¿Qué ventajas y qué peligros pueden observarse en los grupos pequeños de estudio bíblico y comunión?*

---

[162] *The Lausanne Covenant*, exposición y comentario por John Stott, World Wide Publications, p. 25.

4. *¿Qué posibilidades de servicio práctico tienen hoy las igle-sias cristianas?*

5. *¿En qué sentido y hasta qué punto debe contribuir la iglesia a la «liberación» humana?*

● ●

EPÍLOGO

Al llegar a la conclusión de esta obra, la grandiosidad del ministerio cristiano nos maravilla. Pero al mismo tiempo nos amilana. Sus dificultades se han hecho más patentes y de nuevo, con mayor fuerza, vuelve a nuestra mente la pregunta del apóstol: «¿Quién es capaz para esto?» (II Cor. 2:16).

La labor ministerial ha sido ardua en todos los tiempos. Pero hoy, quizá más que nunca, exige valor a toda prueba. La Iglesia se enfrenta con un mundo que se jacta de vivir en una era poscristiana, y cuando trata de responder adecuadamente a este reto exterior descubre su propia debilidad interior. En ese doble frente, la evangelización del mundo y el avivamiento de la propia Iglesia, el ministro ha de librar sus combates. Conviene, por tanto, que, además de predicador, pastor, consejero, organizador y muchas cosas más, sea un estratega. Su éxito dependerá del conocimiento que tenga tanto del adversario como de sus propias posibilidades y de los refuerzos que puede recibir.

El soldado de Jesucristo no puede cerrar los ojos a los poderes que hoy combaten contra la fe cristiana. En los campos de la filosofía, la antropología, la sociología y la psicología, el ateísmo gana terreno. El secularismo pugna por desterrar toda inquietud religiosa de tipo trascendente. La salvación en su aspecto espiritual, con su proyección escatológica ultraterrena, es descartada como un mito pasado de moda. Lo único que importa es lo de este «siglo», lo temporal, lo meramente mundano. Y el materialismo, tanto el llamado científico como el práctico, realiza conquistas devastadoras. La sociedad de consumo ha vuelto a entronizar, más alto que nunca, a Mammón, dios de las riquezas. La obsesión de poseer y gozar de placer domina a la inmensa mayoría de seres humanos. Las reivindicaciones sociales que se propugnan, justas en muchos casos, tienen generalmente un fondo más hedonista que moral. Muchos movimientos humanistas de liberación son terriblemente incompletos, porque tratan de redimir al hombre de la pobreza y la opresión —lo cual es muy loable—, pero no de su egoísmo innato, causa de toda perturbación social. Y en su afán materialista matan toda inquietud espiritual. Resultado: «Surge un tipo de homque, sin lamentarlo, va perdiendo sus vínculos con el Creador y no conoce ya las dudas de la fe ni los conflictos de conciencia»[163].

En el orden moral, tiende a prevalecer el relativismo. Más y más se extiende la idea de que no existen valores éticos absolutos. El relativismo y el subjetivismo son las características de la «ética de situación» de nuestro tiempo, en cuyos postulados no pueden encajar los principios inalterables de la revelación bíblica. La máxima de Agustín, «ama y haz lo que quieras», ha sido degradada al desarraigarla de su contexto religioso y convertirla en salvoconducto para llegar a puntos prohibidos por la normativa bíblica.

A la «nueva moral» se unen algunas corrientes psicológicas que ven en los principios morales del Evangelio peligrosas causas de represión y de neurosis diversas. Este punto de vista tiene especial aceptación en el terreno de la sexualidad. donde observamos una situación análoga a la que prevalecía en los días de mayor decadencia de la civilización grecorromana, con la consiguiente desvalorización del matrimonio, la paternidad, la familia, y con el florecimiento de inevitables secuelas; amor libre, promiscuidad, así como homosexualidad, divorcio y aborto fácilmente legalizados. En una sociedad imbuida de ideas tan disolventes y entregada a prácticas tan generalizadas, mantener el testimonio de la verdad bíblica sin claudicaciones exige temple de profeta.

Pero no son los ataques frontales procedentes del exterior los más peligrosos para la Iglesia cristiana. Más graves son los que se originan en su interior. Las herejías y los dogmas antibíblicos surgidos en el seno de la cristiandad han dañado más a la Iglesia que todas las persecuciones y todas las filosofías no cristianas juntas.

Hoy, cuando todavía se lucha en las brechas abiertas por el racionalismo hace dos siglos, hemos de hacer frente a otro gran peligro: el sincretismo, la tendencia a conciliar las doctrinas más dispares entre sí, el prurito de establecer un sistema en el que quepan todas las creencias bajo el principio supremo del respeto mutuo y el mutuo reconocimiento. Se trata de un movimiento más avanzado que el ecumenismo, pues aspira a englobar no solo las diferentes confesiones cristianas,

---

[163] Michael Pfliegler, *op. cit.,* 177.

sino todas las ideologías en una acción unificadora de sesgo netamente humanista. En esta amalgama, por supuesto, no hay lugar para posturas abiertamente evangélicas. El mensaje cristiano ha de despojarse de toda pretensión de superioridad o exclusividad emanada de una auténtica revelación divina. Según la dogmática sincretista, Cristo puede ser *un* camino, pero no *el* camino; *una* faceta de la verdad, pero no *la* verdad, *un* elemento vital, pero no *la* vida; asegurar que «no hay bajo el cielo otro nombre dado a los hombres en el que puedan ser salvos» (Hec. 4:12) es una declaración totalmente inadmisible para la mente del hombre moderno. De este modo se atenta contra la integridad del Evangelio extrayendo de él como válido solo aquello que constituye factor común de otras religiones, reduciéndolo a lo que Kierkegaard denominaba «cristianismo vaporizado, conciencia cultural, hez del cristianismo».

Todas estas corrientes de pensamiento influyen en la sociedad no cristiana. Pero se introducen, asimismo, en la Iglesia, donde causan graves daños. Muchos creyentes o son seducidos por las nuevas ideas o se dejan contagiar del materialismo y la indiferencia que prevalecen a su alrededor, lo que da como resultado el debilitamiento de su vida espiritual y la inefectividad de su testimonio.

¿Qué hacer en tales circunstancias? También entre muchos líderes cristianos reina el desconcierto. ¿Debe adoptarse una actitud de resignación fatalista ante la imposibilidad de cambiar o detener esas corrientes del mundo moderno? ¿Ha de encastillarse la Iglesia en sus posiciones y aislarse de toda influencia exterior? ¿Tiene que mantener su fe y proclamarla siguiendo las mismas tácticas de otros tiempos? ¿O debe abrirse, evolucionar y adaptarse a la nueva situación?

Todas estas formas de estrategia se han ensayado con resultados poco satisfactorios. La resignación conduce a la inmovilidad; el aislamiento, a la inoperancia; el tradicionalismo, a menudo, al anacronismo estéril. Pero la evolución y la adaptación ¿no engendran tipos de testimonio igualmente infecundos?

Esto último —gran tentación en nuestros tiempos— es lo que sucede cuando la Iglesia pierde de vista su naturaleza y su misión, cuando trata de paliar su infructuosidad mediante actividades que le son impropias, sin resolver el problema básico que es el avivamiento de la fe y la recuperación del poder espiritual. El diagnóstico presentado por Jürg Zink con motivo de su versión popular del Nuevo Testamento al alemán es digno de reflexión: «Durante veinte años nos hemos ocupado en actividades. Durante veinte años hemos vivido cara al exterior, tratando de adentrarnos en la esfera de la sociedad, en la publicidad, en la política, en el mundo laboral, en las polémicas de la filosofía, la psicología o la pedagogía. En nuevas olas sucesivas, se ha lanzado la Iglesia hacia el mundo alcanzando cada vez nuevos dominios y penetrando en ellos (cuando lo ha conseguido). Y las iglesias, al mismo tiempo —contrariamente a lo que cabía esperar— nada han ganado en credibilidad, sino que han perdido en significación. El cuadro de la Iglesia aparece a mis ojos como una actividad circular que se expande en todas direcciones, mientras que en el interior del círculo se extiende el vacío. Quienes en serio desean ser cristianos empiezan a tener hambre. Quisiera hacer una advertencia. Una cosa es necesaria, no una multiplicación de cosas»[164].

¿Y qué es esa cosa necesaria? La fidelidad al Evangelio. Pueden variar las formas de culto, los métodos de evangelización, el lenguaje empleado, los sistemas de organización de la iglesia, las tradiciones, los modos de relacionarnos con la sociedad. Pero el Evangelio en sí es intocable. No podemos modificar su mensaje. No podemos alterar ni sus hechos, ni sus verdades, ni sus exigencias.

Tampoco tenemos motivo para hacerlo. Las necesidades humanas más profundas siguen siendo hoy las mismas de todos los tiempos. La amargura de la soledad, los sentimientos de frustración, de culpa y de impotencia moral, la necesidad de amor verdadero, las ansias de inmortalidad subyacen en toda conciencia humana y claman por una voz autorizada que traiga luz y paz. Esta es la voz de Dios que resuena cada vez que se proclama la Buena Nueva, el Evangelio de la redención en Jesucristo.

El siervo del Señor no tiene por qué avergonzarse de su mensaje. Este sigue siendo actualmente lo que era en días apostólicos, poder de Dios para salvar a todo aquel que cree. El Evangelio no ha perdido su eficacia para llenar el corazón humano con el gozo del perdón y de una vida transformada. Tampoco ha perdido su capacidad para convertir al discípulo de Jesús en sal de la tierra y luz del mundo. Tanto en su vertiente individual como en su vertiente social, el Evangelio es aún —y seguirá siendo— la respuesta más completa, la más positiva, a los anhelos más serios que palpitan en el ser humano.

---

[164] Cit. por Adolf Köberle, *Der Gärtner,* 19 sept. 1976.

En esa energía intrínseca del Evangelio y en el poder del Espíritu de Dios, encuentra el ministro de Cristo los refuerzos necesarios para proseguir su lucha con denuedo.

Puede decir con Eliseo: «Más son los que están con nosotros que los que están con ellos» (II Rey. 6:16). Sabe que a su lado, frente a todos los poderes anticristianos, visibles e invisibles, humanos y satánicos, actúan las fuerzas del Reino de su Señor. No importa lo aparentemente incierto del combate. Los avances del adversario y los retrocesos del pueblo de Dios no son nunca definitivos. El soldado de Cristo sabe que bajo cualquier forma de humillación palpita el espíritu de la resurrección. Vislumbra la gloria del triunfo final. En su interior oye anticipadamente el gran clamor: «¡Aleluya, porque el Señor nuestro Dios Todopoderoso reina!» (Apoc. 19:6). Comprende que su ministerio es una epopeya maravillosa. Y marcha adelante, convencido de que no hay vida más digna ni más grande que la que se vive al servicio del «Rey de reyes y Señor de señores».

Selección bibliográfica

Las obras aparecen en grupos lingüísticos por orden alfabético de autores.

I Parte

Harvey, H. *El pastor,* Casa Bta. de Publicaciones, El Paso.
Lacueva, Francisco. *La Iglesia cuerpo de Cristo,* CLIE.
Spurgeon, C. H. *Discursos a mis estudiantes,* Casa Bta. de Publicaciones.
Stott, John. *El cuadro bíblico del predicador,* CLIE.
Treviño, A. *El predicador,* Casa Bta. de Publicaciones.
Williams, John. *Iglesias vivientes,* Literatura Bíblica.

Baxter, Richard. *The reformed pastor,* The Religious Trate Society.
Bridges, Charles. *The Christian ministry,* The Banner of Truth.
Jowett, J. H. *The preacher, his life and work,* Hodder and Stoughton.
Montgomery, Mariscal. *The path to leadership,* Collins.
Prime, Derek. *A Christian's guide to leadership,* Hodder and Stougthon.
Sanders, J. Oswald. *Spiritual leadership,* Lakeland.
Williams, John. *Living churches,* The Paternoster Press.

II Parte

Barth, Karl. *La proclamación del Evangelio,* Ed. Sígueme.
Blackwood, A. W. *La preparación de sermones bíblicos,* C.B.P.
Broadus, Juan A. *Tratado sobre la predicación,* C.B.P.
Broadus, Juan A. *Historia de la predicación,* C. B. P.
Crane, James D. *El sermón eficaz,* C.B.P.
Hughes, Tomás H. *La psicología de la predicación y de la obra pastoral,* «La Aurora».

McBurney, J. H. y Wrage, E. *El arte de bien hablar,* Argos.
Vila, Samuel. *Manual de homilética,* CLIE.

Baird, John E. *Preparing for platform and pulpit,* Abingdon Press.
Hoyt, Arthur S. *The work of preaching,* The Macmillan Company.
Jeffs, H. *The art of sermon illustration,* James Clarke and Co.
Koller, C. W. *Expository preaching without notes,* Baker Book House.
Lloyd-Jones, Martyn. *Preaching and preachers,* Hodder and Stoughton.
Macartney, Clarence A. *Preaching without notes,* Abingdon.
Marshall y Scott. *Dictionary of Practical Theology,* Baker.
Sangster, W. Edwin. *The craft of sermon construction,* The Epworth Press.
Sangster, W. Edwin. *Power in preaching,* The Epworth Press.
Spurgeon, C. H. *Lectures to my Students* (II), Passmore and Alabaster.
Stewart, James S. *Preaching,* Hodder and Stoughton.
Unger, Merrill F. *Principies of expository preaching,* Zondervan.

Bohren, Rudolph. *Predigtlehre,* Chr. Kaiser.
Klostermann, F. y Zerfass, R. *Praktische Theologie heute,* Kaiser/ Grünewald.
Pohl, Adolph. *Anleitung zum Predigen,* J. G. Oncken.

III Parte

Selección de obras sobre pastoral[165]

Brister, C. W. *El cuidado pastoral en la iglesia,* C.B.P.
Debarge, Louis (católico). *Psicología y Pastoral,* Herder.
Hughes, Thomas H. *La psicología de la predicación y de la obra pastoral,* «La Aurora».
León, Jorge A. *Psicología de la experiencia personal,* Editorial Caribe.
Pfliegler, Michael (católico). *Teología Pastoral,* Herder.

Relativas a diversos capítulos

Capítulos XVII-XVIII

Daco, P. *Tu personalidad,* Daimón.
Delay, Jean y Pichot, Pierre. *Manual de Psicología,* TorayMasson.

---

[165] Pueden incluirse la mayoría de títulos de la I Parte.

Hall, Calvin S. *Compendio de Psicología Freudiana,* Paidos.
Hallesby, O. *Temperamento y fe cristiana,* Edit. Caribe.
Lagache, Daniel. *El Psicoanálisis,* Edit. Paidos.
Narramore, Clyde M. *Enciclopedia de problemas sicológicos,* Zondervan.

Adams, Jay E. *Competent to counsel,* Presbyterian and Reformed Publishing House.
Darling, Harold W. *Man in his right mind,* the Paternoster Press.
Goulooze, William. *Pastoral Psychology,* Baker Book House.
Jeeves, Malcom A. *Psychology and Christianity: the view both ways,* InterVarsity Press.
Stafford-Clark, David. *Psychiatry today,* Penguin Books.
Stolz, Karl R. *Pastoral Psychology,* Abingdon-Cokesbury.

Capítulo XIX

Arana, P. *Progreso, técnica y hombre,* Ediciones Evangélicas Europeas.
Berkouwer, G.C. *Incertidumbre moderna y fe cristiana,* Ediciones Evangélicas Europeas.
Bigg, D. *La racionalidad de la revelación,* Ediciones Evangélicas Europeas.
Escobar, S., Padilla, R. y Myamouchi, E. *¿Quién es Cristo Hoy?,* Editorial Certeza.
Pieters, Albert. *Hechos y misterios de la fe cristiana,* CLIE.
Schaeffer, F. A. *Huyendo de la razón,* Ediciones Evangélicas Europeas.
Schaeffer, F. A. *La verdadera espiritualidad,* Logoi.
Stott, John R. W. *Creer es también pensar,* Editorial Certeza.
Stott, John R. W. *Cristianismo básico,* Editorial Certeza.

Ramm, Bernard. *The Christian view of Science and Scripture.* The Paternoster Press.
Simpson, P. C. *The fact of Christ,* Hodder and Stoughton.
Young, Edward J. *Thy Word is truth,* The Banner of Truth Trust.

Capítulo XX

Tournier, Paul. *Técnica psicoanalítica y fe religiosa,* «La Aurora».

Tournier, Paul. *Guilt and grace,* Hodder and Stoughton.
Lloyd-Jones, Martyn. *Spiritual depression,* Eerdmans.

Capítulo XXI

Beyly, Joseph. *Cuando me golpeó la muerte,* Caribe.
Weatherhead, Leslie D. *La salud de la personalidad,* «La Aurora».

Lewis, C. S. *The problem of pain,* Geoffrey Bles, The Centenary Press.
Wilder-Smith, A. E. *The paradox of pain,* Harold Shaw Publishers.

Thielicke, Helmut. *Das Schweigen Gottes,* Furche. Verlag.

Capítulo XXII

Bovet, Theodor. *El matrimonio, ese gran misterio,* Fomento de la Cultura, Editorial Valencia.
Capper, W. U. y Williams, H. U. *Sexo y matrimonio,* Ed. Certeza.
Ray, Maurice. *El descubrimiento del amor,* Ediciones Evangélicas Europeas.
Tournier, Paul. *La armonía conyugal,* «La Aurora».
Trobisch, W. *Yo me casé contigo,* Ed. Sígueme, Salamanca.
Wright, H. Norman. *Comunicación, clave de la felicidad conyugal,* CLIE.
Varios autores, *Sexo y Biblia,* Ediciones Evangélicas Europeas.

Warde, Margaret. *This marriage business,* Scripture Union, London.

Capítulo XXIII

Avanzini, Guy. *Los años de la adolescencia,* Nova Terra.
Gattinoni, Carlos T. *Juventud en acción,* «La Aurora».
Llopis, José. *La orientación del adolescente y la «guidance of youth»,* Herder.
Schaeffer, Francis. *Los caminos de la juventud hoy,* Ediciones Evangélicas Europeas.
Stewart, F. W. *Un estudio de la adolescencia,* «La Aurora».

Batchelor, Mary. *Your teenagers,* Scripture Union, London.
Taylor, J. B. y otros, *Evangelism among children and young people,* Scripture Union, London.

Klempnauer, Günther. *Jugend aktuell,* R. Brockhaus.
Wanner, Walter. *Jugend aktiv,* Brunen-Verlag GmbH.

Capítulos XXVI-XXIX

Carlson, Dick. *La dirección moderna,* Editorial Deusto.
Dobbins, G. S. *Aprenda a ser líder,* Casa Bautista de Publicaciones.
Fingermann, G. *Conducción de grupos y masas,* «El Ateneo».

Capítulo XXXI

Brenner, S. F. *The way of worship,* Macmillan.
Horton, D. *The meaning of worship,* Harper and Brothers.
Kay, J. A. *The nature of Christian worship,* Epworth Press.
Shepherd, M. H. *The worship of the church,* Seabury Press.

Capítulo XXXII

Colemann, R. E. *Plan supremo de evangelización,* Editorial Caribe.
Green, Michael. *La evangelización en la iglesia primitiva,* Ed. Certeza.
Stott, Lloyd-Jones y Grau. *La evangelización y la Biblia,* Ediciones
    Evangélicas Europeas.

Evangelical Alliance, *On the other side,* Scripture Union, London.
European Congress on Evangelism, *Evangelism alert,* World Wide P.
International Congress on World Evangelization (Lausana), *Let the
    earth hear His voice,* World Wide P.
Kennedy, D. James. *Evangelism explosion,* Tyndale House Publishers.
Little, Paul E. *How to give away your faith,* InterVarsity Press.
Morgan, G. Campbell. *Evangelism,* Henry E. Walter, Ltd.
Rees, Tom. *Break-through,* Hildenborough Hall.
World Congress on Evangelism, *One race, one Gospel, one task,* World
    Wide Publications.

Capítulo XXXIII

Benson, C. H. *El arte de enseñar,* Editorial Caribe.
Benson, C. H. Guía para la obra de la Escuela Dominical, Ed. Caribe.
Campbell, C. S. *El maestro eficiente,* C.B.P.
Edge, F. B. *Metodología pedagógica,* C.B.P.
Edge, F. B. *Pedagogía fructífera,* Casa Bautista de Publicaciones.
Gregory, J. M. *Las siete leyes de la enseñanza,* C.B.P.

Osterrieth, P. *Psicología infantil,* Editorial Morata, Madrid.
Weige, Winchester y Athearn, *Curso preparatorio para los maestros,* Lamar y Barton.

Benson, C. H. *An Introduction to child study,* The Bible Inst. Colportage Association.
Brown, L. E. y Reed, B. *Your Sunday School can grow,* G/L. Publ.
McLester, F.C. *Our pupils and how they learn,* Cokesbury Press.
Price, J. M. *Personal factors in character building,* The S. S. Board of the Southern Baptist C.

Capítulo XXXIV

Hendrix, John. *Constituyéndose en grupo,* C.B.P. El paso.
Stedman, Ray C. *La Iglesia resucita,* CLIE.

Cairns, Earle E. *Saints and Society*, Moody Press.
Copley, Derek B. *Home Bible studies,* The Paternoster Press.
Griffiths, Michael. *Cinderella with amnesia,* InterVarsity Press.
Leslie, Robert C. *Sharing groups in the church*, Abingdon Press.
Richards, Lawrence O. *A new face for the Church,* Zondervan.
Stott, John. *The Lausanne Covenant,* Worl Wide Publications.

Becker, W., Gudjons, H. y Koller, D. *Christen nehmen Stellung: Gruppendynamic*, Rolf Kühne Verlag.

Títulos de la colección

CURSO DE FORMACIÓN TEOLÓGICA EVANGÉLICA

Printed in the USA
CPSIA information can be obtained
at www.ICGtesting.com
LVHW011543140724
785402LV00007B/12